E-Sport

Markus Breuer · Daniel Görlich
Hrsg.

E-Sport

Status quo und Entwicklungspotenziale

2., vollständig überarbeitete Auflage

Hrsg.
Markus Breuer
SRH Hochschule Heidelberg
Heidelberg, Deutschland

Daniel Görlich
SRH Hochschule Heidelberg
Heidelberg, Deutschland

ISBN 978-3-658-36078-8   ISBN 978-3-658-36079-5 (eBook)
https://doi.org/10.1007/978-3-658-36079-5

Die Deutsche Nationalbibliothek verzeichnet diese Publikation in der Deutschen Nationalbibliografie; detaillierte bibliografische Daten sind im Internet über http://dnb.d-nb.de abrufbar.

Springer Gabler

Lektorat: Ulrike Loercher
Springer Gabler ist ein Imprint der eingetragenen Gesellschaft Springer Fachmedien Wiesbaden GmbH und ist ein Teil von Springer Nature.
Die Anschrift der Gesellschaft ist: Abraham-Lincoln-Str. 46, 65189 Wiesbaden, Germany

Vorwort zur zweiten Auflage

Knapp zwei Jahre sind seit der ersten Auflage des vorliegenden Sammelbandes zum Thema E-Sport vergangen und die offenkundigste Neuerung betrifft den Titel bzw. die Schreibweise: Nur wenige Tage nach Redaktionsschluss der ersten Auflage verkündete der Duden im Januar 2020, dass der elektronische Sport in Deutschland fortan als E-Sport bezeichnet werden soll (exemplarisch: GamesWirtschaft, 2020). Für die Neuauflage folgen wir dieser Notation nun.

Mehr als jedes andere Ereignis hat die Corona-Pandemie diese beiden Jahre geprägt und dabei natürlich auch den E-Sport beeinflusst. So stellte die Sponsorenvereinigung S 20 im Juni 2021 fest, dass der E-Sport „in Zeiten wie diesen […] gegenüber anderen Sportarten ein zusätzliches Ass im Ärmel" habe (Sponsors, 2021). Die Position des DOSB gegenüber dem E-Sport hat sich hingegen nicht verändert. Das IOC spricht sich ebenfalls weiterhin gegen eine Aufnahme von E-Sport-Disziplinen in den Kanon der Olympischen Spiele aus. Dies hielt es jedoch nicht davon ab, vor den Olympischen Spielen 2021 in Tokio eine Olympic Virtual Series anzusetzen, in der allerdings ausschließlich Pendants olympischer, physischer Sportarten aufgenommen wurden, aber keine einzige originäre E-Sport-Disziplin.

Ziel dieses Buchs war von Beginn an, einen Beitrag zu einem tieferen Verständnis des E-Sports in seiner gesamten Vielfältigkeit zu leisten. Diesem Anspruch folgend haben wir ein neues Kapitel aufgenommen: Das Interview mit Marlies „Maestra" Brunnhofer beleuchtet Fragen nach Sexismus und der Rolle der Geschlechter im E-Sport. Alle weiteren Kapitel wurden teils umfassend aktualisiert und überarbeitet, wofür wir allen Autorinnen und Autoren herzlich danken. Weiterhin gilt unser Dank Eva Weis für die großartige Unterstützung bei der Erstellung des Skripts.

Literatur

GamesWirtschaft. (2020). E-Sport: Die korrekte Schreibweise laut Duden. https://www.gameswirtschaft.de/sport/e-sport-esports-duden-schreibweise/. Zugegriffen am 19.10.2021.

Sponsors. (2021) Esport: gekommen, um zu bleiben. https://www.sponsors.de/news/gast-beitraege/esport-gekommen-um-zu-bleiben. Zugegriffen am 19.10.2021.

Heidelberg, Deutschland   Markus Breuer
März 2022   Daniel Görlich

Vorwort zur ersten Auflage

Die anhaltende Diskussion um die Anerkennung von eSport[1] als Sport treibt gelegentlich seltsame Blüten. So unterscheidet der Deutsche Olympische Sportbund (DOSB) zwischen „Sport", „virtuellen Sportarten" und „eGaming" (s. Abb. 1) und setzt damit dem etablierten, aber nicht klar abgegrenzten Begriff „eSport" eigene Begrifflichkeiten entgegen. Ein vom DOSB in Auftrag gegebenes Rechtsgutachten (Fischer, 2019) kam im August 2019 zu dem erwarteten und sicherlich erwünschten Ergebnis, dass eSport kein Sport wäre, weil der Sport-Begriff „durch die langjährige Rechtsprechung im traditionellen Sinne der Anforderungen an die Körperlichkeit konkretisiert" sei. Anscheinend nicht erwartet war jedoch die Schlussfolgerung desselben Gutachtens, dass die „vom DOSB befürwortete Unterscheidung zwischen virtuellen Sportarten (…) und dem als e-Gaming bezeichneten restlichen Bereich (…) rechtlich nicht belastbar" sei. Der DOSB distanzierte sich daraufhin umgehend von diesem, selbst in Auftrag gegebenen Gutachten. So erklärte die DOSB-Vorstandsvorsitzende Veronika Rücker gegenüber dpa: „Eine Überprüfung der inhaltlichen, vom DOSB vorgeschlagenen Unterteilung in virtuelle Sportarten und eGaming war nicht Auftrag des Gutachtens" (vgl. Wenck & Beils, 2019). Der Präsident des eSport-Bundes Deutschland (ESB), Hans Jagnow, urteilte daraufhin: „Das ist das Ende von eGaming als realitätsferne Wortschöpfung zur Spaltung der E-Sport-Bewegung." Ähnlich äußerte sich Felix Falk, Geschäftsführer des Bundesverbandes der deutschen Games-Branche (game): „Das Auftragsgutachten des DOSB macht klar: Die Einheit des E-Sports ist nicht verhandelbar" (Wenck & Beils, 2019).

Mitten in diesem andauernden Kampf um die Deutungshoheit erscheint uns die Zeit gekommen, den durchaus zahlreichen und teilweise widersprüchlichen Positionen, Sichtweisen und Interpretationen Gehör zu verschaffen. In diesem Buch möchten wir nicht etwa Perspektiven gegeneinander aufwiegen und die Frage nach dem Status des eSports

---

[1] Erst nach Redaktionsschluss zum Jahresende 2019 veröffentlichte die Duden-Redaktion ihre Festlegung der Schreibweise „E-Sport". In den deutschen Medien wurde ab dem 22. Januar 2020 darüber berichtet; die Reaktionen fielen insbesondere in der E-Sport-Community unterschiedlich aus. Die neue Schreibweise konnte zumindest in der ersten Auflage noch nicht berücksichtigt werden.

Abb. 1 Differenzierung des DOSB zwischen „virtuellen Sportarten" und „eGaming" in Abgrenzung zum eSport-Begriff (DOSB, 2018)

abschließend klären – vielmehr möchten wir den wortführenden Organisationen und Verbänden ebenso wie eSport-Unternehmen und Betroffenen wie z. B. Sportvereinen und eSportlern gleichberechtigt Raum für ihre jeweiligen Argumente und Meinungen lassen. Einige Kapitel dieses Buches wurden von Vertretern der jeweiligen Organisationen selbst verfasst, z. B. vom game-Verband, der Electronic Sports League (ESL) oder dem TSV Oftersheim, Deutschlands erstem Amateursportverein mit eSport-Abteilung (TSV Oftersheim, 2017). Andere Kapitel beschäftigen sich mit Aspekten des eSports wie z. B. dessen wirtschaftlicher Perspektive, rechtlichen Aspekten oder der medialen Rezeption von eSport. Doch auch diejenigen, die eSport selbst betreiben und fördern, erhalten in diesem Buch Raum für ihre Perspektiven. So wurde das Kapitel über den Kundenwert für den eSport von Bakr „KinGSaicx" Fadl geschrieben, der bereits 2007 von der ESL als „Team Manager of the Season" geehrt wurde (ESL, 2007).

Mit dem hier vorliegenden Buch hoffen wir einen Beitrag zu einem tieferen Verständnis des Themas eSport in seiner gesamten Vielfältigkeit zu leisten – denn die Frage nach dem Status des eSports ist schon längst keine rein akademische oder rein politische Frage mehr, sondern betrifft ganz real und manchmal tagtäglich Millionen von Spielern und eSportlern ebenso wie hunderte Vereine und Unternehmen.

Aus Gründen der besseren Lesbarkeit verwenden wir in diesem Buch überwiegend das generische Maskulinum. Dies impliziert immer beide Formen, schließt also die weibliche Form mit ein.

Literatur

DOSB. (2018). DOSB und „ESPORT" – Position des DOSB. 04.12.2018. https://www. dosb.de/ueber-uns/esport/. Zugegriffen am 01.11.2019.

ESL. (2007). ENC 2007 – KinGSaicx: „Wir wollen gewinnen!". https://play.eslgaming. com/news/40118/ENC-2007-KinGSaicx-Wir-wollen-gewinnen-/. Zugegriffen am 01.11.2019.

Fischer, P. (2019). Rechtsfragen einer Anerkennung des e-Sports als gemeinnützig. Gutachten, erstellt für den Deutschen Olympischen Sportbund (DOSB). 10.08.2019. https://cdn.dosb.de/user_upload/www.dosb.de/uber_uns/eSport/Gutachten_eSport. pdf. Zugegriffen am 01.11.2019.

TSV Oftersheim. (2017). ESPORT. https://www.tsv-oftersheim.de/sport/esport/. Zugegriffen am 01.11.2019.

Wenck, B., & Beils, M. (2019). Deutscher Olympischer Sportbund – Gutachten: E-Sport ist kein Sport. dpa-Pressemitteilung, 27.08.2019. https://www.zdf.de/nachrichten/ heute/gutachten-e-sport-ist-kein-sport-100.html. Zugegriffen am 01.11.2019.

Heidelberg, Deutschland   Markus Breuer
Januar 2020   Daniel Görlich

Inhaltsverzeichnis

Über die Herausgeber

Markus Breuer studierte Betriebswirtschaft und Volkswirtschaft und promovierte am Institut für Sportwissenschaft der Universität Jena. Seit 2014 ist er Professor an der Fakultät für Wirtschaft der SRH Hochschule Heidelberg. Seine Forschungsschwerpunkte liegen unter anderem in der wirtschaftswissenschaftlichen Analyse des E-Sport und der Frage danach, inwieweit E-Sport öffentlich gefördert werden kann bzw. sollte.

Daniel Görlich studierte Informatik und Psychologie und promovierte zum Thema Mensch-Maschine-Interaktion. Er ist Professor für Virtuelle Realität und Videospielentwicklung an der SRH Hochschule Heidelberg und Vertreter seiner Hochschule beim game-Verband. Seine Forschung beschäftigt sich mit modernen und zukünftigen Formen der Interaktion zwischen Menschen und Technik mit all ihren, auch gesellschaftlichen Implikationen. So unterrichtet er unter anderem Softwareentwicklung und wissenschaftliches Arbeiten mit Schwerpunkt auf der Entwicklung und Gestaltung virtueller Welten.

Elektronischer Sport – Historische Entwicklung und aktuelle Fragestellungen

Daniel Görlich und Markus Breuer

Zusammenfassung

Bis heute gibt es keinen Konsens darüber, was der Begriff E-Sport alles umfasst. E-Sport ist jung: Erst allmählich bildet sich in Deutschland eine Infrastruktur heraus, werden Ligen und Vereine gegründet. Dieses Kapitel gibt zum Einstieg einen Überblick über die historische Entwicklung von Videospielen und E-Sport, beschäftigt sich mit dem Begriff des „elektronischen Sports" und mit der Gretchenfrage, ob E-Sport denn nun Sport sei oder nicht. Zuletzt gibt es einen Ausblick auf die folgenden Kapitel dieses Buches.

1.1 Zum Begriff des elektronischen Sports

Die Frage, an der sich aktuell die Geister scheiden, ob nämlich E-Sport als Sport zu betrachten sei oder eben nicht, ist von zentraler Bedeutung für die weitere Entwicklung des E-Sports als Sport, als Markt und als Kulturgut. Von ihr hängen die großen Entscheidungen ob, zum Beispiel, ob E-Sport irgendwann olympische Disziplin werden kann. Aber auch kleinere Entscheidungen hängen von ihr ab, z. B. diejenige, welche Förderinstrumente zukünftig auf E-Sport angewandt werden könnten, oder diejenige, ob und welche Sportvereine E-Sport-Disziplinen in ihr Angebot aufnehmen können, ohne bspw. in Konflikte mit Verbänden oder auch dem Finanzamt zu geraten.

Das erstmalige Erscheinen des Begriffes E-Sport lässt sich nach (Wagner 2006, S. 1) auf die 1990er-Jahre datieren und tritt damit rund 20 Jahre nach der Entwicklung der

D. Görlich (✉) · M. Breuer
SRH Hochschule Heidelberg, Heidelberg, Deutschland
E-Mail: daniel.goerlich@srh.de; markus.breuer@srh.de

© Springer Fachmedien Wiesbaden GmbH, ein Teil von Springer Nature 2022
M. Breuer, D. Görlich (Hrsg.), *E-Sport*,
https://doi.org/10.1007/978-3-658-36079-5_1

ersten Multiplayer-Games in Erscheinung. Eine populäre, wenn auch schon einige Jahre alte Definition bezeichnet E-Sport als „das wettbewerbsmäßige Spielen von Computer- oder Videospielen im Einzel- oder Mehrspielermodus" (Müller-Lietzkow 2006, S. 102). Diese Abgrenzung soll auch im vorliegenden Kontext genutzt werden. Hier sind vor allem die folgenden Punkte zu beachten:

- Die Betonung des Wettbewerbsaspektes führt dazu, dass so genannte Casual Gamer, die digitale Spiele nur in geringem Maße und nur zum individuellen Zeitvertreib nutzen, unberücksichtigt bleiben. Der Wettbewerbscharakter offenbart sich in der Regel durch den Leistungsvergleich mit anderen, menschlichen Spielern. Daneben kann bspw. ein Training im Sinne eines gezielten Spielens, um die eigenen Fähigkeiten zu verbessern, als typisch für E-Sport angesehen werden.
- Das Einfordern von Kompetitivität impliziert, dass bestimmte Spiele nicht E-Sport sein können, offensichtlich bspw. dann, wenn die Spieler nicht im Wettbewerb zueinander stehen. Daneben sind insbesondere Online-Rollenspiele (MMORPGs) zu hinterfragen: Weil bei ihnen weniger klar definierte Zielstellungen anzutreffen sind, sind bspw. Turniere dort nur schwer umsetzbar.
- Berücksichtigt werden explizit Computer- und Videospiele, aber seit einigen Jahren ebenfalls Mobile Games, auch wenn die technischen Plattformen dafür andere sind.
- Der Einbezug von Einzel- und Mehrspielermodi bedeutet, dass sowohl solche Spiele erfasst werden, bei denen Spieler einzeln gegeneinander antreten, als auch solche, bei denen mehrere Spieler direkt miteinander oder sogar Mannschaften im Wettbewerb zueinander stehen.

Zusammengefasst kann zur Abgrenzung zwischen E-Sport und der allgemeinen Nutzung von digitalen Spielen festgehalten werden: Jede Art von E-Sport setzt, wie oben aufgelistet, die Nutzung digitaler Spiele voraus. Umgekehrt stellt bei weitem nicht jede Nutzung dieser Medien eine Form des E-Sports dar.

Die nachfolgenden Unterkapitel stellen die wichtigsten Entwicklungsschritte von den ersten digitalen Spielen bis in das 21. Jahrhundert vor. Ziel ist es, eine gemeinsame Basis für die Analyse des Status quo für die anschließenden Unterkapitel 1.3 und 1.4 zu schaffen, die sich mit konkreten Game-Genres und dem Marktvolumen des E-Sport beschäftigen, zu schaffen. Unterkapitel 1.5 leitet daraus verschiedene offene Fragen ab und skizziert, welche davon im vorliegenden Sammelband untersucht werden.

1.2   Eine kurze Geschichte des E-Sports

1.2.1   Erfindung, Aufstieg und erste Krisen – Computer- und Videospiele bis in die 1980er-Jahre

Der Beginn der Entwicklung digitaler Spiele kann bis in die 1940er-Jahre zurückverfolgt werden. Das vielleicht erste Videospiel, wenn man es so nennen will, war das von den

Physikern Thomas T. Goldsmith Jr. und Estle Ray Man entwickelte Cathode Ray Tube Amusement Device, für das sie im Januar 1947 ein Patent beantragten. Während man in diesem Spiel Raketen auf nicht näher spezifizierte Ziele abfeuern musste, ist das durch den Physiker William Higinbotham entwickelte Tennis for Two, das mit Hilfe eines Oszilloskops gespielt wurde, das erste Videospiel, das sich an einer real existierenden Sportart orientierte. Das erste Spiel für digitale Computer, Spacewar!, entstand 1961 und wurde von Studenten des MIT entwickelt (Hans-Bredow-Institut 2006, S. 56). Zugang zu diesen frühen Spielen hatten allerdings nur Angehörige von Hochschulen und anderen Forschungseinrichtungen. Bis zum Entstehen eines kommerziellen Marktes sollten mehr als zehn weitere Jahre vergehen.

Erst ab den späten 1960er-Jahren gelang den Videospielen der Sprung von den Großrechnern in den Alltag. 1966 ersann Ralph Baer die erste Spielkonsole, während der Entwicklung als „Brown Box" und ab dem Release durch die Firma Magnavox als „Magnavox Odyssey" bezeichnet. Wirklich erfolgreich wurde aber erst PONG, ein dem Tischtennis nicht ganz unähnliches Spiel, das im August 1972 von Atari erstmals als Spielautomat in einer Gastwirtschaft aufgestellt wurde – mit überragendem Erfolg, denn innerhalb weniger Tage war der Münzspeicher voll.

Während der so genannten Goldenen Jahre der Arcade Games, 1978–1982, etablierten sich Münzautomaten immer stärker. Sie erreichten zwar nie ähnliche Beliebtheit wie Billard oder Flipper, waren aber trotzdem ein Milliardengeschäft. Dies wurde ermöglicht durch den Aufstieg der Spielhallen (Schröter 2014, S. 344), also stationärer Einrichtungen, in denen vor allem Kinder und Jugendliche Spielautomaten nutzten. Die Betreiber der Spielhallen kauften die Automaten direkt von den Herstellern und die Spieler zahlten für jeden Versuch per Münzeinwurf. In Deutschland haben Spielhallen bis heute nie die Popularität der Einrichtungen in anderen Ländern erreicht – hierzulande ist der Zutritt erst ab 18 Jahren erlaubt.

Zwar wurde im gleichen Zeitraum auch die zweite Generation der Spielkonsolen beliebter, die erstmals dank integrierter Mikroprozessoren Spiele nicht mehr in Form von elektrischen Schaltungen, sondern in Form von Software ausführen konnte, wodurch Nutzer sich für ihre bereits gekaufte Konsolen auch neue Spiele hinzukaufen konnten; aufgrund der technischen Restriktionen waren allerdings bis 1983 die Automatenspiele, die Arcade Games, vorherrschend. Dabei handelte es sich um vergleichsweise simple Geschicklichkeitsspiele, die einfach zu erlernen, aber schwer zu meistern und deshalb prädestiniert für den Einsatz in Spielautomaten waren (Schröter 2014, S. 344). Man sollte an dieser Stelle auch festhalten, dass Spielen am Automaten gerade für Kinder und Jugendliche häufig eine gemeinsame, gesellige Freizeitaktivität war, die manchmal schon Wettbewerbscharakter aufwies: Spieler traten nacheinander oder an typgleichen Automaten auch nebeneinander gegeneinander an, wurden angefeuert und wurden umjubelt, wenn sie die bisherige Highscore übertrafen.

Typische Hersteller dieser Zeit waren das amerikanische Unternehmen Atari und das japanische Nintendo, das 1979 durch den Verkauf von münzbetriebenen Arcade-Automaten erstmals versuchte, wirtschaftlich in den USA Fuß zu fassen. Nachdem Nintendos erste Versuche mit dem Verkauf des in Japan beliebten Spiels Radar Scope wenig erfolgreich waren, gelang mit Donkey Kong ab 1981 der Durchbruch (Astinus 2015).

Zu jener Zeit erlebte der Markt für Videospiele auch bereits seine erste Krise: 1983 folgte der legendäre Video Game Crash, ausgelöst durch eine Übersättigung des Marktes mit verschiedensten Konsolen und Spielen, die großenteils weder qualitativ überzeugten noch die teilweise überzogenen Gewinnerwartungen erfüllen konnten. Von dem massiven Einbruch der Verkäufe auf dem US-amerikanischen Markt sollten selbst etablierte Hersteller wie bspw. Atari sich in der Folge wirtschaftlich nicht erholen. Auf Europa und Japan hatte der Video Game Crash dagegen kaum Auswirkungen: Der europäische Markt war bereits von Heimcomputern dominiert; der japanische Markt verfügte über eigene Geräte wie das Famicom von Nintendo (Beil 2013, S. 11; Schröter 2014, S. 344). Diese Famicon, die in Europa unter dem Namen Nintendo Entertainment System (NES) vertrieben wurde und Nintendos erste Konsole war, die außerhalb Japans verkauft wurde, war es auch, die die Entwicklung der digitalen Spiele bis heute maßgeblich beeinflusst hat (Byrne 2019, S. 2): In den USA war das NES Marktführer im Bereich der 8-Bit-Konsolen und hatte zwischenzeitlich einen Marktanteil von fast 90 %. Diese Dominanz basierte im Wesentlichen auf dem Image des Konzerns bei seinen Kunden – Nintendo war der Inbegriff des Heimvideospiels – und auf einer aggressiven Politik, nach der Händler, die Konkurrenzprodukte führten, nicht beliefert wurden (Walter 2001, S. 48 f. sowie die dort angegeben Quellen).

Bereits zu jener Zeit war es möglich, dass die Spieler auch an Konsolen nicht nur gegen die Software antraten, sondern sich mit menschlichen Mitspielern maßen, was aber selten genutzt wurde und kaum an das Erlebnis des gemeinsamen Spielens in einer Spielhalle heranreichte. Die Restriktionen der Technik ermöglichten zudem nur das gemeinsame Spielen an einem Ort wie z. B. im Wohnzimmer. Exemplarisch kann auf das NES hingewiesen werden: Mit Hilfe eines Adapters konnten bis zu vier Personen mit- oder gegeneinander spielen, wobei jedoch nur ein NES und der angeschlossene Fernseher genutzt wurden.

Als zunächst noch schwache Konkurrenz gab es auch vor dem Video Game Crash 1983 schon frühe Heimcomputer, für die Spiele programmiert wurden: Mit noch heute legendären Herstellern wie Apple, Commodore und Amiga begannen die Heimcomputer jedoch in den 1980er-Jahren gegenüber den Spielhallen an Bedeutung zu gewinnen – eine Entwicklung, die auch Atari mit eigenen Heimcomputern maßgeblich mit vorantrieb. Der 1981 erschienene IBM PC war – zumindest für Gamer – über viele Jahre noch weitgehend unbedeutend und sollte sich erst in den 1990er-Jahren durchsetzen.

Und nicht zuletzt gab es bereits in den 1970er- und 1980er-Jahren auch schon erste virtuelle Welten, die über Hochschulnetze und das Internet zugänglich waren – zumindest für diejenigen, die das Internet damals schon nutzen konnten. Erste Massively Multiplayer Online Role-Playing Games (MMORPGs) tauchten auch schon Mitte der 1980er-Jahre auf, wobei „massiv" hier natürlich dutzende oder bestenfalls hunderte Spieler bezeichnete und nicht, wie heute üblich, mehrere Millionen.

1.2.2   Die technologische Entwicklung in den 1990er-Jahren

Die Entwicklung des elektronischen Sports ist untrennbar mit dem Aufkommen von Multiplayer-Spielen wie Doom verbunden. Doom stellte bei der Veröffentlichung am 10. Dezember 1993 gleich in mehrfacher Hinsicht eine Zäsur dar: Zum einen konnte das Spiel als Shareware-Version kostenlos heruntergeladen werden. Dies erleichterte nicht nur den Zugang zum Spiel, sondern stellte gleichzeitig ein Argument für die Anschaffung eines Modems dar. Zum anderen setzte das Spiel mit seiner „perfektionierten Kameraperspektive" neue Maßstäbe und sorgte für eine bis dahin unerreicht „glaubwürdige Spielillusion" (Wiemken 2001, S. 63). Schließlich stand den Spielern neben dem Singleplayer- auch ein Multiplayer-Modus zur Verfügung, der verschiedene Optionen bereithielt: Die Akteure konnten ihre Rechner u. a. mittels einer seriellen Verbindung zwischen den Computern (räumlich begrenzt), über eine LAN-Verbindung (ebenfalls räumlich begrenzt) oder über das Internet (ohne räumliche Restriktionen) miteinander verbinden (Wiemken 2001, S. 65; Wimmer et al. 2008, S. 151). LAN-Partys, also Veranstaltungen, bei denen die Teilnehmer ihre eigenen Computer mitbrachten, um an einem gemeinsamen Treffpunkt gegeneinander zu spielen, waren vor allem bei männlichen Jugendlichen beliebt und sorgten für „kilometerweite PC-Transporte" (Wolf 2013, S. 15). Vor diesem Hintergrund wurde Doom damals wie heute als Meilenstein der Computer- und Videospielgeschichte bezeichnet (Müller-Lietzkow et al. 2006, S. 28). Ungeachtet seiner Bedeutung wurde Doom in Deutschland lange Zeit weniger als ein Kulturgut denn als Gefährdung der Jugend angesehen: Nach seiner Indizierung im Mai 1994 durfte Doom weder an Minderjährige verkauft noch in der Öffentlichkeit beworben werden, was seiner Beliebtheit aber womöglich eher nutzte als schadete. Erst im Jahr 2011 wurde die Indizierung aufgehoben (Spiegel 2011). Doom ist seither ab 16 Jahren freigegeben.

Nicht zuletzt durch die Entwicklung der grafischen Möglichkeiten kam es in den 1990er-Jahren zu einer stärkeren Ausdifferenzierung des Marktes. Während Nintendo sich selbst und den Entwicklern strenge inhaltliche Auflagen auferlegte, beförderte Sega bewusst das Image eines Labels für ältere Spieler. Exemplarisch kann auf den Titel Mortal Combat verwiesen werden, der auf Nintendo-Konsolen in einer „entschärften" Version erschien, während sich Sega bewusst für eine Veröffentlichung des Originals und die anschließende Kontroverse entschied (Rauscher 2011, S. 139). Mit der Einführung der Playstation anno 1994 verstärkte sich die Aufspaltung des Marktes weiter: Neben den angesprochenen Gewaltdarstellungen ermöglichten eine wachsende Komplexität der Spiele und neue grafischen Möglichkeiten wie die Einbindung von Filmsequenzen das Erschließen neuer, erwachsener Zielgruppen (Beil 2013, S. 10). Der Sony-Slogan „It's not a game" zeigt in eine ähnliche Richtung.

Neben der Entwicklung der Spiele stellte die wachsende Verfügbarkeit von günstiger werdenden Internetanschlüssen einen zentralen Faktor für die wachsende Popularität des E-Sports dar. Die Verbreitung des Internets und die Konzeptionierung neuer Vertriebsmodelle für Filme (z. B. Video-on-Demand) führte dazu, dass die Bandbreiten, die mittels der bereits verfügbaren ISDN-Anschlüsse ermöglicht werden konnte, als nicht mehr ausreichend angesehen wurden. Erster Anbieter von DSL-Anschlüssen war ab 1999 die Deutsche Telekom (Sjurts 2011, S. 685). Gleichwohl waren einige Jahre zur Verbreitung dieser Innovation notwendig: Während im Jahr 2003 nur 17 % der deutschen Haushalte über einen Breitbandanschluss verfügten, waren es nur fünf Jahre später bereits 73 % (Scherberich 2017, S. 80).

1.2.3 Boom und erste Rückschläge in den 2000er-Jahren

In Deutschland kann das Jahr 2000 als weitere Zäsur im E-Sport angesehen werden: Mit der Gründung der Electronic Sports League (ESL) wurde eine professionelle Basis geschaffen (spox.com 2008). Hinter der ESL steht das Kölner Unternehmen Turtle Entertainment, das von Beginn an eine Mischstrategie umsetzte und nicht nur als Betreiber von Ligen agierte, sondern auch Live-Events ausrichtete. Die Vermarktung erfolgte von Beginn an online über den unternehmenseigenen WebTV-Kanal. Gleichwohl war die Öffentlichkeitswirkung der Übertragungen in den ersten Jahren gering und Zuschauerzahlen im lediglich dreistelligen Bereich waren nicht ungewöhnlich (Hamann 2010).

Bereits im Jahr 2000 war in Südkorea der nationale E-Sport-Verband KeSPA (Korean e-Sports Assocation) gegründet worden. In Deutschland entstanden erst 2003 der Deutsche E-Sport Verband (DeSpV) und dann 2004 der Deutsche E-Sport Verband e. V. (DeSV). Beide fusionierten im Dezember 2004 zum Deutschen eSport-Bund (esb). Dessen Ziele waren die Schaffung klarer Strukturen, die den elektronischen Sport für Außenstehende interessant und für Investoren attraktiv machen, der Aufbau eines allgemeinen Regelwerks bspw. bezüglich Spielertransfers sowie die Festlegung von Qualitätsstandards (Breuer 2011 sowie die dort angegebenen Quellen). Zu seinen Mitgliedern gehörten neben der ESL unter anderem auch Clans und einzelne Spieler.

Insbesondere die mittleren 2000er-Jahre zeichnen sich durch eine starke Professionalisierung des E-Sports aus, was vor allem die Ligen und Turniere betraf. Das in regelmäßigen Abständen herausgegebene „eSports Book" trug in der „Edition 2007" den Untertitel „Das Jahr des Aufbruchs". Auf dem Klappentext ist zu lesen: „Die virtuelle Zukunft hat jetzt begonnen: eSport (elektronischer Sport) begeistert mittlerweile Millionen Menschen auf der ganzen Welt. Tausende Fans pilgern zu den coolen Großevents, wie dem Electronic Sports World Cup, um dort das Computerspielen auf höchstem Niveau zu erleben" (Topalov 2007). Bemerkenswert an diesem Auszug sind mindestens die beiden folgenden Aspekte: Zum einen spricht der Verfasser explizit nur von Computerspielen und verliert kein Wort über Konsolen oder Handys. Zum anderen fällt auf, dass die Abkürzung „eSport" noch nicht einfach für sich steht, sondern ausgeschrieben wird.

Wie auf neuen Märkten üblich kam es auch im E-Sport zu häufigen Umbrüchen, in deren Folge Anbieter (Ligen- und Turnierbetreiber) aus dem Markt ausschieden bzw. neugegründet wurden. Populäre Beispiele für Marktaustritte sind die eSport Bundesliga (eSportBL), die NGL One sowie die World Cyber Games, die lange Jahre das wichtigste globale Turnier darstellten, an dem bspw. im Jahr 2009 noch Teams aus 63 Staaten teilgenommen hatten (Breuer 2011, S. 80). Das Jahr 2009 kann schließlich als Einschnitt in die globale E-Sport-Struktur angesehen werden: Durch Gesetzes-änderungen in Südkorea und die globale Bankenkrise verringerten sich die Zahlungs-bereitschaft der Sponsoren und folglich das global ausgeschüttete Preisgeld von 6,4 Mio. US-Dollar im Jahr 2008 auf nur noch 3,5 Mio. US-Dollar (-45 %) in 2009 (Newzoo 2015). Der Rückzug von Sponsoren traf den organisierten E-Sport dieser Jahre besonders hart, da Sponsoreneinnahmen den mit Abstand größten Teil seiner Gesamt-einnahmen darstellten (Breuer und Görlich 2018, S. 279). Auch seitens der Organisation ergaben sich Änderungen: Nach dem Ausscheiden seines Vorstandsvorsitzenden Frank Sliwka verlor der esb zunehmend an Bedeutung.

1.2.4 Die 2010er-Jahre: Aufbruchsstimmung

Die Anzahl der in Deutschland angemeldeten DSL-Anschlüsse übertraf 2008 erstmals die Marke von 20 Millionen. Seitdem sind die Werte annähernd konstant geblieben; in den folgenden zehn Jahren bis 2018 konnte nur ein geringes Wachstum auf 25 Millionen be-obachtet werden (Statista 2019a, b, c), so dass im Vergleich zu den Wachstumsraten der frühen 2000er-Jahre von einem weitgehend gesättigten Markt gesprochen werden kann. Günstige, schnelle Internetzugänge stellen in den letzten Jahren somit keine Zutritts-schranke mehr dar.

Mit der Verfügbarkeit von schnellen Internetzugängen stiegen natürlich auch die Mediennutzung und die Qualität der angebotenen Services, wodurch der E-Sport in Deutschland ein breiteres Publikum erreichen konnte – denn in den etablierten Medien, im Fernsehen und selbst in Sportzeitschriften, war Sport so gut wie gar nicht präsent. Eine tragende Säule seines Aufbruchs in den 2010er-Jahren wurde daher die Live-Streaming-Plattform Twitch, die im Juni 2011 in einer Beta-Version online ging, 2013 bereits 45 Millionen Zuschauer erreichte (Truong 2014) und im darauffolgenden Jahre für 970 Millionen Euro von Amazon übernommen wurde – eine Erfolgsgeschichte, die auf der Spezialisierung von Twitch beruhte, das von Anfang an ausschließlich für Video-spiel- und E-Sport-Übertragungen gedacht war. Grundsätzlich darf jeder bei Twitch re-gistrierte Nutzer einen eigenen Kanal erstellen, aber es gibt auch zahlreiche professio-nelle Angebote wie beispielsweise ESL TV, den Sender der Electronic Sports League. Inzwischen können im Umfeld von Twitch Zahlen beobachtet werden, die in Deutsch-land sonst nur im Profi-Fußball bekannt sind: So sicherte sich Twitch Anfang 2018 zwei Jahre Streaming-Rechte für die Overwatch League für mindestens 90 Millionen US-Dollar (Fischer 2018) – die genaue Summe ist nicht bekannt.

Ebenfalls in den 2010er-Jahren entdeckten die Clubs der Fußball-Bundesliga den E-Sport für sich. First-to-market war 2015 der VfL Wolfsburg mit seinem eigenen FIFA-Team. Interessant an diesem Engagement ist die Tatsache, dass die Wolfsburger eine weitestgehend eigene Vermarktung ihrer E-Sport-Abteilung umsetzen. Dies beinhaltet neben einem eigenen Logo und eigenen Sponsoren auch eine individuelle, E-Sport-spezifische Facebook-Seite (https://de-de.facebook.com/vflwolfsburgesport/) und einen Twitter-Kanal (https://twitter.com/vflesport, seit Februar 2019 aktiv). Das Engagement des FC Schalke 04 ist aus zwei anderen Gründen erwähnenswert: Einerseits bauten die Schalker nicht sukzessiv eine eigene Mannschaft auf, sondern kauften ein bestehendes Team. Andererseits ist Schalke bis heute einer der wenigen Profisportclubs, der sich abseits von Sportsimulationen engagiert (hier: League of Legends) (Schilling 2016). Im Sommer 2021 zog sich der Club jedoch aus der höchsten europäischen League-of-Legends-Liga zurück und veräußerte seine Lizenz für 26,5 Mio. EUR. Als Gründe wurden die Auswirkungen der Corona-Pandemie und die sportliche Entwicklung (Abstieg aus der Bundesliga) genannt (Spiegel Online 2021).

Als wesentlicher Meilenstein ist auf jeden Fall die Gründung des E-Sport-Bundes Deutschland (ESBD) am 26. November 2017 durch 20 Amateur- und Profi-Teams sowie BIU (Bundesverband Interaktive Unterhaltungssoftware) und ESL zu nennen (Games-Wirtschaft 2017). Der ESBD wurde als gesamtdeutscher Spitzenverband für den E-Sport gegründet, was an und für sich bedeutsam ist, weil die Existenz eines solchen Spitzenverbandes eine der Voraussetzungen für die Anerkennung einer Sportart durch den Deutschen Olympischen Sportbund ist (DOSB 2018). Zu den selbstgesteckten Aufgaben des ESBD gehören laut seiner Satzung die Förderung des E-Sports in Deutschland, der Gedankenaustausch und Interessensausgleich mit allen Stakeholdern und vieles mehr, aber vor allem auch für den Sport typische Aufgaben wie etwa die Koordination von Ligen, die Zulassung von Schiedsrichtern, die Nachwuchsförderung und die Vermittlung von Werten im und durch den E-Sport (ESBD 2017). Im Sommer 2021 gehörten dem ESBD bereits 67 Organisationen, darunter 39 eingetragene Vereine an. Die jeweils aktuelle Liste ist unter dem folgenden Link einsehbar: https://esportbund.de/mitglieder/.

Im Frühjahr 2018 erreichte der elektronische Sport durch seine Berücksichtigung im Koalitionsvertrag zwischen CDU, CSU und SPD schließlich neue, bislang in Deutschland unbekannte Aufmerksamkeit. Konkret heißt es: „Wir erkennen die wachsende Bedeutung der E-Sport-Landschaft in Deutschland an. Da E-Sport wichtige Fähigkeiten schult, die nicht nur in der digitalen Welt von Bedeutung sind, Training und Sportstrukturen erfordert, werden wir E-Sport künftig vollständig als eigene Sportart mit Vereins- und Verbandsrecht anerkennen und bei der Schaffung einer olympischen Perspektive unterstützen" (Bundesregierung 2018). Die Aussage wurde vor allem seitens des organisierten Sports kritisiert, da hier die Autonomie des Sports als angegriffen angesehen wurde. Bis Sommer 2021 hat die Bundesregierung jedoch nur wenige konkrete Maßnahmen zur Umsetzung der Ziele auf den Weg gebracht, darunter Visa- und Einreiseerleichterungen für E-Sportler. Dies ist weniger verwunderlich, wenn man sich vor Augen führt, dass die eben zitierte Passage die einzige Erwähnung des E-Sports in einem Dokument von 175 Seiten darstellt. Dem vollmundigen Versprechen des Koalitionsvertrages keine Taten folgen zu lassen", kritisierte Daniel Luther, Präsident des E-Sport-Bund Deutschland (ESBD) 2021, sei jedoch „ein schweres Versäumnis für die nachhaltige Entwicklung des E-Sport- und Gaming-Standortes Deutschland". Tatsächlich antwortete das Innenministerium auf eine Anfrage der Grünen im Februar 2021: „Die Bundesregierung strebt für diese Legislaturperiode keine weiteren gesetzgeberischen Maßnahmen zur Förderung des E-Sports an" (Gameswirtschaft, 2021).

Der organsierte Sport in Form des DOSB hat den Koalitionsvertrag und das wachsende öffentliche Interesse am E-Sport seinerseits zum Anlass genommen, eine eigene Position zu formulieren und zu veröffentlichen. Neben der Unterscheidung des E-Sports in „virtuelle Sportarten" (Sportsimulationen) und „eGaming" (als Auffangkategorie für alle anderen Formen des elektronischen Sports) gab der Verband ein Gutachten in Auftrag, das „Rechtsfragen einer Anerkennung des eSports als gemeinnützig" klären sollte. Der DOSB weist selbst explizit darauf hin, dass das Gutachten nicht die Frage erläutert, ob E-Sport Sport sei (DOSB 2019). Im Ergebnis sieht sich der Deutsche Olympische Sportbund durch das Gutachten gestützt; es liefere zahlreiche Argumente, die die Argumentation des DOSB nachhaltig unterstütze: E-Sport erfülle „laut dem unabhängigen Gutachten aus rechtlicher Sicht nicht die Voraussetzungen, um als gemeinnützig anerkannt zu werden" (DOSB 2019).

Im Oktober 2019 startete schließlich der E-Sport-Bund Deutschland (ESBD) die erste Breitensport-Liga für E-Sport, die ESBD-Vereinsliga 2019/2020 mit zwölf Vereinen (GamesMarkt 2019). Damit erhofft sich der ESBD mehr Sichtbarkeit für den E-Sport, dessen Amateur-Community und die Vereine. Organisiert wird die Liga von der ESL und von Freaks 4U Gaming. Gespielt werden im Jahr 2021 Counter-Strike: Global Offensive, League of Legends, Rocket League und Starcraft II. – und weil alle Spiele Online-Turniere sind, werden diese live auf Twitch übertragen. Durch die Organisation eigener Turniere vollzieht der ESBD aus sportökonomischer Perspektive einen wichtigen Schritt der Annäherung an traditionelle Sportverbände.

1.2.5   Die frühen 2020er-Jahre

Sicherlich ist es vermessen, im Jahr 2021 die Entwicklung in den kommenden zehn Jahren in einem dynamischen Umfeld wie dem des E-Sports abschätzen zu wollen. Trotzden sollen an dieser Stelle drei Aspekte genannt werden, die den elektronischen Sport zu Beginn des neuen Jahrzehnts beeinflusst haben.

Zum einen möchte der game „Deutschland zum besten Esport-Standort machen" (game 2020) und betonte in diesem Kontext die Einzigartigkeit des E-Sports, wodurch der elektronische Sport vom Sport abgegrenzt wird. Auf politischer Ebene fordert der Verband weiterhin u. a. die Anerkennung der Gemeinnützigkeit von Vereinen mit E-Sport-Angeboten.

Die seit Ende 2021 regierende Ampelkoalition kommt dieser Forderung zumindest im Koalitionsvertrag auch nach, wenn davon gesprochen wird, den Games-Standort zu stärken und E-Sport gemeinnützig machen zu wollen (SPD/Bündnis 90/Die Grünen/FDP 2021, S. 121). Inwieweit dies umgesetzt wird, erscheint jedoch nach den Erfahrungen mit dem Koalitionsvertrag aus dem Jahr 2018 fraglich.

Schließlich ist zu erkennen, dass die Kombination aus professionellen Sportclubs (insbesondere im Fußball) und E-Sport noch nicht als gefestigt gelten kann. So wurde Mitte 2021 bekannt, dass sich Schalke 04 ab 2022 aus League of Legends zurückziehen wird und

seinen Spot bei der League of Legends European Championship für 26,5 Mio. EUR verkauft. Als Grund führt der Verein an, die Mittel für die „Stabilisierung des Kerngeschäfts",
also der Profi-Mannschaft, einsetzen zu wollen (Kicker 2021). Bereits 2020 haben sich andere Mannschaften wie Stuttgart und Bielefeld aus VBL Club Championship zurückgezogen
(Süddeutsche Zeitung 2020), während mit Borussia Dortmund eine Branchengröße im gleichen Jahr erstmals und nach langer Skepsis ein eigenes FIFA-Team vorgestellt hat.

1.3   Die wichtigsten E-Sport-Genres und -Games im Überblick

E-Sport-Events werden gerne als modernes Phänomen angesehen – dabei gibt es sie schon
fast ebenso lange, wie es Arcade Games und Spielkonsolen gibt. Mit etwas gutem Willen
kann man Space Invaders als erstes E-Sport-Game ansehen, denn bereits im November
1980 veranstaltete Atari den ersten großen Videospiel-Wettbewerb mit damals über-
wältigenden 10.000 Teilnehmern: Das Space Invaders Championship, das der 17-jährige
William Salvador Heineman gewann, der heute Rebecca Heineman heißt und mehrere
Game-Studios mitgründete, nämlich Interplay Productions, Logicware, Contraband Entertainment und Olde Sküül.

1990 war es Nintendo, das in einem fast einjährigen Wettbewerb, genannt Nintendo
World Championships, durch 29 US-amerikanische Städte tourte und in drei Altersklassen
mithilfe der Spieleklassiker Super Mario Bros., Rad Racer und Tetris die jeweiligen Sieger
ermittelte. Deren Preisgelder waren damals noch gering: 250 US-Dollar in lokalen Runden und 10.000 US-Dollar für die drei Gewinner in ihren entsprechenden Altersgruppen.
2015 – zum 25. Jahrestag – und 2017 wiederholte Nintendo den Wettbewerb.

Mit der zunehmenden Verbreitung von Internet, Multiplayer-Spielen und Online-
Gaming sowie ab Mitte der 1990er-Jahre auch von Ego-Shootern wurden Turniere häu-
figer und größer: Zu nennen wären beispielsweise die QuakeCon, die seit 1996 jedes
Jahr stattfindet. Mit der Professional Gamers League und der Cyberathlete Professional
League wurden 1997 zwei der ersten E-Sport-Ligen gegründet, die sich auf Strategie-
spiele und Shooter spezialisierten. Zu den damals bevorzugten Klassikern, die oder
deren Nachfolge-Titel teilweise auch heute noch gespielt werden, gehörten StarCraft,
Command & Conquer sowie Quake.

Im Folgenden sollen die für E-Sport wichtigsten Genres und ihre bedeutendsten Titel
in aller Kürze vorgestellt werden. Diese Auflistung kann und soll nicht vollständig sein,
weil trotz der vielen Klassiker, die teilweise schon seit Jahren und Jahrzehnten gespielt
werden, die Auswahl an Spielen immer mit der Zeit geht. Besonders bemerkenswert ist
daran, dass sich ab Mitte der 2000er-Jahre zwei neue Genres im E-Sport etablierten: Die
Massively Multiplayer Online Role-Playing Games (MMORPGs) wie z. B. World of Warcraft (WoW), für das es bspw. seit 2008 das alljährliche WoW Arena World Championship
gibt, und die Multiplayer Online Battle Arenas (MOBAs), d. h. Echtzeit-Strategiespiele,
bei denen zwei Teams gegeneinander antreten. Ab 2012 begann sich zudem ein weiteres

Genre zu entwickeln, genannt Battle Royale, das erst ab 2017 mit Spielen wie Player Unknown's Battlegrounds und Fortnite populär wurde.

- Fighting Games, zu Deutsch Kampf- oder abwertend „Prügelspiele", sind Actionspiele, in denen meist zwei Spieler gegeneinander antreten. In einem begrenzten Areal gilt es, den Gegner – meistens über mehrere Runden – zu besiegen. Bekannte Vertreter sind Street Fighter (ab 1987), Mortal Kombat (ab 1992), Tekken (ab 1995) und Super Smash Bros. (ab 1999). Da sich dieses Genre lange vor den 3D-Shootern etablierte, werden auch heute noch einige Fighting Games in klassischer 2D-Darstellung entwickelt, die an Arcade Games erinnert.
- Sportsimulationen gehören ebenfalls zu den frühesten Vertretern des E-Sports. Zu den Klassikern gehören dabei Madden NFL (ab 1988, Sportart: American Football), FIFA (ab 1993, Fußball) und NBA 2K (ab 1999, Basketball). Diese Spiele werden regelmäßig, meist jährlich, aktualisiert, um die aktuellen Ligen, Tabellen, Vereine, Spieler, Spielregeln etc. der real existierenden Vorbilder wirklichkeitsgetreu widerzuspiegeln.
- Zu den Sportsimulationen kann man zum Teil auch Autorennspiele bzw. Autorennsimulationen wie zum Beispiel Formel 1 oder kurz F1 (ab 1996) zählen. Allerdings sind Rennspiele nicht immer Sportsimulationen. Rennspiele bilden ein eigenständiges Computerspiel-Genre, das sich nicht an realen Vorbildern orientieren muss. Hierzu gehören insbesondere Need for Speed (ab 1994) und Gran Turismo (ab 1997). Gerade in den USA sind auch NASCAR-Spiele beliebt, wobei NASCAR für die National Association for Stock Car Auto Racing und Stock Car für modifizierte Großserienfahrzeuge steht. Diese Spiele, wie zum Beispiel iRacing (ab 2008), müssen von der NASCAR lizenziert werden.
- Echtzeit-Strategiespiele werden als RTS abgekürzt: Real-Time Strategy Games. Im Gegensatz zu rundenbasierten Strategiespielen müssen zwei oder mehr Spieler ihr strategisches Geschick unter Beweis stellen, klassischerweise, indem sie Armeen aufbauen und verwalten, Angriffe auf Gegner starten und Angriffe von Gegnern abwehren. RTS wurden ab Mitte der 1990er-Jahre populär und zum beliebtesten Videospielgenre nach den Ego-Shootern. Auch die ab Mitte der 2000er-Jahre zunehmend beliebten MMORPGs und MOBAs enthalten häufig RTS-Elemente.
- In Ego- oder First-Person-Shootern (kurz: FPS) erleben Spieler die virtuelle Welt durch die Augen ihrer Charaktere bzw. Avatare, die zumeist menschlich oder zumindest menschenähnlich sind. Zwar gab es erste Vertreter dieses Genres bereits sehr früh, z. B. Maze War (1973), Spasim (1974) und Battlezone (1980), aber die heute noch populären Vertreter entstanden erst in den 1990er-Jahren: Wolfenstein 3D (ab 1992), Doom (ab 1993), Quake (ab 1996), Half-Life (ab 1998), Unreal Tournament (ab 1999), Counter-Strike (ab 2000), Halo (ab 2001), Far Cry (ab 2004) und viele andere, so dass sich wiederum zahlreiche Unterklassen von Ego-Shootern ausdifferenzierten, beispielsweise Taktik- und Stealth-Shooter. Zudem werden Ego-Shooter-Elemente zunehmend mit anderen Genres vermischt, z. B. mit Rollen- oder Horrorspielen, oder in Spiele jener Genres integriert. Hohe Beliebtheit hatte ab 2016 auch das mehrfach ausgezeichnete Overwatch erreicht, ein Multiplayer-Ego-Shooter, in dem jeweils zwei Teams online gegeneinander antreten. Bis zum Redaktionsschluss dieses Buches Ende

2021 hatten jedoch zahlreiche Fehlentscheidungen bzgl. der Weiterentwicklung von Overwatch sowie Skandale rund um frauenfeindliche, sexistische und diskriminierende Unternehmenskultur beim Entwickler Blizzard Entertainment zu einer weltweiten Debatte geführt, ob Overwatch „sterben" würde. Gleichzeitig drängen immer wieder neue Vertreter des Genres auf den Markt, z. B. VALORANT von Riot Games (ab 2020) mit bereits 12 bis 15 Millionen aktiven Spielern pro Monat.

- MMORPGs sind Massive(ly) Multiplayer Online Role-Playing Games, also ausschließlich über das Internet spielbare Rollenspiele, deren Spielerzahl durch technische Limitierungen in den 1970er-Jahren noch auf wenige oder wenige Dutzend Spieler begrenzt war. Heutzutage haben ihre beliebtesten Vertreter mehrere Millionen aktive Spieler, wobei die angegebenen Zahlen pro Spiel variieren: The Elder Scrolls Online hatte Mitte 2017 circa 2,5 Millionen aktive Spieler, während World of Warcraft von über 12 Millionen im Jahr 2010 über schätzungsweise 7,1 Millionen aktive Spieler 2015 zuletzt auf wahrscheinlich unter 2 Millionen abgestürzt ist. Diese Spieler spielen – teilweise mit mehreren Charakteren – in einer persistenten virtuellen Welt, die also auch dann weiterexistiert und weitersimuliert wird, wenn die Spieler nicht online sind. Innerhalb dieser Welten bilden sich Gilden, Clans, Völker oder Fraktionen, die auch gemeinsam in Schlachten gegen andere Gruppierungen oder besonders starke computergesteuerte Gegner ziehen.
- Allgemein gibt es Massive(ly) Multiplayer Online Games (MMOs oder MMOGs) in zahllosen Varianten, also auch ohne Rollenspiel-Elemente. Ein beliebter Vertreter der MMOs ist World of Tanks (ab 2010), in dem die Spieler Schlachten mit historischen Panzern austragen.
- Multiplayer Online Battle Arenas (MOBAs) sind Action-RTS, in denen Spieler einzelne Charaktere steuern, aber meist Mitglieder eines Teams sind, das wiederum gegen typischerweise ein anderes Team antritt. Die Schauplätze sind zumeist weitgehend symmetrische Karten, so genannte Arenen. Ziel jedes Teams ist es, die gegnerische Basis einzunehmen oder zu zerstören bzw. das gegnerische Team auszuschalten. Im Gegensatz zu klassischen RTS kommen MOBAs ohne Anteile einer Aufbausimulation aus, d. h. die Basen müssen nicht erst aufgebaut werden, indem Ressourcen gesammelt, Technologien erforscht oder Einheiten gebaut werden. Beliebte Vertreter sind zurzeit League of Legends (seit 2009, kurz LoL oder League), Defense of the Ancients (2003, kurz DotA) zunächst als WoW-Map bzw. ab 2013 als eigenständiges Spiel, Smite (ab 2014) und Heroes of the Storm (ab 2015).
- Battle Royale ist ein relatives junges Genre, in dem eine große, aber überschaubare Anzahl Spieler – z. B. bis zu 100 – gegeneinander antritt. Der Spielbereich wird im Verlauf des Spiels immer kleiner, so dass es ultimativ darum geht, als letzter Spieler zu überleben. Es treten normalerweise also nicht zwei Teams gegeneinander an, sondern es spielt jeder gegen jeden. Seinen Durchbruch schaffte Battle Royale als Genre 2017 mit dem Spiel PlayerUnknown's Battlegrounds und dem im gleichen Jahr erschienenen Fortnite. Zusammen mit dem 2019 erschienenen Apex Legends sind sie die beliebtesten Battle-Royale-Spiele.
- Zuletzt soll auch noch auf digitale Sammelkartenspiele eingegangen werden, deren beliebtester Vertreter Hearthstone ursprünglich Heroes of Warcraft hieß und 2014 von

Blizzard Entertainment veröffentlicht wurde. Es handelt sich um ein rundenbasiertes Kartenspiel für zwei Spieler, das auch professionell als Turnier z. B. bei Blizzards offiziellen World Championships gespielt wird.

1.4 Marktvolumen und Marktentwicklung

Die Analyse eines Marktes (bzw. einer Branche) setzt dessen genaue Abgrenzung voraus, welche bspw. in den Dimensionen des Produkts, des Ortes und der Zeit erfolgen kann (siehe dazu bspw. Knieps 2008; Blum und Veltins 2005). Insbesondere die genaue Definition des Produkts kann nicht nur aufgrund seiner Vielfältigkeit, sondern auch im Sinne einer Abgrenzung im Fall des E-Sports problematisch werden: Sofern beispielsweise ein Konsument ein Videospiel kauft und dies zu Hause in unregelmäßigen Abständen nutzt, kann den gängigen Definitionen nach nicht von Sport ausgegangen werden, da es an der Wettbewerbsorientierung fehlt; wenn der gleiche Konsument jedoch mit einem anderen oder sogar dem gleichen Spiel regelmäßig an Turnieren teilnimmt, können diese Ausgaben durchaus dem E-Sport-Markt zugerechnet werden, da sie der eingangs genutzten Definition von (Müller-Lietzkow 2006) entsprechen. Diese Abgrenzungsprobleme mögen ein Erklärungsansatz sein, um die teils massiven Abweichungen in den Marktanalysen zu erklären.

Im Jahr 2012 beliefen sich laut des Marktforschungsunternehmens Newzoo die weltweiten E-Sport-Umsätze auf 130 Mio. US-Dollar (Newzoo 2015). Für das Jahr 2014 wurde ein Wert von 194 Mio. US-Dollar (+49 %) angegeben. Die Vorausschau für 2017 lag bei 465 Mio. US-Dollar, für das Jahr 2018 gar bei 906 Mio. US-Dollar (Newzoo 2018). Tatsächlich lag das weltweite Marktvolumen 2018 jedoch bei geschätzten ca. 776 Mio. US Dollar und damit unter der Schätzung. Für die Jahre 2019 bis 2021 gehen einschlägige Quelle von einer Plateaubildung aus, bei der die globalen Erlöse um ca. 1 Mrd. US Dollar schwanken. Für das Jahr 2024 werden 1,6 Mrd. US Dollar prognostiziert (Statista 2021 sowie die dort angegebene Quelle), was einem Anstieg von mehr als 60 % in den Jahren 2022 bis 2024 entspricht.

Bezüglich des deutschen Markts ging der BIU von 70 Mio. EUR 2017 und 130 Mio. EUR 2020 aus (BIU 2017, S. 24). Die durchschnittliche Wachstumsrate entspräche hier 27 % und läge somit deutlich unter dem globalen Wert. Davon abweichend beziffern andere Studien (Statista 2019a sowie die dort angegebenen Quellen) den Umsatz auf 51 Mio. EUR 2017. Bis zum Jahr 2024 werden hingegen 152 Mio. EUR prognostiziert (Statista, 2021).

Global betrachtet wurden 2017 nur noch 6 % der E-Sport-Umsätze in Südkorea erwirtschaftet, wohingegen 37 % in Nordamerika und 19 % in China umgesetzt wurden (Statista 2019b sowie die dort angegebene Quelle). Europa stellt den drittgrößten Markt dar.

Den verschiedenen Schätzungen, die in den letzten Jahren veröffentlicht wurden, ist gemein, dass sie ausnahmslos alle mit einem Fortbestehen der starken Wachstumsraten aus den letzten Jahren argumentieren. Eine Verlangsamung des Wachstums wird nur als kurzfristiger Effekt der Corona-Pandemie in Betracht gezogen. Hierzu sind zwei Aspekte anzumerken: Erstens handelt es sich bei den genutzten Quellen weniger um wissenschaftliche Artikel, als vielmehr um Veröffentlichungen von Verbänden, Beratungsunternehmen und anderen, denen ein eigenes Interesse an einem wachsenden Markt unterstellt werden kann. Zweitens ist der langfristige Wachstumstrend keinesfalls so solide, wie teilweise propagiert wird: Nach einer ersten Wachstumsperiode in den Jahren bis ca. 2008 kam es im Zuge der globalen Finanzkrise und dem Rückzug einiger Sponsoren bereits zu einer ersten Marktbereinigung. Während die Nutzerzahlen weiterhin hohe Wachstumsraten aufwiesen, führte der Rückzug von Sponsoren zu massiven Finanzierungsproblemen bei einigen Anbietern. So kündigte der Chiphersteller AMD an, auf Grund der wirtschaftlichen Situation 2009 alle größeren Sponsoring-Engagements im E-Sport zu beenden. Die World Cyber Games, ehemals als die Olympischen Spiele im E-Sport bezeichnet, konnten wegen der wirtschaftlichen Entwicklung nach einer mehrjährigen Pause erst 2019 wieder organisiert werden.

Vor diesem Hintergrund muss befürchtet werden, dass eine neuerliche Krise der Weltwirtschaft durchaus in der Lage sein kann, das Wachstum des E-Sports zu gefährden.

1.5   Die Gretchenfrage: Ist E-Sport Sport oder nicht?

Die Frage danach, ob und inwieweit E-Sport als Sport zu bezeichnen ist, stellt sich vor allem vor dem Hintergrund, ob und in welcher Form der elektronische Sport zukünftig in den Genuss öffentlicher Förderung kommen kann. Eine erste wissenschaftliche Analyse dazu erfolgte durch (Müller-Lietzkow 2006). Der wissenschaftliche Dienst des Bundestages befasste sich 2017 ebenfalls mit der Frage (Deutscher Bundestag 2017).

Zur Beantwortung könnte man mit einer Definition des Sportbegriffs beginnen, was jedoch problematisch ist, da der Sportbegriff sich seit seiner Aufnahme in den Duden im Jahr 1887 immer wieder verändert hat. Eine einheitliche Definition ist bis heute nicht konsensfähig. Man könnte auch entsprechende Instanzen und Institutionen zu Rate ziehen, zum Beispiel den DOSB als Dachorganisation des deutschen Sports und seine Kriterien: Selbstzweck, Fairplay, Chancengleichheit, Wettkampf- und Leistungsklassen sowie das Vorliegen einer sportartbestimmenden motorischen Aktivität. Während der erste Aspekt des Selbstzwecks durch den wissenschaftlichen Dienst des Bundestages eindeutig bejaht wird, finden sich zu den weiteren Unterpunkten keine eindeutigen Aussagen und es wird lediglich der Sachstand dargelegt (Deutscher Bundestag 2017). Ebenso muss man eingestehen, dass die Kriterien des DOSB aus der historischen Entwicklung des Sports entstanden sind und deshalb neue Entwicklungen nicht immer mit abdecken können: In seiner Aufnahmeordnung (DOSB 2018) hat der DOSB zuletzt 2018 die Kriterien für eine Aufnahme von Sportarten festgelegt. Als letzte Mitgliedsverbände wurden im Jahr 2017 Cheerleading und Kickboxen aufgenommen – äußerst spät, wenn man bedenkt, dass es Cheerleading-Teams bereits Ende des 19. Jahrhunderts gab und der Kickbox-Weltverband (WAKO) bereits 1974 gegründet wurde.

Zu Beginn des Jahres 2018 ließ sich DOSB-Vizepräsident Walter Schneeloch zum E-Sport mit dem Satz „Dem Phänomen stehen wir aufgeschlossen gegenüber" zitieren,[1]

---

[1] Der Satz stammt aus einem Bericht der Rheinischen Post und wurde u. a. durch den Sportinformationsdienst verbreitet. Exemplarisch kann die Aussage bei (ran.de 2018) eingesehen werden.

und nachdem es aktuell wieder einen aktiven E-Sport-Verband in Deutschland gibt, kann eine mögliche Aufnahme auch wieder formal geprüft werden.

Der DOSB nennt in seiner Aufnahmeordnung (DOSB 2018) in den §§ 3 und 4 sportliche und organisatorische Voraussetzungen. In der Analyse des wissenschaftlichen Dienstes des Bundestages wurden jedoch nur die Merkmale des § 3 und damit die sportlichen Voraussetzungen geprüft. Der Ausarbeitung des wissenschaftlichen Dienstes ist hinsichtlich der sportlichen Voraussetzungen aktuell nichts Substantielles hinzuzufügen; hier soll stattdessen eine kurze Prüfung der organisatorischen Voraussetzungen i. S. d. § 4 erfolgen.

Generell unterscheidet der DOSB Spitzenverbände, Verbände mit besonderen Aufgaben sowie Sportverbände ohne internationale Anbindung. Die Verbände mit besonderen Aufgaben können an dieser Stelle unberücksichtigt bleiben, da ein möglicher E-Sport-Verband die Voraussetzungen des § 4 (3) nicht erfüllen würde. Am ehesten käme ein Beitritt als Sportverband ohne internationale Anbindung in Frage, weil dessen Aufnahmekriterien am einfachsten erfüllt werden können. Die Voraussetzungen des § 4 (2) fänden in diesem Fall gemäß § 4 (4) keine Anwendung.[2] Somit verblieben lediglich die Voraussetzungen des § 4 (1), die erfüllt werden müssten. Diese sind:

1. Der Verband muss im Bereich von mindestens der Hälfte der Landessportbünde mit Landesverbänden, die ihre Fachgebiete regional betreuen, als eigenständiger Fachverband Mitglied sein oder in den Landessportbünden nur deshalb noch nicht aufgenommen worden sein, weil die Aufnahme des auf Bundesebene tätigen Verbandes in den DOSB bisher nicht erfolgt ist.
2. Der Verband muss eine Mindestmitgliederzahl von 10.000 Personen vertreten, sofern nicht eines der betreuten Fachgebiete in das offizielle Wettkampfprogramm der Olympischen Spiele aufgenommen wurde.
3. Der Verband muss im Sinne von § 52 (2) Ziffer 21 der Aufnahmeordnung wegen Förderung des gemeinnützigen Zweckes Sport steuerbegünstigt sein.
4. Der Verband muss Jugendarbeit in nicht nur geringfügigem Umfang betreiben.

Ad 1) Die Aufnahme in einen Landessportbund ist bisher nicht erfolgt. Gleichwohl stellt der zweite Teil („nur deshalb noch nicht aufgenommen wurden, weil …") eine Öffnungsklausel dar, die im Falle des E-Sports eventuell angewandt werden könnte. Hier müsste der DOSB sich aber dem E-Sport als Ganzem (und nicht nur den virtuellen Sportarten) in einer bisher unerreichten Form öffnen.

Ad 2) Eine Aufnahme des E-Sports in den Kanon der Olympischen Spiele wurde in der Vergangenheit immer wieder diskutiert. Die Berücksichtigung als Demonstrationssportart bei den Asian Games 2018 und als Wettkampfsportart bei den folgenden Asian Games 2022 (vgl. exemplarisch BBC 2017) sowie die Olympic Virtual Series im Rahmen der

---

[2] Die Aufnahmeordnung des DOSB spricht in § 4 Absatz 4 davon, dass „als Sportverbände ohne internationale Anbindung" solche Verbände anzusehen sind, „die die Voraussetzungen nach § 4 Nr. 2 nicht erfüllen". Da eine Nr. 2 im § 4 nicht existiert, wird hier davon ausgegangen, dass statt Nr. 2 der Absatz 2 des Paragrafen gemeint ist.

Sommerspiele 2021 in Tokio (Duge 2021) haben diese Diskussion jüngst wieder verstärkt. Gleichwohl gibt es seitens des IOC bislang keinerlei Aussage dazu, ob und wann E-Sport als Teil der Olympischen Spiele gelten könnte. Insofern müsste der elektronische Sport nach heutigem Stand mindestens 10.000 Mitgliedern vorweisen, was keineswegs unrealistisch erscheint, um die Voraussetzung des DOSB auch ohne Aufnahme des E-Sports in den Olympischen Kanon zu erfüllen. Berücksichtigt man allerdings, dass E-Sportler nur in Ausnahmefällen in klassischen Vereinsstrukturen organisiert sind, stellt diese Voraussetzung womöglich doch ein beträchtliches Hindernis dar.

Ad 3) Der ESBD ist bereits als eingetragener Verein aufgestellt. Gemäß seiner Satzung in der Fassung vom 04.12.2020 (ESBD 2020) wird als Zweck (§ 3 Nr. 2) die Förderung des E-Sports genannt und letzterer definiert als „der unmittelbare Wettkampf zwischen menschlichen Spielern und Spielerinnen unter Nutzung von geeigneten Video-und Computerspielen an verschiedenen Geräten und auf digitalen Plattformen unter festgelegten Regeln". Eine Anerkennung der Gemeinnützigkeit ist bislang nicht erfolgt, wird durch den Verband jedoch nach eigener Aussage angestrebt (gemäß o. g. Satzung § 2 Nr. 4). Als erster E-Sport-Verein wurde Ende 2017 (mit Wirkung zum 01.01.2018) der Leipzig eSports e. V. als gemeinnützig anerkannt. Laut der auf der Homepage veröffentlichten Satzung (§ 2 Nr. 2) wird als Vereinszweck jedoch die Jugendhilfe und nicht der Sport angegeben. Somit kann hier nicht von einem Präzedenzfall dergestalt ausgegangen werden, dass ein erster E-Sport-Verein als Sportverein anerkannt wurde.

Ad 4) Im Bereich der Jugendarbeit stellt die Formulierung des DOSB ein ernstes Problem dar, da der Terminus „in nicht geringfügigem Umfang" einiges an Interpretationsspielraum offenlässt. Dieser ließe sich jedoch bereits dadurch reduzieren, dass die Zahlen der letzten DOSB-Neuaufnahmen als Benchmark herangezogen werden. Entsprechend viel Jugendarbeit zu betreiben, würde einen E-Sport-Verband trotzdem vor Herausforderungen stellen: Da im Bereich E-Sport eben (noch) keine klassische pyramidale Struktur vorliegt, könnte ein Spitzenverband aktuell kaum auf nachgeordneten Vereinen aufbauen. Des Weiteren steht der Jugendmedienschutz einer Jugendarbeit, so wie sie in anderen Sportarten üblich ist, im Wege: Ein Großteil der genutzten Spiele – z. B. Counter-Strike: Global Offensive oder League of Legends – weist eine Jugendfreigabe erst ab 12, 16 oder sogar 18 Jahren auf. Somit dürfte Jugendarbeit im E-Sport schon rein rechtlich betrachtet zumindest nicht mit diesen Spielen bzw. Disziplinen stattfinden. Eine ähnliche Problematik liegt allerdings im Schießsport und dessen Schützenvereinen vor, die ggfs. als Vorbilder für eine Lösung herangezogen werden können.

Vor dem Hintergrund dieser Ausführungen kann festgehalten werden: Die Frage danach, ob E-Sport Sport ist, kann in Abhängigkeit der Intention des Antwortgebenden bejaht oder auch verneint werden. Einer möglichen Aufnahme des E-Sports in den DOSB stehen momentan noch einige Hürden im Weg, die aber keineswegs unüberwindbar sind. Zudem sind dessen Regelungen nicht in Stein gemeißelt, sondern wurden im Laufe der Jahrzehnte den aktuellen Entwicklungen immer wieder angepasst.

1.6 Themen dieses Buches

Der elektronische Sport unterliegt einem kontinuierlichen Wandlungsprozess und schnellem Fortschritt. Fragen wie die nach einer möglichen staatlichen Förderung wären bspw. vor einigen Jahren von der Politik und einer breiten Öffentlichkeit kaum ernsthaft diskutiert worden. Daher können auch die in diesem Buch gesammelten Ausführungen nur eine Momentaufnahme ausgewählter Aspekte darstellen.

Im folgenden Kapitel fragen Lutz Anderie und Daniel Görlich nach den wirtschaftlichen Perspektiven des E-Sports und untersuchen in diesem Kontext unter anderem, wo und wie mit E-Sport Umsatz generiert wird. Neben den bekannten Bereichen wie dem Sponsoring und den Ligen werden hier auch Game Publisher Fees und verschiedene Medien (Massenmedien, Special-Interest-Medien etc.) näher betrachtet.

Felix Falk und Martin Puppe vom Bundesverband der deutschen Games-Branche (game) präsentieren dessen Perspektive auf E-Sport. Neben der wirtschaftlichen Dimension wird hier besonders der Frage nachgegangen, was Sport im digitalen Zeitalter eigentlich ist, und es werden aktuelle Hürden für die Weiterentwicklung des E-Sports kritisch beleuchtet.

Philipp Schlotthauer und Nepomuk Nothelfer nehmen anschließend eine vollkommen andere Sichtweise ein und beleuchten die drängendsten Fragen des E-Sports aus einer rechtlichen Perspektive. So kommt ihre Analyse, ob E-Sport in Deutschland Sport im rechtlichen Sinne darstellen kann, zu dem Ergebnis, dass viele Gegenargumente nicht überzeugen können. Es zeigt sich aber auch, dass es in großem Umfang arbeitsrechtliche Fragen gibt, die insbesondere Clans bewegen.

Christopher Flato, ehemaliger PR-Chef der Electronic Sports League, stellt aus der Praxissicht dar, welche Ziele eine Liga mit Public Relations verfolgt und welche Besonderheiten es hier zu beachten gilt.

Jochen Schwind greift in seinem Kapitel das Thema Sponsoring auf: Am Beispiel der ESL One untersucht er, welchen Stellenwert Sponsoring-Erlöse für Ligen einnehmen und wie sich der Sponsorenpool darstellt. Zwischen dem klassischen Sport und dem elektronischen Sport werden hier immer wieder Vergleiche gezogen, die zu dem Ergebnis kommen, dass hinsichtlich des Sponsorings kaum größere Unterschiede zwischen beiden Ausprägungen existieren.

Bakr Fadl widmet sich anschließend der Berechnung des Kundenwertes, der bspw. durch dessen Ausgaben für ein Spiel oder für spielrelevante virtuelle Güter bestimmt werden kann. Daneben berücksichtigt er nicht-monetäre Ausgaben wie den Faktor Zeit. In seiner Analyse kann er zeigen, dass der individuelle Kundenwert ein äußerst relevanter Indikator im Hinblick auf die Entscheidungsfindung von Stakeholdern wie Spieleherstellern oder Ligen- oder Turnierbetreibern ist und somit unmittelbaren Einfluss auf die Entwicklung innerhalb des E-Sports hat.

Maike Grotz und Markus Breuer untersuchen danach die mediale Verwertung des E-Sports und wie dieser in den Online-Portalen ausgewählter Print-Medien dargestellt wird. Die Analyse berücksichtigt dabei sowohl eine quantitative Dimension – welche Themen bzw. Spiele Gegenstand der Berichterstattung sind – als auch eine qualitative Komponente – wie nämlich über die Themen berichtet wird. Eines der Ergebnisse ist, dass klassische Medien einen starken Fokus auf FIFA legen, der dem Stellenwert des Titels im E-Sport nicht gerecht wird.

Marco Hintermüller und Thomas Horky befassen sich allgemein mit der Frage, warum der E-Sport ein Thema für klassische Medien ist bzw. sein sollte und stellen dar, warum E-Sport eine hohe Attraktivität für traditionelle Medien aufweist. Schließlich analysieren die Autoren die Berichterstattung an einem konkreten Beispiel – der ESL One in Hamburg – und berücksichtigen dabei neben Online-Medien auch klassische Print- und TV-Formate.

Markus Lauff repräsentiert als Vorstand des TSV Oftersheim den ersten Amateursportverein Deutschlands, der – bereits 2017 – E-Sport als eigenständige Sportart in das Vereinsportfolio aufgenommen hatte. Neben den Fragen, wie E-Sport im Verein organisatorisch verortet ist und wie das Engagement finanziert werden kann, zeigt Lauff, welche Transfermöglichkeiten es zwischen traditionellem und elektronischem Sport gibt. Zudem spricht der Beitrag mit den Möglichkeiten der Integration und Inklusion zwei Aspekte an, die in der öffentlichen Diskussion um E-Sport in der Regel vernachlässigt werden.

Neben Vereinen befassen sich auch Sportverbände zunehmend mit der Frage nach der Integration von E-Sport-Angeboten. Johannes Kanz und Matthias Katerna stellen Chancen und Risiken am Beispiel der Landesverbände des DFB dar. Besonderes Augenmerk liegt dabei auf dem Bayerischen Fußballverband, der nicht nur der größte Landesverband ist, sondern auch als erster eSoccer in seiner Satzung verankert hatte. Zu den Chancen sind sicherlich die Gewinnung von neuen Aktiven, insbesondere im Jugendbereich, oder die Erschließung neuer Vermarktungsfelder zu zählen. Risiken liegen bspw. im Rückhalt der angeschlossenen Vereine und der unklaren Rechtslage.

Matthias Dobrowski, Thomas Wendeborn, Olivia Wohlfahrt und Alexander Hodeck untersuchen in ihrem Kapitel das Engagement von Profifußballclubs im E-Sport. Neben einer Diskussion der strukturellen Rahmenbedingungen und der beteiligten Stakeholder klassifizieren sie die Engagements der Bundesligaclubs in der Saison 2018/2019 und können auf Basis verschiedener Kriterien insgesamt vier Kategorien unterscheiden. Den Abschluss bildet auch hier eine Vorstellung von Chancen und Risiken.

Ein ernsthaftes Risiko insbesondere für die gesellschaftliche Anerkennung des E-Sports stellt auch der weit verbreitete Sexismus dar, der auf allen Ebenen von privat gespielten Multiplayer-Games bis hinein in die Ligen reicht. Um dieses Thema jedoch nicht nur abstrakt zu behandeln, sondern den mit Sexismus verbundenen, persönlichen Erfahrungen Aufmerksamkeit zu verschaffen, ist Daniel Görlichs Kapitel „Sexismus im E-Sport" als Interview mit Marlies „Maestra" Brunnhofer angelegt, einer der erfolgreichsten Frauen im europäischen E-Sport.

Die Politik wird unabhängig von der wirtschaftlichen Entwicklung des E-Sports zukünftig eine zentrale Rolle im und für den E-Sport einnehmen. Nach den Koalitionsverträgen von 2018 und 2021 wird häufig vergessen, dass der E-Sport bereits 2012 erstmals in die Wahlprogramme der deutschen Parteien Einzug gefunden hatte. Andreas Hebbel-Seeger und Marie Sophie Pelc fragen nicht nur nach dem allgemeinen Verhältnis von Politik und E-Sport, sondern analysieren detailliert die Wahlprogramme und Koalitionsverträge aller im Bundestag vertretenen Parteien. Eines der auffälligsten Ergebnisse: Nur in ca. 10 % der untersuchten Dokumente wird überhaupt ein expliziter Bezug zum E-Sport hergestellt.

All diese Perspektiven erhalten in diesem Buch gleichberechtigt Raum für ihre jeweiligen Argumente, Meinungen und Interessen. Aus diesem Grund kann und soll es zu Dopplungen und Widersprüchen kommen, können Zahlen und Ereignisse unterschiedlich interpretiert oder ein- und dieselbe Sachlage vollkommen unterschiedlich ausgelegt werden – genau so, wie es in dieser aktuellen, spannenden Phase der Entwicklung des E-Sports und seinem Streben nach Anerkennung als Sport auch zu erwarten ist.

Literatur

Astinus, A. D. (2015). *Die neun erfolgreichsten Spielserien der Videospielgeschichte*. Berlin: neobooks.

BBC. (2017). E-sports to become a medal event in 2022 Asian Games. http://www.bbc.com/news/technology-39629099. Zugegriffen am 20.04.2018.

Beil, B. (2013). *Games Studies. Eine Einführung*. Münster: LIT.

BIU. (2017). *BIU Fokus: eSports. Aus der Nische ins Stadion*. Berlin: BIU – Bundesverband Interaktive Unterhaltungssoftware e. V.

Blum, U. & Veltins, M. A. (2005). Die Identifikation des „Wirtschaftlichen Vorteils" in Kartellverfahren, IWH-Diskussionspapiere, 01/2005.

Breuer, M. (2011). *E-Sport – eine Markt- und ordnungsökonomische Analyse*. Boizenburg: vwh.

Breuer, M., & Görlich, D. (2018). Gaming und E-Sport – Markt und Inszenierung des digitalen Sports. In T. Horky, H.-J. Stiehler & T. Schierl (Hrsg.), *Die Digitalisierung des Sports in den Medien* (Sportkommunikation 13, S. 275–293). Köln: Herbert von Halem.

Bundesregierung. (2018). Koalitionsvertrag zwischen CDU, CSU und SPD, 19. Legislaturperiode.

Byrne, B. C. (2019). *History of the Nintendo Entertainment System*.

Deutscher Bundestag. (2017). Ist E-Sport Sport? WD 10 – 3000 – 036/17, Berlin. https://www.bundestag.de/resource/blob/515426/c2a9373a582f7908c090a658fdff1af8/wd-10-036-17-pdf-data.pdf. Zugegriffen am 03.11.2019.

DOSB. (2018). Aufnahmeordnung des DOSB i. d. F. vom 01.12.2018. https://cdn.dosb.de/user_upload/www.dosb.de/uber_uns/Satzungen_und_Ordnungen/aktuell_Aufnahmeordnung_2018_.pdf. Zugegriffen am 03.11.2019.

DOSB. (2019). DOSB veröffentlicht Gutachten zum „eSport". https://www.dosb.de/sonderseiten/news/news-detail/news/dosb-veroefflicht-gutachten-zum-esport/. Zugegriffen am 10.11.2019.

Duge, C. (2021). Olympic Virtual Series: Premiere für eSports bei Olympia 2021, https://www.ispo.com/trends/olympic-virtual-series-premiere-fuer-esports-bei-olympia-2021. Zugegriffen am 09.08.2021.

ESBD. (2017). Satzung des eSport-Bund Deutschland e.V. i. d. F. vom 15.01.2018. https://esport-bund.de/satzung-und-ordnungen/. Zugegriffen am 03.11.2019.

ESBD. (2020). Satzung des eSport-Bund Deutschland e.V. i. d. F. vom 04.12.2020. https://esport-bund.de/wpcontent/uploads/2021/01/20201204-Satzung-des-eSport-Bund-Deutschland.pdf.

Fischer, B. (2018). Sources: Overwatch League-Twitch Deal Worth At Least $ 90M. 09.01.2018. https://www.sportsbusinessdaily.com/Daily/Closing-Bell/2018/01/09/overwatch.aspx. Zugegriffen am 03.11.2019.

GamesMarkt. (2019). ESBD bringt eSport-Vereinsliga in die Heimat. 23.10.2019. http://www.mediabiz.de/games/news/x/444891. Zugegriffen am 03.11.2019.

GamesWirtschaft. (2017). eSport-Bund Deutschland (ESBD): Amateure, Profis, ESL und BIU gründen Spitzenverband. 26.11.2017. https://www.gameswirtschaft.de/sport/esport-bund-deutschland-esbd-gruendung/. Zugegriffen am 03.11.2019.

game. (2020). *Positionspapier. Deutschland zum besten Esport-Standort machen*. Berlin.

Gameswirtschaft (2021). Keine E-Sport-Gemeinnützigkeit: „Grenzt an Arbeitsverweigerung" (Update). https://www.gameswirtschaft.de/politik/e-sport-gemeinnuetzigkeit-bundesregierung/. Zugegriffen am 17.06.2021.

Hamann, M. (2010). Breitensport Computerspiel, 2010. http://www.zeit.de/digital/games/2010-12/esl-gamer. Zugegriffen am 03.11.2019.

Hans-Bredow-Institut (Hrsg.). (2006). *Medien von A bis Z*. Wiesbaden: VS.

Kicker. (2021). Schalke verkauft eSport-Startplatz für 26,5 Millionen Euro. https://www.kicker.de/schalkeverkauft-esport-startplatz-fuer-26-5-millionen-euro-808599/artikel. Zugegriffen am 02.01.2022.

Knieps, G. (2008). *Wettbewerbsökonomie* (3. Aufl.). Berlin/Heidelberg/New York: Springer.

Müller-Lietzkow, J. (2006). Sport im Jahr 2050: E-Sport! Oder: Ist E-Sport Sport? *Merz. Medien und Erziehung. Zeitschrift für Medienpädagogik, 50*(6), 102–112.

Müller-Lietzkow, J., Bouncken, R. B. & Seufert, W. (2006). *Gegenwart und Zukunft der Computer- und Videospielindustrie in Deutschland*. Dornach: Entertainment Media.

Newzoo. (2015). The eSports Economy. Trends, Audience, Revenues & Opportunities. Igaming Supershow Webinar, 11.06.2015.

Newzoo. (2018). *Free 2018 global esports market report*. Amsterdam/San Francisco.

Ran.de. (2018). DOSB für Aufnahme von eSports offen. https://www.ran.de/esport/news/dosb-fuer-aufnahme-von-esports-offen-123956. Zugegriffen am 25.10.2019.

Rauscher, A. (2011). *Spielerische Fiktionen*. Marburg: Transmediale Genrekonzepte in Videophone.

Scherberich, J.-U. (2017). CRM und Web 2.0. In S. Helmke, M. Uebel & W. Dangelmaier (Hrsg.), *Effektives Customer Relationship Management* (6. Aufl., S. 79–97). Wiesbaden: Springer Gabler.

Schilling, F. (2016). Warum Schalke ein eSport-Team für „League of Legends" kauft. https://www.manager-magazin.de/unternehmen/artikel/esport-fc-schalke-04-kauft-profis-fuer-league-of-legends-in-der-lcs-a-1112424.html. Zugegriffen am 10.11.2019.

Schröter, J. (Hrsg.). (2014). *Handbuch Medienwissenschaft*. Stuttgart: J. B. Metzler.

Sjurts, I. (Hrsg.). (2011). *Gabler, Lexikon Medienwissenschaft* (2. Aufl.). Wiesbaden: Gabler.

SPD/Bündnis 90/Die Grünen/FDP. (2021). *Mehr Fortschritt wagen. Bündnis für Freiheit, Gerechtigkeit und Nachhaltigkeit*. Berlin.

Spiegel. (2011). „Doom" ist nicht mehr indiziert, Mitteilung vom 01.09.2011. https://www.spiegel.de/netzwelt/games/ab-16-doom-ist-nicht-mehr-indiziert-a-783727.html. Zugegriffen am 18.10.2019.

Süddeutsche Zeitung. (2020). Trotz Rückzügen: Teams und DFL glauben an den E-Sport FIFA. https://www.sueddeutsche.de/sport/sport-trotz-rueckzuegen-teams-und-dfl-glauben-an-den-e-sport-fifa-dpa.urn-newsml-dpacom-20090101-200803-99-20741. Zugegriffen am 02.01.2022.

Spiegel Online (2021). Was das Ende des Schalker Esport-Projekts bedeutet. https://www.spiegel.de/sport/fc-schalke-04-verkauft-esports-lizenz-in-league-of-legends-fuer-26-5-millionen-euro-a-30adf53e-a8d3-4fdf-bcce-2a5b24f15123. Zugegriffen am 06.08.2021.

Spox.com. (2008). Die Geschichte des eSport. http://www.spox.com/de/esport/Artikel/esport-geschichte.html. Zugegriffen am 25.01.2008

Statista. (2019a). Umsatz mit eSports in Deutschland von 2013 bis 2018 und Prognose bis 2023. https://de.statista.com/statistik/daten/studie/737326/umfrage/prognose-zum-umsatz-im-esports-markt-in-deutschland/. Zugegriffen am 09.10.2019.

Statista. (2019b). Prognose zur Verteilung der Umsätze im eSports-Markt weltweit im Jahr 2019 nach Region. https://de.statista.com/statistik/daten/studie/586888/umfrage/prognose-zum-umsatz-im-esports-markt-weltweit-nach-region/. Zugegriffen am 09.10.2019.

Statista. (2019c). Anzahl der DSL-Anschlüsse der Deutschen Telekom und ihrer Wettbewerber in Deutschland von 2001 bis 2018 (in Millionen). https://de.statista.com/statistik/daten/studie/3200/umfrage/anzahl-der-dsl-breitbandanschluesse-in-deutschland-seit-2001-nach-wettbewerbern/. Zugegriffen am 10.11.2019.

Statista (2021): eSports Dossier. https://de.statista.com/statistik/studie/id/45913/dokument/esports/. zugegriffen am 09.08.2021.

Topalov, N. (2007). eSports Book. Edition 2007. Das Jahr des Aufbruchs. Waldkirchen: Südost Verlags Service.

Truong, A. (2014). Twitch's 2013: 45 million viewers, 600 million videos, 12 billion minutes viewed per month. 16.01.2014. https://www.fastcompany.com/3025010/twitchs-2013-45-million-viewers-600-million-videos-12-billion-minutes-viewed-per-m. Zugegriffen am 03.11.2019.

Wagner, M. G. (2006). On the Scientific Relevance of eSports. In *2006 International Conference on Internet Computing* (S. 437–442). Las Vegas: CSREA Press.

Walter, M. (2001). *Enge Oligopole und Wettbewerbspolitik. Gesetzmäßigkeiten des Videospiel- und Mobilfunkmarktes.* Wiesbaden: DUV.

Wiemken, J. (2001). Zeit für Helden. In J. Fromme & N. Meder (Hrsg.), *Bildung und Computerspiele. Zum kreativen Umgang mit elektronischen Bildschirmspielen* (S. 57–98). Opladen: Leske + Budrich.

Wimmer, J., Quandt, T. & Vogel, K. (2008). Teamplay, Clanhopping und Wallhacker – Eine explorative Analyse des Computerspielens in Clans. In T. Quandt, J. Wimmer & J. Wolling (Hrsg.), *Die Computerspieler. Studien zur Nutzung von Computergames* (S. 149–167). Wiesbaden: VS.

Wolf, S. (2013). *Hausaufgabe: Rette die Prinzessin! Entstehung, Geschichte und Didaktik der Computer- und Videospielemusik.* Hamburg: Diplomica.

Die wirtschaftliche Perspektive des E-Sports

Lutz Anderie und Daniel Görlich

Zusammenfassung

Es steht außer Frage: Die wirtschaftlichen Perspektiven des E-Sports entwickeln sich glänzend, in Deutschland und weltweit. Die Prognosen sagen weiteres Wachstum voraus und auch wenn der E-Sport bislang nur einen überschaubaren Anteil am globalen Games-Markt erreicht, lässt sich bereits heute auf vielerlei Weise mit E-Sport Umsatz generieren. Wo und wie, beleuchtet dieses Kapitel.

E-Sport boomt. Kaum ein Tag vergeht, ohne dass ökonomische Erfolge in der Fachpresse vermeldet werden. Nach der anfänglich „stiefmütterlichen Behandlung" in Deutschland (vgl. Steininger 2019, S. 22) ist eine resolute Ablehnung kaum noch möglich: Gut dotierte Sponsorenverträge, Siegerprämien in Millionenhöhe sowie eine hohe Akzeptanz in der Zielgruppe und der jungen Bevölkerung sind geeignete Argumente, um den Kritikern einigen Wind aus den Segeln zu nehmen.

Aus der Perspektive der Games-Wirtschaft stellt E-Sport sicherlich eine willkommene – wenn zurzeit auch überschaubare – Erweiterung der Marktgröße dar. Der globale Games-Markt hat mittlerweile die wirtschaftlich und psychologisch wichtige 100-Mrd.-USD-Umsatz-Marke gerissen: Die Zeichen stehen mit oder ohne E-Sport auf Erfolg. Die-

L. Anderie (✉)
Frankfurt University of Applied Sciences,
Frankfurt, Deutschland
E-Mail: l.anderie@fb3.fra-uas.de

D. Görlich
SRH Hochschule Heidelberg, Heidelberg, Deutschland
E-Mail: daniel.goerlich@srh.de

ser wiederum schlägt gerade einmal mit knapp einer Milliarde USD in 2020 zu Buche, was einer Steigerung von 27 % im Vergleich zum Vorjahr entspricht (Newzoo 2020). Genauso wie Gamification, Serious Games sowie Virtual und Augmented Reality reiht sich nun auch der E-Sport in den nicht aufzuhaltenden Zug der Games Industry ein. Die Games-Wirtschaft, die längst Lokomotiven-Funktion für die Digitalisierung hat, kann natürlich auch die Interessen der vermeintlich jungen E-Sport-Industrie bedienen.

Bei aller Euphorie gilt es deshalb, nicht die wirtschaftliche Perspektive aus den Augen zu verlieren. Aktuell erwirtschaftet der E-Sport laut (Newzoo 2020) weniger als 1 % des Gesamtumsatzes der Games-Industrie. Wie so oft in jungen Märkten ist das Steigerungspotenzial jedoch beachtlich: Mit knapp 1,6 Milliarden USD gibt Marktforschungsinstitut Newzoo das globale Marktpotenzial für 2023 an (vgl. Abb. 2.1).

Hält man sich die Umsatzdimensionen vor Augen, so wird schnell klar, dass es sich beim E-Sport um ein zartes Pflänzlein handelt, welches es zu hegen und zu pflegen gilt. Pokémon Go beispielsweise konnte 1 Milliarde USD Umsatz bereits nach wenigen Monaten realisieren.

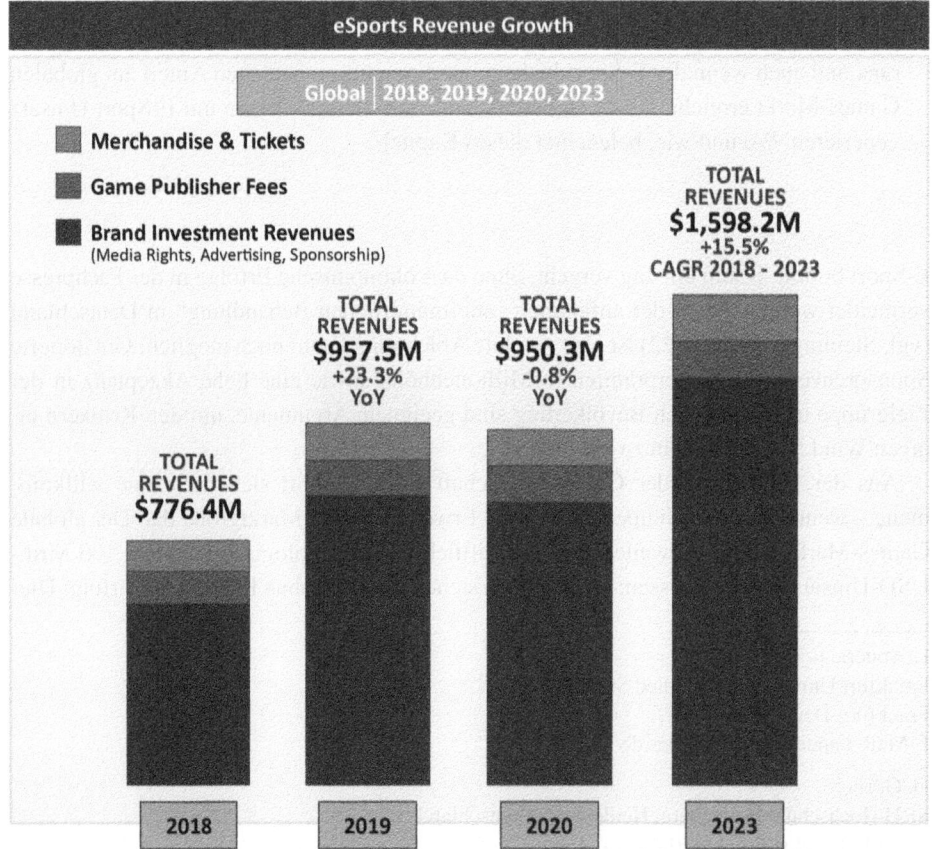

Abb. 2.1 Umsatzentwicklung des E-Sports nach (Newzoo 2020)

Abzusehen war das aktuelle Wachstum des E-Sports nicht, denn schließlich wurde in Südkorea bereits seit Jahrzehnten E-Sport gespielt – ohne nennenswerte Spill-over-Effekte für die westlichen Märkte. Genauso wie bestimmte Manga Games, die für den asiatischen Markt entwickelt wurden, kein globales Marktpotenzial hatten, fristete auch der E-Sport ein Nischendasein. Ungewöhnlich ist, dass das schnellste Segment der Entertainment-Industrie, die Games Industry, so lange brauchte, um das asiatische Marktsegment zu adaptieren. Die deutsche ESL (Electronic Sports League) wurde bereits im Jahr 2000 gegründet (Seibold 2019a, S. 17) und konnte auf ein beachtliches Durchhaltevermögen verweisen, bis sich ein nennenswerter wirtschaftlicher Erfolg abzeichnete. Wie so oft in der Entertainment- und Medien-Industrie bedurfte es der US-amerikanischen Marketingmaschinerie, bis der E-Sport auch in Deutschland an Fahrt gewinnen konnte.

Das Marktpotenzial frühzeitig entdeckt haben die Juristen, die auch Analogien zur Vermarktung von tradierten Sportarten fanden. Deshalb ist es sinnvoll, die Parallelen zwischen traditionellem Sport und E-Sport zu hinterfragen. Hilfreich ist hierbei eine Studie der Citigroup (Citi GPS 2019, S. 71), die zwischen sieben Messgrößen differenziert (vgl. Abb. 2.2): Drafts (Spielerauswahl und Transfer), Professional Teams, Leagues (Ligen),

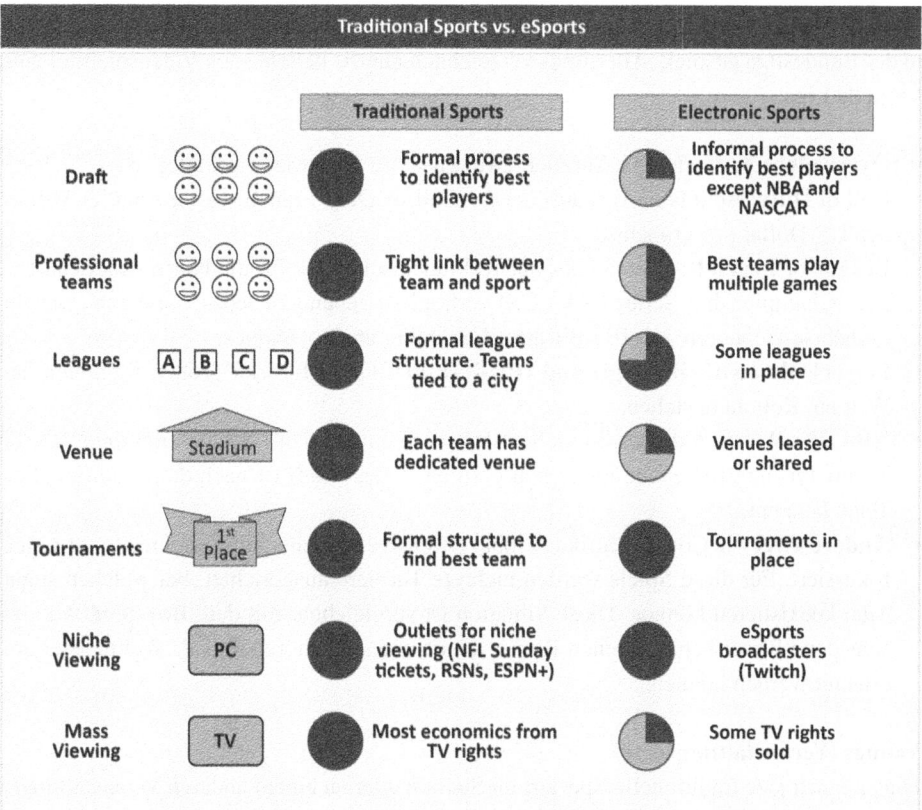

Abb. 2.2 Traditioneller Sport vs. E-Sport nach (Citi GPS 2019, S. 71)

Venues (Veranstaltungsorte), Tournaments (Turniere), Niche Viewing (Special-Interest-Medien) und Mass Viewing (Massenmedien).

Drafts (Spielerauswahl und Transfer)

Im Gegensatz zu herkömmlichen Sportarten ist die Teamzusammenstellung im E-Sport in weiten Teilen noch nicht geregelt. In den USA gibt es zwei Ausnahmen: NASCAR und NBA. Beide haben einen offiziellen Entwurf für die Videospielversion von traditionellen Sportarten.

Professional Teams

Im traditionellen Sport spielt eine Mannschaft eine einzige Sportart. Allerdings spielen einige der besten E-Sport-Mannschaften mehrere Spiele. Zum Beispiel wird Counter-Strike von 16 der besten 20 E-Sport-Teams gespielt. Am anderen Ende des Spektrums stehen Madden und World of Warcraft – diese werden nur von einem bzw. zwei Top-Teams gespielt.

Leagues (Ligen)

Fast alle traditionellen Profisportarten haben eine Liga oder mehrere Ligen. Der englische Fußball beispielsweise kann auf die Premier League verweisen und in Deutschland wird in der Bundesliga gespielt. Allerdings verzeichnen nur die beliebtesten Videospieltitel eine formelle Liga:

- **Overwatch:** Activision hat kürzlich zwei *divisions* Overwatch gebildet.
- **Call of Duty:** Activision verkauft derzeit Call-of-Duty-Franchises für rund 25 Millionen US-Dollar pro Franchise.
- **League of Legends**: Riot Games hat 10 Franchisenehmer für die North American League Championship Series (NA LCS) vertraglich gebunden. Jedes Team zahlt hierfür Franchise-Gebühren von 10 Millionen US-Dollar an Riot Games.
- **PlayerUnknown's Battleground (PUBG)**: PUBG hat für vier großen Regionen der Welt ein Rollout anstehen.
- **NBA 2K**: Während die traditionelle NBA 30 Teams in den USA hat, hat die NBA 17 Teams für die 2K League ins Leben gerufen. Jedes Team ist nach dem traditionellen Team benannt.
- **Andere Titel** wie Counter-Strike: Global Offensive sind eher auf Turniere als auf Ligen fokussiert. Für diese Spiele werden mehrere Turniere ausgerichtet, bei welchen sogar Titel koexistieren können. Diese Situation ist vergleichbar mit dem Boxsport, wo verschiedene Boxer verschiedenen Boxorganisationen angehören und als Weltmeister anerkannt werden können.

Venues (Veranstaltungsorte)

Fans können jede traditionelle Sportart im Stadion oder an einem anderen Veranstaltungsort persönlich verfolgen. Die Tickets werden sowohl für das reguläre Saisonspiel als auch für Meisterschaften verkauft. Die Teams besitzen und/oder betreiben normalerweise einen Veranstaltungsort in jeder Stadt. Im E-Sport können Verbraucher diese Veranstaltungsorte auch besuchen; diese werden jedoch normalerweise für andere Zwecke genutzt als nur für den E-Sport (vgl. Tab. 2.1).

Tournaments (Turniere)
Sowohl bei traditionellen Sportarten als auch im E-Sport werden bei Turnieren häufig Preisgelder offeriert. Im Vergleich dieser Preispools ist es überraschend, dass die Preisgelder im E-Sport – zumindest in den USA – ähnlich hoch sind wie bei Veranstaltungen im traditionellen Sport: Epic Games hatte für die Fortnite-Weltmeisterschaft im Sommer 2019 Preisgelder in Höhe von 100 Millionen US-Dollar bereitgestellt. In Deutschland belief sich der „Jackpot" der ESL One Cologne, einem der Vorzeige-Events im E-Sport, auf 300.000 US-Dollar (Seibold 2019a, S. 16).

Tab. 2.1 Die größten Veranstaltungsorte für E-Sport-Turniere nach (Citi GPS 2019, S. 73)

Veranstaltungsort	Stadt	Land	Sitzplätze	Größe (m²)	Beispiele für E-Sport-Turniere
Air Canada Center	Toronto	Kanada	19.800	61.780	League of Legends – N.A. Finals
Bill Graham Civic Auditorium	San Francisco	USA	6000	2893	League of Legends – World Champions
Chicago Theatre	Chicago	USA	3533	418	League of Legends – Quarterfinals
Commerzbank-Arena	Frankfurt	Deutschland	55.000	39.900	ESL One Dota 2 Tournament
Copper Box	London	Großbritannien	5000	2400	Gfinity G3
Key Arena	Seattle	USA	17.072	37.161	International Dota 2 Tournament
Lanxess Arena	Köln	Deutschland	20.000	8000	ESL One Cologne – Counter Strike
Madison Square Garden	New York City	USA	19.830	1950	League of Legends – N.A. Finals
Rotterdam Ahoy	Rotterdam	Niederlande	40.000	54.000	League of Legends – EU Spring Finals
Royal Opera House	London	Großbritannien	2268	1054	Call of Duty EU Championship
Sang-am World Cup Stadium	Seoul	Südkorea	45.000	10.746	League of Legends – World Championship
SAP Center	San Jose	USA	19.190	41.806	Intel Extreme Masters Tournament
Staples Center	Los Angeles	USA	20.000	88.258	League of Legends World Champions
Wembley Arena	London	Großbritannien	12.500	5203	EU League of Legends LCS Champions

Niche Viewing (Special-Interest-Medien)

E-Sport eignet sich gut für Niche Viewing, welches im Wesentlichen die Übertragung in Special-Interest-Medien umfasst. Nach dem Verständnis der Citigroup beinhaltet dieses den Download via YouTube und Live-Streaming bspw. via Twitch. Beide übertragen die beliebtesten E-Sport-Teams und die beliebtesten Turniere. Die User dieser Medien sind für den E-Sport von hoher Bedeutung und YouTube könnte durch die Einführung von Stadia, einem Cloud Gaming Service, nochmals an Bedeutung gewinnen. Eine Herausforderung stellt die illegale Übertragung dar: Der DFL beispielsweise entgehen jährlich mehr als 430 Millionen. Euro durch illegale Übertragungen bei ihren Fußballrechten (vgl. Hofer 2019, S. 21). Für den E-Sport gilt es, diesen Spagat zu überwinden: Illegale Übertragungen können Zielgruppe und Reichweite erweitern, führen zunächst jedoch zu finanziellen Einbußen.

Mass Viewing (Massenmedien)

Die beliebtesten traditionellen Sportarten werden in der Regel im frei empfangbaren Fernsehen (Free TV) übertragen. Es gibt einige, aber nur wenige E-Sport-Events, die beliebt genug sind, um die Verbreitung auf traditionellen TV-Plattformen zu rechtfertigen. In Deutschland ist ProSieben Maxx, ein Nischensender im Free TV, hierfür prädestiniert (vgl. Seibold 2019c, S. 25). Disney ist eine Partnerschaft im Rahmen der Overwatch League (Activision) eingegangen und strahlte verschiedene Overwatch-Fernsehsendungen über mehrere Disney-Kanäle aus. Während es für E-Sport eine Massenmarktdistribution über den Fernsehapparat gibt, ist diese jedoch relativ begrenzt – und bis E-Sport ein sehr großes Publikum erreichen kann, wird noch einige Zeit vergehen.

Basierend auf der oben genannten Analyse der Citigroup ist es sinnvoll, die Wertschöpfung, die durch den E-Sport für die Games Industry generiert wird, über die Zeitachse genauer zu analysieren: Wie bereits ausgeführt, wurde basierend auf der Einschätzung von Newzoo (2020) mit dem E-Sport im Jahr 2020 ca. eine Milliarde US-Dollar Umsatz erwirtschaftet, welcher durch die Monetarisierung nur teilweise den originären Playern der Branche (Developern und Publishern) zufließt. Tatsächlich könnte rund um den E-Sport ein Ökosystem entstehen, das Schnittmengen zur tradierten Games Industry aufzeigt, möglicherweise aber auch neue Geschäftsfelder erschließt. Genauso wie Gamification ursprünglich kein bedeutendes Geschäftsfeld für die Games Industry war, ist Gamification mittlerweile ein fester Bestandteil der Digitalisierung anderer Branchen, z. B. der Automobil-Industrie und dem Gesundheitswesen, geworden. So könnten auch Computerspiele für den E-Sport Sprungbrett für eine höhere wirtschaftliche Bedeutung sein (vgl. Anderie 2017, S. 1).

Zurzeit stellt sich der Revenue Split im weltweiten E-Sport wie in Abb. 2.3 aufgeschlüsselt dar.

Game Publisher Fees

Mit 11,5 % (109 Millionen USD) sind Game Publisher Fees sicherlich eine wirtschaftlich (zurzeit jedoch vernachlässigbare) interessante Größe, da kostenrechnerisch direkt zuor-

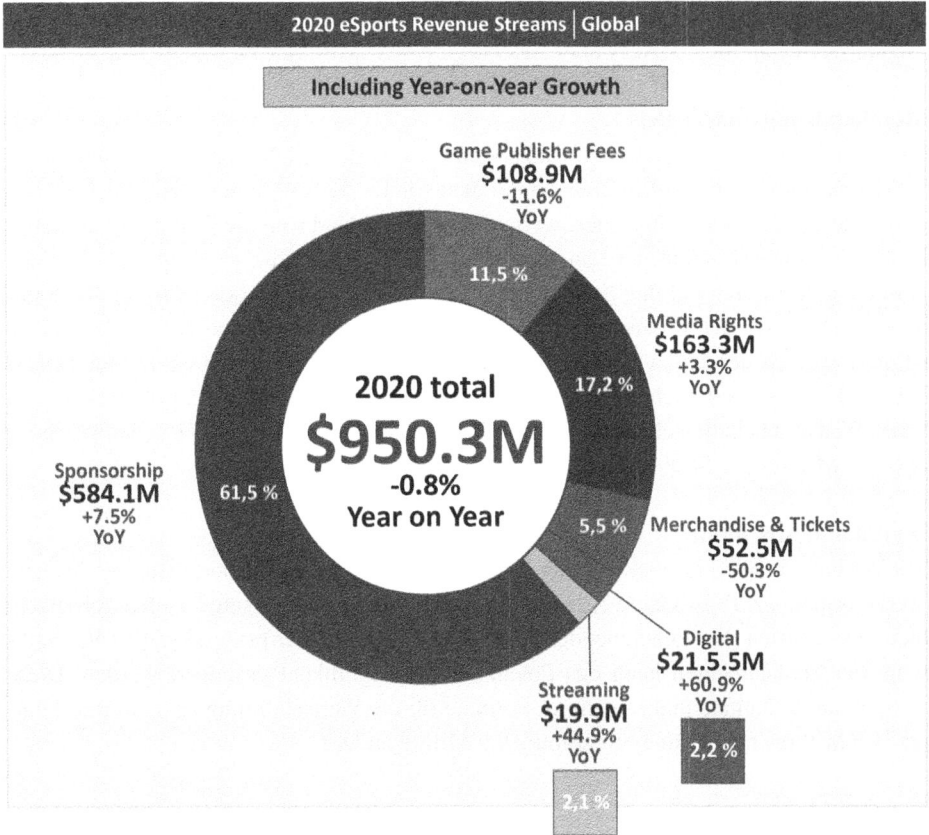

Abb. 2.3 Revenue Streams 2019 nach (Newzoo 2020)

denbar. Natürlich fließen in die P&L (Deckungsbeitragsrechnung) der Developer und Publisher auch Umsätze durch Medienrechte, Merchandising & Tickets, Werbung und Sponsorship ein. Allerdings sind diese nicht immer direkt zuordenbar und werden aufgrund der Interessen anderer Stakeholder nicht vollumfänglich der Games-Wirtschaft zugerechnet. Es gilt zu monitoren, wie die börsennotierten und veröffentlichungspflichtigen Games-Unternehmen den Revenue Stream aus dem E-Sport publizieren und kommentieren werden.

Media Rights

163,3 Millionen US-Dollar oder 17,2 % an der Gesamtmarktgröße des E-Sports bilden den zweitgrößten Umsatzanteil im Revenue Stream. Medienrechte sind immer so viel wert, wie sie durch Angebot und Nachfrage verhandelt wurden. Durch das bereits beschriebene Niche Viewing sind die Verbreitungswege (z. B. Twitch- & YouTube-Streaming) von Bedeutung. Aus der Vermarktung der Media-Rechte tradierter Sportarten ist bekannt: Je unklarer die Rechte abgegrenzt sind, desto geringer ihr Mediawert. Die Fußball-Bundesliga beispielsweise erwirtschaftet ein Drittel ihres Umsatzes durch den Verkauf ihrer Über-tragungsrechte an SKY, DAZN oder ARD (vgl. Hofer 2019, S. 21).

Merchandising und Tickets

Merchandising birgt ein hohes Umsatzpotenzial. Aus dem tradierten Sport ist beispiels-weise bekannt, dass die hohen Transfersummen von David Beckham zu Real Madrid auch durch die Trikotverkäufe finanziert wurden. In Deutschland sind die Bilder ausverkaufter Hallen, beispielsweise aus der Lanxess Arena in Köln, beeindruckend und erwecken den Anschein, dass durch gefüllte Stadien und dadurch hohe Ticketverkäufe auch hohe Sum-men in die Kassen der Veranstalter gespült werden. Mit gerade einmal 20.000 Sitzplätzen ist die Kapazität der Arena jedoch überschaubar; entsprechend gering ist der mit Tickets erzielte Umsatz. Und auch bei der ESL One Cologne 2019 wurden 15.000 Tickets ver-kauft. Weltweit beläuft sich der Umsatz mit Merchandisingrechten und Tickets im E-Sport auf 52,5 Millionen US-Dollar.

Digital und Streaming

Mit Werbung in allen Formen werden signifikante Umsätze im E-Sport generiert. Welche Werbeformen – z. B. In-Game-Advertising, Social Media Advertising – sich durchsetzen, bleibt abzuwarten. Mit zunehmenden Zuschauerzahlen und der professionellen Vermark-tung von Medienrechten kann das Potenzial noch signifikant gesteigert werden. Diese werden durch Digitale und Streaming-Formate für die Wertschöpfung ausgewertet: Digi-tal 21,5 Millionen USD und Streaming 19,9 Millionen USD.

Sponsorship

McDonald's, Kellogg (Pringles) und Mercedes – die Liste der Unternehmen, die Sponso-ring im E-Sport betreiben, ist lang (vgl. Seibold 2019b, S. 20). Gesponsert wird, um den Kontakt zur jungen Zielgruppe zu nutzen. Das Sponsoring-Volumen beläuft sich weltweit auf 584,1 Millionen US-Dollar beziehungsweise 61,5 % – der größte Anteil am Umsatz-kuchen des E-Sports. Wesentliche Sponsoring-Einnahmen stammen von Publishern wie Electronic Arts oder Activision. Publisher sind sehr daran interessiert, beliebte Spieler zu fördern: Diese werden des Öfteren zu Influencern und entscheiden so auch über den Erfolg oder Misserfolg eines E-Sport-Games mit. Sponsorship kann zwischen 0,01 und 1,00 US-Dollar pro Zuschauerstunde kosten.

Schon seit Jahrtausenden ist der Mensch von sportlichen Wettkämpfen begeistert und solange es Geld gibt, wurde damit auch Geld verdient. Ein wesentlicher Grund für den wirtschaftlichen Erfolg des E-Sports ist die mediale Aufmerksamkeit – auch in den sozia-len Medien. Allein über Twitter wird pro Stunde im Schnitt über 75.000-mal das Hashtag #eSports verwendet. Der Nachrichtenwert der sich entwickelnden E-Sport-Branche ist hoch. Berichtet wird über neue Turniere, noch höhere Preisgelder oder Diskussionen über eine potenzielle offizielle Anerkennung des E-Sports als olympische Sportart. An finanzi-eller Unterstützung mangelt es nicht: Auch Prominente investieren in E-Sport – US-Schauspieler Will Smith beispielsweise investierte 46 Millionen US-Dollar in das koreanische E-Sport-Unternehmen Gen.G (Taylor 2019).

Einige Spielehersteller wie bspw. Valve und Electronic Arts scheinen weniger fokussiert auf die Entwicklung ihrer Spiel-Franchises für den E-Sport zu ein. Epic stand Turnieren zunächst verhalten gegenüber, richtete dann aber eine der bedeutendsten Weltmeisterschaften in New York aus. Jedoch hat Electronic Arts, jenes börsennotierte Unternehmen, welches aufgrund seines Titelportfolios an Sportspielen (EA Sports) führend im E-Sport sein könnte, eine „Competitive Gaming Division" organisatorisch in der Unternehmensgruppe implementiert (vgl. Raumer 2019, S. 49). Todd Sitrin, Senior Vice President und General Manager, erläutert die E-Sport-Aktivitäten von Electronic Arts folgendermaßen (Raumer 2019, S. 49):

> Die Aufgabe ist es, (…) die Themen eSports und wettkampforientiertes Gaming für alle unsere Titel voranzutreiben. Dafür bauen wir ein Competitive-Gaming-Ökosystem, das aus mehreren Säulen besteht. Die Basis sind natürlich Produkte, die kompetitiv gespielt werden können und dabei ein möglichst großes Publikum erreichen. (…) Die nächste Säule ist Community Competition, also Wettbewerbe und Turniere, die nicht wir als Electronic Arts ausrichten, aber beispielsweise mit Tools, Features und Regelwerken unterstützen. So können externe Partner Turniere ausrichten. (…) Auf dem höchsten eSports-Level richten wir dann selber Turniere wie den FUT Champions Cup (FIFA) aus.

Sitrin differenziert weiterhin zwischen E-Sport und Competitive Gaming (Raumer 2019, S. 49):

> (…) Wir haben uns bewusst dagegen entschieden, uns eSports Division zu nennen. Unter eSports versteht man ja landläufig Profi-Gamer, die in vollen Arenen um große Preisgelder spielen. Das ist zweifelsohne ein Teil unserer Arbeit, aber wir betreiben einen holistischeren Ansatz. Wie bei den Top-Athleten benötigt eSports einen Unterbau. Da gibt es Hobby-Sportler und Jugendliche. Für uns umfasst der Begriff Competitive Gaming jegliche Form von wettkampforientierter Auseinandersetzung mit unseren Produkten, unabhängig vom Fähigkeitslevel.

Häufig werden diese Competitive Gaming Battles auch live gestreamt. Diese von Gamern selbst organisierten Turniere sind kein Bestandteil einer Liga, sondern im Amateursport verortet. Laut (Citi GPS 2019, S. 58) umfasst das Live-Streamer-Modell fünf wichtige Elemente:

- die Person, die das Game hochlädt (der Spieler)
- die Softwarefirma, die den Spieler und die Zuschauer zusammenführt (z. B. Twitch)
- die werbetreibende Industrie
- die Zuschauer, die einem Experten (Gamer) beim Spielen zuschauen möchten
- die Unternehmen, welche das Game promoten (Publisher)

Die Monetarisierung dieser Live Streams erfolgt über die Werbung (werbetreibende Industrie) und den Publisher, der sein Game promoten möchte. Die Vergütung erfolgt in der Regel in Abhängigkeit zur Zuschauerzahl pro tausend Kontakte (TKP). Allerdings erzielen nur die wenigsten Competitive Gaming Battles genügend Zuschauer, um Werbegelder oder monetäre Zuwendungen von Publishern zu erhalten. Live Streaming wird synonym auch als Game Streaming bezeichnet (vgl. Newzoo 2019, S. 5).

Die Experten der Citigroup beschreiben in (Citi GPS 2019, S. 58) den Prozess folgendermaßen:

> (…) any video game player can upload their live game to the cloud via a broadcaster. There are a handful of useful websites for this purpose. The most prominent site is Twitch (acquired by Amazon in 2014 for about $ 900 million). But there are many rivals including YouTube (Google), Steam TV (Valve), Mixer (Microsoft), Facebook, Huya (China), Douya (China), and Caffeine. These streaming services are often called video game ‚broadcasters'. (…) Using data from Twitchtracker (not affiliated with Amazon), Twitch has seen very rapid growth over the past eight years. In 2012, total viewers reached 0.1 million with 5,000 gamers uploading their game-play (or channel). Today, there are nearly 1.3 million viewers and almost 50,000 channels. And, according to Twitch, about 50,000 gamers are uploading their content (…) and, on average, about 1.2 million consumers are watching these channels. So, on average, only about 25 people are watching each channel. That's a very small audience. In terms of geographic mix, around two-thirds of Twitch players speak English. The remaining one-third is spread across nine different regions. But, Russian, German, Spanish, and French users make up about 25 % of the total user base. For example, about 18K people upload their Fortnite game to Twitch. But, on average, only 9 people are watching each channel.

Basierend auf einer Studie der Wirtschaftsprüfungsgesellschaft Deloitte, die sich schwerpunktmäßig mit der medialen Bedeutung des E-Sports befasst, ist einer der Gründe für dessen Erfolg die konstante Medienpräsenz (Deloitte 2018, S. 11). Sie bietet dem E-Sport ein Podium, durch das er zu den populärsten Sportarten Schritt für Schritt aufschließen könnte. E-Sport folgt dabei dem allgemeinen Trend in der Mediennutzung, da 21 % der Deutschen täglich Video-on-Demand-Angebote (z. B. Netflix) nutzen. Hinzu kommen die inzwischen in allen Altersklassen beliebten Short-Form-Videos. Diese werden altersübergreifend von 25 % der Befragten täglich konsumiert. Der Anteil der täglichen Short-Form-Video-Nutzer liegt bei den 14- bis 34-Jährigen sogar bei 50 % – hierunter werden auch die bei Gamern sehr beliebten Let's-Play-Videos gezählt (Deloitte 2018, S. 11). Deloitte zufolge erfordert die spezifische E-Sport-Zielgruppe und deren ebenso spezifische Mediennutzung eine entsprechend differenzierte Strategie bei der medialen Platzierung von E-Sport-Content. Daraus leitet Deloitte die Frage ab, ob sich E-Sport neben der Nutzung auf Streaming-Plattformen überhaupt im klassischen, also linearen Fernsehen etablieren ließe (Deloitte 2018, S. 11).

Laut (Newzoo 2019, S. 28) war League of Legends 2018 das meistgesehene Spiel auf Twitch und YouTube, gemessen an den „*live esports hours*". Der Titel war außerdem auf Platz 2 bei den „*non esports live hours*", nur überholt von Fortnite, das mehr als doppelt so viele Stunden live gesehen wurde. Dragon Ball FighterZ war der meistgesehene neue

Titel bei Live-Sportstunden. Call of Duty: Black Ops 4 war der meistgesehene neue Titel bei Nicht-E-Sportlern und rundete die Top 10 ab. Dies ist deshalb beeindruckend, da das Spiel erst im vierten Quartal 2018 veröffentlicht wurde. Wie in den Vorjahren war FIFA die einzige Franchise mit zwei verschiedenen Titeln bei *„non esports live hours"*. 2019 hat das neuere Spiel jedoch mehr Zuschauer generiert: FIFA 19 wurde 77,0 Millionen Stunden gesehen, im Vergleich zu 60,6 Millionen Stunden bei FIFA 18.

Mühsam und aus wirtschaftlicher Perspektive keineswegs zielführend ist die Diskussion, ob E-Sport nun ein „richtiger Sport" sei oder nicht. Wenn irritierte Sportfunktionäre ihre Stimme erheben und den E-Sport diskreditieren, verbergen sich dahinter regelmäßig Unkenntnis, Verlustaversion oder schlicht einseitige wirtschaftliche Interessen. Für junge Menschen, die sich mit dem E-Sport beschäftigen, ist die Diskussion obsolet. Für sie ist es weniger relevant, ob es sich um einen richtigen Sport handelt oder nicht. Sie möchten als Gamer oder Zuschauer Fun und Action haben und sind bereit, dafür zu zahlen.

Natürlich kann man die berechtigte Frage stellen, ob der E-Sport, wie andere Randsportarten, finanziell gefördert werden sollte oder nicht. Doch wer kann sich ernsthaft anmaßen, dies zu evaluieren? Zweifelsohne wird durch den E-Sport die Hand-Augen-Koordination gefördert. Auch kann ein E-Sport-Turnierteilnehmer keinen Wettbewerb erfolgreich bestreiten, wenn er nicht eine physische Grundfitness aufweist, genauso wie ein Formel-1-Fahrer kein Rennen gewinnen kann, wenn er nicht fit ist. Sucht man nun Parallelen zwischen dem Formel-1-Rennsport und dem E-Sport, so finden sich diese u. a. auch in der Monetarisierung: Die Formel 1 braucht keine finanzielle Förderung. Es greifen die Mechanismen der Marktwirtschaft: Ein attraktives Produkt findet seine Nachfrage und die Monetarisierung erfolgt im Wesentlichen durch die Werbefinanzierung, einschließlich des Sponsorings. Wenn McDonald's, eines der größten werbetreibenden Unternehmen der Welt, seine finanziellen Sponsoring-Budgets vom DFB zum E-Sport verschiebt, kann dies als empirischer Beleg gelten. Offenbar ist die Verlustaversion der Sportfunktionäre gar nicht so abwegig – ihre Kritik am E-Sport ist mit dessen Erfolg zumindest teilweise erklärbar.

Im Kontext der über Jahre geforderten Förderung der deutschen Games-Branche, die letztendlich erst 2020 mit einem jährlichen Etat von 50 Millionen Euro im Bundeshaushalt abgesichert wurde (BMVI, 2020), ist die im E-Sport angestimmte Forderung nach einer Anerkennung als Breitensport aus wirtschaftlicher Perspektive für die Games-Branche relativiert zu betrachten. Es gilt zu differenzieren zwischen einer Förderung für die deutsche Games-Branche (bspw. als Kreativ- oder Content-Förderung) und einer Förderung des E-Sports (z. B. als Sportförderung). Die deutsche Games-Branche hat jahrzehntelang daran gearbeitet, das Stigma einer nicht ernstzunehmenden Branche abzulegen, und ist heute der digitale Frontrunner für viele Branchen einschließlich der Automobil-Industrie und des Gesundheitswesens. Game-Engines beispielsweise werden heute für zahlreiche Zwecke auch weit außerhalb der Games-Branche eingesetzt. Dies alles ist bislang aus eigener Kraft und – anders als in anderen Ländern – ohne nennenswerte wirtschaftliche Unterstützung seitens der Politik gelungen.

Für den E-Sport gilt es vielmehr, sich auf die eigenen Stärken – junge, kaufkraftstarke Zielgruppen, attraktives Produkt und Digitalisierungs-Know-how – zu fokussieren, aus eigener Kraft den E-Sport aufzubauen und Wertschöpfung zu generieren. Dass davon unbehalten eine Förderung der deutschen Games-Branche mit ihren zahlreichen, zumeist kleinen Game-Studios sinnvoll ist, steht jedoch außer Frage. Games und E-Sport sind eben nicht gleichzusetzen.

Für Investoren ist die Diskussion, ob E-Sport nun als Breitensport mit steuerrechtlicher Gemeinnützigkeit (vgl. Seibold 2019d, S. 30) oder als olympische Disziplin (vgl. Halilovic 2019, S. 33) anerkannt wird, irritierend: Zu unübersichtlich ist die Gemengelage, zu granular sind die Partikularinteressen der Stakeholder wie beispielweise des ESBD (E-Sport-Bund Deutschland) und des DOSB (Deutscher Olympischer Sportbund). Da hilft auch der Brückenschlag zum Fußball-Game FIFA von Electronic Arts wenig: Seit Jahren ist es eines der bestverkauften Computerspiele – als E-Sport-Game jedoch nicht einmal unter den Top 10 gelistet (vgl. Halilovic 2019, S. 32).

Zusammenfassend lässt sich schlussfolgern, dass der E-Sport deshalb wirtschaftlich erfolgreich sein wird, weil er – schon längst – vom Markt angenommen und von der Zielgruppe akzeptiert wird, und nicht, weil er Steuervergünstigungen oder Förderung von Seiten der Politik erhält oder als olympische Disziplin anerkannt werden könnte.

Literatur

Anderie, L. (2017). *Gamification, Digitalisierung und Industrie 4.0 – Transformation und Disruption verstehen und erfolgreich managen.* Heidelberg: Springer Gabler.

BMVI. (2020).. Computerspieleförderung des Bundes. https://www.bmvi.de/DE/Themen/Digitales/Computerspielefoerderung/computerspielefoerderung.html. Zugegriffen am 18.04.2021.

Citi GPS. (2019). Video Games: Cloud Invaders – Bracing for the Netflix-ization of Gaming. https://de.citifirst.com/DE/downloads/dc8af12e-25ae-4c96-bc45-1df182afb096/Citi_GPS_Video_Gaming_Cloud.pdf. Zugegriffen am 30.10.2019.

Deloitte. (2018). Continue to Play – der deutsche eSports-Markt in der Analyse. https://www2.deloitte.com/de/de/pages/technology-media-and-telecommunications/articles/esports-studie-2018.html. Zugegriffen am 14.08.2019.

Halilovic, M. (2019). Schlaand: Eine eFußball-Nation. *Games Markt*, Sonderbeilage e-Sport, *19*(8), 33–34. http://beta.gamesmarkt.de/details/442857. Zugegriffen am 30.10.2019.

Hofer, J. (2019). Bundesliga – ein Start-up gegen Fußball-Piraten. *Handelsblatt*, Wochenend-Ausgabe 9/10/11, Nr. 152, S. 21.

Newzoo. (2019). Newzoo Global Esports Market Report 2019. https://newzoo.com/insights/trend-reports/newzoo-global-esports-market-report-2019-light-version/. Zugegriffen am 10.10.2019.

Newzoo (2020). COVID-19 Continues to Impact the Esports Market: Newzoo Revises Its Esports Revenue Forecast. https://newzoo.com/insights/articles/newzoo-coronavirus-impact-on-the-esports-market-business-revenues/. Zugegriffen am 18.04.2021.

Raumer, D. (2019). Mehr Wettbewerb wagen. *Games Markt, 19*(1), 49.

Seibold, N. (2019a). Wo eSport-Geschichte geschrieben wird. *Games Markt (Sonderbeilage e-Sport), 19*(8), 16–17.

Seibold, N. (2019b). Ein Wirtschaftswunder-Märchen. *Games Markt (Sonderbeilage e-Sport),* *19*(8), 20.

Seibold, N. (2019c). Lieber Clubtisch als chaotisch. *Games Markt (Sonderbeilage e-Sport),* *19*(8), 25.

Seibold, N. (2019d). Die Zukunft gehört dem eSport. *Games Markt (Sonderbeilage e-Sport), 19*(8), 30. http://beta.gamesmarkt.de/details/442854. Zugegriffen am 30.10.2019.

Steininger, S. (2019). eSport trifft Messe und LAN-Party. *Games Markt (Sonderbeilage e-Sport),* *19*(8), 22.

Taylor, H. (2019). Actor Will Smith joins $ 46m investment into esports organisation Gen.G. https://www.gamesindustry.biz/articles/2019-04-18-actor-will-smith-leads-usd46m-investment-into-esports-organisation-gen-g. Zugegriffen am 14.11.2019.

E-Sport in Deutschland: Eine Betrachtung aus Perspektive des game – Verband der deutschen Games-Branche e. V.

Felix Falk und Martin Puppe

Zusammenfassung

Innerhalb weniger Jahre hat E-Sport, der Wettkampf in Computer- und Videospielen, weltweit, aber auch in Deutschland, den Weg aus der Nische zu einem Massenphänomen zurückgelegt. Damit verbunden sind vielfältige Entwicklungen, die aus gesellschaftlicher, wirtschaftlicher und politischer Perspektive beachtenswert sind. Dieser Beitrag gibt einen Überblick über den Aufstieg des E-Sports. Er zeigt zudem auf, welche politischen Hürden mit Blick auf die weitere E-Sport-Entwicklung in Deutschland noch zu nehmen sind.

3.1 Einleitung

Digitalisierung und Vernetzung verändern nahezu alle Lebensbereiche. Wie wir heute kommunizieren und konsumieren, wie wir mit unserer Umwelt interagieren und diese gestalten, das alles hat sich innerhalb weniger Jahre maßgeblich verändert. Diese Transformation von Gesellschaft und Wirtschaft erfasst immer mehr Bereiche – nicht zuletzt auch das Freizeitverhalten. Deutlich mehr als jeder zweite Deutsche spielt und der Altersschnitt liegt bei über 37 Jahren – Tendenz steigend (game 2020). Einen besonderen Reiz machen Spiele aus, in denen mit- und gegeneinander gespielt werden kann. Der Wettbewerb zwischen Spielerinnen und Spielern reicht dabei vom direkten Duell an einer Konsole bis hin zu Partien, die Millionen Menschen weltweit verfolgen, um die besten Spielerinnen und Spieler im Livestream oder vor Ort in den größten Stadien der Welt zu

F. Falk · M. Puppe (✉)
game – Verband der deutschen Games-Branche, Berlin, Deutschland
E-Mail: felix.falk@game.de; martin.puppe@game.de

© Springer Fachmedien Wiesbaden GmbH, ein Teil von Springer Nature 2022
M. Breuer, D. Görlich (Hrsg.), *E-Sport*,
https://doi.org/10.1007/978-3-658-36079-5_3

beobachten. Die Rede ist hierbei von E-Sport. Der Begriff umfasst den digitalen Wettkampf in Computer- und Videospielen in unterschiedlichsten Disziplinen.

E-Sport ist in Deutschland zum gesellschaftlichen Massenphänomen geworden. Sieben
von zehn Deutschen haben von dem digitalen Wettkampf bereits gehört und rund 12
Millionen Deutsche haben sich schon die digitalen Wettkämpfe angesehen (game 2019,
S. 13). Um E-Sport herum ist in den vergangenen Jahren ein ganzes Ökosystem aus
E-Sportlerinnen und E-Sportlern sowie Teams, Ligen und Turnieren, aus Medien,
Event-Veranstaltern und Sponsoren entstanden. Millionen Menschen weltweit verfolgen
die Partien. Damit hat E-Sport viele klassische Sportarten wie Handball, Eishockey oder
Basketball in puncto Zuschauerzahlen längst überholt.

Dieses große Interesse steigert auch die wirtschaftliche Relevanz von E-Sport fortwäh-
rend. So hat sich der digitale Wettkampf innerhalb von nur 20 Jahren zu einem Milliarden-
markt entwickelt. Aus den einst privat organisierten LAN-Partys mit Siegerprämien wie
einem Jahresabonnement der Zeitschrift Rolling Stone sind internationale Turniere mit
Preisgeldern in Millionenhöhe geworden (Baker 2016). Es ist ein Markt entstanden, dessen weltweiter Gesamtumsatz laut Prognose des Marktforschungsunternehmens Newzoo
bis 2024 auf 1,6 Milliarden Euro wachsen soll (Newzoo 2021, S. 29). Auch Deutschland
bietet sich hier die Möglichkeit, eine wichtige Rolle einzunehmen: Dem Beratungsunternehmen PwC zufolge betrug der E-Sport-Umsatz in Deutschland allein 2019 etwa 77
Millionen Euro (PwC 2020). Das entspricht einem Wachstum von 27 Prozent im Vergleich zum Vorjahr. Auch die Politik hat das Potenzial erkannt: Nachdem die Förderung
des E-Sports 2017 erstmals im Koalitionsvertrag zwischen CDU, CSU und SPD aufge-
führt wurde, wurden die Einreise und der Aufenthalt für E-Sportlerinnen und E-Sportler
aus Drittstaaten vereinfacht. Dennoch steht E-Sport in Deutschland vor einigen Herausforderungen. Es fehlt von politischer Seite an vielen Stellen noch immer an Offenheit für den
E-Sport sowie an der Unterstützung bei der Umsetzung von kleinen und großen Turnieren.
Für die Talentförderung sind die Anerkennung der Gemeinnützigkeit für Vereine mit
E-Sport-Angebot und die Förderung von Talenten besonders wichtig.

Der game – Verband der deutschen Games-Branche hat sich schon früh mit dem digitalen Wettkampf beschäftigt. Das Engagement in diesem Themengebiet führte 2016 zur
Gründung von „game esports" (früher Esports.BIU 2017). Innerhalb des Verbandes gibt
es damit eine Vereinigung, die sich aktiv mit E-Sport und den damit verbundenen Entwicklungen auseinandersetzt. „game esports" gehören vielfältige Akteure des Ökosystems
wie Spiele-Entwickler, Publisher, Veranstalter oder Agenturen an. Gemeinsam arbeiten
die Mitglieder an der Verbesserung der Rahmenbedingungen für den E-Sport in Deutschland. Die Vereinigung hat das Ziel, Deutschland zum besten E-Sport-Standort zu entwickeln. Durch diese Arbeit wurde „game esports" zum zentralen Ansprechpartner für Politik, Gesellschaft und andere E-Sport-Akteure in Deutschland (Abb. 3.1).

Abb. 3.1 Mitglieder von „game esports". (Quelle: www.game.de)

3.2   Was ist E-Sport?

E-Sport ist der Wettkampf der digitalen Generation. Wie kaum eine andere Disziplin hat sich der digitale Wettkampf in den vergangenen Jahren von einem Nischen- zu einem Massenphänomen entwickelt. War er Ende der 1990er-Jahre noch vorwiegend Gamerinnen und Gamern bekannt, werden die Wettkämpfe heute von einem Millionenpublikum per Livestream und in ausverkauften Stadien verfolgt. Die Preisgelder, um die bei internationalen Meisterschaften gespielt wird, erreichen teilweise zweistellige Millionenbeträge. Die E-Sportlerinnen und E-Sportler genießen vielerorts einen Status, der sonst nur Film- oder Popstars vorbehalten ist. Doch was genau ist E-Sport? Was zeichnet ihn aus? Der Begriff E-Sport (auch „Esport", „eSport", „eSports", „e-Sport", „e-Sports" oder „E-Sports" geschrieben) bezeichnet den Wettstreit in Computer- und Videospielen unter festgelegten Regeln. Im E-Sport findet ein Wettbewerb zwischen zwei oder mehr Personen mithilfe von Games unter festgelegten Regeln statt. Einer professionellen E-Sport-Karriere gehen dabei mehrere Jahre hartes und ausdauerndes Training voraus – von den Profispielerinnen und -spielern werden enorme physische und psychische Leistungen verlangt.

Die Basis des E-Sports bilden Computer- und Videospiele, die wettkampfmäßig von Einzelspielern und Teams gespielt werden. E-Sport verkörpert damit die Kernelemente von Computer- und Videospielen und macht wesentliche Bestandteile der Games-Kultur erfahrbar: Es geht beim digitalen Wettkampf um das soziale Moment, darum, miteinander zu spielen, sich als Team abzustimmen und zusammenzuarbeiten. Dabei ist E-Sport

Die wichtigsten E-Sport-Titel im Überblick

Abb. 3.2 Die wichtigsten E-Sport-Titel im Überblick. (Quelle: www.game.de)

ebenso international aufgestellt, wie Computer- und Videospiele es sind. Es kann zu jedem Zeitpunkt mit Menschen auf der ganzen Welt gespielt werden. E-Sport-Teams bestehen aus Spielerinnen und Spielern aus allen Teilen der Welt und Turniere werden international ausgetragen.

Zu den wichtigsten E-Sport-Titeln zählen Games wie „League of Legends" (Riot Games), „Dota 2" (Valve), „Counter-Strike: Global Offensive" (Valve), „Rainbow Six Siege" (Ubisoft), „Overwatch" (Blizzard) oder die „FIFA"-Reihe (Electronic Arts). Rund um solche Echtzeit-Strategiespiele, Taktik-Shooter und Sportsimulationen haben sich im Laufe der Jahre zahlreiche Ligen und Turniere etabliert, in denen E-Sportlerinnen und E-Sportler auf nationaler und internationaler Ebene gegeneinander antreten. Events wie „The Grand Finals", die „ESL One" oder „The International" füllen dabei ganze Stadien (Abb. 3.2).

3.3   E-Sport in Deutschland

In Deutschland schauen sich knapp 12 Millionen Menschen E-Sport-Events an (game 2019). Was seinen Anfang in den 1970er-Jahren mit dem Spiel „Pong", mit Wettkämpfen an Arcade-Automaten und später LAN-Partys nahm, kennt heute knapp jeder zweite Deutsche (Abb. 3.3). Turniere zu besuchen, sich über Spielerinnen und Spieler sowie Teams

Bekanntheit von E-Sport

Anteil der Deutschen, die bereits von E-Sport gehört
haben und die Bedeutung kennen

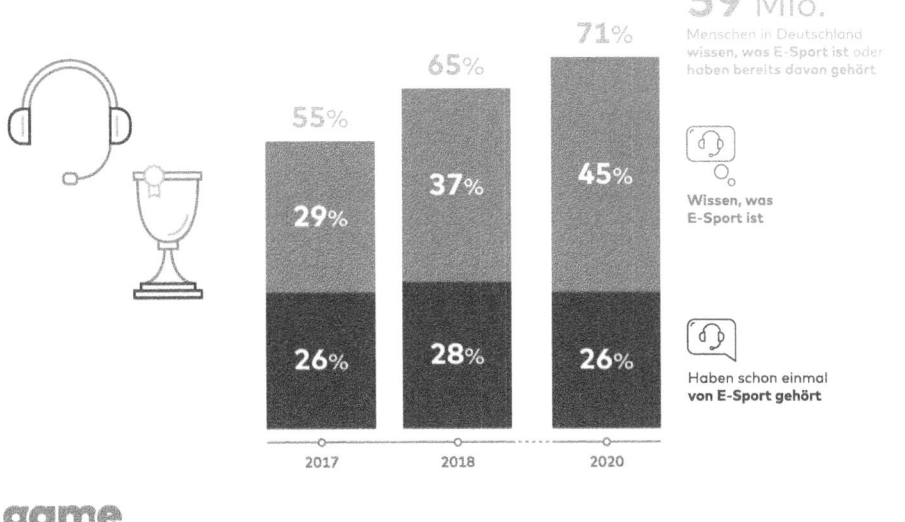

Abb. 3.3 Bekanntheit von E-Sport. (Quelle: www.game.de)

auszutauschen oder die neusten Spielstrategien zu analysieren, ist heute so selbstverständlich wie ein Gespräch über Fußball.

Insgesamt hat sich E-Sport in den vergangenen Jahren rasant entwickelt und professionalisiert. Aus den vormals privat organisierten Spieletreffen von Gamern über Foren und Communitys hat sich auch in Deutschland im Laufe der Jahre sowohl eine Profiszene als auch eine professionell organisierte Amateur-Ebene entwickelt. Es gibt heute zahlreiche Vereine sowie Hochschulgruppen, in denen sich E-Sport-begeisterte Hobby-Spielerinnen und -Spieler lokal und regional organisieren. In den Gruppen gibt es die Möglichkeit zum Austausch und zum gemeinsamen Training. Die Vereine und Gruppen bilden die Basis für die lokalen Amateur-Ligen und die Nachwuchsförderung – und damit für die deutschen E-Sportlerinnen und E-Sportler von morgen. Eine Besonderheit von E-Sport ist, dass sich potenziell alle Spielerinnen und Spieler online jederzeit miteinander messen können und E-Sport damit eine große Breitenbewegung darstellt (Abb. 3.4).

Auch die Politik hat die gesellschaftliche und politische Relevanz von E-Sport erkannt: So haben CDU, CSU und SPD die Förderung von E-Sport 2018 mit in ihr Regierungsprogramm aufgenommen. Einfacher wurden seitdem die Einreise und der Aufenthalt für E-Sportlerinnen und E-Sportler aus Drittstaaten: Das Auswärtige Amt hat im August 2018 die Einreisebestimmungen für E-Sportlerinnen und E-Sportlern aus Nicht-EU-Ländern erleichtert und mit der neuen Beschäftigungsverordnung sind seit März 2020 die Zugangshürden für E-Sportlerinnen und E-Sportler bei der Einreise nach Deutschland niedriger.

E-Sport wird zum Massenphänomen

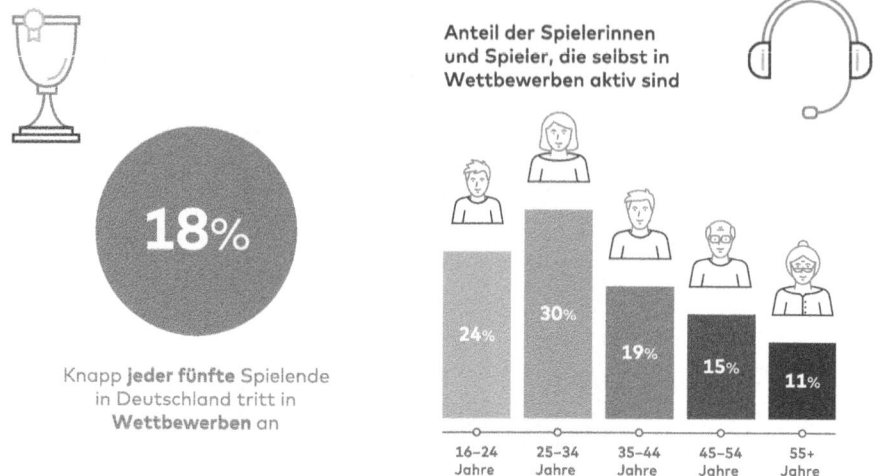

Quelle: Repräsentative YouGov-Umfrage (n=2.027, 16+). © game 2021

Verband der deutschen
Games-Branche

Abb. 3.4 E-Sport wird zum Massenphänomen. (Quelle: www.game.de)

Auch in vielen Bundesländern wurden erste Schritte zur Förderung von E-Sport unternommen: So unterstützt das Land Schleswig-Holstein die Einrichtung kommunaler E-Sport-Häuser und hat ein Landeszentrum für E-Sport eingerichtet. In Sachsen-Anhalt existiert eine Förderung für E-Sport-Vereine und das Land Nordrhein-Westfalen ist Mit-Initiator und Unterstützer der E-Sports player foundation.

Insbesondere das im Regierungsprogramm formulierte Ziel, „E-Sport künftig vollständig als eigene Sportart mit Vereins- und Verbandsrecht anerkennen" zu wollen, hat ab 2018 zu zahlreichen Diskussionen geführt. So unterteilt der Deutsche Olympische Sportbund (DOSB) E-Sport in zwei Lager (DOSB 2018): Auf der einen Seite werden Simulationen „echter Sportarten" wie Fußball, Bogenschießen, Segeln, Basketball oder Tennis durchaus anerkannt, sodass Sportvereine, die über ihre einzelnen Sportverbände Mitglied im DOSB sind, diese in ihr Programm aufnehmen können. Klassische E-Sport-Titel aus den Genres Echtzeit-Strategie oder Taktik-Shooter werden hingegen als „eGaming" bezeichnet und abgelehnt. Auch aufgrund dieser Haltung hat sich in Deutschland die Debatte um E-Sport und dessen Förderung fast ausschließlich auf die Frage konzentriert, ob E-Sport Sport ist. Aus Perspektive des game ist die Frage, ob E-Sport Sport ist, jedoch nicht entscheidend. Trotz zahlreicher Parallelen zum klassischen Sport ist E-Sport einzigartig, etwa bei seiner Ausübung oder auch der Organisation. Auch die bestehenden Herausforderungen für den E-Sport in Deutschland lassen sich unabhängig von der Sport-Frage beantworten (Abb. 3.5).

Jeder fünfte Deutsche hat schon E-Sport-Matches geschaut

Abb. 3.5 Jeder fünfte Deutsche hat schon E-Sport-Matches geschaut. (Quelle: www.game.de)

3.4 Aktuelle Hürden für die Entwicklung von E-Sport in Deutschland

Für die weitere Entwicklung von E-Sport in Deutschland bestehen weiterhin einige Hürden, die vor allem politisch aufgelöst werden könnten. Vorrangig existieren aber drei Probleme, die es zu lösen gilt, um die Situation von E-Sport weiter zu verbessern:

- die Anerkennung der Gemeinnützigkeit für Vereine mit E-Sport-Angebot
- die Schaffung besserer Voraussetzungen in Ländern und Kommunen
- die Förderung von Talenten

3.4.1 Anerkennung der Gemeinnützigkeit für Vereine mit E-Sport-Angebot

Für die Stärkung des E-Sports fehlt weiterhin die bereits 2018 im Koalitionsvertrag vereinbarte Anerkennung der Gemeinnützigkeit für E-Sport-Vereine. Diese wird vor allem von Vereinen benötigt, deren ehrenamtliches E-Sport-Angebot sich an Hobby- oder semiprofessionelle Spielerinnen und Spieler richtet. Denn immer mehr von ihnen wünschen sich den Anschluss an einen klassischen Verein und organisieren sich zunehmend auch auf lokaler Ebene. In diesen Vereinen wird gemeinsam trainiert, es werden Trainingspläne entwickelt, Nachwuchsarbeit wird betrieben und soziale Projekte wie Medienkompetenztrainings werden initiiert. Die Vereine bieten damit ein Gemeinschaftserlebnis und sind Anlaufstelle sowohl für Jugendliche als auch für Eltern, aber auch für ältere Spielerinnen und Spieler. Die Vereine übernehmen Verantwortung für ihre Mitglieder und für die Gesellschaft, beispielsweise bei der Vermittlung von Medien- und sozialen Kompetenzen. Damit unterscheiden sie sich nicht von anderen Vereinen, die einen als gemeinnützig anerkannten Zweck verfolgen. Um die wertvolle Arbeit der Vereine mit E-Sport-Angebot zu fördern und eine Gleichbehandlung mit anderen Vereinen zu ermöglichen, müssen diese E-Sport-Vereine ebenfalls als gemeinnützig anerkannt werden. Verbunden sind damit unter anderem Steuerbefreiungen, ein geringerer bürokratischer Aufwand sowie die Möglichkeit, sich für Projektmittel aus EU- und Bundesförderung zu bewerben.

E-Sport sollte daher in der Abgabenordnung verankert werden. Eine Option wäre es, eine neue Ziffer („die Förderung des E-Sports") zu schaffen, denn trotz zahlreicher Parallelen zum klassischen Sport ist E-Sport einzigartig, etwa hinsichtlich seiner Ausübung oder auch der Organisation. Sportvereinen, die sich in ihrer Satzung auf Paragraf 52 Ziffer 21 („die Förderung des Sports") beziehen, kann derzeit allerdings der Verlust der Gemeinnützigkeit drohen, wenn sie E-Sport neben dem regulären Programm anbieten. Zu präferieren ist jedoch, E-Sport in der „Sportziffer" der Abgabenordnung zu nennen, ohne eine Gleichstellung mit dem Sport umzusetzen.

3.4.2 Voraussetzungen in den Ländern und Kommunen schaffen

Kommunen und die lokale Wirtschaft profitieren davon, wenn E-Sport-Events vor Ort bei ihnen stattfinden. Bereits existierende Veranstaltungen wie die ESL One in Köln und Hamburg oder der Ligabetrieb der „League of Legends European Championship" (LEC) in Berlin zeigen, dass sie dazu beitragen, nachhaltige E-Sport-Strukturen zu schaffen. Besonders interessant für die Kommunen sind E-Sport-Turniere von großer europäischer Bedeutung oder von Weltrang, die große Effekte für den Einzelhandel und die Hotellerie – wie bei anderen Großevents auch – nach sich ziehen. Die „Summer Finals" der „League of Legends European Championship 2019" in Rotterdam haben der Stadt laut einer gemeinsamen Studie von Riot Games und der Stadt Rotterdam rund 2,3 Millionen Euro eingebracht (Duran 2019). 83 Prozent der Zuschauer vor Ort kamen nicht aus Rotterdam, sondern teilweise aus dem asiatischen Raum. Durchschnittlich haben Besucherinnen und Besucher 52 Euro pro Tag in Rotterdam ausgegeben. Für das Stadtmarketing ist außerdem die hohe internationale Sichtbarkeit über das Event hinaus relevant: Die „Summer Finals" hatten einen Rekord von über 850.000 gleichzeitigen Zuschauerinnen und Zuschauern, wodurch die Stadt eine hohe Sichtbarkeit bei einer andernfalls schwer zu erreichenden Zielgruppe erlangt hat (Yakimenko 2021).

Aufgrund dieser positiven Effekte von E-Sport muss der lokalen Wirtschaftsförderung daran gelegen sein, aktiv um die Austragung von E-Sport-Veranstaltungen zu werben. Die

Städte befinden sich – je nach Turnierformat – in einem globalen Wettbewerb mit anderen Städten. Das Beispiel der Stadt Kattowitz zeigt, wie eine enge und erfolgreiche Partnerschaft funktionieren kann: Seit 2014 veranstaltet die Electronic Sports League, kurz ESL, die „Intel Extreme Masters" in der polnischen Stadt. Seitdem hat sich das Turnier zum weltweit größten E-Sport-Event mit über 170.000 Besucherinnen und Besucher entwickelt (ESL Gaming 2017). Die Stadt Kattowitz stellte dafür innerhalb von fünf Jahren 12,5 Millionen Złoty (ca. 3,38 Millionen US-Dollar) für das zweiwöchige Event bereit (Biznesu 2018), um gemeinsam mit den Ausrichtern für die Zuschauerinnen und Zuschauer beste Bedingungen bieten zu können. Für andere Turniere werden, wie bei anderen Veranstaltungen in diesen Größenordnungen auch, vergleichbare Einigungen getroffen und es wird beispielsweise städtische Infrastruktur wie Hallen kostenfrei zur Verfügung gestellt oder Marketing-Maßnahmen in erheblichem Rahmen unterstützt. Die hohe inhaltliche Attraktivität solcher Events sowie deren wirtschaftliche Hebeleffekte zeigen, wie sinnvoll ein stärkeres Engagement von Kommunen und Ländern ist.

Ein erfolgreicher E-Sport-Standort ist offen für alle E-Sport-Turniere, unabhängig vom Genre der gespielten Games. Vorbehalte, die häufig Jugendschutzaspekte betreffen, bestehen zu Unrecht. Spiele, die sich aufgrund von Gewaltdarstellungen primär an ältere Jugendliche oder Erwachsene richten, eignen sich genauso für Großevents wie Spiele, die sich auch an Kinder richten, etwa „FIFA" oder „Rocket League". Die „ESL One Cologne" in der Kölner LANXESS Arena zeigt als eines der größten Counter-Strike-Turniere seit Jahren, dass viele Vorbehalte gegenüber Shootern unbegründet sind: Die Zuschauer sind – wie bei allen anderen E-Sport-Turnieren auch – sehr friedliebend. Die Atmosphäre ist bei E-Sport-Events über alle Fan-Gruppierungen hinweg friedlich und die Erfolge von konkurrierenden Teams werden honoriert und von allen Fans gefeiert. Selbstverständlich gilt der Jugendschutz für alle E-Sport-Titel. In der Regel orientieren sich die Veranstalter und die lokalen Jugendschutzbehörden an der Altersfreigabe der gezeigten Computer- und Videospiele. Bei der Bewertung wird das Gesamtkonzept der Veranstaltung berücksichtigt; die Alterskennzeichen der Unterhaltungssoftware-Selbstkontrolle (USK) müssen dabei allerdings nicht direkt auf Altersfreigaben von E-Sport-Veranstaltungen übertragen werden. Gewaltverherrlichende oder gewaltverharmlosende Darstellungen in Spielen sind grundsätzlich gemäß § 131 StGB verboten. Alle relevanten E-Sport-Titel haben eine Altersfreigabe der USK.

Die Finalrunden von Ligen und Turnieren finden häufig in Eventhallen oder Stadien statt. Je nach Spiel, Reichweite und Zielgruppe sind unterschiedliche Hallengrößen nötig: Der Bedarf reicht von mehreren hundert bis zu zehntausenden Plätzen. Um Veranstaltungen mit globaler Relevanz abzuhalten, werden Multifunktionsarenen für mindestens 20.000 Zuschauer benötigt. Die Finalspiele der „League of Legends World Championship" wurden beispielsweise vor 40.000 Fans im Nationalstadion in Peking abgehalten. In Paris fand 2019 das Finale vor 15.000 Zuschauern in der AccorHotels Arena statt (Liao 2019). Für kleinere Formate eignen sich auch Veranstaltungshallen, die sich oft in kommunaler Hand befinden. Auch diese Hallen müssen, wie bei anderen Veranstaltungen der

Größenordnung und Relevanz auch, für sämtliche E-Sport-Turniere genutzt werden können.

Bei größeren Turnieren ist eine gute Erreichbarkeit per Zug und Auto unabdingbar. Relevant für Weltfinalrunden sind zudem direkte Flugverbindungen nach Asien und an die US-amerikanische Ost- und Westküste. Um die Übertragung der Turniere per Stream zu ermöglichen, ist außerdem ein Glasfaseranschluss nötig. Auch Veranstalter wie Freaks 4U Gaming sind, ebenso wie die Teams, abhängig von schnellen Internetanbindungen. Die flächendeckende Verbreitung von schnellem Internet bestimmt insgesamt maßgeblich die Zukunft des gesamten E-Sport- und Games-Standortes Deutschland.

3.4.3   Förderung von Talenten

E-Sport lebt von den Talenten, die auf Weltklasse-Niveau spielen und eine hohe Bekanntheit erlangen. Diese E-Sportlerinnen und E-Sportler dienen als Vorbilder und haben eine repräsentative internationale Strahlkraft, vergleichbar mit Talenten in anderen Bereichen wie Kultur oder Sport. Erfolgreiche E-Sportlerinnen und E-Sportler sowie Teams sind auch Botschafter ihrer Heimat. Trotz der starken internationalen Ausrichtung im E-Sport identifizieren sich viele Zuschauerinnen und Zuschauer mit den Stars und Teams aus ihren Heimatländern. Diese Effekte lassen sich derzeit insbesondere in Asien oder Nordamerika beobachten. Deutschland muss daher daran gelegen sein, bestmögliche Bedingungen für die Entwicklung von E-Sports-Talenten zu schaffen, um auch im Bereich E-Sport einen Spitzenrang einzunehmen und die Bundesrepublik als attraktiven E-Sport-Standort zu präsentieren.

Ein weiteres Ziel der Förderung von Talenten ist es, Vorbilder für Millionen von Spielerinnen und Spielern zu schaffen. Durch ganzheitliches, professionelles und werteorientiertes Training, eine gesunde Lebensweise und einen verantwortungsvollen Umgang mit Gaming transportieren diese Talente wichtige Kompetenzen und Verhaltensweisen in die Zielgruppe der Millionen Fans, insbesondere der computerspielenden Heranwachsenden. Dafür bedarf es professioneller Trainingsbedingungen, einer Förderung von physischer Fitness und gesunder Ernährung, einer dualen Karriereplanung (Ausübung von E-Sport und Beruf) und eines Medien- und Social-Media-Trainings. Entsprechende Initiativen wie die E-Sports player foundation sollten daher in Deutschland unterstützt werden. Die E-Sports player foundation baut Förderprogramme auf und unterstützt Spielerinnen und Spieler mit Weltklasse-Potenzial. Dabei übernimmt sie als „Not for Profit"-Institution Verantwortung für die Entwicklung der individuellen Leistung, der Persönlichkeit und der schulischen und beruflichen Perspektive. Vorbild für eine Förderung dieser Initiative kann die Unterstützung der Stiftung Deutsche Sporthilfe durch den Bund sein.

3.5   Zusammenfassung

E-Sport hat sich in kurzer Zeit etabliert – sowohl weltweit als auch in Deutschland. Er ist gleichermaßen Zuschauermagnet und Wirtschaftsfaktor sowie Ausdruck einer gesellschaftlichen Veränderung, die alle Lebensbereiche erfasst: der Digitalisierung und Vernetzung. Aus Perspektive des game ist E-Sport ein Botschafter der Games-Kultur. Der digitale Wettbewerb verdeutlicht, was das Medium ausmacht: Es ist interaktiv und sozial, es begeistert Menschen rund um den Globus und verbindet sie über alle Grenzen miteinander.

Viele der Potenziale des E-Sports werden mittlerweile auch in Deutschland genutzt. So genießt der digitale Wettkampf bereits eine große Popularität. Das zeigt sich sowohl in den Umfragen als auch bei großen Turnieren wie der „ESL One" in Köln oder auch auf der gamescom. Auch werden in Deutschland Ligen wie die „League of Legends European Championship" von Riot Games in Berlin veranstaltet oder große internationale Turniere zu Spielen wie „PlayerUnknown's Battlegrounds" oder „Counter-Strike". Mit Unternehmen wie ESL Gaming oder Freaks 4U Gaming haben sich deutsche Unternehmen weltweit im E-Sport-Bereich etablieren können. Zudem unterhalten viele Clubs aus der Ersten und Zweiten Fußball-Bundesliga mittlerweile eigene E-Sport-Abteilungen und nehmen an der Virtuellen Bundesliga teil. Selbst der Deutsche Fußball-Bund (DFB), der sich zu Anfang noch eindeutig gegen E-Sport positioniert hatte, unterhält eine eNationalmannschaft. Automobilhersteller wie Audi und Mercedes-Benz, der Mineralwasserproduzent Gerolsteiner oder die Krankenkassen AOK und Die Techniker engagieren sich aktiv im Sponsoring. Betrachtet man all diese Beispiele, wird schnell deutlich: Deutschland ist längst ein großer und wichtiger Standort des E-Sports.

Anders fällt das Urteil leider mit Blick auf die politische und gesellschaftliche Anerkennung in Deutschland aus. So fand die weitreichende Unterstützung von E-Sport zwar ihren Weg in den Koalitionsvertrag aus dem Jahr 2017. Auch gibt es in einigen Bundesländern eine große Unterstützung für den digitalen Wettkampf sowie die ersten regulatorischen Verbesserungen in Deutschland, etwa bei der Vergabe von Visa an E-Sportlerinnen und E-Sportler aus Nicht-EU-Ländern. Vor allem aber die fehlende Anerkennung der Gemeinnützigkeit stellt für die vielen Amateur-Sportvereine nicht nur eine Ungleichbehandlung gegenüber vielen anderen gesellschaftlichen Aktivitäten dar, sondern behindert die weitere Entwicklung des E-Sports erheblich.

Dadurch können vor allem die gesellschaftlichen Potenziale des digitalen Wettkampfs in Deutschland nicht genutzt werden. Denn während E-Sport als Profisport kaum mehr von Einschränkungen in Deutschland betroffen ist, wird die Entwicklung als Breitensport deutlich behindert. Vor allem lokalen Sportvereinen werden damit unnötige Hürden bei der Integration des E-Sports in den Weg gestellt. Dabei ließen sich insbesondere hier viele positive Effekte kombinieren: Die Attraktivität bestehender Vereine könnte insbesondere im Jugendbereich, der vielerorts mit einem nachlassenden Interesse zu kämpfen hat, durch ein E-Sport-Angebot gesteigert werden. Gleichzeitig könnten Vereine helfen, mangelnder Medienkompetenz bei Jugendlichen entgegenzuwirken und zu vermitteln beziehungsweise aufzuzeigen, dass zu einem erfolgreichen E-Sport-Training auch eine gewisse körperliche Fitness gehört.

Als Verband der deutschen Games-Branche werden wir uns daher weiter für bessere Rahmenbedingungen für den E-Sport in Deutschland engagieren.

Literatur

Baker, C. (2016). Stewart Brand Recalls First ‚Spacewar' Video Game Tournament. Visionary staged debut competition of sci-fi rocket combat game at Stanford in 1972 (Stand: 25.05.2016). https://www.rollingstone.com/culture/culture-news/stewart-brand-recalls-first-spacewar-video-game-tournament-187669/. Zugegriffen am 23.07.2019.

BIU. (2017). Let's Play! Der deutsche eSports-Markt in der Analyse. https://www.game.de/wp-content/uploads/sites/2/2017/02/Deloitte.-Der-deutsche-E-Sports-Markt-in-der-Analyse-2016.pdf. Zugegriffen am 23.07.2019.

Biznesu, S. (2018). 12,5 mln zł wyłożą Katowice na współorganizację i promocję Intel Extreme Masters. https://dziennikzachodni.pl/125-mln-zl-wyloza-katowice-na-wspolorganizacje-i-promocje-intel-extreme-masters/ar/c3-13462102. Zugegriffen am 01.04.2021.

DOSB. (2018). Umgang mit elektronischen Sportartensimulationen, eGaming und „eSport". Positionierung von DOSB-Präsidium und -Vorstand. https://cdn.dosb.de/UEber_uns/eSport/DOSB-Positionierung-eSport_MV.pdf. Zugegriffen am 17.02.2021.

Duran, H. B. (2019). LEC spring split finals contributed $2.6M to Rotterdam Economy. https://esportsobserver.com/riot-tourism-lec-spring-rotterdam/. Zugegriffen am 01.04.2021.

ESL Gaming. (2017). Intel and ESL welcome 173,000 fans at world's biggest esports event in history. https://www.eslgaming.com/press/intel-and-esl-welcome-173000-fans-world-s-biggest-esports-event-history. Zugegriffen am 01.04.2021.

game – Verband der deutschen Games-Branche. (2019). Fokus eSports. https://www.game.de/wp-content/uploads/2019/08/2019-08-16_Gesamtdokument_game-Fokus-eSports.pdf. Zugegriffen am 01.04.2021.

game – Verband der deutschen Games-Branche. (2020). Jahresreport der deutschen Games-Branche. https://www.game.de/guides/jahresreport-der-deutschen-games-branche-2020/01-spielerinnen-und-spieler-in-deutschland/. Zugegriffen am 01.04.2021.

Liao, S. (2019). Chinese team FunPlus Phoenix wins League of Legends World Championship. https://edition.cnn.com/2019/11/10/tech/league-world-paris-opening/index.html. Zugegriffen am 01.04.2021.

Newzoo. (2021). Global esports & live streaming market report 2021 | Free Version. https://newzoo.com/insights/trend-reports/newzoos-global-esports-live-streaming-market-report-2021-free-version/. Zugegriffen am 01.04.2021.

PwC. (2020). Digital trend outlook 2020: Esports. https://www.pwc.de/de/pressemitteilungen/2020/digital-trend-outlook-2020-esports-von-pwc-esport-ist-der-schlussel-zur-generation-z-unternehmen-eroffnen-sich-neue-chancen.html. Zugegriffen am 01.04.2021.

Yakimenko, S. (2021). Fnatic vs G2: Record-breaking Europe „El Classico" (Stand: 16.02.2021). https://escharts.com/blog/fnatic-vs-g2-record-breaking. Zugegriffen am 01.04.2021.

(E-)Sport im rechtlichen Sinne und privatrechtliche Beziehungen zwischen Clan und E-Sportler

Nepomuk Nothelfer und Philipp Schlotthauer

Zusammenfassung

Häufig liest man, E-Sport sei ein neues Phänomen. Diese Aussage trifft nur eingeschränkt zu. Während es zutrifft, dass der E-Sport erst in den letzten Jahren zunehmend in das Interesse der Öffentlichkeit gerückt ist, entwickelt sich die Branche bereits seit Jahrzehnten kontinuierlich zu einem immer bedeutsameren Wirtschaftsfeld. Dennoch werden einige grundlegende juristische Fragen erst gestellt, seit die Branche einen immer größeren Umsatz generiert und sich auch die Politik zunehmend für dieses Thema interessiert. Der Beitrag greift daher mit den Themen „Anerkennung des E-Sports als Sport" und „Rechtsbeziehung zwischen E-Sportler und Clan" zwei aktuelle Schwerpunkte der rechtlichen Auseinandersetzung mit dem E-Sport auf, die auch in der Praxis erhebliche Auswirkungen haben werden. Der Beitrag wird sich zunächst detailliert mit der Bestimmung des Begriffs E-Sport aus rechtswissenschaftlicher Sicht auseinandersetzen und dessen Subsumierbarkeit unter den Begriff Sport klären. Ein weiterer Schwerpunkt des Beitrags ist die arbeitsrechtliche Beziehung zwischen E-Sportler und „Verein". Dabei wird auf die Anwendbarkeit deutschen Rechts eingegangen, um im Anschluss für den E-Sport besonders relevante arbeitsrechtliche Fragen, wie bspw. die Arbeitnehmereigenschaft der E-Sportler und die Möglichkeit der Befristung, zu thematisieren.

N. Nothelfer · P. Schlotthauer (✉)
Mitgründer der Forschungsstelle für E-Sport-Recht (Juristische Fakultät Augsburg) und des E-Sports Research Networks, Herausgeberbeirat der Zeitschrift für Sportrecht und E-Sportrecht in der Praxis und Wissenschaftlicher Mitarbeiter bei SKW Schwarz Rechtsanwälte, Hamburg, Deutschland
E-Mail: kontakt@nepomuk-nothelfer.com; philipp.schlotthauer@jura.uni-augsburg.de

M. Breuer, D. Görlich (Hrsg.), *E-Sport*,
https://doi.org/10.1007/978-3-658-36079-5_4

4.1 Einleitung

Ein Massenphänomen wie der E-Sport betrifft nicht nur wirtschaftliche oder gesellschaftliche, sondern auch rechtliche Belange. Allen Stakeholdern der Branche stellt sich eine Vielzahl juristischer Fragen aus nahezu allen Rechtsgebieten. In diesem Beitrag liegt der Fokus zum einen auf der Frage, wann E-Sport Sport sein kann und welche Auswirkungen dies auf die Anerkennung der Gemeinnützigkeit einer Körperschaft hat, zum anderen auf der rechtlichen Beziehung zwischen dem E-Sport-Verein (sog. Clan) und dessen E-Sportler.

Zur Beantwortung der Frage, wann E-Sport Sport sein kann, wird der Sport-Begriff besprochen. Es wird dargestellt, dass zunächst der Bezugsrahmen geklärt werden muss, da jede Wissenschaftsdisziplin einen eigenen Sportbegriff haben kann. Im Anschluss wird auf den Sportbegriff im Sinne der Rechtswissenschaft eingegangen. Es wird aufgezeigt, dass es weder eine allgemeingültige Legaldefinition des Gesetzgebers noch einen einheitlichen allgemeinen Sportbegriff gibt. Stattdessen bestimmt sich der Begriff nach Sinn und Zweck des einzelnen Gesetzes, in dem der Sport eine Sonderregelung erfährt. Exemplarisch wird dies anhand des Vergleichs zwischen Arbeitszeitrecht und Gemeinnützigkeitsrecht aufgezeigt. Dabei wird im Detail vor allem auf den Sportbegriff im Rahmen des § 52 II 1 Nr. 21 AO eingegangen.

Im Anschluss wird der E-Sport-Begriff untersucht. Seit dem 1. April 2020 gibt es mit § 22 Nr. 5 BeschV das erste deutsche Gesetz, in welchem „E-Sport" als Tatbestandsmerkmal vorausgesetzt wird (vgl. im Detail dazu Nothelfer 2020a und 2020b) und seit dem 1. Juli 2021 das zweite mit § 15 III RennwLottDV (detailliert zum Entwurf Brüggemann und Nothelfer 2021, S. 116). Unabhängig davon wird ein enges und ein weites Begriffsverständnis vorgestellt.

Daraufhin wird die Frage geklärt, wann E-Sport unter Sport im Sinne des § 52 II AO zu subsumieren ist und die Allgemeinheit im Sinne des § 52 I AO fördert. Liegen diese Voraussetzungen vor, so kann ein Clan im Einzelfall gemeinnützig sein. Die Untersuchung bezieht sich dabei auch auf die Stellung und die wirtschaftlichen Interessen des Publishers.

Im Rahmen der Untersuchung der rechtlichen Beziehung zwischen Clan und E-Sportler wird zunächst dargestellt, welche Rechtsordnung überhaupt auf dieses Verhältnis Anwendung findet. Im Anschluss daran werden der Anwendungsbereich des deutschen Arbeitsrechts und etwaige Befristungsmöglichkeiten von Arbeitsverträgen erörtert.

Die Frage, welche Rechtsordnung anwendbar ist, ist eine des Internationalen Privatrechts. Diese ist in besonderem Maße relevant für die Praxis, da der E-Sport ein international gewachsenes Phänomen ist und in jedem Professionalisierungsgrad Fälle existieren, in denen der E-Sportler nicht im selben Land lebt, in dem der Clan seinen Sitz hat. Die anwendbare Rechtsordnung richtet sich dabei in erster Linie nach der Art des betroffenen Rechtsverhältnisses. Im Detail werden zum einen dienst- und arbeitsvertragliche Rechtsverhältnisse und zum anderen etwaige mitgliedschaftliche Rechtsverhältnisse untersucht. Beachtlich ist hierbei, dass – vor allem auf (semiprofessioneller) Amateurebene – beide Verhältnisse kollidieren können.

Sollte die Anwendbarkeit deutschen Rechts bejaht werden, so stellt sich die Frage, ob deutsches Arbeitsrecht einschlägig ist und warum dieses eine gewichtige Bedeutung für den Dienstberechtigten (potenziellen Arbeitgeber) hat. Im Rahmen dessen werden die Voraussetzungen eines Arbeitsverhältnisses und Besonderheiten des Jugendarbeitsschutzes dargestellt. Herzstück der Prüfung ist, wann „weisungsabhängige, fremdbestimmte Arbeit in persönlicher Abhängigkeit" im Sinne des § 611a BGB in einer digitalen bzw. virtuellen Welt vorliegen kann. Abschließend werden der Bedarf nach befristeten Arbeitsverhältnissen in wettbewerbsgetriebenen Branchen (wie der E-Sport-Branche) und die Möglichkeit einer Befristung in solchen dargestellt.

4.2   Aus rechtswissenschaftlicher Sicht: Ist E-Sport Sport?

Spätestens seit im Koalitionsvertrag zwischen CDU, CSU und SPD zur 19. Legislaturperiode (Rz. 2167–2171) die Anerkennung des E-Sports als Sport zum Ziel erklärt wurde, ist hierüber in der Rechtswissenschaft (Holzhäuser et al. 2016, S. 94 ff.; Bagger von Grafenstein 2018, S. 20 ff.; Bagger von Grafenstein und Feldgen 2019, S. 326 ff.), der Sportwissenschaft (Willimczik 2019, S. 78; Borggrefe 2018a, S. 447, b, S. 456; Wendeborn et al. 2018, S. 451) sowie in der Politik (BT-Drucks. 19/4060; BT-Drucks. 19/5545; BT-Drucks. 19/3768; BT-Drucks. 19/5707; BT-Drucks. 19/6227) eine kontroverse Diskussion entstanden. Während die einen sich dabei deutlich gegen eine Subsumtion von E-Sport unter Sport aussprechen (Borggrefe 2018a, S. 447; DOSB 2019), zeigen sich andere dafür offen (Müller-Lietzkow 2006, S. 102 ff.; Bagger von Grafenstein und Feldgen 2019, S. 326 ff.). Zunächst ist jedoch zu verstehen, dass jede Wissenschaftsdisziplin aufgrund des unterschiedlichen Erkenntnisinteresses einen eigenständigen E-Sport- und Sportbegriff bilden wird (vgl. dazu generell Wank 1985, S. 110; zum E-Sport Wendeborn et al. 2018, S. 454). Die folgenden Ausführungen beschränken sich daher ausschließlich auf die rechtswissenschaftliche Sichtweise. Es wird geklärt, ob der Begriff E-Sport aus rechtswissenschaftlicher Sicht mit dem Begriff Sport gleichgesetzt werden kann und welche praktischen Konsequenzen dies für die Arbeit eines Clans hätte. Dies ist vor allem relevant, weil der Sport in verschiedenen Gesetzen eine besondere Behandlung (nicht selten in Form einer Privilegierung) erfährt.

4.2.1   Der Sportbegriff im deutschen Recht

Um Sport und E-Sport vergleichen zu können, müsste es zunächst überhaupt einen juristisch anerkannten Sportbegriff geben. Wer hier auf die von der Rechtsprechung im Rahmen des § 52 II 1 Nr. 21 AO gebildete Definition zurückgreifen möchte, übersieht, dass das deutsche Recht neben § 52 AO noch weitere Normen kennt, deren Tatbestände den Begriff Sport voraussetzen.

Daher stellt sich die Frage, ob es einen anerkannten juristischen Sportbegriff gibt, der dem gesamten deutschen Recht einheitlich zu Grund liegt.

4.2.1.1 Rechtswissenschaftlicher Sportbegriff

Aus Sicht der juristischen Methodenlehre sollte es im deutschen Recht grundsätzlich einen einheitlichen normübergreifenden Sportbegriff geben, denn das deutsche Recht ist durch das Prinzip der „Einheit der Rechtsordnung" geprägt (Rüthers et al. 2021, Rn. 145 ff.). Dieses Prinzip besagt – verkürzt dargestellt –, dass die gesamte Rechtsordnung eine Werteeinheit verkörpern soll (Röhl und Röhl 2008, § 56 I). Diese Werteeinheit würde durchbrochen, wenn derselbe Begriff in unterschiedlichen Normen auf unterschiedliche Weise definiert würde (Röhl und Röhl 2008, § 56 IV). Von diesem Grundsatz wird in der deutschen Rechtswissenschaft jedoch in zahlreichen Fällen abgewichen; derselbe Begriff kann in verschiedenen Normen einen unterschiedlichen Sinngehalt haben (Würtenberger 2021, § 3 I b). Man bezeichnet dies als „Relativität der Rechtsbegriffe" (Röhl und Röhl 2008, § 56 IV). Abweichungen von der einheitlichen Begriffsbildung sind jedoch nur dort angebracht, wo sich mit dem allgemeinen Begriff der Zweck des jeweiligen Gesetzes nicht mehr verwirklichen ließe (Wank 1985, S. 111 ff.).

Der Begriff Sport wird vom deutschen Gesetzgeber an verschiedenen Stellen verwendet. Beispielsweise findet sich dieser im Arbeitszeitgesetz, im Jugendarbeitsschutzgesetz oder auch in der Abgabenordnung. Eine Legaldefinition des Sports gibt es nicht. Es bleibt daher der juristischen Literatur und insb. der Rechtsprechung überlassen, den Begriff zu definieren. Ähnlich vielfältig wie der Sport selbst zeigen sich folglich auch die in der Literatur vertretenen Ansichten über dessen Inhalt (vgl. Holzke 2001, 81 ff. m. w. N.). Für die Praxis wird es letztlich darauf ankommen, wie die deutschen Gerichte Sport definierten.

Die Auswirkungen dessen auf die E-Sport-Branche sind dabei nicht zu unterschätzen: Beispielsweise bestimmt § 10 I Nr. 7 ArbZG, dass Sportler entgegen den üblichen Bestimmungen auch an Sonn- und Feiertagen arbeiten dürfen, oder § 4 IV GlüStV 2021, dass das Veranstalten und Vermitteln von Sportwetten im Internet ausnahmsweise unter bestimmten Bedingungen erlaubt ist (vgl. im Detail Maties und Nothelfer, 2021 128 ff. und im Überblick Frey 2018, 58 f.).

Für die Beantwortung der Frage, ob E-Sport Sport ist, ist es zweckdienlich, die einzelnen Normen zu betrachten und zu prüfen, ob diesen Normen ein allgemeiner Sportbegriff zugrunde liegt oder ob mit Blick auf den Zweck der jeweiligen Norm ein eigenständiges Verständnis des Begriffs Sport erforderlich ist. Anschließend kann geklärt werden, ob auch E-Sport in den Anwendungsbereich der jeweiligen Normen fällt.

4.2.1.2 Sport und die Abgabenordnung

Mit gutem Grund wird die Frage, ob E-Sport Sport ist, derzeit vor allem anhand des § 52 II AO diskutiert. Dort ist eine der praktisch wichtigsten Privilegierungen des Sports vorzufinden – die Gemeinnützigkeit der Förderung des Sports (§ 52 II 1 Nr. 21 AO). Da diese Vorschrift in der Praxis erhebliche Relevanz hat, ist dazu eine umfangreiche Kasuistik entstanden, aus der sich ergibt, was die Finanzgerichte unter Sport im Sinne von § 52 AO verstehen. Sowohl aufgrund tatsächlicher Bedeutung als auch aus rechtswissenschaftlicher Sicht eignet sich diese Norm daher als Ausgangspunkt, um der Definition von Sport nachzugehen.

4.2.1.3 Sportbegriff der Abgabenordnung

Laut Bundesfinanzhof (BFH) ist eine Tätigkeit Sport, wenn diese die allgemeine Definition des Sports erfüllt und der körperlichen Ertüchtigung dient (BFH, Urteil vom 09.02.2017 – V R 69/14, unter II. 3. b) der Entscheidungsgründe). Früher verlangte das Gesetz noch eine „körperliche Ertüchtigung des Volkes durch Leibesübungen" (vgl. § 17 III Nr. 1 StAnpG als Vorgänger der Abgabenordnung). Das Erfordernis der Leibesübung wurde vom Gesetzgeber jedoch aufgegeben und auch von der Rechtsprechung nicht weiter aufrechterhalten (BFH, Urteil vom 29.10.1997 – I R 13–97, unter II. 2. b) der Entscheidungsgründe). Der BFH definiert Sport im Sinne des § 52 AO seither als „eine körperliche, über das ansonsten übliche Maß hinausgehende Aktivität, die durch äußerlich zu beobachtende Anstrengungen oder durch die einem persönlichen Können zurechenbare Kunstbewegung gekennzeichnet ist." (zuletzt BFH, Urteil vom 27.09.2018 – V R 48/16, unter II. 2. a) aa) der Entscheidungsgründe). Zudem muss die Betätigung der körperlichen Ertüchtigung dienen (BFH, Urteil vom 09.02.2017 – V R 69/14, unter II. 3. b) der Entscheidungsgründe). Das bloße Ausführen von Wettkämpfen unter einer besonderen Organisation alleine genügt indes nicht (BFH, Urteil vom 09.02.2017 – V R 69/14, unter II. 3. b) der Entscheidungsgründe). Welche Bedeutung dem Erfordernis der körperlichen Ertüchtigung letztlich beizumessen ist, kann anhand der Rechtsprechung nur schwer nachvollzogen werden. Zwar betonen die Finanzgerichte, dass Sport einer über das gewöhnliche Maß hinausgehenden körperlichen Aktivität bedarf, gleichzeitig wird diese Voraussetzung aber in zahlreichen Fällen deutlich relativiert.

Zur Anerkennung des Motorsports als Sport führt der BFH beispielsweise aus, dass eine körperliche Anstrengung zwar nicht so offensichtlich sei wie bei anderen Sportarten, jedoch verlange der Motorsport „eine Körperbeherrschung – z. B. hinsichtlich des Wahrnehmungsvermögens, der Reaktionsgeschwindigkeit, der Feinmotorik –, die nur durch Training erlangt und aufrechterhalten werden kann." (BFH, Urteil vom 29.10.1997 – I R 13–97, unter II. 2. a) der Entscheidungsgründe). Ähnlich weit wird der Begriff Sport vom Hessischen FG in der Entscheidung zum Drehstangen-Tischfußball ausgelegt:

> Tischfußball eignet sich aufgrund des dafür erforderlichen Körpereinsatzes und der sich ergebenden Anforderungen an Konzentration und Kondition zur körperlichen Ertüchtigung der Spieler. […] Die Eignung zur körperlichen Ertüchtigung ist auch augenfällig, wenn man die von dem Kläger geförderte Tischfußball-Variante hinsichtlich ihrer Anforderungen an Geschick, körperliche Leistungsfähigkeit und Konzentrationsvermögen mit anderen Sportarten vergleicht, deren Eignung zur körperlichen Ertüchtigung in Rechtsprechung und Verwaltung anerkannt ist (so z. B. Motorsport, Segelfliegen, Dart und Sportschießen). (FG Hessen, Urteil vom 23.06.2010 – 4 K 501/09, unter 1. der Entscheidungsgründe)

Auch der BFH bestätigt, dass diese Sportarten nur in geringerem Maße der körperlichen Ertüchtigung dienen, und stellt darauf ab, dass diese körperliche Fähigkeiten fordern, die sich nur durch langes Training erreichen lassen (BFH, Urteil vom 17.02.2000 – I R 108, 109/98, unter III. 2. b) der Entscheidungsgründe). Dadurch sollen sich diese Sportarten beispielsweise vom Skat unterscheiden, dem keinerlei körperliche Ertüchtigung zugrunde liegt (BFH, Urteil vom 17.02.2000 – I R 108, 109/98, unter III. 2. b) der Entscheidungsgründe). Nach dem Anwendungserlass zur Abgabenordnung Nr. 6 zu § 52 AO soll sogar Ballonfahren Sport im Sinne des § 52 II 1 Nr. 21 AO sein.

Es lässt sich festhalten, dass die Voraussetzung „körperliche Ertüchtigung" im Rahmen der Abgabenordnung extensiv ausgelegt wird. Aus der Anerkennung von Sportarten wie Dart, Ballonfahren, Sportschießen und Segelfliegen kann man ableiten, dass an das Erfordernis der körperlichen Ertüchtigung nur geringe Anforderungen gestellt werden. Es scheint, als würde eine besondere Körperbeherrschung – unabhängig von der damit verbundenen Kraftentfaltung und der aufzuwendenden Energie – ausreichen.

Die Auslegung des Sportbegriffs im Rahmen des § 52 II 1 Nr. 21 AO dürfte damit weiter sein als die des Europäischen Gerichtshofs (EuGH), der bei der Auslegung des Art. 132 lit. m MwStSystRL eindeutig eine körperliche Komponente fordert (EuGH, Urteil vom 26.10.2017 – C-90/16, Rn. 19 ff.). Dessen Rechtsprechung ist jedoch allenfalls mittelbar zu berücksichtigen, da das Körperschaftsteuerrecht – im Gegensatz zum Umsatzsteuerrecht – unionsrechtlich nicht harmonisiert ist (BFH, Urteil vom 09.02.2017 – V R 69/14, unter II. 4. der Entscheidungsgründe).

4.2.1.4 Der Begriff E-Sport

Ebenso wie der Sportbegriff ist auch der E-Sport-Begriff nicht allgemein legaldefiniert. Seit dem 1. April 2020 gibt es mit § 22 Nr. 5 BeschV das erste deutsche Gesetz, in welchem „E-Sport" als Tatbestandsmerkmal vorausgesetzt wird. Eine Legaldefinition findet sich zwar nicht im Normtext, der E-Sport-Begriff wird aber in den Gesetzesmaterialien definiert. Dabei übernimmt der Gesetzgeber die Definition des E-Sport-Bundes Deutschland e. V. (ESBD). Dieser beschreibt E-Sport als „das sportwettkampfmäßige Spielen von Video- bzw. Computerspielen, insbesondere auf Computern und Konsolen, nach festgelegten Regeln" (Jagnow und Baumann 2018, 13 f.). Es bedarf dabei eines unmittelbaren Wettkampfs zwischen Menschen. Dieser muss sportlich sein (das heißt, es bedarf motorischer und koordinativer Leistung des Spielers am Eingabegerät, in Reaktion auf die Bildschirminhalte bei gleichzeitiger gedanklicher und taktischer Beherrschung des Spielablaufs) und in einem für den wettkampfgeeigneten Spiel (das heißt, ein fairer Leistungsvergleich muss möglich sein, durch reproduzierbaren Spielrahmen und nicht spielentscheidenden Einfluss von Zufall) sowie unter festen Regeln stattfinden (Jagnow und Baumann 2018, 13 f.). Da E-Sport nur ein Teil der Games-Branche ist, erfasst diese Definition richtigerweise nicht alle Computerspiele. Allerdings werden bestimmte Computerspiele (bspw. Online Card Games) oder Wettbewerbsarten (bspw. Speedrun-Competitions), die von erheblichen Teilen der Branche als E-Sport betrachtet werden, exkludiert. Begründet wird dies mit einem Vergleich zum traditionellen Sport. Hintergrund ist die politische Agenda des ESBD, den

E-Sport in seiner vermeintlichen Gesamtheit unter den Sportbegriff subsumieren zu können. Dies wird dem Phänomen in seiner inhaltlichen Diversität jedoch nicht gerecht. Außerdem wurde dem - zumindest im Rahmen der Beschäftigungsverordnung – durch eine eigene, vom Sport getrennte Regelung eine Absage durch den Gesetzgeber erteilt (vgl. dazu im Detail Nothelfer 2020b, II, 276 ff.). Es bleibt zu erwähnen, dass die Definition der Beschäftigungsverordnung auch nur für dieses Gesetz gilt und keine allgemeingültige Definition von E-Sport darstellt. Ferner wird die Definition des ESBD derzeit intern geprüft (Nothelfer und Petschinka 2021, 27). Die Definition von „E-Sport" im Rahmen des neuen § 15 III RennwLottDV ist zwar nicht exakt wortgleich zur Definition in § 22 Nr. 5 BeschV, ist aber inhaltlich beinahe deckungsgleich (vgl. dazu Brüggemann und Nothelfer 2021).

Beachtlich für die Begriffsbildung ist ferner, dass es – wie im herkömmlichen Sport zwischen den einzelnen Disziplinen – große Unterschiede zwischen den einzelnen E-Sport-Titeln gibt. So sind je nach E-Sport-Titel die Merkmale verschieden ausgeprägt (vgl. Nothelfer und Wörner 2020, 210 ff.). Für manche Titel sind motorische/koordinative Fähigkeiten wichtiger als für andere; manche E-Sport-Titel setzen gar eine ganzkörperliche Aktivität voraus (bedingt bspw. durch die Virtual Reality-Technologie, vgl. zum Maß körperlicher Aktivität Kurt und Nothelfer 2020, 214 f.). In manchen Titeln hat der Zufall keinen Einfluss und in anderen zumindest einen nicht unerheblichen. Und andere Titel haben Inhalte, die von Teilen der Gesellschaft als nicht förderungswürdig erachtet werden dürften.

4.2.1.5 Subsumtion von E-Sport unter Sport in der Abgabenordnung

Die Definitionsschwierigkeiten bezüglich des E-Sport-Begriffs sind für eine Subsumtion unter den Begriff Sport im Rahmen der Abgabenordnung irrelevant. Nicht „E-Sport", sondern „Sport" ist Tatbestandsmerkmal des § 52 II 1 Nr. 21 AO.

Aufgrund der Unterschiede zwischen den E-Sport-Titeln wird klar, dass nicht E-Sport unter Sport zu subsumieren ist, sondern der jeweilige Spiele-Titel. Damit ein E-Sport-Titel unter Sport im Sinne des § 52 II 1 Nr. 21 AO subsumiert werden kann, muss die vom BFH aufgestellte Definition erfüllt sein. Es müsste sich also um eine körperliche, über das ansonsten übliche Maß hinausgehende Aktivität handeln, die durch äußerlich zu beobachtende Anstrengungen oder durch die einem persönlichen Können zurechenbare Kunstbewegung gekennzeichnet ist. Wie festgestellt wurde, sind dabei an das Erfordernis der körperlichen Ertüchtigung nur geringe Anforderungen zu stellen.

Ob in der bloßen Bedienung der typischen Eingabegeräte (Maus, Tastatur, Joystick und Controller) bereits eine solche Kunstbewegung zusehen ist und eine Differenzierung erst unter der Voraussetzung „über das ansonsten übliche Maß hinausgehende Aktivität" erfolgt oder ob man eine Kunstbewegung nur bei solchen E-Sport-Titeln bejaht, die eine entsprechende Aktivität erfordern, ist im Ergebnis unerheblich.

Die meisten, sich im begrifflichen Kern des E-Sports befindlichen Spiele-Titel (bspw. „League of Legends" von Publisher „Riot Games", „CounterStrike: Global Offensive" von Publisher „Valve Corporation", „Overwatch" von Publisher „Blizzard Entertainment"), erfordern jedoch zweifellos eine besondere Beherrschung des Eingabegerätes, die nur durch langjährige Übung der Wahrnehmung, Reaktionsgeschwindigkeit und Hand-Augen-

Koordination sowie Feinmotorik erreicht werden kann. Diese Merkmale mag man dagegen bei anderen E-Sport-Titeln vermissen. So entscheidet sich eine Partie „Hearthstone" (von Publisher „Blizzard Entertainment") beispielsweise nicht grundlegend dadurch, wer das Eingabegerät besser beherrscht, sondern viel mehr durch die bessere kognitive Leistung.

Ob ein E-Sport-Titel als Sport im Sinne des § 52 II 1 Nr. 21 AO anzusehen ist, hängt damit letztlich davon ab, welchen Grad an körperlicher Aktivität für den E-Sport-Titel erforderlich ist. Als Vergleichsmaßstab für die meisten E-Sport-Titel bieten sich die bereits als Sport anerkannten bewegungsarmen Sportarten wie Sportangeln, Dart, Ballonfahren oder Sportschießen an (vgl. Hüttemann 2021, Rz. 3.145). Vergleicht man die E-Sport-Titel, die zum Begriffskern gehören, mit solchen Sportarten, liegt die Subsumtion unter den Begriff Sport nahe. Weder Sportangeln, Sportschießen noch Dart oder Ballonfahren sind aus sich heraus dazu geeignet, sich körperlich zu ertüchtigen (Koenig 2021, Rn. 54). Sie setzen allenfalls eine gewisse körperliche Fitness voraus, die aber meist nicht über ein gewöhnliches Maß an Aktivität hinausgeht. Die Anerkennung dieser Sportarten im Rahmen des § 52 II 1 Nr. 21 AO dürfte daher vor allem aufgrund der besonderen Fähigkeiten im Rahmen der Wahrnehmung, der Geschicklichkeit und der Hand-Augen-Koordination erfolgt sein (vgl. BFH, Urteil vom 29.10.1997 – I R 13–97, unter II 2 a) der Entscheidungsgründe), in dem diese Fähigkeiten beispielhaft genannt werden, um den Motorsport dem Sport zuzuordnen). Vor allem die E-Sport-Titel, die zum Begriffskern gehören, erfüllen diese Voraussetzungen ebenso wie die eben genannten anerkannten Sportarten. Zwar setzen die meisten E-Sport-Titel auch eine erhebliche kognitive Leistung voraus, gleichwohl entscheidet sich das Spiel letztlich in wesentlichen Teilen dadurch, wer die bessere Geschicklichkeit, Körperbeherrschung und Wahrnehmung besitzt (DW 2019).

Gleichzeitig gibt es E-Sport-Titel, die diese Voraussetzungen nicht erfüllen (bspw. Hearthstone) und demnach genau so wenig Sport im Sinne des § 52 II 1 Nr. 21 AO sind wie Schach, Bridge und Online-Poker.

Es ist festzuhalten, dass man dem E-Sport nicht generell jegliche körperliche Ertüchtigung (im Sinne der Definition des BFH) absprechen kann, sondern zwischen den jeweiligen Titeln unterscheiden muss. Folglich ist die Aussage, E-Sport habe nichts mit körperlicher Ertüchtigung zu tun, sowohl undifferenziert als auch juristisch unzulänglich. Gleichwohl steht außer Frage, dass die meisten E-Sport-Titel nicht derart der körperlichen Ertüchtigung dienen, als dass durch deren Ausübung eine Verbesserung der Gesundheit eintreten könnte. Allerdings muss erwähnt werden, dass XR-E-Sport immer relevanter wird und ganzkörperliche Aktivität erlaubt, die in gleichem Maße zur Verbesserung der Gesundheit beitragen kann, wie der Großteil des traditionellen Sports.

4.2.1.6 Förderung der Allgemeinheit und der Begriff E-Sport

Selbst wenn ein E-Sport-Titel die vom BFH aufgestellte Definition des Sports erfüllt, muss dies nicht bedeuten, dass dieser auch Sport im Sinne des § 52 AO ist. § 52 II AO beschränkt nämlich die dort aufgezählten Zwecke dahingehend, dass diese nur unter den Voraussetzungen des § 52 I AO als gemeinnützig anzuerkennen sind. So sagt Absatz 1 Satz 1 der

Norm: „Eine Körperschaft verfolgt gemeinnützige Zwecke, wenn ihre Tätigkeit darauf gerichtet ist, die Allgemeinheit auf materiellem, geistigem oder sittlichem Gebiet selbstlos zu fördern".

Für das „materielle, geistige oder sittliche Gebiet" ist der Katalog des § 52 II AO spezieller. Er umfasst ausdrücklich auch Sport, sodass davon auszugehen ist, dass § 52 I AO insoweit leerläuft (Heß 2019, Rn. 8; Gersch 2020, Rn. 1).

Ansonsten muss die Tätigkeit und Zwecksetzung der Körperschaft – auch wenn es sich dabei prinzipiell um Sport im Sinne der Definition des BFH handelt – zusätzlich die Allgemeinheit fördern.

Förderung der Allgemeinheit bedeutet dabei, dass eine Tätigkeit dem Wohl der Allgemeinheit dient bzw. zum allgemein Besten ist (Musil 2021, Rn. 25).

Der BFH hat sich zur Frage, wann eine Förderung der Allgemeinheit vorliegt, ausführlich geäußert:

> Entsprechend der unzähligen, nach Gehalt und Umfang recht unterschiedlichen Möglichkeiten, die Allgemeinheit zu fördern und damit dem allgemeinen Besten zu nutzen, ist zur objektiven Qualifizierung und Wertung des unbestimmten Gesetzesbegriffes „Förderung der Allgemeinheit" an eine Vielzahl von Faktoren (Werten) anzuknüpfen. Diese bestimmen im jeweiligen Einzelfall in ihrer Gesamtheit oder doch einzelne oder mehrere von ihnen den Inhalt des Gesetzesbegriffes: Dessen Sinngehalt wird im Wesentlichen geprägt durch die herrschende Staatsverfassung, wie sie der Bundesrepublik Deutschland als einem demokratischen und sozialen Bundesstaat durch das Grundgesetz (GG) gegeben ist, durch die sozialethischen und religiösen Prinzipien, wie sie gelehrt und praktiziert werden, durch die bestehende geistige und kulturelle Ordnung, durch Forschung, Wissenschaft und Technik, wie sie aufgrund ihrer Entwicklungen dem neueren Wissensstand und Erkenntnisstand entsprechen, durch die vorhandene Wirtschaftsstruktur und die wirtschaftlichen und sozialen Verhältnisse sowie schließlich durch die Wertvorstellungen und die Anschauungen der Bevölkerung. (BFH, Urteil vom 13.12.1978 – I R 39/78, unter I. 4. a) der Entscheidungsgründe)

Kürzer formuliert der BFH die Anforderungen an die Förderung der Allgemeinheit in seinem Urteil zum IPSC-Schießen: Eine Tätigkeit sei nur gemeinnützig, wenn diese mit der objektiven Wertordnung, wie sie im Grundrechtskatalog der Art. 1 -19 GG zu Ausdruck kommt, im Einklang stehe (BFH, Urteil vom 27.09.2018 – V R 48/16, unter II. 2. c) aa) der Entscheidungsgründe).

Entscheidende Bedeutung hat diese Voraussetzung beispielsweise bei der Frage erlangt, ob Paintball Sport im Sinne des § 52 AO ist (FG Rheinland-Pfalz, Urteil vom 19.02.2014 – 1 K 2423/11). Paintball erfüllt zwar zweifellos die Anforderungen eines Sports, verstößt nach Ansicht der Rechtsprechung jedoch aufgrund der realitätsnahen Nachstellung kriegsähnlicher Situationen und simulierter Tötungsvorgänge gegen die Wertordnung des Grundgesetzes (FG Rheinland-Pfalz, Urteil vom 19.02.2014 – 1 K 2423/11). Eine Tätigkeit, die kampfmäßigen Charakter hat und das Schießen auf Menschen trainiert, verstößt demnach gegen die Menschenwürde (Art. 1 I GG) und den Schutz des menschlichen Lebens (Art. 2 II GG) (BFH, Urteil vom 27.09.2018 – V R 48/16, unter II. 2. c) bb) (1) der Entscheidungsgründe).

Eben an dieser Stelle spielt sich auch die Diskussion um die Gemeinnützigkeit des E-Sports ab, wenn argumentiert wird, dass dieser die Allgemeinheit nicht fördere, weil er in realistischer Weise Gewalt darstellt (Pusch 2019, S. 56). Zunächst einmal muss auch hier differenziert werden. Es gibt nicht wenige E-Sport-Titel, die keinerlei Gewalt im Spiel darstellen. Bei den E-Sport-Titeln, bei denen Gewaltdarstellungen eine Rolle spielen, wird zudem überraschend schnell das virtuelle Nachstellen von Kampf- und Tötungssituationen mit dem realen Nachstellen solcher Handlungen (wie es bspw. beim Paintball stattfinden kann) verglichen (so auch Pusch 2019, S. 56). Im Gegensatz zu derartigen realen Tätigkeiten eignet sich das Spielen heutiger E-Sport-Titel nämlich in keiner Weise dazu, realen Kampf, Kampfstrategien oder Waffengebrauch zu erlernen oder zu trainieren. Ermöglicht wird allenfalls ein emotionales Nachempfinden derartiger Situationen; das ist aber auch beim Film und Theater der Fall. Bei Kampfsportarten werden echte Menschen nicht nur dazu befähigt, andere zu verletzen, es ist sogar Ziel des Sports. Im Boxen ist beispielsweise der K.O. der sofortige und sichere Sieg. Beim Sportschießen geht es um den vollendeten Umgang mit Schusswaffen, beim Fechten wird das Erstechen des Gegners simuliert und beim Sportangeln werden Tiere verletzt. Anderer Ansicht ist beispielsweise Borggrefe, wenn sie meint, dass Verletzungen nur Folge, aber nicht konstitutives Element des Boxens seien (Borggrefe 2018b, S. 457). Es ist jedoch einfach nicht zu bestreiten, dass nur die Person bei einem Boxkampf gewinnen kann, die dem anderen größeren körperlichen Schaden zufügt. Dies spiegelt sich auch in der Punktevergabe wieder und ist somit selbstverständlich konstitutives Element des Boxens.

Anders könnte dies bei Spielen zu beurteilen sein, die sich der Virtual Reality-Technologie bedienen. Die Games-Branche entwickelt sich weiterhin rasant. Es wird wohl nicht mehr lange dauern, bis Spiele entwickelt werden, die mittels neuer Technologien für eine nahezu realistische Immersion ins Spielgeschehen sorgen werden. Etwaige E-Sport-Titel dieses Genres werden möglicherweise aus ethischer Sicht anders zu beurteilen sein. Ein Shooter, der mit realistischer Grafik in einem Kriegsgebiet spielt, wird dann möglicherweise den Vorwürfen, denen heutige Shooter ausgesetzt sind, gerecht.

Die Frage, ob E-Sport Sport im Sinne des § 52 AO ist, setzt somit eine umfassende Abwägung aller Umstände voraus, die Zweifel am Einklang mit der Wertordnung des Grundgesetzes aufkommen lassen.

4.2.1.7 Die wirtschaftliche Verflechtung als Versagungsgrund der Gemeinnützigkeit

Sowohl bei der derzeitigen juristischen Diskussion um die Subsumtion des E-Sports unter den Begriff Sport als auch bei der politischen Diskussion um eine etwaige Gleichstellung wird häufig angeführt, dass E-Sport primär wirtschaftliche Interessen des Publishers fördere und nicht den sportlichen Wettkampf im Fokus habe und daher nicht gemeinnützig betrieben werden könne. Dem Gesetz ist jedoch nicht zu entnehmen, warum wirtschaftliche Interessen des Publishers generell einer Förderung der Allgemeinheit entgegenstehen sollen (so spielt § 55 AO als Versagungsgrund bei „eigenwirtschaftlichen Zwecken" nur eine Rolle bei der Frage, ob eine bestimmte Körperschaft im Einzelfall nicht gemeinnützig ist, und nicht bei der Frage, ob beispielsweise Sport generell gemeinnützig sein kann).

Anders als bei der Frage der körperlichen Aktivität muss zur Beantwortung der Frage, ob das wirtschaftliche Interesse des Publishers einer Gemeinnützigkeit entgegensteht, nicht auf den einzelnen E-Sport-Titel, sondern auf E-Sport in seiner Gesamtheit abgestellt werden. Hintergrund ist, dass alle relevanten Nutzungsrechte am E-Sport-Titel gleichermaßen in der Hand des jeweiligen Publishers liegen und jeder E-Sport-Titel einen Publisher hat. Die Existenz von Publishern, die beispielsweise Veranstaltung von Amateurturnieren ohne monetäre Gegenleistung dulden, ändern hieran nichts, da sie dies jederzeit autonom ändern können.

4.2.1.7.1 Generell keine Gemeinnützigkeit für Körperschaften wegen Publisher-Interessen

Der Publisher ist jedoch eher als Hersteller eines „Spielgeräts" (oder besser einer „Spielvoraussetzung") zu werten. Im Fußball bedarf es beispielsweise eines Fußballs, eines Fußballplatzes mit Toren und ggf. entsprechender Kleidung. Beim Golfsport bedarf es mehrere Golfschläger und Golfbälle sowie eines Golfplatzes. Im E-Sport gibt es den Computer bzw. die Konsole und zusätzlich den E-Sport-Titel. Die Kombination aus beiden Elementen ersetzt daher beispielsweise die reale Örtlichkeit, auf der der herkömmliche Sport betrieben wird (bspw. Fußball- oder Golfplatz). Für alle eben genannten „Spielgeräte" gibt es Entwickler (im Sport wie im E-Sport) und damit auch immer wirtschaftliche Interessen. E-Sport und Sport sind daher miteinander vergleichbar, in jeder Ausprägung bedürfen beide verschiedener Werkzeuge, die von Entwicklern hergestellt werden, die in erster Linie ihren wirtschaftlichen Vorteil im Blick haben.

Das Argument, dass bei anderen Spielgeräten die Wahl zwischen verschiedenen Herstellern möglich ist, greift ebenfalls kaum. In den meisten Fällen handelt es sich dabei nur um eine kleine Anzahl marktbestimmender Unternehmen. Ferner gibt es auch im E-Sport mehrere Wahlmöglichkeiten. Es muss – wie bereits dargestellt – nicht auf den einzelnen E-Sport-Titel, sondern auf den E-Sport an sich abgestellt werden. Dort besteht eine Wahl zwischen den jeweiligen E-Sport-Genres und im Rahmen dieser ebenfalls zwischen mehrere E-Sport-Titel. Sollte man also ein Strategiespiel spielen wollen, so gibt es die Möglichkeit zwischen den Titeln verschiedener Publisher zu wählen. Dass manche Titel wegen ihrer Beliebtheit bevorzugt gewählt werden, stellt keinen Unterschied zu Spielgeräten herkömmlicher Sportarten dar.

Eine Privilegierung kommt dem Publisher ferner in gleichem Maße zu Gute, wie dem Hersteller eines Fußballs. Unterstützt werden durch Steuerersparnisse – ebenso wie beim Fußball – Jugendarbeit, sozialer Kontakt und Zusammenhalt in Gruppen, Aufsicht von geschultem Personal und vieles mehr. Der E-Sport kann sogar die Lösung für verschiedene Probleme des deutschen Mittelstands im Bereich Human Resources darstellen (vgl. dazu im Detail Nothelfer und Scholz 2021). Das Einstellen des jeweiligen E-Sports durch den Publisher ist ferner strukturell vergleichbar mit den faktischen Auswirkungen der Einstellung des Ligabetriebs durch die DFL GmbH (ebenfalls eine Kapitalgesellschaft) auf den deutschen Fußballsport. Die DFL GmbH mag dabei nicht das ausschließliche Nutzungsrecht am Fußball an sich haben, aber - ebenso wie der Publisher - an deren eigenen Wettbewerben.

Die Ansicht, dass die Existenz eines wirtschaftlich tätigen Publishers per se nicht gegen eine Gemeinnützigkeit spricht, hat inzwischen auch die Bundesregierung in ihrer Antwort auf die Kleine Anfrage der FDP-Bundestagsfraktion (BT-Drs. 19/28730) bestätigt (detailliert dazu Nothelfer 2021 IV, S. 124).

Anzumerken ist, dass dies noch nicht höchstrichterlich entschieden wurde. Sollte dies nicht so entschieden werden, so würde man nicht nur Körperschaften, die mit E-Sport-Titeln arbeiten, sondern auch solchen, die mit Software arbeiten, die Gemeinnützigkeit verwehren. In der heutigen Zeit unterliegen viele neue Produkte (vor allem Software), die die Allgemeinheit fördern können (bspw. Lernsoftware), einem Urheberrecht. Sollte sich ein Verein gründen, der ohne einen eigenen wirtschaftlichen Vorteil mit einer solchen Software arbeitet, so könnte auch dieser (obwohl er selbstlos ohne eigenwirtschaftlichen Vorteil die Bildung der Jugend vorantreibt) nicht gemeinnützig sein.

4.2.1.7.2   Keine Gemeinnützigkeit im Einzelfall

Wirtschaftliche Belange, die der Gemeinnützigkeit im Einzelfall entgegenstehen, sind in der Abgabenordnung ausdrücklich geregelt. So versagt § 55 AO im Einzelfall einer Körperschaft die Gemeinnützigkeit unter anderem dann, wenn die Selbstlosigkeit verneint wird, also eigenwirtschaftliche Ziele verfolgt werden. Eine Körperschaft, die zum Ziel hat, E-Sport aus eigenwirtschaftlichen Zwecken zu betreiben, kann daher nicht gemeinnützig sein. Dies ist auch im herkömmlichen Sport nicht anders. Zu erwähnen ist, dass eine Steuervergünstigung nicht dadurch ausgeschlossen wird, dass neben unbezahltem Sport auch bezahlter Sport gefördert wird (§ 58 Nr. 8 AO).

Wenn ein Clan im Einzelfall aufgrund eigenwirtschaftlicher Tätigkeit nicht gemeinnützig sein sollte, so spricht dies nicht gegen eine generelle Einordnung von E-Sport als Sport in diesem Sinne (vgl. Koenig 2021, Rn. 55). Weder die Subsumtion unter noch die Gleichstellung mit Sport kann daher per se aufgrund einer wirtschaftlichen Verflechtung des E-Sports verneint werden.

4.2.1.8 Fazit

Der Begriff Sport wird von den Finanzgerichten extensiv ausgelegt. Er setzt eine körperliche, über das ansonsten übliche Maß hinausgehende Aktivität voraus, die durch äußerlich zu beobachtende Anstrengungen oder durch die einem persönlichen Können zurechenbare Kunstbewegung gekennzeichnet ist. Bereits jetzt finden sich zahlreiche Beispiel für anerkannte Sportarten, die gleichwohl nur ein geringes Maß an körperlicher Ertüchtigung erfordern. Manche E-Sport-Titel kann man mit Blick auf die bisherige Rechtsprechung daher als Sport subsumieren. Der Sportbegriff der Abgabenordnung ist zudem stark durch die Förderung des Allgemeinwohls geprägt. Diese liegt insb. dann nicht vor, wenn ein Sport gegen die Werteordnung des Grundgesetzes verstößt. Viele der Argumente, die derzeit gegen die Anerkennung des E-Sports vorgebracht werden, stützen sich dabei auf eben diese besonderen Anforderungen an den Sport im Sinne des § 52 I AO, überzeugen aber nur selten. Anzumerken ist, dass sich die neue Ampel-Koalition aus SPD, Die Grünen und FDP im gemeinsamen Koalitionsvertrag zur 20. Legislaturperiode auf Seite 123 zum Ziel macht, den „E-Sport gemeinnützig" zu machen. Ob bzw. wann die neue Regierung dieser Ankündigung Taten folgen lässt, bleibt abzuwarten.

4.2.2 Übertragbarkeit einer (Nicht-)Anerkennung des E-Sports auf andere Vorschriften

Der Begriff Sport im Rahmen des § 52 AO erfasst somit auch bestimmte E-Sport-Titel. Unabhängig davon hat dies keine Auswirkungen auf andere Normen, deren Tatbestände den Begriff Sport enthalten. Dies folgt aus der oben beschriebenen Relativität der Rechtsbegriffe. Die Aufnahme des Sports in den Katalog der förderungswürdigen Zwecke erfolgte vom Gesetzgeber, um freiwilliges gemeinwohlbezogenes Engagement mit den Mitteln des Steuerrechts anzuregen und anzuerkennen (2021, Rz. 1.8).

Andere Normen, wie beispielsweise die in § 10 ArbZG geregelte Ausnahme von der Sonn- und Feiertagsbeschäftigung oder die Ausnahme von dem in den §§ 16, 17 JArbSchG geregelten Verbot für Jugendliche an Samstagen und Sonntagen zu arbeiten, verfolgen dagegen einen anderen Zweck. Die in § 10 ArbZG aufgeführten Ausnahmen vom Beschäftigungsverbot an Sonn- und Feiertagen dienen beispielsweise dem Ausgleich zwischen dem Gebot der Sonn- und Feiertagsruhe und der von Art. 12 Abs. 1 GG geschützten Berufsausübungsfreiheit des Arbeitgebers (Koberski 2021, Rn. 13). Die Ausnahme des Beschäftigungsverbots bei Sport geht darauf zurück, dass diese Veranstaltungen von der Mehrzahl der Bevölkerung in erster Linie am Wochenende frequentiert werden (Baeck et. al. 2020, Rn. 51). Die Gleichstellung des E-Sports im Rahmen dieser Vorschrift muss daher an einem anderen Normzweck ausgerichtet werden. Der Begriff Sport könnte im Rahmen dieser Vorschriften also enger oder weiter als im Rahmen der Abgabenordnung zu definieren sein. Das bedeutet jedoch nicht, dass der Begriff Sport mit einem beliebigen Inhalt belegt werden kann. Ausgangspunkt der Überlegung, was Sport ist, bleibt immer ein allgemeiner Sportbegriff. Der vom BFH vertretene allgemeine Sportbegriff kann dabei als Anhaltspunkt dienen, jedoch wegen des besonderen Zwecks der Norm und den besonderen Anforderungen, die an eine gemeinnützige Tätigkeit gestellt werden, nur mit Einschränkungen übertragen werden.

4.2.3 Folgen für Clans

Die Anerkennung des vom Clan betriebenen E-Sport-Titels als Sport im Rahmen der Abgabenordnung hätte zahlreiche steuerrechtliche Vorteile. Aufgrund des Erfordernisses der selbstlosen Förderung dieses Zwecks wären die professionellen oder semi-professionellen Clans jedoch wegen der meist wirtschaftlichen Zwecksetzung davon grundsätzlich nicht

erfasst. Bedeutung hätte eine solche Anerkennung daher entweder für bereits gemein-
nützige Körperschaften, die eine E-Sport-Sparte eröffnen wollen und um ihre Gemein-
nützigkeit fürchten (wobei die CDU/CSU-Bundestagsfraktion diesbezüglich gezielt durch
Anpassung des Anwendungserlasses zur Abgabenordnung Abhilfe schaffen möchte laut
Ziffer 2.6 des Beschlusses vom 16. Juni 2020 zum „Ehrenamtsgesetz 2021", vgl. dazu
Nothelfer 2021, III), oder für Körperschaften, die nur das Betreiben von E-Sport als
Zwecksetzung haben, ohne wirtschaftliche Interessen zu verfolgen. Für diese würde die
Subsumtion der von ihnen betriebenen E-Sport-Titel unter § 52 AO (mittelbare) Vorteile
wie etwa die Befreiung von der Körperschaftssteuer (§ 5 KStG) oder die steuerliche Be-
günstigung von ehrenamtlicher Tätigkeit (§ 3 EstG i. V. m. § 5 I Nr. 9 KStG) mit sich
bringen (zu den Folgen im Detail vgl. Bagger von Grafenstein 2018, S. 20).

Keine unmittelbaren Auswirkungen hätte die Anerkennung des E-Sports im Rahmen
der Abgabenordnung dagegen auf die Subsumtion in anderen Vorschriften, deren Tatbestände Sport voraussetzen. Die Erkenntnisse des BFH hinsichtlich der Förderungs-
würdigkeit des E-Sports sind daher, wenn überhaupt, nur mit Rücksicht auf den jeweiligen
Zweck der Norm zu übertragen.

4.3   Internationales Privatrecht

4.3.1   Internationaler E-Sport

E-Sport ist ein digitales Phänomen und damit grundsätzlich nicht auf staatliche Grenzen
beschränkt. Die Vernetzung durch das Internet ermöglicht Millionen Spielern, gleichzeitig
grenzüberschreitend gegeneinander in Wettbewerb zu treten. Um das Spielerlebnis dabei
auch für Spieler aus bevölkerungsschwachen Regionen nutzerfreundlich zu gestalten, sind
die Wettbewerbe im E-Sport – mit Ausnahme großer Events – allenfalls aus technischen
Gründen regional begrenzt. So entstanden frühzeitig Teams mit Spielern aus unterschiedlichsten Nationen. Dies gilt für eine Vielzahl der Teams im semiprofessionellen Amateurbereich sowie im professionellen Bereich noch immer. Diese internationale Prägung gilt
nicht nur für die Spielerbasis oder die Zusammensetzung der Teams; sie betrifft die gesamte E-Sport-Branche: Clans verpflichten nicht selten ausländische E-Sportler, nehmen
an ausländischen Turnieren und Ligen teil oder schließen über nationale Grenzen hinweg
Sponsoren- und Werbeverträge ab. Die Verantwortlichen der Organisation müssen daher
im Blick behalten, ob die Privatrechtsordnungen unterschiedlicher Staaten kollidieren,
welche von diesen zur Anwendung kommt und welche Folgen das für den Clan hat.

4.3.2   Kollisionsrechtlich relevante Fallkonstellationen

Aus kollisionsrechtlicher Sicht wirft das Verhältnis zwischen Clan und E-Sportler praxis-
relevante Fragen auf, wenn diese nicht aus demselben Land stammen. Bestehen beispiels-

weise zwischen einem Clan, der seinen Sitz in Deutschland hat, und einem im Ausland lebenden und spielenden E-Sportler Vertragsbeziehungen, ist fraglich, welche Rechtsordnung anzuwenden ist.

4.3.3 Zuordnung der anwendbaren Rechtsordnung

Welche Rechtsordnung auf einen Sachverhalt Anwendung findet, ist Gegenstand des Internationalen Privatrechts (IPR) (Junker 2020, § 1 Rn. 6). Dieses soll den Rechtsfall nicht lösen, sondern verweist bei Sachverhalten mit Auslandsbezug auf die Rechtsordnung, nach der der Fall zu entscheiden ist (Brödermann und Rosengarten 2019, Rn. 6). Dies ist nicht zu verwechseln mit den Fragen des Internationalen Zivilprozessrechts (z. B. örtliche Zuständigkeit des Gerichts oder Wirkung ausländischer Urteile) (vgl. für Details Brödermann und Rosengarten 2019, Rn. 594). Darauf soll hier nicht eingegangen werden.

Die Zuordnung der anwendbaren Rechtsordnung bestimmt sich im Internationalen Privatrecht in der Regel nach dem Rechtsverhältnis und verknüpft dieses mit einer bestimmten Rechtsordnung (Junker 2020, § 5 Rn. 1 ff.). Je nachdem, welche Art von Rechtsverhältnis vorliegt, bestimmen unterschiedliche Vorschriften, welche Rechtsordnung Anwendung findet. So regelt dies für Zivil- und Handelsverträge die ROM-I-VO (dies gilt sowohl gegenüber Mitgliedsstaaten als auch gegenüber Drittstaaten, Martiny 2020a, Rn. 1 ff.). Derartige Kollisionsvorschriften existieren jedoch nicht für jede Art von Vertrag. Beispielsweise fehlen solche weitgehend für das Gesellschaftsrecht (Ausnahmen bilden hier etwaige Staatsverträge, die das Gesellschaftsstatut zwischen bestimmten Staaten regeln) (vgl. Leible 2017, Rn. 69). Daher muss zunächst geklärt werden, um welche Art von Rechtsverhältnis es sich zwischen den Parteien handelt.

4.3.3.1 Art des Rechtsverhältnisses

Ein E-Sportler kann Gesellschafter/Mitglied eines Clans und gleichzeitig auch Arbeitnehmer dessen sein. Beide Rechtsverhältnisse sind isoliert voneinander zu betrachten, können aber nebeneinander bestehen und häufig sogar schwer voneinander abzugrenzen sein. Zu den wesentlichen Pflichten des Gesellschafters/Mitglieds gehört nämlich dessen Beitragspflicht, die nicht zwingend in Form von monetären Zuwendungen erfüllt werden muss. Häufig wird diese auch durch das Erbringen von Diensten für die Gesellschaft[1] (bspw. Mithilfe beim Auf- und Abbau bei einer Mitgliederversammlung) erfüllt. Die genaue Einordnung der Rechtsverhältnisse wird im Kontext des Internationales Privatrechts zusätzlich dadurch erschwert, dass diese bei Individualarbeitsverträgen nicht nach deutschem Recht erfolgt, sondern nach autonomem europäischem Recht (v. Hein 2016, Rn. 18).

---

[1]Hier und im Folgenden ist mit „Gesellschaft" die Gesellschaft im weiten Sinne gemeint, also Vereine, Kapitalgesellschaften und Personengesellschaften.

Handelt es sich bei dem Vertragsverhältnis zwischen Clan und E-Sportler jedoch um ein Arbeitsverhältnis, dürfte es sich auch nach autonomem europäischem Recht meist um ein Arbeitsverhältnis handeln. Ist der E-Sportler also nicht nur Arbeitnehmer, sondern auch Mitglied/Gesellschafter des Clans, können dessen Dienste entweder auf dem Arbeitsverhältnis oder auf der Mitgliedschaft beruhen (zur Abgrenzung im deutschen Recht s. u.).

4.3.3.2 Mitgliedschaftliches Verhältnis zwischen Gesellschaft und E-Sportler

Sollen Rechte aus einem mitgliedschaftlichen Verhältnis geltend gemacht werden, stellt sich die Frage, nach welcher Rechtsordnung sich diese bestimmen. Nach allgemeiner Ansicht regelt die auf die Gesellschaft anwendbare Rechtsordnung (Gesellschaftsstatut) einheitlich sowohl das Binnenrecht als auch die Außenbeziehungen der Gesellschaft (v. Thunen 2021, Rn. 65). Sie entscheidet also über die Entstehung der Gesellschaft, deren Handlungsfähigkeit, Verfassung und Auflösung (für Einzelheiten vgl. v. Thunen 2021, Rn. 69 ff.).

Insbesondere richten sich auch die Rechtsbeziehungen zwischen der Gesellschaft und den Mitgliedern nach dem jeweiligen Recht, dem die Gesellschaft unterliegt (vgl. für den herkömmlichen Sport Pfister 2020, Rn. 16). Unterliegt die Gesellschaft also deutschem Recht, findet auf das mitgliedschaftliche Verhältnis zwischen dem Clan und dem E-Sportler auch deutsches Recht Anwendung.

4.3.3.3 Auf die Gesellschaft anwendbares Recht

Für das Internationale Gesellschaftsrecht gibt es nur vereinzelt Rechtsnormen, die bestimmen, welchem Statut die jeweilige Kapital- oder Personengesellschaft unterliegt (vgl. Brödermann und Rosengarten 2019, Rn. 546 ff.). Die Rom-I-VO ist zwar auf vertragliche Schuldverhältnisse des Zivil- und Handelsrechts anwendbar (Art. 1 I Rom-I-VO), ausgeschlossen sind jedoch gem. Art. 1 II lit. f Rom-I-VO „Fragen betreffend das Gesellschaftsrecht, das Vereinsrecht und das Recht der juristischen Personen, wie die Errichtung durch Eintragung oder auf andere Weise, die Rechts- und Handlungsfähigkeit, die innere Verfassung und die Auflösung von Gesellschaften, Vereinen und juristischen Personen sowie die persönliche Haftung der Gesellschafter und der Organe für die Verbindlichkeiten einer Gesellschaft, eines Vereins oder einer juristischen Person". Kurzum, die Rom-I-VO findet auf die Entstehungsphase, das Bestehen und die Beendigung und Abwicklung der Gesellschaft keine Anwendung. Soweit also nicht ein völkerrechtliches Übereinkommen die Anknüpfung festlegt oder dem primären Unionsrecht dazu Vorgaben zu entnehmen sind, bleibt es dem autonomen deutschen Recht – in Falle des Gesellschaftsrechts den Gerichten – überlassen, das Gesellschaftsstatut zu bestimmen (Junker 2020, § 13 Rn. 37).

4.3.3.4 Bestimmung des Gesellschaftsstatuts

Zur Bestimmung des Gesellschaftsstatuts werden grundsätzlich zwei Ansichten vertreten: zum einen die Gründungstheorie und zum anderen die Sitztheorie. Die Gründungstheorie unterstellt eine Gesellschaft dem Recht des Staates, in dem sie nach dortigem Recht wirksam gegründet wurde (Junker 2020, § 13 Rn. 39). Die Sitztheorie unterstellt die Gesellschaft dagegen dem Recht des Staates, in dem sie ihren Verwaltungssitz hat, also den Ort, an dem die Gesellschaft tatsächlich die Geschäfte führt (Junker 2020, § 13 Rn. 42). Solange ein Clan also im selben Land gegründet wurde, in dem sich auch aktuell sein Verwaltungssitz befindet, ist das Recht des jeweiligen Heimatlandes anzuwenden (vgl. zur Gründungs- und Sitztheorie, Kindler 2021, Rn. 361 ff.). Für eine in Deutschland gegründete Gesellschaft, die auch in Deutschland ihre Geschäfte führt, ist somit deutsches Recht anwendbar. Damit bestimmt sich auch das mitgliedschaftliche Rechtsverhältnis zwischen einem Clan und dem E-Sportler nach deutschem Recht.

Unterschiede zwischen den beiden genannten Ansichten ergeben sich erst, wenn der Verwaltungssitz von einem Staat in einen anderen verlegt wird (dazu ausführlich Junker 2020, § 13 Rn. 55 ff.). Soll der Sitz einer in Deutschland gegründeten Gesellschaft ins Ausland verlegt werden oder aus dem Ausland nach Deutschland, würde die Gesellschaft nach der Gründungstheorie weiterhin der Rechtsordnung des Gründungslandes unterliegen (Rauscher 2017, Rn. 646); nach der Sitztheorie dagegen dem Recht des Staates, in den der Sitz verlegt wurde, was zum Verlust der Rechtsfähigkeit der Gesellschaft führen könnte (Rauscher 2017, Rn. 630). Welcher Ansicht hier Vorzug zu gewähren ist, kann nicht pauschal beantwortet werden. Dies ist abhängig davon, ob der Auslandsbezug zu Staaten besteht, mit denen besondere Staatsverträge existieren oder die EU-Mitgliedstaaten oder sonstige Drittstaaten sind (weiterführend Kindler 2009, S. 160 ff.).

4.3.4   Auf das Dienst- oder Arbeitsverhältnis anwendbares Recht

Von der mitgliedschaftlichen Bindung der E-Sportler an den Clan ist die arbeits- oder dienstvertragliche Bindung zu unterscheiden (vgl. Pfister 2020, Rn. 24). Im Gegensatz zur mitgliedschaftlichen Bindung bestimmt sich das auf den Arbeits- oder Dienstvertrag anwendbare Recht nach der Rom-I-VO. Die Rom-I-VO räumt zunächst vorrangig die Möglichkeit ein, für diese Vertragsverhältnisse eine Rechtswahl zu treffen (Art. 3 Rom-I-VO). Sie bestimmt aber auch das anzuwendende Recht, wenn dies nicht geschehen ist (Art. 4 ff. Rom-I-VO). Um Unsicherheiten zu vermeiden, ist es daher empfehlenswert, eine Rechtswahl zu treffen. Dabei sollte man jedoch berücksichtigen, dass mit der Rechtswahl bestimmte zwingende Vorschriften nicht umgangen werden können (Art. 8 f. Rom-I-VO).

Ist keine Rechtswahl getroffen worden, bestimmt grundsätzlich Art. 4 I lit. b Rom-I-VO das für den Dienstvertrag anwendbare Recht und Art. 8 Rom-II-VO das für den Arbeitsvertrag anwendbare Recht. Handelt es sich bei dem Vertragsverhältnis zwischen dem Clan und dem E-Sportler um einen Dienstvertrag, kommt auf dieses das „Recht des Staates, in dem der Dienstleister seinen gewöhnlichen Aufenthalt" hat, zur Anwendung (Art. 4 I lit. b Rom-I-VO). Ergibt sich jedoch aus der Gesamtheit der Umstände, dass der Vertrag eine offensichtlich engere Verbindung zu einem anderen Staat aufweist, so ist das Recht dieses anderen Staates anzuwenden (Art. 4 III Rom-I-VO).

Ähnlich gestaltet sich dies beim Arbeitsvertrag. Dort ist Anknüpfungspunkt zunächst der Staat, in dem oder von dem aus der Arbeitnehmer gewöhnlich seine Arbeit verrichtet (Martiny 2020b, Rn. 49). Bei der Tätigkeit des E-Sportlers kann dies der Ort sein, an dem das Eingabegerät bedient wird, der Standort des Servers, der Ort, an dem das Arbeitsergebnis empfangen wird, oder der Ort, von dem aus die Weisungen erteilt werden (Francken et al. 2019, S. 867). Nach überwiegender Ansicht kommt es bei der mit der Tätigkeit des E-Sportlers vergleichbaren Telearbeit auf den Ort der Dateneingabe an. (v. Hein 2016, Rn. 41; Martiny 2020b, Rn. 53; Schlachter 2022a, Rn. 11). Hiervon ist auch im E-Sport auszugehen (Francken et al. 2019, S. 867).

4.3.5 Bedeutung für die Praxis

Ist der E-Sportler zugleich mitgliedschaftlich und arbeits- oder dienstvertraglich gebunden, dann gilt: Auf das Arbeits- oder Dienstverhältnis ist grundsätzlich das Recht des Staates anzuwenden, in dem der E-Sportler überwiegend seiner Tätigkeit nachgeht bzw. seinen Aufenthalt hat. Auf das mitgliedschaftliche Verhältnis ist das Recht anzuwenden, dem die Gesellschaft unterliegt (vgl. oben). Folglich ist es möglich, dass je nach betroffenem Verhältnis verschiedene Rechtsordnungen zur Anwendung kommen. Um ein derartiges Auseinanderfallen der auf die Rechtsbeziehung zwischen Spieler und Organisation anwendbaren Rechtsordnung zu verhindern, sollte von der Möglichkeit einer Rechtswahl im Rahmen des Arbeits- oder Dienstvertrags Gebrauch gemacht werden (Art. 3 Rom-I-VO). Dabei sollte das Recht gewählt werden, dem die Gesellschaft unterliegt.

4.4 Bedeutung des Arbeitsrechts

Das deutsche Arbeitsrecht umfasst eine Vielzahl von Vorschriften, die der Arbeitgeber gegenüber seinem Arbeitnehmer beachten muss. Daher muss geklärt werden, ob ein Arbeitsverhältnis einschlägig ist, der Clan also Arbeitgeber und der E-Sportler Arbeitnehmer ist (vgl. Joussen 2021, Rn. 6). Sollte dem so sein, stellen sich dem Clan viele weitere Fragen. Insbesondere in der heutigen digitalen Arbeitswelt bedeuten diese komplexe Herausforderungen. Grund hierfür ist die Entgrenzung der Arbeit (vgl. Krause 2017, S. 53 f.). Das deutsche Arbeitsrecht wurde in seinen Grundsätzen zu Beginn des 19. Jahrhunderts zum Schutz des klassischen industriellen Arbeitnehmers entwickelt (für Details vgl. Maties 2021a, Rn. 1907 ff.). Dieser erhielt von seinem Arbeitgeber klare Vorgaben bezüglich seiner Arbeitszeit, seines Arbeitsorts, seiner Tätigkeit und der Art und Weise, auf die er diese ausführen muss. Moderne Arbeitsverhältnisse sind indes nicht selten von Freiheiten – vor allem was Arbeitszeit und Arbeitsort angeht – geprägt (vgl. Preis 2022a,

Rn. 13). Somit steht das Arbeitsrecht selbst seit Beginn der Arbeitswelt 4.0 auf dem Prüf-stand. In vielerlei Hinsicht wurde es nicht für digitale oder gar virtuelle Arbeit konzipiert.

Ob ein Arbeitsverhältnis vorliegt, bestimmt sich seit dem 01.04.2017 anhand des § 611a BGB. Die Norm trägt den Herausforderungen des digitalen Zeitalters nicht ausdrücklich Rechnung. Stattdessen hat sich der Gesetzgeber darauf beschränkt, die Leitsätze bis-heriger höchstrichterlicher Rechtsprechung zu kodifizieren (Maties 2021a, Rn. 6). Dabei baut er weiter auf eine Vielzahl unbestimmter Rechtsbegriffe wie „weisungsgebunden", „fremdbestimmt" oder „persönliche Abhängigkeit" (Maties 2021a, Rn. 1). Durch diese besteht zwar eine gewisse Flexibilität bei der Bestimmung des Anwendungsbereichs des Arbeitsrechts, auf der anderen Seite aber auch ein gewisses Maß an Rechtsunsicherheit, da der Gesetzgeber die Entscheidung im Einzelfall der Rechtsprechung überlässt. Die Gesetzesbegründung führt indes an, dass sich durch die Einführung des § 611a BGB nichts an der bisherigen – durch Rechtsprechung und Literatur geprägten – Rechtslage ändern soll (BT-Drs. 18/9232, 31). Der Arbeitnehmerbegriff hat sich also durch die Ein-führung der Norm weder an die Arbeitswelt 4.0 angepasst, noch wurde er präzisiert.

Die folgenden Ausführungen beziehen sich ausschließlich auf das deutsche Arbeits-recht und den deutschen Arbeitnehmerbegriff. Es muss also im Vorfeld geprüft werden, ob deutsches Recht überhaupt Anwendung findet (vgl. oben).

4.4.1 Der deutsche Arbeitnehmerbegriff

Arbeitnehmer im Sinne des § 611a BGB ist, wer im Dienste eines anderen zur Leistung weisungsgebundener, fremdbestimmter Arbeit in persönlicher Abhängigkeit verpflichtet ist, wobei sich das Weisungsrecht auf Inhalt, Durchführung, Zeit und Ort der Tätigkeit beziehen kann. Zwingende Voraussetzungen sind das Vorliegen eines privatrechtlichen Vertrags und die Verpflichtung zur Erbringung von Diensten für eine andere Person in un-selbstständiger/weisungsabhängiger Art und Weise (vgl. hierzu auch Junker 2021, Rn. 91 ff.). Ob die Entgeltzahlung als Gegenleistung Voraussetzung oder Folge eines Arbeitsverhältnisses ist, ist umstritten (Maties 2017, Rn. 13). Neben der arbeitsrechtlichen Seite sei ferner die sozialversicherungsrechtliche Seite erwähnt (im Detail dazu Koops und Nothelfer 2021).

4.4.1.1 Privatrechtlicher Vertrag

Zwischen dem Dienstberechtigten (potenziellen Arbeitgeber) und dem Dienstver-pflichteten (potenziellen Arbeitnehmer) muss ein privatrechtlicher Vertrag geschlossen worden sein. Hierzu bedarf es korrespondierender Willenserklärungen beider Seiten (Joussen 2021, Rn. 67).

Im Gegensatz zu anderen schuldrechtlichen Verträgen kommt es bei der Frage, ob der Vertrag dem Inhalt nach ein Arbeitsvertrag ist, nicht auf den Willen der Vertragsparteien an, sondern darauf, ob in Wirklichkeit ein Arbeitsverhältnis gelebt wird (§ 611a I 6 BGB, Rechtsformzwang). Sollte beispielsweise absichtlich ein „Dienstvertrag" vereinbart worden sein, um das Arbeitsrecht zu umgehen (Scheinselbstständigkeit), wird nicht auf den vereinbarten Inhalt, sondern das gelebte Arbeitsverhältnis abgestellt (Joussen 2021, Rn. 33). Hintergrund für eine solche Abrede ist die Hoffnung beider Seiten, die umfassenden Pflichten im Rahmen eines Arbeitsverhältnisses und die Zahlungspflichten aus dem Sozialversicherungsrecht (§§ 1, 7 SGB IV) umgehen zu können (zu den Folgen Maties 2021a, Rn. 173). Im Rahmen eines Arbeitsverhältnisses müsste der Arbeitgeber sonst seinen Anteil des Gesamtsozialversicherungsbeitrags zahlen sowie die Organisation der Abfuhr der Lohnsteuer des Arbeitnehmers und des vollständigen Gesamtsozialversicherungsbeitrags übernehmen. Der Arbeitnehmer wiederum müsste sich seinen Anteil am Gesamtsozialversicherungsbeitrag und die Lohnsteuer vom Gehalt abziehen lassen.

Gerade in Branchen, in denen Verträge mit jungen, unerfahrenen Personen geschlossen werden, besteht eine große Gefahr, dass zwingende Schutzvorschriften umgangen werden. Eine solche Branche stellt auch der E-Sport dar. Nicht nur aus juristischen Gründen muss auf ein legales und Compliance-taugliches Verhalten geachtet werden (so spielt die Reputation eines Unternehmens eine immer größere Rolle am Markt).

Einer Form bedarf es (v. a. in bisheriger Ermangelung etwaiger Regelungen eines Tarifvertrags in der E-Sport-Branche) bei Vertragsschluss nicht (Preis 2022a, Rn. 314). Dies bedeutet, dass ein Arbeitsvertrag wirksam geschlossen werden kann, ohne dass ein entsprechendes Schriftstück existieren muss. Hinzuweisen ist jedoch darauf, dass die wesentlichen Vertragsbedingungen spätestens einen Monat nach Beginn eines mehr als einmonatigen Arbeitsverhältnisses schriftlich niedergelegt, unterzeichnet und dem Arbeitnehmer ausgehändigt werden sollten (§§ 1, 2 NachwG). Sollte dies verpasst werden, so droht bezüglich dieser Vertragsbedingungen eine Beweislastumkehr im Prozess zum Nachteil des Arbeitgebers (für Details vgl. Preis 2022b, Rn. 41 ff.).

4.4.1.1.1 Vertragsschluss mit Minderjährigen

Im E-Sport besonders relevant ist die Frage, inwiefern vor allem junge Menschen Arbeitsverträge schließen und dann auch tatsächlich beschäftigt werden können.

Personen, die geschäftsunfähig sind, können keinen Vertrag schließen gem. § 105 I BGB. Gemäß § 104 BGB sind dies Personen, die das siebente Lebensjahr noch nicht vollendet haben und/oder sich in einem dauerhaften Zustand der krankhaften Störung der Geistestätigkeit befinden, welcher die freie Willensbestimmung ausschließt.

Personen, die beschränkt geschäftsfähig sind, können grundsätzlich einen Vertrag nur mit Zustimmung der gesetzlichen Vertreter abschließen. Beschränkt geschäftsfähig ist, wer das siebente, aber noch nicht das achtzehnte Lebensjahr vollendet hat (§§ 106, 2 BGB) oder unter Betreuung mit Einwilligungsvorbehalt steht (§§ 1903, 1896 BGB). Geschäfte, die mit dem Arbeitsverhältnis einhergehen, können nach den Maßgaben des § 113 BGB abgeschlossen werden.

4.4.1.1.2 Jugendarbeitsschutz

Bei der tatsächlichen Beschäftigung von Personen, die noch nicht volljährig sind, ist ferner das Jugendarbeitsschutzgesetz zu beachten. Dieses schützt Kinder und Jugendliche unter anderem vor Gefahren für ihre Gesundheit und Entwicklung (Schlachter 2022b, Rn. 1). Das Gesetz gilt gem. § 1 Nr. 3 JArbSchG auch für Selbstständige, wenn deren Arbeitsleistung der von Arbeitnehmern ähnelt (Hilgert und Eickhoff 2018, S. 19).

Kind ist zunächst, wer noch nicht 15 Jahre alt ist. Kinder dürfen grundsätzlich nicht beschäftigt werden (§ 5 I JArbSchG). Hierzu gibt es Ausnahmen. Für den E-Sport relevant könnte dabei die Ausnahme des § 5 III JArbSchG sein. Die Norm greift, wenn das Kind älter als 13 Jahre ist, die Einwilligung seines Personensorgeberechtigten hat und die Beschäftigung „leicht und für Kinder geeignet" ist. Ob die Beschäftigung als E-Sportler darunter zu subsumieren ist, wurde höchstrichterlich noch nicht entschieden, es ist jedoch davon auszugehen, dass der kompetitive E-Sport (trotz etwaiger Argumente, die für eine Erziehungstauglichkeit mancher E-Sport-Titel sprechen) nicht darunter subsumiert werden kann. Gründe hierfür sind unter anderem ergonomische Erwägungen und hohe zeitliche Belastung neben der Schulzeit. Auch aus der Kinderarbeitsschutzverordnung ergibt sich nichts Abweichendes. Selbst wenn der jeweilige E-Sport-Titel unter Sport zu subsumieren ist, so ist ausdrücklich nur die Handreichung beim Sport zulässig gem. § 2 I Nr. 4 KindArbSchV. Dies meint Hilfstätigkeiten, die im Zusammenhang mit dem Sport stehen und im Rahmen einer Sportveranstaltung stattfinden, einschließlich technischer und verwaltungsmäßiger Hilfsaufgaben (ausführlich hierzu Weyand 2012, Rn. 16 ff.). Es lässt sich festhalten, dass Kinder unter 15 Jahren nicht als E-Sportler beschäftigt werden dürfen.

Jugendlicher ist, wer 15, aber noch nicht 18 Jahre alt ist (§ 2 JArbSchG). Sie dürfen täglich nicht länger als 8 Stunden und in der Woche nicht länger als 40 Stunden beschäftigt werden gem. § 8 I JArbSchG (für Details zur Lage der Arbeitszeit von Jugendlichen vgl. Hilgert und Eickhoff 2018, S. 19). Anzumerken ist, dass die Arbeitszeit eines E-Sportlers deutlich höher sein kann, denn zu dieser zählt nicht nur die Zeit, in der man an einem Wettbewerb oder am Team-Training teilnimmt. Als Arbeitszeit im Sinne des Arbeitszeitschutzrechts werden regelmäßig auch alleiniges Training und sonstige Tätigkeiten auf Anweisung des Arbeitgebers (bspw. Werbetätigkeiten) zu qualifizieren sein. Zudem können Streamingtätigkeiten unter der Flagge des Arbeitgebers im Einzelfall als Arbeitszeit gewertet werden (zum Dualismus von Athleten- und Künstlertätigkeit im E-Sport vgl. Nothelfer und Wörner 2020, 213 f.). Insbesondere im professionellen E-Sport-Bereich wird all dies aufgrund des hohen Konkurrenzdrucks nicht selten zu unzulässigen Arbeitszeiten führen.

Grundsätzlich dürfen Jugendliche aber als E-Sportler beschäftigt werden. Vorsicht ist jedoch geboten, wenn diese der Vollzeitschulpflicht unterliegen. Der Vollzeitschulpflicht unterliegen Minderjährige je nach Bundesland für eine Dauer von 9 bzw. 10 Jahren (10 Jahre in Berlin, Brandenburg, Bremen und Nordrhein-Westfalen) unabhängig von der jeweiligen Art der Schulform (Weyand 2012, Rn. 8). Gemäß § 2 III JArbSchG gelten solche Jugendliche im Rahmen des Jugendarbeitsschutzgesetzes noch als Kinder und dürfen dann wiederum nicht als E-Sportler beschäftigt werden. Die einzige Ausnahme, die sie gegenüber Kindern unter 15 Jahren genießen, ist die Möglichkeit, 4 Wochen während der Schulferien zu arbeiten (§ 5 IV JArbSchG), was für eine Anstellung als E-Sportler jedoch nicht realistisch ist. Somit können auch Minderjährige, die das 15. Lebensjahr bereits vollendet haben, noch als Kinder gelten.

4.4.1.2 Erbringung von Diensten

Der Arbeitnehmer muss zur Erbringung von Diensten und nicht zur Erbringung eines Erfolgs (bspw. im Rahmen eines Werkvertrags) verpflichtet sein (Maties 2021a, Rn. 75 f.). Dies hat vor allem Bedeutung für die Beendigung eines Arbeitsvertrags, denn dieser wird nicht durch Erfüllung gem. § 362 BGB beendet, sondern ausschließlich durch die Erklärung eines Gestaltungsrechts (Kündigung oder Anfechtung), den Abschluss eines Aufhebungsvertrags, eine auflösende Befristung/Bedingung (vgl. das Teilzeit- und Befristungsgesetz), den Tod des Arbeitnehmers (vgl. § 613 S. 1 BGB) oder prozessual (vgl. §§ 9, 10 KSchG und §§ 779 BGB, 794 I Nr. 1 ZPO).

Anzumerken ist, dass das Spielen von Video- und Computerspielen nur unter bestimmten Voraussetzungen Arbeit sein kann. Arbeit definiert sich laut Bundesarbeitsgericht (BAG) als der planmäßige Einsatz der körperlichen und geistigen Kräfte zur Erreichung eines wirtschaftlich messbaren Zwecks (BAG, Urteil vom 10.05.1990 – 2 AZR 607/89 unter II 4 a cc der Entscheidungsgründe). Sowohl Sport als auch E-Sport sind dabei nicht Arbeit, wenn sie als reiner Selbstzweck (bspw. zur Freizeitgestaltung) ausgeübt werden (Hobbyebene). Fördert der (e)Sportler jedoch durch seine Tätigkeit das wirtschaftliche Interesse des Dienstberechtigten und gleichzeitig in gewissem Maße auch sein eigenes in Form eines Entgelts, so ist davon auszugehen, dass Arbeit geleistet wird (Francken et al. 2019, S. 868). Im Falle des professionellen Fußballspielers nimmt das BAG inzwischen Arbeit an, ohne dies überhaupt noch sachlich zu prüfen (zuletzt BAG, Urteil vom 16.01.2018 – 7 AZR 312/16). Es ist sehr wahrscheinlich, dass das BAG im Falle des professionellen E-Sports ebenso von Arbeit im wirtschaftlichen Sinne ausgehen wird. Auch im Amateurbereich kann es sich unter den eben angeführten Voraussetzungen um Arbeit in diesem Sinne handeln.

4.4.1.3 Dienste für einen anderen

Der Arbeitnehmer erbringt die Dienste für den Arbeitgeber und nicht für sich selbst. Er trägt dabei kein Risiko und wird für seine Mühe entlohnt, während der Arbeitgeber das Risiko trägt, dafür aber auch den etwaigen wirtschaftlichen Gewinn erhält (zum Vorteilsprinzip Maties 2021a, Rn. 298). Dies muss von Verhältnissen abgegrenzt werden, in denen eine Person Dienste (quasi) für sich selbst erbringt.

Relevantestes Beispiel für den E-Sport ist die Abgrenzung zur Gesellschafterstellung (im Detail Maties 2021a, Rn. 49 ff., b, Rn. 46 ff.). Zunächst ist festzuhalten, dass Gesellschafter grundsätzlich auch Arbeitnehmer sein können. Immer wenn ein Gesellschafter tätig wird, besteht im Grundsatz die Möglichkeit, dass arbeitsrechtliche Vorschriften Anwendung finden. Ein Gesellschafter ist kraft Gesellschaftsvertrag (bspw. der Vereinssatzung) dazu verpflichtet, den Zweck der Gesellschaft (nicht zwingend monetär) zu fördern (vgl. oben). Dies bedeutet bereits eine Form von persönlicher Abhängigkeit (die eine entscheidende Voraussetzung für den Arbeitnehmerstatus ist). Die Förderpflicht darf jedoch nicht so weit gehen, dass Verpflichtungen umfasst werden, die typischerweise im Rahmen eines Arbeitsverhältnisses geschuldet werden. Ansonsten könnte das Arbeitsrecht durch das Gesellschaftsrecht umgangen werden (Maties 2021a, Rn. 49). Bei umfangreicher Tätigkeit eines Gesellschafters für seine Gesellschaft muss daher geprüft werden, ob eigentlich nicht ein Arbeitsverhältnis vorliegt und demnach arbeitsrechtliche Vorschriften (direkt oder in analoger Anwendung) einschlägig sind. Im Amateurfußball wurde dies für den Vertragsamateur in einem Fall vom BAG (BAG, Urteil vom 10.05.1990 – 2 AZR 607/89) mit kaum überzeugender Argumentation verneint (Francken et al. 2019, S. 868). Hintergrund dieser Entscheidung ist die Privilegierung des organisierten Vereinssports aufgrund seiner gesellschaftlichen Bedeutung. Würde man davon ausgehen, dass Vertragsamateure ebenfalls Arbeitnehmer sind, so würde das den Amateurfußball stark belasten. Höchstrichterliche Rechtsprechung ist zu einer vergleichbaren Situation im E-Sport noch nicht erfolgt. Im professionellen E-Sport-Bereich wird sich dieses Problem selten stellen, da die Clans häufig als Kapitalgesellschaften organisiert und die E-Sportler nur im seltensten Falle Gesellschafter dieser sind. Auf Amateurebene gibt es jedoch vermehrt Vereine, weshalb sich die gleiche Frage wie beispielsweise im Amateurfußball stellt. Es ist jedoch zum jetzigen Zeitpunkt davon auszugehen, dass das BAG seine Rechtsprechung zum Vertragsamateur im Fußball (die den Fußballsport dadurch privilegiert, dass Amateurteams nicht durch das Arbeitsrecht belastet werden) nicht auf den E-Sport übertragen wird (so bereits Francken et al. 2019, S. 868).

4.4.1.4 Unselbstständigkeit/weisungsgebundene, fremdbestimmte Arbeit in persönlicher Abhängigkeit

4.4.1.4.1 Grundlagen
Der Arbeitsvertrag ist eine von zwei Unterformen des entgeltlichen Dienstvertrags (Preis 2022a, Rn. 1). Bei einem Arbeitsvertrag verrichtet der Dienstverpflichtete unselbstständig Arbeit, also weisungsgebunden, fremdbestimmt und in persönlicher Abhängigkeit. Dem stehen solche Dienstverträge gegenüber, bei denen der Dienstverpflichtete die Arbeit als Selbstständiger verrichtet.

Die Abgrenzung zwischen Arbeitnehmer und Selbstständigem ist das Herzstück der Frage, ob ein Arbeitsverhältnis besteht und somit das Arbeitsrecht (und das Sozialversicherungsrecht gem. §§ 1, 7 SGB IV) eröffnet ist (Preis 2022a, Rn. 3, 17). Eine solche Prüfung bezieht sich immer auf den Einzelfall und muss somit für jeden potenziellen Arbeitnehmer neu entschieden werden. Das BAG arbeitet indes häufig typologisch. Das heißt, bei jedem vorliegenden Fall entscheidet es über die Arbeitnehmereigenschaft zunächst anhand des typischen Berufsbildes und bezieht sich dabei auf die in der Vergangenheit entschiedenen Fälle. Da das BAG bisher noch keinen Fall zu entscheiden hatte, bei dem es um einen E-Sportler als Arbeitnehmer ging, ist der Berufstypus noch nicht Teil dessen Kasuistik. Es bleibt abzuwarten, wie das BAG den (jeweiligen) E-Sportler einordnen wird. In der ersten diesbezüglichen Entscheidung sind daher detaillierte Ausführungen zum Arbeitnehmerbegriff im E-Sport zu erwarten.

Für die Annahme einer Arbeitnehmereigenschaft muss die Prüfung zum Ergebnis kommen, dass der Grad der Abhängigkeit des Dienstverpflichteten vom Dienstberechtigten derart hoch ist, dass der Dienstverpflichtete den Schutz des Arbeitsrechts benötigt (im Detail Wiedemann 1966, Rn. 13 ff.). Dies ist der Fall, wenn er während seiner Tätigkeit nur zum wirtschaftlichen Vorteil des Dienstberechtigten arbeitet und keine eigenen wirtschaftlichen Interessen, die über die Entlohnung seiner Arbeit hinausgehen, verfolgen kann, da er in entsprechendem hohem Maße den Weisungen des Dienstberechtigten unterliegt. Ferner bedarf es des Schutzes auch, weil der Arbeitgeber aufgrund des persönlichen Dauerschuldverhältnisses enorme Einwirkungsmöglichkeiten auf die Rechte seines Arbeitnehmers (bspw. das Recht an den eigenen Daten oder das Recht auf körperliche Unversehrtheit) hat (dazu auch Maties 2021a, S. 203 f.).

Ein selbstständiger Handwerker kann beispielsweise über die Annahme von Aufträgen frei entscheiden (und somit in hohem Maße über Arbeitsort, Arbeitszeit, Arbeitsinhalt und Arbeitsdurchführung). Er alleine erhält den Gewinn, trägt dafür aber auch das unternehmerische Risiko. Ferner besteht weniger die Gefahr einer Verletzung von Rechten des Selbstständigen durch den Auftraggeber. Ein angestellter Handwerker hingegen trägt kein unternehmerisches Risiko, erhält dafür aber auch nicht den durch seine Arbeit generierten Gewinn, sondern lediglich ein Entgelt für seine Tätigkeit. Da er aber zur Bestreitung seines Lebensunterhalts auf das Entgelt angewiesen ist und gleichzeitig Rechtsverletzungen durch den Arbeitgeber in deutlich höherem Maße ausgesetzt sein kann, erhält er vom Arbeitsrecht Schutz davor, dass dies vom weisungsberechtigten Arbeitgeber ausgenutzt wird.

4.4.1.4.2 Terminologie

Seit Einführung des § 611a BGB hat sich inhaltlich an der Frage, wann eine Person Arbeitnehmer ist, nichts geändert (vgl. oben). Was sich jedoch geändert hat, ist die Terminologie. Vor Einführung der Norm wurde der Arbeitnehmerbegriff von Rechtsprechung und Literatur geprägt. Entscheidendes Kriterium für die Qualifikation als Arbeitnehmer war die „persönliche Abhängigkeit". Diese wurde bejaht, wenn der Dienstverpflichtete „weisungsgebunden" war und eine „Eingliederung in den Betrieb" des Arbeitgebers vorlag (Maties 2021a, Rn. 78). Laut § 611a I 1 BGB bedarf es nun „weisungsgebundener, fremdbestimmter Arbeit in persönlicher Abhängigkeit". Dies führt in der Literatur zu verschiedenen dogmatischen Diskussionen, beispielsweise darüber, was „fremdbestimmt" bedeutet oder ob die „Eingliederung in den Betrieb" (oder heute zu bevorzugen „Eingliederung in die moderne Arbeitsorganisation") noch eine Rolle spielt (exemplarisch Preis 2022a, Rn. 13; Maties 2021a, Rn 163 ff.). Diese Fragen haben aber kaum praktische Relevanz, da inhaltlich noch immer dieselbe Frage gestellt werden muss: Ist der einzelne Dienstverpflichtete in bereits beschriebener Art und Weise vom Dienstberechtigten abhängig, sodass er den Schutz des Arbeitsrechts benötigt?

4.4.1.4.3 Prüfung der Weisungsgebundenheit (allgemein)

Zu überprüfen ist in erster Linie, ob der Dienstverpflichtete etwaigen Weisungen des Dienstberechtigten bezüglich Arbeitszeit, Arbeitsort, Arbeitsinhalt und Arbeitsdurchführung folgen muss. Neben expliziten Weisungen diesbezüglich sind Arbeitspläne, Tourenpläne, Arbeitshandbücher oder Berichtspflichten als klassische Indizien zu nennen. Anzumerken ist jedoch, dass das bisherige Ausbleiben von Weisungen keinen Rückschluss darauf erlaubt, ob der Arbeitgeber überhaupt zur Erteilung solcher berechtigt ist. Ein Weisungsrecht kann bestehen, ohne dass es zwingend regelmäßig ausgeübt werden muss.

Beachtlich ist ferner, dass keine strenge Weisungsbindung in Bezug auf alle vier Elemente vorliegen muss. Vielmehr muss in einer Gesamtschau im Rahmen eines beweglichen Systems überprüft werden, ob tatsächlich eine derartige persönliche Abhängigkeit besteht (Preis 2022a, Rn. 33). Das heißt, dass eine schwache Weisungsbindung bezüglich eines Elements durch die starke Weisungsbindung eines anderen ausgeglichen werden kann. So kann es sich beispielweise trotz schwacher Weisungsbindung bezüglich der Arbeitszeit trotzdem um einen Arbeitnehmer handeln, wenn der Dienstverpflichtete keine Freiheiten in der Wahl seines konkreten Arbeitsorts genießt.

Die Feststellung der Arbeitnehmereigenschaft ist vor allem bei digitaler und virtueller Arbeit aufgrund der vom Arbeitgeber häufig eingeräumten Freiheiten schwer (vgl. zum professionellen E-Sportler hierzu im Detail Francken et al. 2019, S. 869 f.). Aufgrund mobiler Arbeitsmöglichkeiten wird häufig kein konkreter Arbeitsort vorgegeben. Wegen des stetig wachsenden Bedürfnisses der Arbeitnehmer nach flexiblen Arbeitszeiten überlassen die Arbeitgeber die zeitliche Einteilung immer weiter den Arbeitnehmern (Krause 2017, S. 54). Ferner führen Innovation und Internationalisierung zu einem Strukturwandel hin zu wissensintensiven Tätigkeiten (Reidel 2018, S. 74 f.). Es gibt immer mehr Arbeit, die fachspezifische Expertise voraussetzt. Bei solcher sind durchführungsbezogene Weisungen deutlich seltener, da man den Arbeitnehmer gerade wegen seiner Expertise eingestellt hat und möchte, dass er diese frei entfalten kann (Preis 2022a, Rn. 39, 65). All diese Besonderheiten können sich (zumindest partiell) bei der Prüfung, ob ein E-Sportler Arbeitnehmer ist, realisieren (Francken et al. 2019, S. 869 f.).

4.4.1.4.4 Prüfung der Weisungsgebundenheit im E-Sport

Nicht jeder E-Sportler befindet sich in derselben tatsächlichen und somit auch rechtlichen Situation (im Detail hierzu Francken et al. 2019, S. 866 f.). Viele verschiedene Umstände haben Einfluss auf seinen rechtlichen Status. Dieser muss für jeden E-Sportler (als potenziellen Arbeitnehmer) einzeln festgelegt werden (vgl. oben). Faktoren, die einen Einfluss auf das jeweilige Tätigkeitsprofil haben, sind vor allem der jeweilige (spielimmanente) Wettkampfmodus, ob man Stamm- oder Ersatzspieler ist, welche Rolle man in einem etwaigen Team einnimmt und das Wettkampfmodell. Ferner gilt es, die drei Kernelemente der E-Sportler-Tätigkeit zu beachten: Training, Wettbewerb und Werbetätigkeiten (Francken et al. 2019, S. 869 f. m. w. N.). Typischerweise gibt es bei Werbetätigkeiten für den Arbeitgeber eine hohe Weisungsdichte, beim Training hingegen eine geringe. Im Wettbewerb ist die Weisungsdichte dann hoch, wenn der eigentliche Wettkampf nicht läuft, im Wettkampf selbst ist sie regelmäßig sehr gering. Großen Einfluss auf das gelebte Rechtsverhältnis hat ferner der Professionalisierungsgrad. Professionelle Clans arbeiten beispielsweise häufiger mit strengen Trainings-, Spiel- und Veranstaltungsplänen.

Wettkampfmodus (hierzu und zum Folgendem bereits Francken et al. 2019, S. 866 ff.): Handelt es sich um einen E-Sport-Titel, in dem man als Einzelspieler oder als Teil eines Teams antritt? Je nachdem unterscheidet sich das gelebte Rechtsverhältnis und damit potenziell die Qualifikation als Arbeitnehmer. So sind Teamspieler beispielsweise häufiger (aus Gründen der Förderung von Teamchemie und Organisation) zumindest für eine gewisse Zeit in Gaming-Häusern untergebracht (Vorgabe des realen Arbeitsorts). Aufgrund des Bedürfnisses mit dem Team zu trainieren (dessen Mitglieder sich in verschiedenen Zeitzonen aufhalten können), gibt es auch häufiger strengere Vorgaben der Arbeitszeit während des Trainings, als es bei Einzelspielern der Fall ist. Letzteres kann nur als Argument für eine Arbeitnehmerstellung von Teamspielern gewertet werden, aber nicht gleichzeitig gegen eine Arbeitnehmerstellung bei Einzelspielern, da diese aus der Natur der Sache überhaupt keine Teamkameraden haben.

Stamm- oder Ersatzspieler: Handelt es sich um einen Spieler, der fester Bestandteil der Aufstellung ist, oder um einen Spieler, der den Stammspieler in bestimmten Fällen ersetzen muss? Es ist zumindest denkbar, dass Stammspieler mehr Weisungen bekommen und weniger flexibel sind. Vergleichbar ist dies mit der Unterscheidung von Amateurspielern und Vertragsamateuren im Fußballsport. Richtige Verträge bekommen dabei häufig nur die Spieler, die von besonderer Wichtigkeit für den sportlichen Erfolg sind; die Tätigkeiten sind ansonsten dieselben (vgl. hierzu den Sachverhalt von BAG, Urteil vom 10.05.1990 – 2 AZR 607/89).

Teamposition: Handelt es sich um einen Spieler, der eine leitende Rolle im Team einnimmt? Solche Spieler sind typischerweise außerhalb des Wettkampfs einer höheren Weisungsdichte ausgesetzt. Auf der anderen Seite geben sie ihren Mitspielern Weisungen (quasi anstelle des Arbeitgebers) und könnten zumindest theoretisch im Einzelfall (auch ohne eigene Personalkompetenz) als leitende Angestellte klassifiziert werden. Für solche gelten bestimmte arbeitsrechtliche Vorschriften, wie das Arbeitszeitgesetz oder das Betriebsverfassungsgesetz, nicht (vgl. § 18 I Nr. 1 ArbZG oder § 5 III, IV BetrVG).

Wettkampfmodell: Tritt der Clan zu Wettkämpfen im „Publishermodell" oder „Drittanbietermodell" an? Im „Publishermodell" veranstaltet der Publisher des E-Sport-Titels selbst den Wettbewerb (Unterfall: „Franchise-Modell"), während dies im „Drittanbietermodell" ein drittes Unternehmen tut (Francken et al. 2019, S. 866). Drittanbieter auf professioneller Ebene schließen dabei regelmäßig Verträge mit dem Publisher; unterhalb dieser Ebene mangelt es häufig an solchen, wenn auch nicht selten eine faktische Duldung durch den Publisher vorliegt. Welches Modell vorliegt, spielt für die Frage, ob ein Spieler Arbeitnehmer ist, eine Rolle, da beachtet werden muss, wer die Weisungen gibt. Ist es der Arbeitgeber oder eine von diesem beauftrage Person? Je nach Modell und Einzelfall können verschiedene Personen als Arbeitgeber qualifiziert werden (vgl. Kurt und Nothelfer 2020, 214).

4.4.1.4.5 Abschließende Bemerkung

Jeder E-Sportler, der unter der Flagge einer natürlichen oder juristischen Person an Wettbewerben teilnimmt, kann Arbeitnehmer sein. Es ist im Einzelfall zu prüfen, ob die angeführten Voraussetzungen eines Arbeitsvertrags vorliegen. Professionelle E-Sportler werden dabei regelmäßig als Arbeitnehmer zu qualifizieren sein und Hobbyspieler nicht. Auf Amateurebene bietet sich im E-Sport ein sehr diverses Bild. So ist die tatsächliche Situation eines aus Hobbyspielern neu gegründeten Teams eine andere als die eines Clans, der den Sprung auf die professionelle Ebene wagt.

4.4.2 Befristete Arbeitsverhältnisse

Es gibt zwei Hauptgründe, weshalb für Clans im E-Sport das Bedürfnis nach dem Abschluss befristeter Arbeitsverträge sehr hoch ist. Zum einen ist die Games-Branche ein potenziell schnelllebiges Geschäft, in dem ein E-Sport-Titel innerhalb kürzester Zeit für die Community an Attraktivität verlieren kann und wegen des darauffolgenden Mangels an Sponsoren und Partnern große wirtschaftliche Erfolge kaum mehr möglich sind. Zum anderen handelt es sich beim professionellen E-Sport (wie auch bei vielen herkömmlichen Sportarten) um eine Branche, die von einem Wettbewerb lebt, der von den Teilnehmern nicht bis ins Rentenalter ausgeführt werden kann und dem ein großer wirtschaftlicher Unterbau zugrunde liegt (Transfermarkt, Merchandising, Fankultur usw.).

Im Grundsatz geht das deutsche Recht davon aus, dass man auf unbefristete Zeit in Vollzeit und unter Weisungen des Arbeitgebers arbeitet (Maties 2021a, Rn. 717). Sowohl Teilzeitarbeit als auch befristete Arbeit (gemeinsam mit der Arbeitnehmerüberlassung bilden diese die sog. atypischen Beschäftigungsverhältnisse) sind jedoch erlaubt, um den Arbeitgebern eine gewisse Flexibilität zu ermöglichen (Preis 2022a, Rn. 144). Da diese aber wegen Missbrauchsgefahr nicht unbegrenzt möglich sein dürfen, gibt es diesbezüglich Regeln (Müller-Glöge 2022, § 1 TzBfG Rn. 2). Die Möglichkeit, ein Arbeitsverhältnis zu befristen, richtet sich nach dem Teilzeit- und Befristungsgesetz, das auf europäischen Richtlinien (RL 1997/81/EG über Teilzeitarbeit und RL 1999/70/EG über befristete Arbeitsverhältnisse) beruht.

Gemäß § 14 TzBfG gibt es zwei Arten von Befristungen: zum einen die Befristung mit Sachgrund (Abs. 1) und zum anderen die Befristung ohne Sachgrund (Abs. 2, 2a und 3). Die Befristung mit Sachgrund ist zeitlich unbegrenzt möglich, da sie aufgrund eines bestimmten Grundes gerechtfertigt ist. Die Befristung ohne Sachgrund ist im Grundsatz nur maximal 2 Jahre möglich. Eine für den E-Sport relevante Ausnahme von diesem Grundsatz macht § 14 IIa TzBfG, wonach sich in den ersten vier Jahren nach der Gründung eines Unternehmens der Befristungszeitraum auf 4 Jahre erstrecken kann.

Im E-Sport sind vor allem zwei Sachgründe denkbar: Der Sachgrund der „Eigenart der Arbeitsleistung" (§ 14 I 2 Nr. 4 TzBfG) und der Sachgrund der „Vertretung eines anderen Arbeitnehmers" (§ 14 I 2 Nr. 3 TzBfG).

4.4.2.1 Befristung wegen Eigenart der Arbeitsleistung

§ 14 I 2 Nr. 4 TzBfG ermöglicht eine Befristung, wenn diese wegen der Eigenart der Arbeitsleistung gerechtfertigt ist. Laut BAG ist jedoch nicht jede Eigenart der Arbeitsleistung (bzw. des Arbeitsverhältnisses) dazu geeignet, eine Befristung zu rechtfertigen (BAG, Urteil vom 16.01.2018 – 7 AZR 312/16, Rn. 16). Dies ist nur dann möglich, wenn das Arbeitsverhältnis „Besonderheiten aufweist, aus denen sich ein berechtigtes Interesse der Parteien, insbesondere des Arbeitgebers ergibt" (BAG, Urteil vom 16.01.2018 – 7 AZR 312/16, Rn. 16), vom angestrebten Normalfall des unbefristeten Arbeitsvertrags abzuweichen. Das Interesse des Arbeitsgebers an einem befristeten Vertrag muss dabei das Interesse des Arbeitnehmers an einem unbefristeten Vertrag übersteigen (BAG, Urteil vom 16.01.2018 – 7 AZR 312/16, Rn. 16). Für den Profifußball hat das BAG dies bejaht, da die Tätigkeit gerade nicht der Normalfall ist, von dem der Gesetzgeber ausgeht. Dieser Normalfall endet beispielsweise mit dem Eintritt in das Rentenalter (BAG, Urteil vom 16.01.2018 – 7 AZR 312/16, Rn. 18). Mit fortschreitendem Alter nehmen die körperlichen Fähigkeiten, die für ein Kräftemessen auf höchstem Niveau (als Voraussetzung einer dauerhaften Existenzgrundlage) unerlässlich sind, ab. Dasselbe gilt auch für das professionelle Spielen solcher E-Sport-Titel, die im besonderen Maße kognitive Fähigkeiten und Reaktionsvermögen voraussetzen. Ferner erwarten die Zuschauer (insbesondere die Fans), die mit ihren Investitionen einen nicht unbeachtlichen Teil der Einnahmequellen eines Clans ausmachen, einen Wettkampf auf höchstmöglichem Niveau. Ein solcher ist ab einem gewissen Alter nicht mehr möglich.

Außerdem besteht auch ein Interesse an einer konkurrenzfähigen Altersstruktur. Auch der (e)Sportler profitiert vom Erfolg seines Teams. So argumentiert das BAG im Falle des professionellen Fußballspielers damit, dass der Trainer die Mannschaft dafür auch nach taktischen Erwägungen zusammenstellen und dabei auf Formkurven Rücksicht nehmen muss. Leistet ein Spieler nicht mehr genug oder passt er nicht mehr zur Taktik, so muss er die Möglichkeit haben, den Spieler, für den er keine Verwendung mehr hat, auszutauschen (BAG, Urteil vom 16.01.2018 – 7 AZR 312/16, Rn. 20). Selbiges gilt im Team-E-Sport.

Diese Flexibilität kann auch dem (e)Sportler zugutekommen, wenn er die Chance sucht, sich in einem anderen Team zu beweisen (BAG, Urteil vom 16.01.2018 – 7 AZR 312/16, Rn. 20). Auch im E-Sport kann mit dem – auf diesen Erwägungen basierenden – Transfermarkt argumentiert werden, selbst wenn es kaum geschlossene Transfersysteme wie beispielsweise im Fußball oder Basketball gibt. Anzumerken ist, dass sich diese Ausführungen in erster Linie auf den professionellen E-Sport beziehen. Im Amateurbereich muss im Einzelfall geprüft werden, ob eine derartige Eigenart der Arbeitsleistung vorliegt. Höchstrichterliche Rechtsprechung hierzu gibt es noch nicht.

4.4.2.2 Befristung wegen Vertretung

§ 14 I 2 Nr. 3 TzBfG ermöglicht eine Befristung, wenn ein Arbeitnehmer in Vertretung eines anderen beschäftigt wird. Hintergrund ist, dass der ausfallende Arbeitnehmer weiterhin angestellt bleibt und wieder zurückkommen wird, sodass von vornherein nur für diesen Zeitraum ein Ersatz benötigt wird (Müller-Glöge 2022, § 14 TzBfG Rn. 34). Typischerweise handelt es sich dabei um länger erkrankte oder beurlaubte Arbeitnehmer sowie solche, die sich im Mutterschutz befinden (Müller-Glöge 2022, § 14 TzBfG Rn. 34). Auch wenn es laut Gesetz keine Höchstzahl für wiederholte Befristungen gibt, so muss darauf geachtet werden, dass die Befristungsmöglichkeit nicht rechtsmissbräuchlich ist. Dies ist vor allem bei einer sehr langen Gesamtdauer oder einer hohen Anzahl an Verträgen der Fall (Müller-Glöge 2022, Rn. 36a). Wenn man über einen längeren Zeitraum hinweg jeden Ausfall des Stammkaders nicht mit unbefristet angestellten Ersatzspielern, sondern mit befristeten Arbeitsverhältnissen mit den gleichen E-Sportlern kompensiert, so könnten die Befristungen rechtsmissbräuchlich sein, was ein unbefristetes Arbeitsverhältnis mit der Ersatzkraft zur Folge hätte gem. § 16 S. 1 TzBfG.

Unabhängig von der Art der Befristung verlangt das Gesetz zur Wirksamkeit einer Befristung, dass die Befristungsabrede der Schriftform genügt gem. § 14 IV TzBfG. Wird diese Form nicht gewahrt, so gilt der Vertrag als unbefristet geschlossen gem. § 16 S. 1 TzBfG.

4.5 Fazit

Es zeigt sich: E-Sport ist auch aus rechtlicher Sicht eine spannende wie komplexe Materie. Schon der Begriff (im Sinne der Rechtswissenschaft) wirft einige Fragen auf. Für die Beantwortung der Frage, ob E-Sport Sport (im Sinne der Rechtswissenschaft) ist, muss auf den Sport-Begriff des jeweiligen Gesetzes abgestellt werden. Je nach Sinn und Zweck des Gesetzes ist diese Frage für manche E-Sport-Titel zu bejahen und für andere zu verneinen. Pauschal lässt sich sagen, dass im E-Sport-Recht die Herausforderungen des Sportrechts auf die Herausforderungen der digitalen Welt treffen, während schon die Existenz des Publishers mit seinen weitreichenden Rechten für eine erhöhte Komplexität sorgt.

Im Rahmen der rechtlichen Beziehungen zwischen Clans und ihren E-Sportlern muss zunächst geklärt werden, welches nationale Recht Anwendung findet. Erst im Anschluss stellen sich die speziellen Fragen des jeweiligen Rechtssystems. Die Prüfung, ob ein E-Sportler Arbeitnehmer eines Clans ist, ist dabei nur eine von vielen. Sollte die Anwendbarkeit deutschen Arbeitsrecht bejaht werden, so gibt es viele arbeitsrechtliche Problemfelder, die bisher nur wenig oder überhaupt nicht untersucht worden sind. Neben dem Jugendarbeitsschutz oder dem Teilzeit- und Befristungsgesetz ist dabei unter anderem an Fragen der Arbeitnehmerüberlassung, des Arbeitszeitrechts (inzwischen Kurt und Nothelfer 2020, 219; Nothelfer und Wörner 2020, 223 f.), des technischen Arbeitsschutzes (bisher ausschließlich Kurt und Nothelfer 2020) oder die Haftung bei Cheating, Exploiting oder Doping zu denken. Exemplarisch kann hier genannt werden: Wann sind Ingame-Leader oder Coaches leitende Angestellte, wann stellt Streaming Arbeitszeit dar, wie sind 24-Stunden-Turniere mit dem europäischen Arbeitszeitrecht zu vereinbaren, inwieweit sind Wettbewerbsverbote zulässig, können E-Sportler mit Sachgrund befristet beschäftigt werden, wie wirkt sich das Einstellen eines E-Sport-Titels durch den Publisher auf einen etwaigen Arbeitsvertrag aus und inwiefern ist das kollektive Arbeitsrecht (und dabei vor allem das Tarifvertrags- und Arbeitskampfrecht) mit der E-Sport-Branche kompatibel (vgl. Nothelfer und Wörner 2020, 224 ff.).? Nicht wenige dieser Fragen stellen sich je nachdem, ob ein Drittanbieter- oder ein Publishermodell vorliegt, auf ganz unterschiedliche Weise. Und dies ist nur eine Auswahl der Fragen, die sich im Arbeitsrecht stellen. Auch das allgemeine Zivilrecht, sowie das öffentliche Recht und das Strafrecht halten ein weites Feld an ungeklärten Themen für die juristische Forschung bereit.

Literatur

Baeck, U., Deutsch, M. & Winzer, T. (2020). ArbZG § 10 Sonn- und Feiertagsbeschäftigung. In U. Baeck, M. Deutsch, T. Winzer (Hrsg.), *Arbeitszeitgesetz*. München: C. H. Beck.

Bagger von Grafenstein, T. (2018). eSport: Welche Vor- und Nachteile bringt eine rechtliche Qualifizierung als Sport mit sich? *MMR – Beilage*, 20–24.

Bagger von Grafenstein, T. & Feldgen, R. (2019). Fördert eSport die Allgemeinheit? *DStZ*, 326–332.

Borggrefe, C. (2018a). eSport gehört nicht unter das Dach des organisierten Sports. *German Journal of Exercise and Sport Research*, 447–450.

Borggrefe, C. (2018b). Kommentar zu: Borchert, Schulke und Schneider (2018) „eSport: Vom Präfix zum Thema für den organisierten Sport!?". *German Journal of Exercise and Sport*, 456–457.

Brödermann, E. & Rosengarten, J. (2019). *Internationales Privat- und Zivilverfahrensrecht*. München: Franz Vahlen.

Brüggemann, L. & Nothelfer, N. (2021). eSport im Fadenkreuz der Sportwettensteuer – Eine Analyse des § 15 RennwLottDV-E, *Sportrecht und E-Sportrecht in der Praxis*, 116-123.

DOSB. (2019). DOSB und „eSport". https://www.dosb.de/ueber-uns/esport/. Zugegriffen am 09.01.2022.

DW. (2019). Sportwissenschaftler: eSports-Profis sind wahre Athleten. https://www.dw.com/de/sportwissenschaftler-esports-profis-sind-wahre-athleten/a-19011581. Zugegriffen am 09.01.2022.

Francken, J. P., Nothelfer, N. & Schlotthauer, P. (2019). Der Arbeitnehmer im professionellen eSport. *Neue Zeitschrift für Arbeitsrecht*, 865–870.

Frey, D. (2018). eSports – Rechtsfragen eines komplexen Ökosystems im Überblick (Teil 2). *SpuRt*, 53–59.

Gersch, E. V. (2020). AO § 52 Gemeinnützige Zwecke. In F. Klein & G. Orlopp (Begr.), *Abgabenordnung*. München: C. H. Beck.

von Hein, J. (2016). Individualarbeitsverträge. In T. Rauscher (Hrsg.), *Europäisches Zivilprozess- und Kollisionsrecht* (Bd. III). Köln: Dr. Otto Schmidt.

Heß, I. (2019). Gemeinnützigkeit. In M. Alber et al. (Hrsg.), *Beck'sches Steuer- und Bilanzrechtslexikon*. München: C. H. Beck.

Hilgert, F. & Eickhoff, V. (2018). Jugendschutz im eSport. *MMR-Beilage*, 16–20.

Holzhäuser, F., Bagger von Grafenstein, T. & Schenk, M. (2016). Ist E-Sport „echter" Sport? *Spurt*, 94–98.

Holzke, F. (2001). Der Begriff Sport im deutschen und europäischen Recht (Diss). Köln. https://kups.ub.uni-koeln.de/989/1/11v4164.pdf. Zugegriffen am 09.01.2022.

Hüttemann, R. (2021). *Gemeinnützigkeitsrecht und Spendenrecht*. Köln: Dr. Otto Schmidt.

Jagnow, H. & Baumann, A. (2018). eSport aus verbandlicher Perspektive. *MMR-Beilage*, 12–16.

Joussen, J. (2021). § 611a BGB. In C. Rolfs et al. (Hrsg.), *Beck'scher Online-Kommentar Arbeitsrecht*. München: C. H. Beck.

Junker, A. (2020). *Internationales Privatrecht*. München: C. H. Beck.

Junker, A. (2021). *Grundkurs Arbeitsrecht*. München: C. H. Beck.

Kindler, P. (2009). *Einführung in das neue IPR des Wirtschaftsverkehrs*. Frankfurt a. M: Recht und Wirtschaft.

Kindler, P. (2021). Teil 10. Internationales Handels- und Gesellschaftsrecht. In J. Säcker et al. (Hrsg.), *Münchener Kommentar zum Bürgerlichen Gesetzbuch* (Bd. 13). München: C. H. Beck.

Koberski, W. (2021). § 185 Sonn- und Feiertagsruhe. In H. Kiel et al. (Hrsg.), *Münchener Handbuch zum Arbeitsrecht, Individualarbeitsrecht II*. München: C. H. Beck.

Koenig, U. (2021). AO § 52 Gemeinnützige Zwecke. In U. Koenig (Hrsg.), *Abgabenordnung*. München: C. H. Beck.

Koops, C. & Nothelfer, N. (2021). Der sozialversicherungsrechtliche Status von E-Sportlern. Neue Zeitschrift für Sozialrecht, 918–922.

Krause, R. (2017). Herausforderung Digitalisierung der Arbeitswelt und Arbeiten 4.0. *NZA-Beilage*, 53–59.

Kurt, S. & Nothelfer, N. (2020). Die Anwendbarkeit des technischen Arbeitsschutzrechts bei spielbezogenen eSport-Tätigkeiten. *Recht der Arbeit*, 211–200.

Leible, S. (2017). Systematische Dastellung 2, Internationales Gesellschaftsrecht. In A. Heidinger et al. (Hrsg.), *GmbH-Gesetz*. München: C. H. Beck.

Martiny, D. (2020a). Art. 2 Rom I-VO Universelle Anwendung. In J. Säcker et al. (Hrsg.), *Münchener Kommentar zum Bürgerlichen Gesetzbuch* (Bd. 12). München: C. H. Beck.

Martiny, D. (2020b). Art. 8 Rom I-VO Individualarbeitsverträge. In J. Säcker et al. (Hrsg.), *Münchener Kommentar zum Bürgerlichen Gesetzbuch* (Bd. 12). München: C. H. Beck.

Maties, M. (2017). *Arbeitsrecht*. München: C. H. Beck.

Maties, M. (2021a). § 611a BGB. In M. Benecke (Hrsg.), *beck-online.GROSSKOMMENTAR zum Zivilrecht*. München: C. H. Beck.

Maties, M. (2021b). § 611 BGB. In M. Benecke (Hrsg.), *beck-online.GROSSKOMMENTAR zum Zivilrecht*. München: C. H. Beck.

Maties, M. & Nothelfer, N. (2021). Zulässigkeit von Wetten auf eSport-Ereignisse nach deutschem Glücksspielrecht. *Zeitschrift für Wett- und Glücksspielrecht*, 128–137.

Müller-Glöge, R. (2022). § 1 - 23 TzBfG. In R. Müller-Glöge et al. (Hrsg.), *Erfurter Kommentar zum Arbeitsrecht*. München: C. H. Beck.

Müller-Lietzkow, J. (2006). Sport im Jahr 2050: E-Sport! Oder: Ist E-Sport Sport? *Medien + Erziehung*, 102–112.

Musil, A. (2021). § 52 AO Gemeinnützige Zwecke. In W. Hübschmann, E. Hepp & A. Spitaler (Hrsg.), *Abgabenordnung – Finanzgerichtsordnung*. Köln: Dr. Otto Schmidt.

Nothelfer, N. & Wörner, M. (2020). Grenzen der Vertragsgestaltung im eSport am Beispiel des Rechtsstreits Tfue vs. FaZe Clan. In M. Maties (Hrsg.), *eSport-Recht – Politik, Praxis und Wissenschaft im Dialog*. Baden-Baden: Nomos Verlag.

Nothelfer, N. (2020a). Das deutsche eSport-Visum (Teil I) - Eine kritische Analyse des § 22 Nr. 5 BeschV. *LEGAL REVOLUTIONary*, 266–276.

Nothelfer, N. (2020b). Das deutsche eSport-Visum (Teil II) - Eine kritische Analyse des § 22 Nr. 5 BeschV. *LEGAL REVOLUTIONary*, 276–283.

Nothelfer, N. (2020c). Germany: Political Initiative Regarding the Non-Profit Status of Esports Clubs - Good news or bad news? Connect on Tech (Baker McKenzie), abrufbar unter. https://www.connectontech.com/2020/07/14/germany-political-initiative-regarding-the-non-profit-status-of-esports-clubs-good-news-or-bad-news/.

Nothelfer, N. (2021). Die Bundesregierung zur Förderung des eSports in Deutschland - Antwort auf BT-Drs. 19/28730. *Sportrecht und E-Sportrecht in der Praxis*, 124–127.

Nothelfer, N. & Petschinka, P. (2021). Das Versäumnis des Gesetzgebers in der Causa eSport und dessen Auswirkungen auf die Praxis. *Sportrecht und E-Sportrecht in der Praxis*, 26-31.

Nothelfer, N. & Scholz, T. (2021). Der eSport als Antwort für die HR-Probleme des deutschen Mittelstands. *manage it*, Juni-Ausgabe (im Erscheinen).

Pfister, B. (2020). 7. Kapitel: Internationales Sportrecht. In J. Fritzweiler et al. (Hrsg.), *Praxishandbuch Sportrecht*. München: C. H. Beck.

Preis, U. (2022a). § 611a BGB. In R. Müller-Glöge et al. (Hrsg.), *Erfurter Kommentar zum Arbeitsrecht*. München: C. H. Beck.

Preis, U. (2022b). § 2 NachwG. In R. Müller-Glöge et al. (Hrsg.), *Erfurter Kommentar zum Arbeitsrecht*. München: C. H. Beck.

Pusch, H. (2019). Trennt „eSport" und Sport nur ein Vokal? *npoR*, 53–61.

Rauscher, T. (2017). *Internationales Privatrecht*. Heidelberg: C. F. Müller.

Reidel, A. (2018). Digitalisierung des Arbeitslebens_ Schöne neue Welt und vergessene Verwaltung? *öAT*, 73–76.

Röhl, K. & Röhl, C. (2008). *Allgemeine Rechtslehre*. München: Franz Vahlen.

Rüthers, B., Fischer, C. & Birk, A. (2021). *Rechtstheorie*. München: C. H. Beck.

Schlachter, M. (2022a). Rom I-VO. In R. Müller-Glöge et al. (Hrsg.), *Erfurter Kommentar zum Arbeitsrecht*. München: C. H. Beck.

Schlachter, M. (2022b). § 1 JArbSchG. In R. Müller-Glöge et al. (Hrsg.), *Erfurter Kommentar zum Arbeitsrecht*. München: C. H. Beck.

von Thunen, S. (2021). IPR, Internationales Personengesellschaftsrecht. In Budzikiewicz et al. (Hrsg.), *beck-online.GROSSKOMMENTAR, Internationales Gesellschaftsrecht*. München: C. H. Beck.

Wank, R. (1985). *Die juristische Begriffsbildung*. München: C. H. Beck.

Wendeborn, T., Schulke, H. & Schneider, A. (2018). eSport: Vom Präfix zum Thema für den organisierten Sport!? *German Journal of Exercise and Sport Research*, 451–455.

Weyand, J. (2012). *Nomos Kommentar zur Kinderarbeitsschutzverordnung*. Baden-Baden: Nomos.

Wiedemann, H. (1966). *Das Arbeitsverhältnis als Austausch- und Gemeinschaftsverhältnis*. Karlsruhe: C.F. Müller.

Willimczik, K. (2019). eSport „ist" nicht Sport – eSport und Sport haben Bedeutungen. *German Journal of Exercise and Sport Research*, 78–90.

Würtenberger. (2021). *Juristische Methodenlehre*. München: C. H. Beck.

Kommunikation im E-Sport

5

Christopher Flato

Zusammenfassung

Aufgrund der Unterschiede zwischen Sport und E-Sport muss auch die Kommunikation unterschiedlich ausgestaltet sein und sich im Falle des E-Sports beispielsweise an der jungen Generation und der Komplexität der Spiele ausrichten. Als Kanäle stehen neben der klassischen Pressemitteilung insbesondere Social Media und Videoportale zur Verfügung. Obwohl der Charme des E-Sports in der Internationalität und dem grenzüberschreitenden Enthusiasmus liegt, sind lokale Themen wichtig wie nie zuvor. Der Leitsatz „think globally, act locally" ergibt daher auch bei der Kommunikationsstrategie Sinn. Für diese lokalen Themen arbeitet die ESL mit Universitäten, Politikern, Elternverbänden oder beispielsweise der USK zusammen, um passende Kampagnen umzusetzen, Workshops zu veranstalten und Interessenten zu informieren.

5.1 Ausgangssituation

Ein ausverkauftes Stadion, zehntausende Menschen schauen vor Ort ihren Idolen zu und feuern sie an, Millionen verfolgen das Spektakel von zuhause aus. Eine Sportveranstaltung, wie sie im Buche steht. Hierbei handelt es sich jedoch nicht um ein Fußballspiel oder die Handball-Weltmeisterschaft: Tatsächlich befinden wir uns in der LANXESS arena, der Heimat der Kölner Haie. Die Eisböden mussten weichen und an der Nordtribüne hängen zwei erstaunlich große Bildschirme; mehrere kleine runden das technische Wunderwerk

C. Flato (✉)
Köln, Deutschland
E-Mail: c.flato@web.de

© Springer Fachmedien Wiesbaden GmbH, ein Teil von Springer Nature 2022   81
M. Breuer, D. Görlich (Hrsg.), *E-Sport*,
https://doi.org/10.1007/978-3-658-36079-5_5

ab. Darunter sitzen zehn junge Männer, voll konzentriert. Einem von ihnen gelingt in letzter Minute ein fantastischer Spielzug – die Menge jubelt und applaudiert.

Jedes Jahr pilgern 15.000 Menschen zur ESL One Cologne in die Medienhauptstadt, einige haben sogar den Weg aus Australien oder Indien auf sich genommen. Die Counter-Strike-Weltmeisterschaft ist das alljährliche Highlight für die Fans des Taktik-Shooters. Der Gewinner nimmt den Großteil der 300.000 US-Dollar Preisgeld mit nach Hause und sichert sich einen Platz in der Hall-of-Fame der weltweit bekannten Veranstaltung. Dabei ist die ESL One Cologne nur die Spitze des Eisberges: Über knapp 20 Jahre lang hat sich der E-Sport global unaufhörlich entwickelt, von kleinen Turnieren auf LAN-Parties über Veranstaltungen in Internetcafés mit 50 Zuschauern bis zu unzähligen nationalen Meisterschaften und international relevanten Großveranstaltungen. Preisgelder in Millionenhöhe winken den Gewinnern in diversen Disziplinen und globale Marken aus der Automobilindustrie, Logistik oder Telekommunikation sind bekannte Größen innerhalb des Marktes. Der Gaming- und E-Sport-Markt boomt. Ersterer erzielt sogar mehr Umsatz als die Musik- und die Filmindustrie zusammen. Trotzdem geht das Thema an den Menschen, die sich nicht explizit damit beschäftigen, weitgehend vorbei. Woran liegt das?

Zunächst sei gesagt, dass im Sport natürlich jeder unterschiedliche Interessen verfolgt: Was für den einen sehenswert ist, kann für den nächsten vollkommen langweilig sein. Manche Menschen machen sich auch überhaupt nichts aus Sportübertragungen. Die Differenz zwischen Sport und E-Sport liegt allerdings deutlich tiefer, denn hier geht es nicht nur um persönliche Vorlieben. Der naheliegende Unterschied ist definitiv der klare Generationenwechsel zwischen digital natives und digital immigrants. Die meisten E-Sport-Enthusiasten und -Fans haben ein Alter von höchstens 40 bis 45 Jahren. Bei ungefähr 45 Jahren kann man von der Generation 0 sprechen: Das waren damals die Vorreiter bei den ersten Spielekonsolen. Alle älteren Generationen haben nur spärliche Berührungspunkte mit dem digitalen Sport oder mit Gaming an sich. Diese Gruppe kommt dann nur über sekundäre Interessenten wie beispielsweise Medien oder jüngere Verwandten mit E-Sport in Kontakt. Der Altersdurchschnitt der deutschen Bevölkerung liegt aktuell bei rund 50 Jahren. Das hat zur Folge, dass gerade in den Mainstream-Medien weitaus weniger über E-Sport berichtet wird. Die Branche selbst ist aufgrund ihrer Zielgruppe und Medienplattformen ein Kind des Internets und wird es auch immer bleiben. Entsprechend bewegen sich eher Millennials, Generation Z und alle, die danach noch kommen, in den Communities. Da diese Zielgruppen sich größtenteils über Smartphone und das Internet informieren und austauschen, sind klassische Kanäle wie TV, Radio und Print eher sekundär.

Ein weiterer Aspekt des E-Sport-Marktes ist die Komplexität vieler E-Sport-Titel. Selbst jüngere Menschen mit einer entsprechenden Affinität zum Gaming können vielen Spieletiteln nichts abgewinnen. Nicht unbedingt, weil diese nicht ansprechend wären, sondern weil viele eine sehr hohe Einstiegshürde besitzen. Wenn man dieses Spiel also nicht selbst gespielt hat, ist es sehr unwahrscheinlich, dass man als Zuschauer viel versteht. Da haben es viele traditionelle Sportarten wie Fußball oder Handball sicherlich generell etwas leichter. Allerdings gibt es auch dort einige Beispiele wie Cricket, die man ohne Vorwissen nicht genießen kann.

Nichtsdestotrotz gibt es seit ungefähr 2015 einen Boom, der sich auch auf den Mainstream auswirkt: Viele Fußballclubs nehmen E-Sport-Teams auf. Schalke hat sogar ein eigenes League-of-Legends-Team. Große Fernsehsender wie ProSieben und Sport1 strahlen E-Sport mittlerweile im TV-Programm aus. Große globale Marken wie Wüstenrot, Mercedes, DHL, Vodafone und Intel engagieren sich stark im E-Sport. Es ist nur eine Frage der Zeit, bis E-Sport in der Mitte der Gesellschaft angekommen sein wird. Natürlich spielt der demografische Wandel dabei eine große Rolle.

5.2   Sinn und Zweck der Kommunikation im E-Sport

Bevor eventuelle Zielgruppen und Kanäle feststehen und bereits die ersten Tweets formuliert werden, müssen natürlich in erster Linie die Kommunikationsstrategie und deren eigentlicher Sinn formuliert werden. Am Beispiel der ESL kristallisieren sich die folgenden vier zentralen Ziele heraus:

Produktkommunikation

Produkte wie Turniere, Ligen, Veranstaltungen bewerben, um Aufmerksamkeit zu kreieren. Eine Marke definiert sich stets über die eigenen Produkte. Ist das Produkt gut und wird es entsprechend positiv konnotiert, hilft das auch der Dachmarke.

Image/Öffentlichkeitsarbeit

Was leistet die Marke in der Industrie? Gilt sie als Vorreiter in Sachen Qualität, Integrität, Inklusivität, möglicherweise sogar global? Imagekommunikation hilft dem gesamten Marktbild und spricht sowohl Endnutzer, aber vor allem Stakeholder und Partner an. Darüber hinaus ist sie auch sehr wichtig, wenn es um neue Partnerschaften geht. Jedes Unternehmen bringt ein gewisses Maß Glaubwürdigkeit und Werte mit, die mit der Marke assoziiert werden.

Krisenkommunikation

Ein must-have in jedem Unternehmen. Gerade E-Sport-Unternehmen sehen sich aufgrund einer sehr lauten Community und den schnellen, globalen Verbreitungswegen häufig mit Krisen konfrontiert. Ein falscher Tweet eines Angestellten oder eine nicht durchdachte Entscheidung können innerhalb weniger Stunden eine globale Krise heraufbeschwören.

Interne Kommunikation

Kommunikation sollte nie einseitig erfolgen. Alles, was nach außen geht, sollte auch in entsprechender Form an Mitarbeiter kommuniziert werden, gerade im Zeitalter der digitalen Plattformen: Jeder Angestellte ist heutzutage ein eigener authentischer Markenbotschafter.

Jedes Umfeld und jede Branche birgt natürlich ganz individuelle Herausforderungen an die Unternehmenskommunikation. Viele Stränge überschneiden sich zudem, allerdings kann man mit den vier Säulen alle relevanten Bedarfsgruppen abdecken.

5.3 Welche Kanäle stehen zur Verfügung?

Jeder Pressereferent denkt hier in erster Linie an die Pressemitteilung. Das mag für einige Märkte auch tatsächlich noch das effektivste Mittel zur externen Kommunikation sein, allerdings ist im digitalen Zeitalter kein Unternehmen mehr auf die Schleusen der Redaktionen angewiesen. Allerdings sollte bei jeder Ankündigung die Auswahl der Kommunikationskanäle geprüft werden, um auf der einen Seite zwar eine maximale Reichweite zu erzielen. Auf der anderen Seite muss vermieden werden, dass die Mitteilungen nur als Spam wahrgenommen werden. Hieraus ergeben sich mehrere organische und natürliche „earned media"-Kanäle, welche durch zusätzliche „paid media"-Optionen eine vergrößerte Reichweite erlangen könnten.

Soziale Medien: Durch Präsenz des Unternehmens auf Social Media kann ein direkter Kommunikationskanal zu einer Zielgruppe aufgebaut werden. Alle globalen Unternehmen sowie viele Journalisten und politische Weltführer nutzen heute vermehrt diese Kanäle, um ihre Ankündigungen und Meinungen unzensiert und unverzerrt verbreiten zu können. Für ein Unternehmen ergibt sich hier eine einzigartige Chance, direkt mit seinen Kunden zu kommunizieren. Hier besteht natürlich immer die Möglichkeit, die Reichweite durch finanzielle Mittel zu vergrößern.

Videoportale: E-Sport-Inhalte werden größtenteils auf Online-Streamingportalen wie Twitch, YouTube, Facebook und anderen Plattformen übertragen. Durch die einzigartige Natur des Produkts finden sich natürlich viele Kommunikationselemente in dem Broadcast wieder, es gibt sogar Wechselwirkungen zwischen der Kommentarfunktion, Social Media und dem Stream selbst. Die Menschen vor Ort sind mit den Zuschauern durch die sozialen Netzwerke verbunden und agieren quasi selbst als Kommunikator. Das birgt ungeheures Potenzial, bringt allerdings auch sehr große Herausforderungen mit sich. Darüber hinaus werden heutzutage auch viele Turniere regional übertragen. Die ESL One Cologne wird beispielsweise in 20 Sprachen übertragen und auf ungefähr 30 Plattformen gesendet, sowohl digital als auch linear.

Pressemitteilungen/Media Relations: Der erwähnte Klassiker. In Ländern mit einer hohen Printdichte wie in Deutschland immer noch sehr gefragt, allerdings sollten auch hier die Journalisten persönlich angesprochen werden. Die Zeiten des Presseverteilers mit 500 Kontakten sind vorbei; Pressemitteilungen und Newsletter werden mittlerweile inflationär verschickt. Am besten eignet sich hier der persönliche Kontakt mit zusätzlichen digitalen Verbreitungsoptionen wie LinkedIn oder Twitter. Die Möglichkeit, für Interviews und für andere Ankündigungen auf die Presse zurückzugreifen, kann sowohl sehr positiv, als auch sehr negativ ausfallen. Positiv gilt natürlich die Bestätigung eines Themas durch eine dritte Partei, gerade wenn es sich um ein seriöses Magazin oder ein renommiertes TV-Format handelt. Selbst in Zeiten, in denen der Qualitätsjournalismus hart auf die Probe gestellt und vielerorts hinterfragt wird, hat der Presse-Stempel immer noch einen positiven Nachklang. Es kann jedoch ebenso negative Schlagzeilen hageln, gerade wenn es um ein kritisches Thema geht. Die Faustformel „Only bad news is good news" hat sich leider nach wie vor bewährt, gerade weil diese Art der Geschichten meist mehr Aufmerksamkeit auf sich ziehen.

5.4   Das Phänomen ist global. Und nun?

Obwohl der Charme des E-Sports in der Internationalität und dem grenzübergreifenden Enthusiasmus liegt, sind lokale Themen wichtig wie nie zuvor. Regionale Formate sorgen für wichtigen Nachwuchs und überbrücken einen wichtigen Abschnitt von der Semi-Professionalität bis hin in das Top-Niveau der Disziplinen. Mit einer lokalen und treuen Fangemeinde im Rücken lässt sich diese Herausforderung für viele Athleten bewusster bewältigen und hilft bei wichtigen Entscheidungen für die zukünftige, sportliche Karriere. Darüber hinaus sind politische Einbindungen ebenfalls sehr regional beschränkt, weil diese natürlich in erster Linie ihre entsprechenden Wahlkreise vertreten.

Der Leitsatz „think globally, act locally" ergibt daher auch bei der Kommunikationsstrategie Sinn. Lokale Medienkontakte sind wichtig, um Land und Leute abzuholen, die bisher möglicherweise noch nicht mit der Branche in Berührung gekommen sind. In Deutschland hatten Gaming im Allgemeinen und E-Sport im Besonderen zum Beispiel sehr große Hürden zu nehmen. Die Amoklauf- und Killerspieldebatten vor einigen Jahren bezeugen dies. Ein neues brisantes Thema beim Gaming ist der Suchtfaktor von Spielen. Für diese lokalen Themen arbeitet die ESL mit Universitäten, Politikern, Elternverbänden oder beispielsweise der USK zusammen, um passende Kampagnen umzusetzen, Workshops zu veranstalten und Interessenten zu informieren. Am Ende hat E-Sport das Gaming sozialisiert. Das Stigma des Gamers, der zu Hause sitzt und keine Freunde hat, war schon immer überholt, aber heutzutage erst recht. Das den globalen Verantwortlichen und auch Marken zu zeigen, ist eine der Hauptaufgaben. Nur so kann die Sichtbarkeit des E-Sports weiter erhöht und den Sportlern die Bühne gebaut werden, die sie verdienen.

Sponsoring im E-Sport am Beispiel der ESL One

6

Jochen Schwind

Zusammenfassung

Der vorliegende Beitrag befasst sich mit dem Sponsoring im E-Sport. Zunächst werden der Stellenwert von Sponsoring als Finanzierungsinstrument und das „Sponsoring-Ecosystem" beleuchtet. Danach werden die Zusammensetzung der Sponsoren und Partner einer E-Sport-Liga am Beispiel der ESL One und den zehn besten Clans des Counter-Strike:GO World Club Rankings näher beleuchtet. Neben der Branchenherkunft der Sponsoren wird die Nähe zum E-Sport untersucht. Hierzu werden diese in endemische und nicht-endemische Sponsoren unterteilt.

6.1 Einleitung

Der organisierte Sport hat sich in den vergangenen Dekaden zu einem Multi-Millionen-Dollar-Geschäft entwickelt, weshalb die Bedeutung des Sponsorings als Finanzierungs-quelle für Clubs und Veranstalter kaum zu unterschätzen ist. Sponsoringerträge stellen neben den Medienerlösen und vor allem dem Ticketing in praktisch jeder Sportart eine wichtige Ressource dar (vgl. Schwind und Breuer 2018, S. 23). Für das Jahr 2018 wurde ein weltweiter Sportsponsoring-Umsatz von 65,8 Mrd. US-Dollar prognostiziert (vgl. IEG 2018). Unternehmen nutzen Sponsoring als Kommunikations- und Vertriebstool, um Marketing- bzw. Vertriebsziele zu erreichen. Ein Vorteil von Sponsoring ist dabei, dass man mit der Hilfe von Sponsoring Personen, die gegenüber klassischer Werbung nicht auf-

J. Schwind (✉)
SRH Hochschule Heidelberg, Heidelberg, Deutschland
E-Mail: jochen.schwind@srh.de

© Springer Fachmedien Wiesbaden GmbH, ein Teil von Springer Nature 2022
M. Breuer, D. Görlich (Hrsg.), *E-Sport*,
https://doi.org/10.1007/978-3-658-36079-5_6

geschlossen sind, erreichen bzw. bestimmte Zielgruppen ohne große Streuverluste ansprechen kann.

In diesem Beitrag wird das Sponsoring im E-Sport am Beispiel der Events der ESL One im Jahr 2020 bzw. zehn Clans des Counter-Strike:GO World Club Rankings analysiert. Um Vergleiche zwischen der Analyse, welche für die 1. Auflage der Publikation in 2019 durchgeführt wurde, ziehen zu können, werden nicht die aktuell zehn bestplatzierten Clans des Counter-Strike:GO World Club Rankings wie in 2019 geschehen analysiert, sondern genau die 10 Clans, die im August 2019 die ersten zehn Plätze eben jenes Rankings belegten.[1]

Die ESL ist die Tochtergesellschaft des Kölner E-Sport-Unternehmens Turtle Entertainment (vgl. Räth 2015). Sie ging im Jahre 2000 aus der 1997 gegründeten Deutschen Clanliga (DeCL) hervor und ist damit die älteste Marke ihrer Art im E-Sport weltweit. Die ESL fungiert heute nicht mehr als Liga, sondern als Veranstalter verschiedener Turniere und Ligen in über 50 Spielen.[2] Dazu gehören auch professionelle Turniere bzw. Turnierserien und Ligen wie die Intel Extreme Masters oder die sogenannten ESL One Events, bei denen die Spiele Counter Strike:Global Offensive oder DOTA2 gespielt werden. Laut ESL-Gründer Ralf Reichert generierte die ESL 2018 einen dreistelligen Millionen-Umsatz (vgl. Westermeyer 2018, Minute 9:47).

Ziel des Beitrags ist es, die Zusammensetzung und Herkunft der Sponsoren der Events und der besten Clans zu erfassen und zu beschreiben. Unter anderem wird identifiziert, wie viel Prozent der sponsernden Unternehmen in direktem Bezug zum E-Sport stehen, bspw. benötigte Hardware wie PCs oder Kopfhörer etc. anbieten, also endemisch sind, bzw. wie viele nicht-endemische Sponsoren den E-Sport als Plattform für ihre Kommunikation mit der recht jungen Fangemeinde des E-Sports nutzen.

Als deutsches Beispiel für nicht-endemische Sponsoren kann *Wüstenrot & Württembergische* genannt werden. *W&W* sponsert die deutsche ESL Meisterschaft seit dem Frühjahr 2016 und ist seit 2017 (Vertrag bis 2019) sogar Hauptsponsor. Kevin Roller, Experte Marketingkommunikation bei *W&W* erläuterte in einem Interview mit der E-Sport-Plattform des ESB Marketing Netzwerks (2019), dass *W&W* mit dem Engagement gezielt junge Menschen zwischen 18 und 24 Jahren ansprechen möchte, um die Wahrnehmung und Relevanz der Marke bei jungen Menschen zu steigern. Erste Analysen von Klickzahlen und Impressions im Rahmen der flankierenden Maßnahmen der ESL Frühlingsmeisterschaft 2016 waren sehr positiv. Ebenso stieg die spontane Bekanntheit in der Zielgruppe um 12 Prozent.

Das Potenzial des E-Sports im Erreichen einer jungen Zielgruppe haben auch andere Unternehmen wie z. B.:

---

[1] Das Counter-Strike:GO World Club Ranking wurde am 27.08.2019 unter https://www.eslgaming. com/worldranking/csgo#/ abgerufen.

[2] Zu den populärsten Spielen zählen Counter-Strike und DOTA 2 (https://play.eslgaming.com/germany; zugegriffen am 30.08.2019), welche im Wechsel bei den ESL One Events gespielt werden.

- Oakley: Seth „Scump" Abner wurde der erste professionelle E-Sports-Spieler des Brillenherstellers Oakley (vgl. W&V Redaktion 2021).
- Warner Music: , (Warner Music stieg als Investor bei der E-Sports-Plattform ESPL ein (vgl. Möthe 2021))
- Marvel: Team Liquid Partners with Marvel for Avengers Inspired Jerseys (Stubbs 2019).
- Dr. Oetker wurde im August 2019 mit seiner Pizza-Marke „La Mia Grande" Partner der „League of Legends" Premier Tour (Witt 2019c).
- Pringles wurde im August 2019 neuer Sponsor der Summer League of Legends European Championship (Witt 2019b).
- die ARAG engagiert sich künftig als offizieller Versicherungspartner beim E-Sports Clan SK Gaming (SPONSORs 2019).
- die für Berlin zuständige Regionalgesellschaft Edeka Minden-Hannover wurde für die Saison [2019/2020] offizieller Partner der E-Sport-Akademie der Berliner Hertha (vgl. Witt 2019a) (Abb. 6.1).

Folglich ist es nicht verwunderlich, dass der Verband der deutschen Game-Branche angibt, dass 2019 weltweit knapp 457 Millionen US-Dollar in E-Sport-Sponsoring fließen (vgl. Eberhardt 14.05.2019a).

Dies entspricht einem Gesamtanteil von 41,7 % der insgesamt prognostizierten Erlöse. Das Sponsoring stellt somit die wichtigste Erlösquelle im E-Sport dar. Zum Vergleich: In der Fußball Bundesliga bzw. der 2. Bundesliga liegt der Anteil von Werbung[3] an den Gesamterlösen bei 22,9 % bzw. 21,5 % (vgl. DFL 2019, S. 34 bzw. 42). Ähnliche Werte

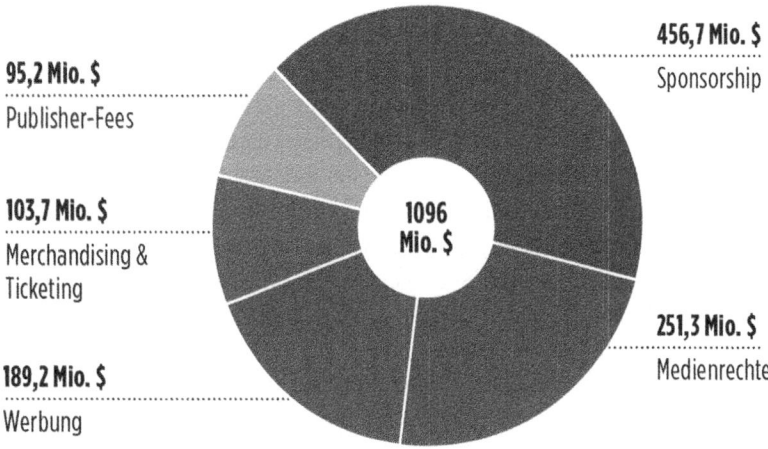

Abb. 6.1 Erlösströme im weltweiten E-Sport 2019. (Quelle: SPONSORs 2019)

---

[3] Im Geschäftsbericht der DFL werden Werbe- und Sponsoringerlöse nicht getrennt ausgewiesen, allerdings sollte es sich bei dem Posten „Werbung" primär um Sponsoringerlöse handeln.

werden für die nordamerikanischen Major Teams angegeben, welche sportartübergreifend 25,1 % ihrer Erlöse aus dem Sponsoring erzielen (vgl. Gaines 2015).

Abb. 6.2 zeigt zudem exemplarisch die wichtigsten Geldströme und welche wirtschaftlichen Verbindungen die die einzelnen Marktteilnehmer des professionellen E-Sport zueinander haben (vgl. Eberhardt 14.05.2019a).

Eine besondere Stellung in dem Konstrukt nehmen die Publisher ein. Sie entwickeln und veröffentlichen die Spiele, die die Basis für das gesamte Geschäft der Gaming- und E-Sport-Branche sind. Teilweise veranstalten sie auch selbst Turniere bzw. Ligen. Alle anderen Marktteilnehmer hängen von ihnen maßgeblich ab. Im schematischen SPONSORs-Strukturmodell zum E-Sport-Ecosystem stehen sie daher an exponierter Stelle. Im klassischen Sport spricht man im Kontext von Sponsoring wie oben bereits erwähnt vom sogenannten „magischen Dreieck", welches den Sport (gesponserte Sportler, Teams, Vereine, Verbände etc.) mit den Medien, welche als freiwillige oder unfreiwillige Multiplikatoren auftreten, und die Wirtschaft (Unternehmen als Sponsoren) auf eine Ebene, mit den Agenturen als Dienstleister in der Mitte (Abb. 6.3). Kein Mitglied des „magischen Dreiecks" nimmt dabei alleine eine vergleichbar starke Stellung ein wie die Publisher im E-Sport.

Neben den Publishern sind die Liga- und Turnierveranstalter wichtig. Die in Köln ansässige ESL, Tochter der Turtle Entertainmant GmbH, ist der weltweit bekannteste und größte Veranstalter. Das Unternehmen hat neben dem Hauptsitz in Deutschland sieben internationale Büros und rund 500 Mitarbeiter. Die Sponsoringvermarktung ist für sie ein enorm wichtiger Umsatztreiber.

Auch für die E-Sport-Clans stellt Sponsoring eine der wichtigsten Erlösquellen dar. Im Durchschnitt entfallen rund 75 Prozent der gesamten Einnahmen eines Clans auf die Säule Sponsoring (vgl. Eberhardt 14.05.2019a). Ob die hier genannte Zahl auch sogenannte „Barter-Deals" umfasst, bei denen kein Geld fließt, ist nicht bekannt.

Alle Marktteilnehmer wollen in der wachsenden E-Sport-Branche ihr Stück des Kuchens abbekommen. Daher arbeiten die E-Sport-Organisationen neben der zunehmenden Professionalisierung im Bereich der Vermarktung auch daran, zukunftsfähige Strukturen zu schaffen, indem sie Dachverbände gründen, um ihre Macht gegenüber den vergleichsweise einflussreichen Publishern zu bündeln. Die World eSports Association (WESA), die 2016 von acht Teams und der ESL gegründet wurde, ist aktuell der wichtigste Verband.[4]

Etwas 9,5 % der im weltweiten E-Sport generierten Erlöse kommen direkt von den Fans und Zuschauern, die sich Spiele kaufen, zu Events gehen und mit Merchandising eindecken (vgl. Eberhardt 14.05.2019a).

Die Massenverbreitung der E-Sport-Events in den (meist sozialen) Medien bzw. auf Streaming-Plattformen, welche für die Rechte rund 251,3 Mio. US-Dollar (22,9 % der gesamten Erlöse) ausgeben (vgl. Eberhardt 14.05.2019a), führt zum immer stärker werdenden Interesse von Sponsoren am E-Sport.

---

[4] Die Homepage der WESA ist unter http://www.wesa.gg/. Zugegriffen am 18.09.2019.

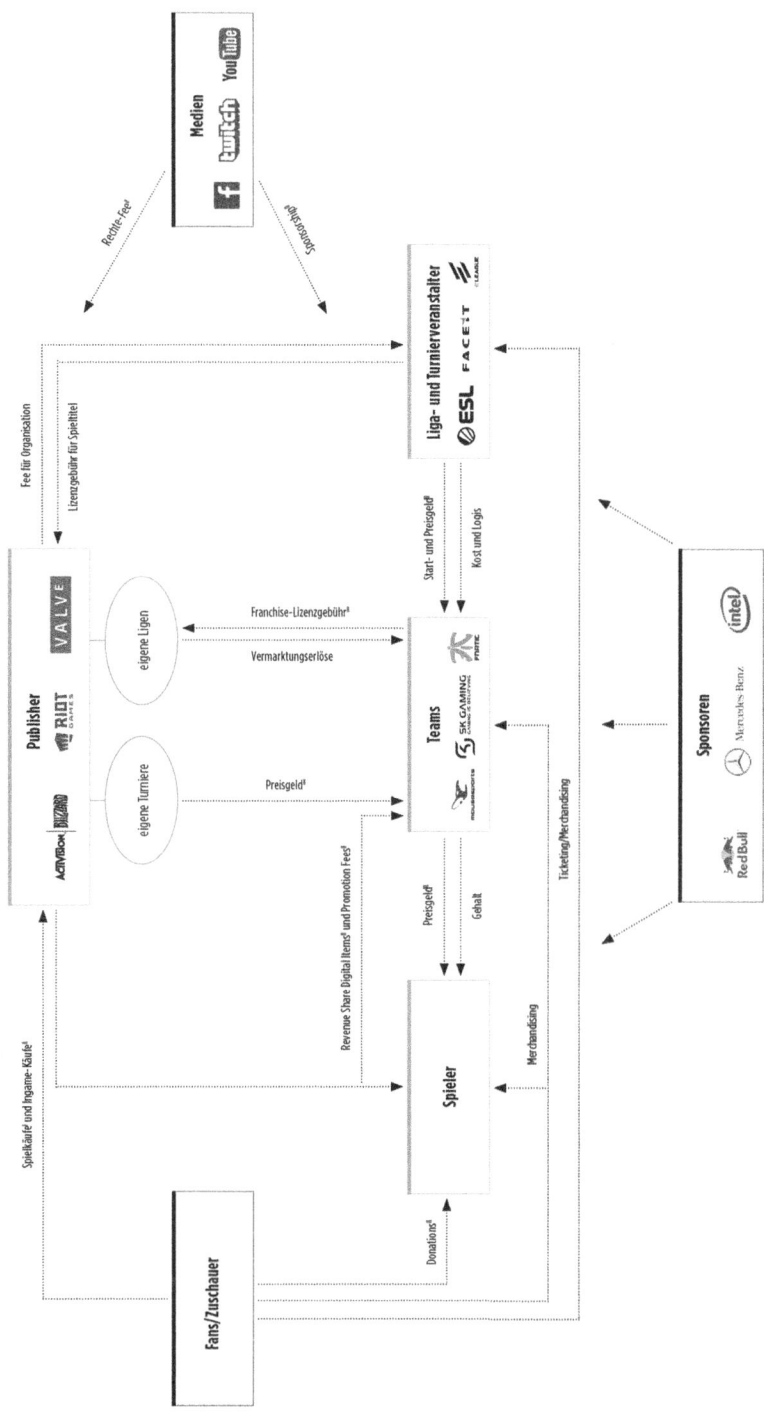

Abb. 6.2 Geldströme im E-Sport-Ecosystem. (Quelle: Eberhardt 2019a)

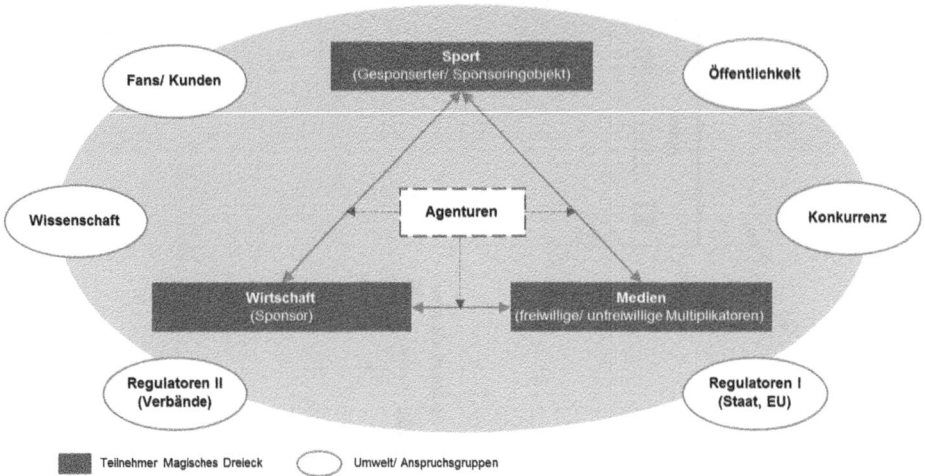

Abb. 6.3 Das magische Dreieck im Sport

Daran ändert auch die Corona-Pandemie nicht viel. Zwar finden viele E-Sport-Events aktuell nur online statt, trotzdem oder gerade deswegen erlebt der E-Sport aber einen regelrechten Boom. Newzoo hat europaweit Personen zu ihrem Nutzerverhalten befragt und kam zu der Erkenntnis, dass in den meisten europäischen Ländern seit Beginn der Corona-Pandemie deutlich mehr digitale Sportevents konsumiert wurden als zuvor. So haben rund 70 Prozent der spanischen Befragten angegeben, sich mehr E-Sport angesehen zu haben. Auch in UK (66 %), Italien (64 %) und Frankreich (63 %) wurde deutlich mehr Zeit mit dem Schauen von Videospiel-Wettbewerben verbracht (vgl. Bocksch 11.12.2020) (Abb. 6.4).

6.2 Grundlagen Sponsoring

6.2.1 Definition

Als einer der ersten Autoren im deutschsprachigen Raum definierte Bruhn (1987, S. 190, zitiert nach Bruhn 1998, S. 22) Sponsoring als

> „Planung, Organisation, Durchführung und Kontrolle sämtlicher Aktivitäten, die mit der Bereitstellung von Geld, Sachmitteln, Dienstleistungen oder Know-how durch Unternehmen und Institutionen zur Förderung von Personen und/oder Organisationen in den Bereichen Sport, Kultur, Soziales, Umwelt und/oder den Medien verbunden sind, um damit gleichzeitig Ziele der Unternehmenskommunikation zu erreichen".

Mit Hilfe dieser Definition können auch heute noch die zentralen Eigenschaften eines Sponsorships überprüft werden:

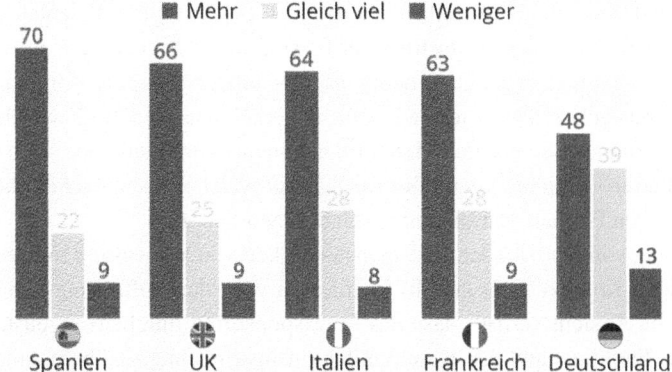

Pandemie hat positiven Einfluss auf E-Sport-Zuschauerzahl

Anteil der Befragten, die sich während der Pandemie mehr/gleich viel/weniger E-Sport angesehen haben (in %)

■ Mehr   ▨ Gleich viel   ■ Weniger

Basis: 10.175 Befragte (zwischen 18 und 45 Jahren) in Europa; 29.05.-28.06.2020

statista

Abb. 6.4 Einfluss von Corona auf die Zuschauerzahlen im E-Sport. (Quelle: Bocksch 11.12.2020)

- Unternehmen und/oder Institutionen stellen Ressourcen zur Verfügung.
- Andere Organisationen und/oder Einzelpersonen nehmen diese entgegen.
- Bei den Ressourcen kann es sich um monetäre Mittel handeln, allerdings ist dies keine Bedingung.
- Das Sponsorship verfolgt Ziele der Unternehmenskommunikation.
- Das Sponsorship beinhaltet die klassischen Prozesse der Betriebswirtschaftslehre (Planung, Organisation, Durchführung und Kontrolle).

In diesem Sinne basiert das Sponsoring auf dem „magischen Dreieck des Sportsponsorings": Die Ecken bilden der Sport (Athleten, Clubs, etc.), die Wirtschaft („Sponsoren") und die Medien (Daumann & Römmelt 2015, S. 171).

Insbesondere auf Basis der beiden letzten Bullets lässt sich eine Abgrenzung zum Mäzen bzw. zum Mäzenatentum und zum Spendenwesen vornehmen. Während beim Mäzen ausschließlich das Fördermotiv beachtet werden muss, und dieses beim Spendenwesen immer noch dominant ist, steht es im Falle des Sponsorings bestenfalls noch neben dem eigennutzorientierten Kommunikationsziel (Bruhn 1998, S. 23).

6.2.2   Stellung des Sportsponsorings im Marketing-Mix

Das Sportsponsoring birgt neben einer sehr starken emotionalen Komponente ein starkes integratives Potenzial, wodurch es in der Realität deutlich bedeutsamer ist, als es die Zahlen suggerieren. Aufgrund seiner vielfältigen Verknüpfungsmöglichkeiten mit anderen Marketing- und Kommunikationsinstrumenten ist es ein sehr effizientes und äußerst wirkungsvolles Kommunikationsinstrument. Es sind in der Praxis sogar Beispiele zu finden, wo die Sponsorings eines Unternehmens bzw. einer Marke die Kommunikation dominieren. Hierzu gehört das österreichische Unternehmen Red Bull, welches nur sehr wenig ohne Bezug zu einem seiner vielen Engagements kommuniziert. Auch das Produkt Nutella von Ferrero kann hier angeführt werden, für welches fast ausschließlich mit Spielern der deutschen Fußball-Nationalmannschaft geworben wird.

Die Meinung von Dudzik, der die Eigenständigkeit von Sponsoring infrage stellt, wird im vorliegenden Kontext nicht geteilt. Stattdessen wird der Auffassung von Meenaghan gefolgt, der die Ansicht vertritt, dass das Sportsponsoring durchaus eigenständig in der Lage ist, die Funktion anderer Kommunikationsinstrumente zu übernehmen und entsprechende Zielgruppen anzusprechen, also als vollwertiges Instrument im Kommunikations-Mix eines Unternehmens betrachtet werden kann. Darüber hinaus soll Sponsoring sogar als integratives Element eines ganzheitlichen Marketings verstanden wissen, da sich Sponsoring auch auf die Produktpolitik, die Preispolitik und die Distributionspolitik eines Unternehmens auswirken kann, sofern es entsprechend genutzt wird.

6.2.3   Sponsorenpyramide

In der Sponsoringvermarktung wird mittlerweile seit mehr als zwei Dekaden die sogenannte Sponsoringpyramide genutzt, um das Leistungsangebot nach Umfang und Exkulsivität zu unterscheiden.

Philipp Hasenbein, Geschäftsführer des Sportrechtevermarkters Sportfive, warf in einer Keynote auf dem Spobis 2015 in Düsseldorf allerdings die Frage auf, ob die klassische Sponsoringpyramide noch zeitgemäß sei. „In den vergangenen 20 Jahren hat sich vieles verändert", gab Hasenbein zu bedenken. Er meinte damit wohl, dass es nicht mehr sinnvoll erscheint, auf verschiedenen Hierarchiestufen jeweils allen Sponsoren ein identisches Paket, i. d. R. bestehend aus kommunikativen und Hospitality-Leistungen, anzubieten, wie dies viele Jahre gemacht wurde. Vielmehr muss es individuelle Lösungen geben, die sich an den Zielen des jeweiligen Sponsors orientieren und welche auch den Baustein „vertriebliche" Gegenleistungen umfassen können. Eine Hierarchisierung der Sponsoren nach Ebenen auf Basis der gezahlten Sponsor-Fee bzw. Sachleistungen kann dabei aber erhalten bleiben. Zum einen soll man in der Außendarstellung sehen können, auf welcher

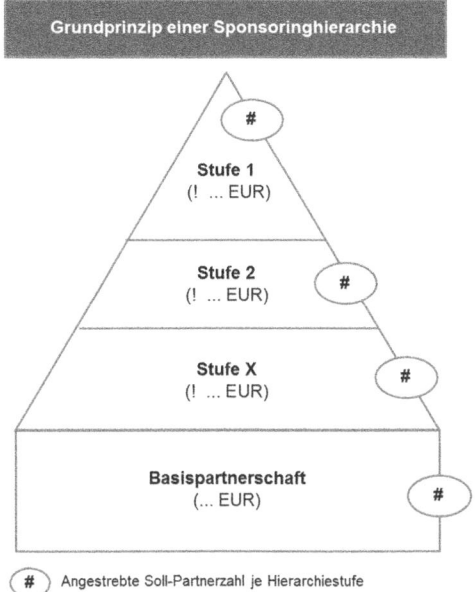

Abb. 6.5 Sponsoringpyramide im Sport

Ebene ein Unternehmen sich engagiert. Zum anderen ist es auch für die Mitarbeiter des gesponserten Clubs etc. wichtig, eine Priorisierung im Hinblick auf Kommunikation und Service vornehmen zu können. Dem Mikrosponsor, der 500 Euro im Jahr zum Etat des Gesponserten beiträgt, kann nicht die gleiche Aufmerksamkeit zuteil werden wie dem Hauptsponsor, der 5 Mio. Euro beisteuert. Abb. 6.5 verdeutlicht das Grundprinzip der Sponsoring-Hierarchie bzw. führt Kriterien für die Erstellung dieser an.

Die Anzahl der Partner auf den unterschiedlichen Ebenen sollte im Vorhinein festgelegt werden. Auf der obersten Ebene steht bei einem Profifußballclub meistens ein Hauptsponsor, dem man absolute (Branchen)Exklusivität zusichert und der die werthaltigsten Rechte, wie die Brust des Trikots und ggfs. Namensrechte erwirbt. In anderen Mannschaftssportarten kann es mehrere Sponsoren auf der höchsten Ebene geben, da die Beschränkungen bzgl. der Werbung auf dem Trikot bzw. der Hose seitens des ausrichtenden Verbands die Clubs meist deutlich weniger reglementieren, wodurch es nicht das eine alles überstrahlende Recht wie im Fußball gibt. Auf den folgenden Ebenen wird die Pyramide dann breiter, dafür nehmen die Exklusivitätszusicherungen ab. Wichtig ist aber auch hier, dass die Pakete individuelle Bestandteile aufweisen, welche sich an den Sponsoringzielen des Sponsors orientieren und die neben kommunikativen Gegenleistungen auch vertriebliche und Hospitality-Gegenleistungen enthalten können. Auf den untersten Ebenen dominieren i. d. R. standardisierte Pakete, welche eher kommunikativer Natur sind.

6.3   Sponsoring im E-Sport

6.3.1   Endemische vs. nicht-endemische Sponsoren im E-Sport

In jüngerer Vergangenheit wird im Kontext von Sponsoring im E-Sport immer wieder von endemischen und nicht-endemischen Sponsoren (vgl. Pradka 2018, oder Gerth 2018) gesprochen. Als endemischen Sponsoren werden Marken und Produkte bezeichnet, die eine offensichtliche Nähe zur Sportart oder zur Veranstaltung haben, bspw. Hersteller von Gaming-Hardware oder Streaming-Anbieter im Kontext von E-Sport. Nicht-endemisch sind dementsprechend Sponsoren, die keine Nähe zum E-Sport haben, bspw. ein Automobilhersteller wie Mercedes oder ein Logistikunternehmen wie DHL. Was ist aber mit einem Energy-Drink-Hersteller? Energy Drinks gehören zum Gaming wie das Bier zum Fußball. Zum Ausüben der jeweiligen Sportart wird aber weder das eine, noch das andere benötigt. Daher werden Unternehmen aus der Getränkebranche in diesem Beitrag als nicht-endemische Sponsoren angesehen. Schwieriger wird es wieder bei Unternehmen aus dem Bereich Telekommunikation. Gerth (2018) ordnet diese als nicht-endemische Sponsoren ein. Ein Vorteile von E-Sport ist ja aber, dass man zum Ausüben des „Sports" nicht räumlich zusammenkommen muss. Eine stabile Internetverbindung genügt hierfür. Insofern werden auch Unternehmen aus diesem Sektor im Rahmen dieses Beitrags als endemische Sponsoren betrachtet. Sportwettanbieter wie betway werden im Gegensatz zu spezifischen E-Sportwettanbietern als nicht-endemisch angesehen, da sie ihr Hauptgeschäft im traditionellen Sport haben. Im Falle von Elektronik-Händlern muss genauer hingesehen werden. Ist der Händler auf Gaming-Zubehör wie PCs, Tastaturen, Mäuse, Kopfhörer etc. spezialisiert, wird er als endemisch eingeordnet. Ist er ein Generalist, wie bspw. euronics, wird er als nicht-endemisch kategorisiert.

6.3.2   Einstellung E-Sport-Fans gegenüber Sponsoring

In der von Nielsen Sports 2017 publizierten Studie „eSports: Trends & Potenziale" werden E-Sport-Fans als heterogene Gruppe beschrieben, welche über ihren hohen Anteil an aktiven Gamern hinaus einen hohen Anteil an passiven Zuschauern aufweist. Insgesamt 75 Prozent der Rezipienten sind männlich und schauen mindestens einmal pro Woche E-Sport-Übertragungen per Stream etc., oder live vor Ort an (vgl. Nielsen Sports, 2017 S. 5).

Einen etwas geringeren Anteil an Männern ermittelte eine nordamerikanische Studie. Hier wird von 38 % Frauen berichtet. Zudem wird darauf hingewiesen, dass es sich bei E-Sport-Fans nicht primär um Jugendliche handelt, die bei ihrer Mutter im Keller wohnen, sondern hauptsächlich (65 %) um sogenannte „Millennials", die zwischen 18 und 34 Jahre alt (vgl. Mindshare in the loop 2016).

Laut dem „Digital Trend Outlook 2018: E-Sport – Warten auf die Revolution? Die Stimme der Nutzer", sind E-Sport-Fans als außerordentlich treu zu bezeichnen. 93 % der Befragten E-Sport-Eventbesucher, die im Rahmen der von der PricewaterhouseCoopers GmbH Wirtschaftsprüfungsgesellschaft durchgeführten Studie befragt wurden, gaben an, den Besuch eines weiteren E-Sport-Events zu planen (vgl. Weyßer und Zhang 2018, S. 3). Kumuliert knapp 86 % der Befragten stehen dem Engagement von Sponsoren im E-Sport zudem positiv gegenüber bzw. haben die Notwendigkeit von Sponsoring zur Finanzierung von Events erfasst. Ein Großteil der Fans trägt zudem selbst zur Verbreitung der Sponsoren-botschaften der Clansponsoren bei, indem sie die Trikots ihrer Lieblingsmannschaften bei den Events vor Ort tragen. Lediglich rund 3 % der Befragten sehen die Sponsoren eher kritisch bzw. empfinden deren Präsenz als schlecht (vgl. Weyßer und Zhang 2018, S. 16).

Diese Werte sind noch höher einzuschätzen, wenn man sie mit den Ergebnissen einer Untersuchung von Nielsen Sports, der sogenannten FanDNA™ aus dem Jahr 2015 ver-gleicht, welche 55 Prozent der Befragten Sportfans den Fansegmenten zurechnet, die eine positive Einstellung gegenüber Sponsoring haben (vgl. Nielsen Sports o. J.).

Die E-Sport-Fans sind als Zielgruppe besonders wegen ihrer hohen Kaufkraft sehr in-teressant für Sponsoren. Der Grund hierfür sind die verhältnismäßig hohen Einstiegs-gehälter, die auf den überdurchschnittlich hohe Bildungsgrad der E-Sports-Fans, 63 % haben zumindest Abitur, bzw. die Studienrichtungen (sogenannte STEM-Felder = science, technology, engineering, mathematics), die sie zumeist belegen, zurückzuführen sind (vgl. Nielsen Sports 2017, S. 5).

Die Erkenntnisse von Nielsen Sports zur Kaufkraft der E-Sport-Fans bestätigt auch die bereits angesprochene Studie aus Nordamerika, welche den Anteil der „E-Sport-Enthusiasten", welche über ein Haushaltseinkommen von 75.000 US-Dollar im Jahr verfü-gen können, mit 43 % beziffert. Fast 30 % haben der Studie nach sogar ein Haushaltsein-kommen von 90.000 US-Dollar im Jahr oder mehr (vgl. Mindshare in the loop 2016).

6.4 ESL One-Events 2020

Die ESL One-Serie wurde wie nahezu alle (Sport)Großveranstaltungen in 2020 von der Corona-Pandemie stark beeinflusst. So blieb die „Cathedral of Counter-Strike" in 2020 das erste Mal in der Turniergeschichte, welche im Jahr 2015 begann, leer. Die ESL One Cologne 2020 fand als reines Online-Turnier statt. Die Trophäe wurde auf vier Regionen aufgeteilt (Europa, Nordamerika, Asien und Ozeanien) und fand vom 18. bis 30. Au-gust statt. Insgesamt nahmen 32 Teams an dem Online-Event teil. 2019 fand die 5. Auflage des Events statt. Pro Veranstaltungstag verfolgten rund 15.000 Zuschauer vor Ort und Millionen online das Spielgeschehen (vgl. Wenck 2019). Insgesamt traten damals 16 Clans in Gruppenphase und Endrunde gegeneinander an. Das US-amerikanische Clan Li-quid gewann das Finale gegen Clan Vitality. 2020 entschied das Team Liquid die

Tab. 6.1 Übersicht der ESL One Events in 2020

Datum	Event	Ausrichtendes Land	Event-Format
30. April bis 6. Juni	ESL One Birmingham	UK	Online
8. August bis 6. September	ESL One Thailand	Thailand	Online
18. bis 30. August	ESL One Köln	Deutschland	Online
5. Oktober bis 1. November	ESL One Germany	Deutschland	Online

europäische Wertung für sich. Auch die drei weiteren Events 2020 fanden Corona-bedingt allesamt online statt (Tab. 6.1).[5]

In 2019 umfasste die ESL One-Serie zwischen Februar und Oktober sechs Vor-Ort-Events, welche in Europa, Indien und den USA ausgetragen wurden, wobei in letztgenannten Staaten jeweils nur ein Event stattfand.

6.5   Beschreibung Sponsoren ESL One

Zunächst kann zwischen Serien- und Eventsponsoren unterschieden werden. Wie bereits 2019 haben sich vier (50 %) der über eine Analyse der ESL-Homepage[6] erfassten acht Sponsoren bei allen vier Events der 2020er ESL One-Serie engagiert und sind daher als Seriensponsoren zu bezeichnen (in Tab. 6.2 fett hervorgehoben). Aufgrund der geringeren Anzahl an Events 2020 wurde auch die Anzahl der Eventsponsoren in diesem Jahr geringer. Umfasste diese in 2019 noch 7 verschiedene Unternehmen die bei einem oder mehreren Events dabei waren, so waren es in 2020 nur noch vier.

Intel steht als offizieller Namensgeber der ESL One-Events, welche den Zusatz „powered bei Intel" tragen, allerdings weiterhin über den anderen Seriensponsoren. Zwei bzw. 50 % hiervon waren endemische Sponsoren, zwei bzw. 50 % nicht. Als Eventsponsoren können vier der acht Sponsoren bezeichnet werden, da sie sich nicht bei allen Events engagierten. Drei hiervon waren nicht-endemische Sponsoren, einzig die Marke/das Unternehmen Predator trat beim „Germany-Event" als endemischer Eventsponsor auf. Ein regionaler Bezug der Eventsponsoren zu den Events war 2020, anders als 2019, nur in Ansätzen zu erkennen. 2019 war bei den Eventsponsoren ein deutlicher regionaler Bezug zu erkennen ist. Das US-amerikanische Telekommunikationsunternehmen AT&T, welches sich auf Nordamerika fokussiert, engagierte sich bspw. nur bei dem Event in New York, wohingegen vodafone sowohl bei den europäischen Events, als auch in Indien vertreten war, (vgl. Leitel 2017). 2020 war dies nicht der Fall, was im Hinblick auf die reine Online-Durchführung der Events nicht sonderlich verwunderlich ist, da Sponsoren einzelner

---

[5] Die Details zum Event in 2020 bzw. den teilnehmenden Clans sind auf der Homepage der ESL unter https://www.esl-one.com/csgo/cologne/de/. Zugegriffen am 10.03.2021.

[6] Die Homepage des ESL ist unter https://www.esl-one.com/. Zugegriffen am 10.03.2021.

Tab. 6.2 Übersicht der Sponsoren der ESL One-Events 2020

Sponsor	Branche	Serien- vs. Eventsponsor	endemisch vs. nicht-endemisch
Bitburger 0.0%	Getränke	Eventsponsor	nicht-endemisch
DHL	**Logostik**	**Seriensponsor**	**nicht-endemisch**
GG.BET	**Sportwetten**	**Seriensponsor**	**nicht-endemisch**
Intel	Technologie	Seriensponsor	endemisch
Mercedes Benz	Automobile	Eventsponsor	nicht-endemisch
Mtn Dew Game Fuel	**Getränke**	**Seriensponsor**	**nicht-endemisch**
Predator[a]	Technologie	Eventsponsor	endemisch
Warsteiner alkoholfrei	Getränke	Eventsponsor	nicht-endemisch

[a]Eine Marke/ein Unternehmen der Acer Group: https://www.acer-group.com/ag/en/TW/content/ir-overview. Zugegriffen am 10.03.2021)

Events einer Eventserie eher regionale als überregionale Ziele verfolgen, wodurch die Zuschauer vor Ort wichtiger werden, die es 2020 aber nicht gab.

Dass es bei einer Sporteventserie, welche aus einzelnen Veranstaltungen an verschiedenen Orten besteht, Seriensponsoren und Sponsoren einzelner Events gibt, ist normal. In der MotoGP, der Königsklasse des Motorradrennsports bspw. ist dies genauso. Es gibt neben den offiziellen Seriensponsoren wie zum Beispiel dem offiziellen Logistik Partner, der DHL, für die einzelnen Grand Prix eigene Titelsponsoren. Die Mehrzahl der Titelsponsoren sponsort dabei genau einen Grand Prix. Mit den Unternehmen Red Bull Monster Enery und Motul gibt es aber auch Sponsoren, die mehrere Titelsponsorings hielten. Zudem ist auch hier mitunter ein regionaler Bezug zu erkennen, so war 2019 bspw. der französische Hersteller von Motorradhelmen, Shark Helmets, der Titelsponsor des Grand Prixs von Frankreich.[7]

6.6   Beschreibung Sponsoren der ESL One Clans

Anknüpfend an die Analyse, welche für die 1. Auflage der Publikation durchgeführt wurde, werden erneut die 10 bestplatzierten Clans des csgo[8] World Rankings mit Stand 27.08.2019 untersucht (Tab. 6.3). Diese werden im Hinblick auf die Anzahl, Zusammensetzung und Herkunft ihrer Sponsoren sowie deren Fluktuation untersucht. In Grundzügen sind dabei ähnliche Strukturen wie im klassichen Teamsport, bspw. im profesionellen

---

[7]Die Sponsoren der MotoGP sind auf deren Homepage unter. https://www.motogp.com/de/sponsors. Zugegriffen am 18.09.2019.

[8]Counter-Strike: Global Offensive ist ein Computerspiel aus dem Genre der Online-Taktik-Shooter.

Tab. 6.3 Anzahl und Branche der Sponsoren der 10 bestplatzierten Clans des csgo World Rankings (Stand 27.08.2019)

Clan	Herkunft	Anzahl Sponsoren/ Veränderung Vorstudie			Branchen Sponsoren in 2021
		2021[a]	2019[b]	%[c]	
NRG Esports	USA	16	10	+60,0	Technologie (7), Handel, Möbel, Streaming-Plattform, Sonstige (5), Unbekannt
Natus Vincere	Ukraine	13	14	-7,1	Handel (2), Technologie (2), Getränke, Marktforschung, Sportwetten, Streaming-Plattform, Sonstige (5)
Clan Liquid	USA	12	10	+20,0	Möbel (2), Streaming-Plattform (2), Technologie (2), Automobile, Getränke, Sonstige (3)
ENCE eSports	Finnland	10	9	+11,1	Technologie (5), Getränke, Handel, Möbel, Telekommunikation, Sonstige
FaZeClan	USA	9	7	+28,6	Handel (3), Technologie (2), Automobile, Getränke, Sonstige (2)
Astralis	Dänemark	9	10	-10,0	Technologie (3), Automobile, Bekleidung, Sportwetten, Sonstige (3)
MIBR	Brasilien	8	7	+14,3	Handel (2), Technologie (2), Möbel, Sportwetten, Sonstige (2)
North	Dänemark	7	4	+75,0	Technologie (3), Getränke, Sportwetten, Sonstige (2)
mousesports	Deutschland	6	5	+20,0	Technologie (2), Getränke, Handel, Möbel, Sonstige
Ninjas in Pyjamas	Schweden	5	8	-37,5	Technologie (3), Sportwetten, Sonstige

[a]Anzahl Sponsoren im April 2021
[b]Anzahl Sponsoren im August 2019
[c]Veränderung der Anzahl der Sponsoren im Vergleich von 08/19 zu 04/21 in Prozent

Fußball, zu erkennen. Vier Clans haben einen Hauptsponsor oder -partner,[9] der stärker kommuniziert wird, als die anderen Partner. Die Anzahl an Ausrüstern, die Team-Shirts liefern, ging gegnebüber 2019 von vier auf nur noch ein Team (Astralis; Hummel) zurück. Weitere für die analysierten E-Sport Clans typische Sponsoren sind Energy Drink Hersteller wie bspw. Monster Energy und Red Bull, Anbieter von Sportwetten wie betway, oder spezialisierte Möbel-Hersteller,[10] die „Gaming Chairs" anbieten. Eine hierarchische,

---

[9] Diese Kategorisierung wird entweder auf der Homepage des Clans explizit vorgenommen, oder vom Clan-Shirt abgeleitet, da ein Sponsor mittig und groß auf der Brust platziert ist.

[10] Diese werden auch als endemische Sponsoren betrachtet, da nur Stühle bzw. Tische für Gamer angeboten werden.

mehrstufige Sponsorenpyramide kann indes nur bei einem Clan eindeutig identifiziert werden. Der Clan Natus Vincere aus der Ukraine unterteilt seine Sponsoren in Title Partner, Main Partner und Partner.

Die zahlenmäßig größte Anzahl an Sponsoren kommt weiterhin aus den Sektoren Technologie bzw. dem Handel (43,1 %; zum Vergleich: 2019 waren es 40,5 %) und bietet Produkte an, die man zum „Gaming" braucht; es handelt sich also um endemische Sponsoren. Darüber hinaus haben aber auch Großkonzerne aus dem Automobilsektor wie Audi, Honda oder Nissan, die E-Sport-Clans als Plattform zur Erreichung einer jungen Zielgruppe entdeckt.

Die Anzahl der Sponsoren und Partner pro Clan variiert zwischen fünf und 16. Es sei aber angemerkt, dass es sich bei den erfassten Sponsoren nur um Sponsoren handelt, die auf der Homepage der Clans aufgelistet waren, Sponsoren, die über Pressemeldungen etc. identifiziert werden konnten, oder die auf Clanfotos von ESL One-Events aus der aktuellen Saison auf der Clanbekleidung deutlich sichtbar waren. Es ist also nicht auszuschließen, dass es zum Zeitpunkt der Erhebung weitere, möglicherweise kleinere Sponsoren gab.

Im Vergleich zur ersten Untersuchung 2019 haben die Clans 2021 im Schnitt 1,2 (18,1 %) Sponsoren mehr. Dies untermauert die positive Entwicklung des E-Sports, auch wenn kritisch angemerkt werden muss, dass es keinen 1:1-Zusammenhang zwischen der Anzahl der Sponsoren und den Umsätzen der Clans aus dem Sponsoring gibt, so dass die Einnahmen aus dem Sponsoring in der Theorie auch rückläufig sein könnten, wovon aber nicht auszugehen ist, wenn man die generellen Zahlen zur Entwicklung des E-Sports bzw. zum E-Sport-Sponsoring betrachtet.

Das beliebteste Werbemittel ist das Team-Shirt, auf welchem i. d. R. mehrere Sponsoren (im Durchschnitt vier bis fünf) zu sehen sind.

Eine Branchenexklusivität , wie es sie bspw. im professionellen Fußball gibt, ist bei den nicht-endemischen Partnern eindeutig auch zu erkennen. Keiner der Clans hat mehr als einen Partner aus den Bereichen „Automobile", „Bekleidung", „Getränke", oder „Telekommunikation". Bei den endemischen Sponsoren sieht es etwas anders aus, hier kommt es teilweise zu Überschneidungen zwischen dem „Technik-Handel" und den Produzenten von Hardware. Tendenziell ist es aber auch hier so, dass es nur einen Partner für spezielle zum Gaming benötigte Produkte gibt, bspw. einen Sponsor der Mäuse und Tastaturen produziert, einen Sponsor der PCs und Bildschirme produziert und einen Sponsor der Kopfhörer verkauft.

Das typische Sponsorenportfolio der Clans umfasst folgende „Partnerkategorien":

- Technologie (die untersuchten Clans haben zwei bis sieben Sponsoren aus diesem Bereich)
- Getränke (6 von 10 Clans haben einen Partner aus diesem Bereich; i. d. R. handelt es sich um Energydrinks)
- Sportwetten (5 von 10 Clans werden von Unternehmen aus diesem Bereich gesponsert)

- Handel (5 von 10 Clans haben einen oder mehrere Partner aus diesem Bereich)
- Möbel (4 von 10 Clans haben einen bzw. in einem Fall mehrere Partner aus dem Bereich spezialisierter „Gaming-Möbel")
- Streaming-Plattform (3 von 10 Clans haben einen oder mehrere Partner aus diesem Bereich)
- Automobile (3 von 10 Clans haben einen Partner aus diesem Bereich)

Grundsätzlich scheint es auch im E-Sport-Sponsoring eine gewisse Fluktuation zu geben. Beim deutschen Clan mousesports bspw. sind in den Jahren 2017 und 2018 die langjährigen Partner Zowie (Hauptsponsor), Dr. Pepper, DX Racer und Sennheiser ausgestiegen. Dafür konnte vodafone Mitte 2017 als neuer Hauptsponsor gewonnen werden und Snipes konnte als weiterer nicht-endemischer Partner akquiriert werden (vgl. Eberhardt 2019b, S. 44).

Einen möglichen Grund für die teilweise recht geringe Anzahl an Sponsoren liefert der Chief Business Development Officer von mousesports, Jan Dominicus, im bereits zuvor zitierten Beitrag (Eberhardt 2019b, S. 44):

> „Mousesports ist folglich nicht an kurzfristigen Engagements interessiert, in denen beispielsweise bis Ende des Jahres ein Unternehmen irgendwo sein Logo hinklebt. Wir werden in der Vermarktung keine Schnellschüsse zulassen, denn wir wollen vielmehr langfristig sinnvolle Partnerschaften entwickeln."

6.7   Zusammenfassung und Fazit

Die Analyse des Sponsoring im E-Sport hat gezeigt, dass es keine größeren Unterschiede zum Sponsoring im klassischen Sport gibt. Sowohl Veranstalter, als auch Teams bzw. Clans profitieren von Wirtschaftsunternehmen, die als Sponsoren und Partner auftreten, indem sie Geld- und Sachmittel bzw. Dienstleistungen zur Verfügung stellen. Die Sponsoren wiederum erhalten primär werbliche Gegenleistungen von den Sponsoringobjekten. Für Sponsoren besonders interessant am E-Sport ist die relativ junge und zahlungskräftige Zeilgruppe, die hier erreicht werden kann. Diesen Umstand nutzen nicht nur endemische, also dem E-Sport nahe stehenden Unternehmen aus dem Bereich Technologie, sondern auch nicht-endemische Sponsoren, die eben genau in dieser Zielgruppe ihren Bekanntheitsgrad bzw. ihr Image verbessern wollen. Die E-Sport-Fans gelten zudem als sehr treue Eventbesucher, was wiederum positiv für die Sponsoren und Partner ist.

Der relative Anteil von Sponsoring an den Gesamterlösen im E-Sport ist ähnlich hoch bzw. mitunter noch höher als bspw. im professionellen Fußball. Ein Grund hierfür ist, dass die Erlöse aus der medialen Vermarktung im Verhältnis (noch) geringer ausfallen. In weniger medial präsenten Sportarten dürfte der relative Anteil von Sponsoring an den Gesamterlösen ähnlich hoch sein wie im E-Sport.

Betrachtet man die Events der ESL One im Hinblick auf die Zusammensetzung der Sponsoren, dann fällt zum Einen auf, dass es Sponsoren gibt, die die gesamte Serie unterstützen und Sponsoren die sich bei einzelenen Events engagieren. In letzterem Fall gibt es mitunter einen regionalen Bezug, der dies erklärt. Weiterhin sind sowohl endemische, als auch nicht-endemische Sponsoren gleichermaßen vertreten.

Die Sponsoring-Vermarktung im E-Sport wird aufgrund der weiterhin steigenden Nachfrage nach E-Sport bzw. E-Sport-Events weiter wachsen. Daran wird auch die Corona-Pandemie nichts ändern. Zwar gab es seit Beginn der Pandemie weniger Vor-Ort-Events mit Zuschauern, allerdings ist die Nachfrage des Online-Konsums von E-Sport-Turnieren seitdem gestiegen. Der E-Sport ist im Verhältnis zum klassischen Sport offenbar weniger anfällig für die Beschränkungen, die es seit dem Auftreten von Corona gibt. Das Interesse von Seiten potenzieller Sponsoren am E-Sport sollte somit noch mehr steigen, als dies schon vor Ausbruch der Pandemie der Fall war. Vor allem die nicht-endemischen Sponsoren bieten ein enormes Wachstumspotenzial. Auch wenn in Deutschland der Fußball auf lange Sicht hin die größte Anzahl an Sponsoren anlocken und auch mit weitem Abstand die größten Erlöse aus Sponsoring generieren wird, ist ein Shift vom klassischen Sport hin zum E-Sport aufgrund dessen Entwicklung bzw. der geringeren Anfälligkeit gegenüber einer Pandemie wie der aktuellen sehr wahrscheinlich.

Literatur

Bocksch, R. (2020). Pandemie hat positiven Einfluss auf E-Sport-Zuschauerzahl (11.12.2020). https://de.statista.com/infografik/23760/auswirkungen-der-corona-pandemie-auf-esport-zuschauerzahlen/. Zugegriffen am 10.03.2021.

Bruhn, M. (1998). *Sponsoring. Systematische Planung und integrativer Einsatz* (3. Aufl.). Wiesbaden: Springer.

Daumann, F. & Römmelt, B. (2015). *Marketing und Strategie im Sport*. München/Konstanz: UTB.

DFL. (2019). *Wirtschaftsreport 2019 – Die ökonomische Situation im Lizenzfußball*. Frankfurt: DFL Deutsche Fußball Liga GmbH.

Eberhardt, H. (2019a). *eSport: So funktioniert das Ecosystem* (14.05.2019). https://www.sponsors.de/news/magazin/esport-so-funktioniert-das-ecosystem. Zugegriffen am 29.08.2019.

Eberhardt, H. (2019b). Nicht auf schnelles Geld angewiesen. *Sponsors, 8*, 44–46.

ESB Marketing Netzwerk. (2019). Interview mit Kevin Roller. https://esportbusiness.de/business-newsletter/interviews/chancen-von-nicht-endemischen-sponsoren-im-esport/. Zugegriffen am 27.08.2019.

Gaines, C. (2015). *Why TV ratings in sports are more important than attendance* (17.11.2015). https://www.businessinsider.de/sports-tv-ratings-more-important-than-attendance-2015-11?r=US&IR=T. Zugegriffen am 05.09.2019.

Gerth, R. (2018). *eSport-Studie: Diese Branchen haben den besten Marken-Fit* (23.08.2018). https://www.sponsors.de/news/sport/esport-studie-diese-branchen-haben-den-besten-marken-fit. Zugegriffen am 30.08.2019.

IEG. (2018). *Weltweites Sponsoringvolumen nach Regionen von 2009 bis 2018 (in Milliarden US-Dollar)*. https://de.statista.com/statistik/daten/studie/969161/umfrage/weltweites-sponsoringvolumen-nach-regionen/. Zugegriffen am 18.05.2021.

Leitel, K. (2017). Der Indien-Schock für Vodafone (16.05.2017). https://www.handelsblatt.com/unternehmen/it-medien/telekomkonzern-mit-milliardenverlust-der-indien-schock-fuer-vodafone/19808136.html?ticket=ST-6670682-rFeBfLnaSjdtCjqRdqIE-ap1. Zugegriffen am 06.09.2019.

Mindshare in the loop. (2016). Game On: What Marketers Should Know About eSports Fans (14.06.2016). http://www.mindshareintheloop.com/home/2016/06/14/game-on-what-marketers-should-know-about-esports-fans/. Zugegriffen am 06.09.2019.

Möthe, A. (2021). Warner Music steigt als Investor bei der E-Sports-Plattform ESPL ein. https://www.handelsblatt.com/technik/it-internet/sponsoring-warner-music-steigt-als-investor-bei-der-e-sports-plattformespl-ein/26979848.html. Zugegriffen am 25.03.2022.

Nielsen Sports. (2017). eSports: Trends & Potenziale. http://sport1media.de/wp-content/uploads/2017/08/Nielsen-Sports_eSports-Report_Kurzversion_Deutschland-2017.pdf. Zugegriffen am 06.09.2019.

Nielsen Sports. (o. J.). Wie viel Kommerz verträgt der Fußball? https://nielsensports.com/de/entwicklung-kommerz-fussball-vereine-sponsoren-fans/. Zugegriffen am 05.09.2019.

Pradka, A. (2018). E-Sport und seine Sponsoren: Nicht-endemische Marken springen auf den Erfolgszug auf (16.05.2018). https://www.adhibeo.de/e-sport-und-seine-sponsoren-nicht-endemische-marken-springen-auf-den-erfolgszug-auf/. Zugegriffen am 30.08.2019.

Räth, G. (2015). Kölner E-Sports-Imperium wird verkauft (01.07.2015). https://www.gruenderszene.de/allgemein/e-sports-esl-turtle-entertainment-mtg. Zugegriffen am 30.08.2019.

Schwind, J. & Breuer, M. (2018). Sponsoring als Finanzierungsquelle im Sport. In A. Litvin, M. Breuer & F. Daumann (Hrsg.), *Sport, Statt und Politik – Perspektiven aus der Russischen Föderation und Deutschland* (S. 23–35). Göttingen: Cuvillier.

SPONSORs. (2019). SK Gaming gewinnt eSport-Neuling als Ärmelpartner. https://www.sponsors.de/news/sponsoring/skgaming-%C3%A4rmelpartner. Zugegriffen am 25.03.2022.

Stubbs, M. (2019). Team Liquid Partners With Marvel For Avengers Inspired Jerseys. https://www.forbes.com/sites/mikestubbs/2019/06/27/team-liquid-partners-with-marvel-for-avengers-inspired-jerseys/. Zugegriffen am 25.03.2022.

Wenck, B. (2019). E-Sport-Turnier: 15.000 Fans feiern in der „Kathedrale des Counter-Strike" in Köln (07.07.2019). https://www.wz.de/nrw/e-sport-turnier-counter-strike-15000-fans-feiern-beim-esl-one-cologne_aid-41098539. Zugegriffen am 07.07.2019.

Westermeyer, P. (2018). OMR-Podcast #104 mit ESL-Gründer Ralf Reichert. https://soundcloud.com/omrpodcast/omr-104-esl-gruender-ralf-reichert. Zugegriffen am 10.09.2019.

Weyßer, M. C. & Zhang, S. (2018). Digital Trend Outlook 2018: eSport – Warten auf die Revolution? Die Stimme der Nutzer. Studie der PricewaterhouseCoopers GmbH Wirtschaftsprüfungsgesellschaft. https://www.pwc.de/de/technologie-medien-und-telekommunikation/pwc-esport2018-stimme-der-nutzer-ergebnisse.pdf. Zugegriffen am 27.08.2019.

Nachweise Sponsorships

G FUEL. (o.J.). https://gfuel.com/pages/team-gamma. Zugegriffen am 04.09.2019.

SCUF. (o.J.) https://scufgaming.com/de/scuf-pro-teams. Zugegriffen am 25.03.2022.

W&V Redaktion. (2021). *Oakley sponsert ersten E-Athleten* (21.05.2021). https://www.wuv.de/marketing/oakley_sponsert_ersten_e_athleten. Zugegriffen am 18.05.2021.

Witt, F. (2019a). *Edeka wird Partner der eSport-Akademie von Hertha BSC* (14.08.2019). https://www.sponsors.de/news/sponsoring/edeka-wird-partner-der-esport-akademie-von-hertha-bsc. Zugegriffen am 05.09.2019.

Witt, F. (2019b). *Pringles sponsert weiteres eSport-Event* (15.08.2019). https://www.sponsors.de/news/sponsoring/pringles-sponsert-LEC. Zugegriffen am 04.09.2019.

Witt, F. (2019c). *Dr. Oetker steigt in den eSport ein* (22.08.2019). https://www.sponsors.de/news/sponsoring/dr-oetker-steigt-den-esport-ein. Zugegriffen am 05.09.2019.

Der Kundenwert im E-Sport und seine Auswirkungen

7

Bakr Fadl

Zusammenfassung

Das Phänomen E-Sport spiegelt sich sowohl in den steigenden Spieler- und Zuschauerzahlen als auch in den wachsenden Einkäufen von Videospielen und virtuellen Gütern wider. Dadurch hat die Zahlungsbereitschaft der Spieler eine zentrale Rolle über Erfolg oder Misserfolg eines Videospiels. Diese Zahlungsbereitschaft wirkt sich positiv auf den Kundenwert im E-Sport aus. Der Kundenwert hat somit einen zentralen Anteil innerhalb des E-Sports und einen starken Einfluss auf die Entwicklung des Marktes. Der Kundenwert kann dabei in eine monetäre und eine nicht-monetäre Dimension differiert werden. Die monetäre Dimension bildet hierbei den direkten Einfluss des Kunden auf den Spielehersteller ab, die durch den Kauf eines Spiels oder eines virtuellen Gutes erfolgt. Aber auch nicht-monetäre Ausgaben wie beispielsweise der Faktor Zeit oder die Motivation, das Umfeld für ein Spiel zu begeistern, wirken sich auf den Kundenwert im E-Sport aus.

Zusätzlich ist es im E-Sport möglich, dass virtuelle Güter oder Dienstleistungen durch Drittanbieter angeboten werden. Die dort generierten Geldflüsse können somit nicht direkt den Spieleherstellern zugeschrieben werden. Dadurch steht der Spielehersteller vor der Herausforderung, nicht-monetäre Indikatoren wie beispielsweise die Spielzeit oder die Spieldauer von Videospielern zu verlängern. Dies ist in der Regel realisierbar über die attraktive Gestaltung des Spielgeschehens oder über zusätzlichen Content in Kombination mit neuen Monetarisierungsstrategien. Auch die extrinsische Motivation der Spieler über Preisgelder in einer E-Sport-Turnierserie ist eine gängige Methode, um die Spielzeit und Spieldauer von Spielern zu verlängern. Zusätzlich sor-

B. Fadl (✉)
Universität Hamburg, Hamburg, Deutschland
E-Mail: bakr.fadl@uni-hamburg.de

© Springer Fachmedien Wiesbaden GmbH, ein Teil von Springer Nature 2022
M. Breuer, D. Görlich (Hrsg.), *E-Sport*,
https://doi.org/10.1007/978-3-658-36079-5_7

gen die Zahlungsströme des Kunden an Drittanbieter und nicht direkt an die Spielehersteller zu einer längerfristigen Transformation der Spielehersteller im Hinblick auf die
klassische Wertschöpfungskette des Videospielmarktes. Somit werden Spielehersteller
künftig immer stärker eine größere Rolle innerhalb der Wertschöpfungskette von Videospielen einnehmen, was zu einer Zentralisierung weniger, dafür jedoch sehr großer
Plattformen in diesem Segment führen wird. Diese Tendenzen zeichnen sich aktuell
auch in anderen Entertainmentsektoren ab. Durch die Konkurrenz dieser Plattformen
wird der Druck von Substituten und Alternativen höher, wodurch ein größerer Fokus
auf den Kunden und dessen Wünsche gelegt werden muss. In allen Fällen wirkt sich
dies positiv für den Kunden bzw. den Spieler aus, wodurch letztendlich der Kunde von
diesen Entwicklungen profitiert und als zentrales Element in die strategischen Überlegungen der Spielehersteller integriert wird. Dadurch werden künftig schneller und intensiver Kundenwünsche innerhalb des Spielgeschehens umgesetzt oder neu integriert.

Somit ist der individuelle Kundenwert ein äußerst relevanter Indikator im Hinblick
auf die Entscheidungsfindung von Stakeholdern wie Spieleherstellern, Ligen- oder Turnierbetreibern oder Übertragungsplattformen und hat somit unmittelbaren Einfluss auf
die Entwicklung innerhalb des E-Sports.

Kundenwert

Dieses Kapitel befasst sich mit den ökonomischen Grundlagen des Kundenwerts. Der
Kundenwert beschreibt dabei den Wert, den ein Kunde für ein Unternehmen hat. Der Kun-
denwert wird in der Literatur häufig als Customer Lifetime Value dargestellt. Der Begriff
Customer Lifetime Value (kurz CLV) betrachtet sämtliche Erlöse und Kosten, welche ein
Kunde über die gesamte Dauer der Nutzung eines Produktes oder einer Dienstleistung
generiert. Somit berechnet ein Unternehmen einen Investitionswert für einen Kunden (vgl.
Greve 2006, S. 42). Durch das enorme gesellschaftliche als auch ökonomische Wachstum
des E-Sport-Marktes lässt sich daher schließen, dass der Kundenwert als ökonomischer
Indikator im E-Sport an Bedeutung gewinnen wird.

Aufgrund der Vielfältigkeit der Monetarisierungsstrategien innerhalb des Videospielsektors, in Kombination mit den starken Wachstumsraten und der Professionalisierung des
E-Sports, gewinnt der Kundenwert künftig an Bedeutung. Aufgrund der Berechnung des
Kundenwerts wird ein Unternehmen Entscheidungen treffen, die sich positiv auf den Kundenwert auswirken werden, um die eigenen Profite zu steigern. Vor dem Hintergrund, dass
die meisten erfolgreichen E-Sport-Titel, sogenannte free-to-play Titel sind, wird ersichtlich, dass der Spielehersteller sich an den Kunden und ihren Wünschen orientieren muss,
um die Zahlungsbereitschaft der Kunden zu steigern. Dadurch rückt der Spieler mit seinen
Wünschen immer mehr in den Fokus der ökonomischen Betrachtung.

Der nächste Abschnitt befasst sich mit den konzeptuellen Grundlagen des Kundenwerts
bzw. des Customer Lifetime Values. Obwohl die Begriffe Customer Lifetime Value und
Kundenwert in der Literatur oft als Synonym verstanden werden, obliegen sie marginalen

Unterschieden. Aus diesem Grund werden die Begrifflichkeiten im folgenden Abschnitt kurz voneinander abgegrenzt (vgl. Greve 2006, S. 42).

Abgrenzung Kundenwert und Customer Lifetime Value

Während der Customer Lifetime Value die gesamten unternehmerischen Aktivitäten und Perspektiven des Kunden betrachtet, kann der Kundenwert auch einzelne Maßnahmen individuell bewerten (vgl. Heidemann et al. 2009, S. 185). Generell setzt sich der Kundenwert aus monetären Determinanten, wie beispielsweise dem Umsatz und nicht-monetären Determinanten, wie beispielsweise Kundenempfehlungen und weiteren Informationen, zusammen. Auf diese einzelnen nicht-monetären Determinanten wird dabei im weiteren Verlauf dieses Beitrags noch näher eingegangen, da diese beim E-Sport eine entscheidende Rolle spielen. Zusammenfassend beschreibt der Kundenwert die Erreichung der Unternehmensziele anhand von monetären Erlösen und nicht-monetären Verhalten der Kunden (vgl. Rouhi 2012, S. 44).

Der Customer Lifetime Value basiert stärker auf investitionstheoretischen Grundlagen und umfasst somit den gesamten Lebenszyklus eines einzelnen Kunden bzw. aller Kunden. Somit werden sowohl die Erlöse, als auch die damit verbundenen Kosten über die gesamte Zeit der Zusammenarbeit betrachtet und in Relation zueinander gesetzt. Der Kundenwert hingegen betrachtet auch einzelne Maßnahmen der Unternehmen. Die Kunden bilden mit ihrem Kundenwert eine ökonomische Messgröße, wodurch mögliche Kosten der Kundenakquise, des Kundenmanagements oder weitere in Zusammenhang stehende Kosten aus Unternehmenssicht gerechtfertigt werden können (vgl. Lennartz 2017, S. 19 f.).

In der vorliegenden Arbeit werden beide Begrifflichkeiten als unterschiedliche und vielseitige Konstrukte mit einer differenzierten Zieldimension verstanden, jedoch auf Grundlage der praxisorientierten Verwendbarkeit und Dynamik auf den neuen Zielmarkt des E-Sports, gleichgestellt behandelt.

7.1 Der Kundenwert

Da ohne Kunden kein Unternehmenswert generiert werden kann, werden Kunden und der aus ihnen resultierende Kundenwert als eine der essenziellsten Ressourcen eines Unternehmens verstanden (vgl. Greve 2006, S. 42). Die Terminologie ‚Lifetime‘ beschreibt hierbei die prognostizierte Dauer einer Geschäfts- bzw. Kundenbeziehung und bildet somit eine zeitliche Komponente ab (vgl. Helm et al. 2017, S. 587).

7.1.1 Theoretische Grundlagen des Kundenwerts

Grundlage eines Kundenwertes sind in der Regel zuvor getätigte Akquisitionskosten der Unternehmen (vgl. Hofmann und Mertiens 2013, S. 13). Um diese Initialisierung bzw. getätigten Kosten längerfristig zu erwirtschaften, müssen demnach Werte geschaffen werden, die für den Kunden relevant sind und den Kunden an das Unternehmen binden. Ein Beispiel dafür ist die stetige Weiterentwicklung der Spielewelt, wodurch eine Loyalität zu dem Videospiel geschaffen wird.

Aufgrund der ganzheitlichen Betrachtung des Loyalitätszyklus eines Kunden ist eine Berechnung des individuellen Kundenwertes möglich. Durch die Betrachtung der eigenen oder fremden unternehmerischen Aktivitäten und Maßnahmen wie beispielsweise Werbung oder Sponsoring, werden Auswirkungen auf den Kundenwert sichtbar. Es können dadurch mögliche Marketingstrategien konzipiert werden, die sich positiv auf den Kundenwert auswirken. Somit ist eine zukunftsorientierte Prognose der angedachten Marketingmaßnahmen möglich (vgl. Helm et al. 2017, S. 118 f.). Eine rein retrospektive Betrachtung von Kosten und Erlös, ohne Kenntnis über die Dauer des gesamten Lebenszyklus, kann somit keinen Aufschluss über die zukünftige Profitabilität einer Maßnahme geben (vgl. ebenda). Das Konstrukt des Lebenszyklus inkludiert somit einen ganzheitlichen zeitlichen Faktor und aufgrund der eigenen Erfahrungswerte ist es dem Unternehmen möglich, zielgerichtete Maßnahmen optimal einzusetzen (vgl. Helm et al. 2017, S. 213).

Dem Kundenwert bzw. dem Customer Lifetime Value kann somit eine unterstützende Wirkung in Bezug auf künftige marketingtechnischen Entscheidungen zugesprochen werden (vgl. Zezelj 2000, S. 10; Rouhi 2012, S. 41). Maßnahmen in Bezug auf Marketing sollten demnach immer so betrachtet bzw. getroffen werden, welchen direkten oder indirekten Einfluss sie auf die Steigerung des Kundenwertes haben (vgl. ebenda). Somit sollten Entscheidungskriterien auf Indikatoren wie die Steigerung der Kundenzufriedenheit oder die längerfristige Kundenbindung abzielen, die sich letztendlich positiv auf den Kundenwert bzw. den Customer Lifetime Value auswirken (vgl. Rouhi 2012, S. 30; Vogel 2008, S. 56 ff.; Helm et al. 2017, S. 190 f.).

Ein wichtiger Indikator für die Steigerung des Kundenwerts ist die Kundenzufriedenheit auf das Produkt oder die Dienstleistung. Die Kundenzufriedenheit wird als persönliche Einstellung betrachtet, die sich aus der Vergleichsermittlung zwischen Soll-Zustand und Ist-Zustand ergibt. Somit erfolgt ein interpersoneller Abgleich zwischen erwarteter und tatsächlicher Leistung (vgl. Stock-Homburg 2011, S. 26). Daraus resultiert, dass die Kundenzufriedenheit einen Einfluss auf weitere Indikatoren wie beispielsweise die Kundenbindung hat (vgl. ebenda). Trifft bei einem Kunden eine gewisse Erwartungshaltung ein, ist der Kunde künftig bereit, erneute, ergänzende und höhere Kosten für Transaktionen zu tätigen und sich damit längerfristig an das Unternehmen zu binden (vgl. Lennartz 2017, S. 38, 43).

Grundsätzlich kann der Indikator der Kundenbindung in zwei unterschiedliche Konstrukte zerlegt werden: Zum einen in das Segment der kaufverhaltensbezogenen Kundenbindung und zum anderen in die managementbezogene Kundenbindung (vgl. Garcia und Rennhak 2006, S. 3). Die kaufverhaltensbezogene Kundenbindung betrachtet, ob der Kunde zu Folge- oder Zusatzkäufen bereit ist und sich somit an die Produkte oder Dienstleistungen aufgrund von Zufriedenheit bindet (vgl. ebenda). Die managementbezogene Kundenbindung hingegen betrachtet die unternehmensbezogenen Aktivitäten, die zu einer Kundenbindung führen bzw. diese festigen. Dabei kann dieses Kundenverhalten sowohl faktischer als auch emotionaler Natur sein, weshalb eine direkte Attribution nicht immer eindeutig möglich ist (vgl. Garcia und Rennhak 2006, S. 3). Eine Vielzahl von Konzepten und Maßnahmen wie beispielsweise Treuepunkte, Mitgliedskarten oder zusätzliche Premiumangebote sollen den Kunden die Vorteile einer Treue aufzeigen und Loyalität bewirken (vgl. Peter 2013, S. 11 f.). Diese nicht eindeutig attribuierte Zuordnung zeigt auf, dass die Methoden der Kundenbindung, bzw. die dadurch erhoffte Erhöhung des Kundenwertes, sehr komplex sind und teilweise starke Verknüpfungen zueinander aufweisen (vgl. ebenda). Beim E-Sport könnten solchen verhaltensbedingten Einstellungsindikatoren vom Spielehersteller über die Spielzeit, die Häufigkeit wie regelmäßig man diesen Titel spielt oder die Dauer wie lange man ein Videospiel schon spielt, gemessen werden. Durch die Vielseitigkeit im Hinblick auf die mögliche Marketing- und Maßnahmenplanungen sollte der Kundenwert als Entscheidungshilfe bzgl. möglicher Maßnahmen hinzugezogen werden.

Gleiches gilt dabei auch im Hinblick auf das Kunden- bzw. Beziehungsmanagement zum Kunden. Um einen Kundenwert zu steigern ist es notwendig die Beziehungsverhältnismäßigkeit zum Kunden längerfristig zu optimieren (vgl. Zezelj 2000, S. 10). Das Unternehmen sollte dem Kunden daher nicht nur einen reinen monetären Kundenwert zusprechen, sondern den Kunden vielmehr als individuelles Wesen mit unterschiedlichen Präferenzen und Wünschen wahrnehmen. Dadurch kann für jeden Kunden eine individuell angepasste und optimale Strategie in Bezug auf Bindungs-, Betreuungs- und Gewinnverhältnis entwickelt werden (vgl. ebenda). Solchen individuellen Möglichkeiten bilden die Spielehersteller, durch individualisierte virtuelle Güter und Wertgegenstände innerhalb des Videospiels, immer stärker ab.

Die Kundenbindung bildet einen wichtigen Faktor der Profitabilität ab, der vor allem in gesättigten Märkten wichtig ist. Aufgrund des hohen Konkurrenzdruckes ist es notwendig, Investition in den bestehenden Kundenstamm zu tätigen. Eine Neukundenakquise ist oft nur auf Grundlage der Kundenwechsler im Markt möglich (vgl. Rouhi 2012, S. 35 f.). Demnach ist es kontinuierlich notwendig, die Beziehung zu dem vorhandenen Kundenstamm zu verstehen und diese Bindung intensiv zu pflegen. Darüber hinaus dient eine erfolgreiche Kundenpflege dazu, kontinuierliche Prognosen durchzuführen. Die Abwanderung von Bestandskunden muss meist durch intensivere und außerplanmäßige ökonomischen Maßnahmen kompensiert werden. Demnach ist es für ein Unternehmen zielführender, wenn profitable Kunden ermittelt und dauerhaft gebunden werden (vgl. Gierl und Koncz 2002, S. 939; Helm et al. 2017, S. 6).

Zusätzlich ist eine dauerhafte Überprüfung der Kundenwünsche notwendig und bildet somit einen wesentlichen Bestandteil der Kundenbindung (vgl. ebenda). Durch eine langfristige Kundenbindung und nicht durch eine Erhöhung der Preisstruktur in Bezug auf Produkte oder Dienstleistungen ist es für ein Unternehmen möglich, die Kosten zu senken und dadurch die Erträge zu steigern (vgl. Jain und Singh 2002, S. 35). Der Kunde sollte nicht rein über seinen monetären Kundenwert betrachtet werden, da zusätzlich die nicht-monetären Effekte einen erheblichen Einfluss auf den Kundenwert haben. Faktoren wie Kundenbindung und Kundenzufriedenheit haben somit einen essenziellen Einfluss auf den ökonomischen Erfolg des Unternehmens (vgl. ebenda). Aufgrund der unterschiedlichen Wünsche und Bedürfnisse der Kunden ist es für ein Unternehmen daher erforderlich, den Lebenszyklus eines Kunden zu kennen. Vor dem Hintergrund der verhältnismäßig jungen Zielgruppe im E-Sport ist eine langfristige Bindung daher für einen Spielehersteller oder Ligenbetreiber sehr zielführend.

7.1.2 Kundenlebenszyklus

Damit eine Marketingmaßnahme erfolgreich ist und eine Prognose des Kundenverhaltens aufgestellt werden kann, ist es notwendig, den Lebenszyklus eines Kunden bzw. die Lebenszyklen der Kunden zu verstehen. Erlässt sich der Kundenlebenszyklus in fünf Phasen unterteilen: Die Akquisitions- bzw. Start-, Wachstums-, Profitabilitäts-, Loyalitäts- und Abwanderungsphase (vgl. Matzler et al. 2003). Während nach Akquisition meist ein starkes Umsatzwachstum erfolgt, flacht dieses Wachstum im späteren Verlauf, je nach Produkt oder Dienstleitung, tendenziell wieder ab. Neigt sich eine Kundenbeziehung dem Ende zu, kauft oder nutzt ein Kunde das Produkt oder die Dienstleistung immer weniger. Dabei liegt die Veränderung innerhalb der Phasen in den wechselnden Präferenzen der Kunden begründet. Es ist es möglich verhaltensbedingte Veränderungen frühzeitig zu identifizieren und passende Maßnahmen einzusetzen (vgl. Lennartz 2017, S. 39 f.). Somit ergeben die einzelnen Phasen einen Hinweis über ein mögliches künftiges Nutzerverhalten. Es ist dennoch möglich, dass trotz gleichbleibender Kundenzufriedenheit und langfristiger Kundenbindung zum Produkt oder Dienstleistung ein abnehmendes Wachstum in den verschiedenen Phasen erkennbar wird (vgl. Matzler et al. 2003).

Dieses Veränderungspotenzial wird ersichtlich, wenn man die Messindikatoren des Kundenwerts bzw. des Customer Lifetime Values näher betrachtet. Neben direkten monetären Erlösen umfasst der Kundenwert zusätzlich noch nicht-monetäre bzw. indirekte Messgrößen (vgl. Vogel 2008, S. 42 ff.). Monetäre Indikatoren sind Rückflusse, die auf tatsächlich durchgeführten Transaktionen basieren wie beispielsweise der Wiederkauf, das Cross-Selling oder das Up-Selling (vgl. Hofmann und Mertiens 2013, S. 13 f.). Während der Wiederkauf eine wiederholte Ausführung der Kaufentscheidung ist, umfasst das Cross-Selling eine zusätzliche Transaktion auf weitere Produkte oder Dienstleistungen wie beispielsweise der Kauf eines virtuellen Gutes des Spieleherstellers. Das Up-Selling bezeichnet eine höherwertige Transaktion wie beispielsweise der Kauf eines höherpreisigen Produkts oder einer Dienstleistung des Unternehmens (vgl. Hofmann und Mertiens 2013, S. 13 f.). Während die Up-Selling Strategie, wie der Kauf eines höherklassigen Automobils des gleichen Herstellers, innerhalb des Computerspielemarktes meist eine untergeordnete Rolle spielt, ist eine abgeänderte Form des Cross-Sellings im E-Sport immer stärker vertreten. Es werden sogenannte virtuelle Güter innerhalb des Spiels verkauft und tragen maßgeblich zu dem Erfolg der einzelnen Videospieltitel bei. Durch Mikrotransaktionen wird der Kauf der virtuellen Güter gefördert, da keine große Kaufkraft des Spielers vorhanden sein muss. Dies führt zu höheren Umsätzen der Videospielehersteller und öffnet, neben dem Verkauf des Spiels, eine zusätzliche Einnahmequelle.

Nicht-monetäre Messgrößen sind qualitative Determinanten und damit schwieriger für ein Unternehmen unmittelbar zu messen. Da sich diese Determinanten jedoch auch auf den Kundenwert auswirken, dürfen diese nicht vernachlässigt werden. Das Management eines Unternehmens hat somit die Aufgabe, sich Instrumenten und Mechanismen zu widmen, die den Kunden bzw. die Kunden dazu veranlassen, sich längerfristig an das Unternehmen zu binden (vgl. Peter 2013, S. 11 f.). Dies ist durch eine Analyse von kundenspezifischen Daten möglich, indem monetäre Werte, wie beispielsweise das Kaufverhalten in einem Videospiel, mit nicht-monetären Werten, wie beispielsweise der täglichen Spielzeit des Spiels, in Relation gesetzt werden. Damit ist eine Prognose über die zukünftige Kundeninteraktion für ein Unternehmen möglich. Aufgrund dieser Prognose ist eine Verteilung der Marketingmaßnahmen effektiver und kann zusätzlich sehr zielgerichtet eingesetzt werden (vgl. Lennartz 2017, S. 9).

Die stetige Kontrolle der Kundenbindung ist notwendig, um effektiv auf eine mögliche Abwanderung des Kunden reagieren zu können (vgl. Lennartz 2017, S. 42). Kann beispielsweise ein Mitbewerber die Bedürfnisse des Kunden besser bedienen, wandert der Spieler ab. Im Falle der Schnelllebigkeit des E-Sports bzw. des Videospielsektors ist es jedoch möglich, einen Kunden mit einem neuen Videospiel, einer Erweiterung des Spielgeschehen wie beispielsweise Downloadable Content (DLC) oder mit neuen virtuellen Gütern, wieder zurück zu gewinnen. Auch ein prestigereiches E-Sport-Turnier mit hohen Preisgeldern und offenen Qualifikationsturnieren kann dazu führen, dass Kunden sich intensiver dem Spiel widmen und dadurch die individuelle Kundenbindung steigt. Damit wird einem vermeintlichen Kundenrückgang entgegengewirkt. Da ein abgewanderter Kunde in den häufigsten Fällen als Verlust für ein Unternehmen abgeschrieben werden muss, wird die Notwendigkeit einer langfristigen Betrachtung des Kundenwerts bzw. des Customer Lifetime Values aus ökonomischer Betrachtung ersichtlich (vgl. Kehl 2001, S. 207).

7.2 Determinanten des Kundenwerts bzw. Customer Lifetime Values

Das wertorientierte Marketing betrachtet den unternehmensbezogenen Kundenwert als eine zentrale Zielgröße, um Erfolge aufzuzeigen und daraus resultierend die getätigten Investitionen zu rechtfertigen (vgl. Rouhi 2012, S. 41). Um den Kundenwert bzw. Customer Lifetime Value im E-Sport zu verstehen, müssen zunächst die individuellen Messgrößen, die den Kundenwert bzw. den Customer Lifetime Value bedingen, betrachtet werden. Da die Literatur die Berechnungen des Customer Lifetime Values teilweise, in Abhängigkeit der Determinanten, unterschiedlich gewichtet und interpretiert, bedient sich diese Arbeit der allgemeinen und simplifizierten Formel nach Venkatesan und Kumar (vgl. Venkatesan und Kumar 2004, S. 108). Während eine singuläre Kundenwertmessung langfristige

Entwicklungsphasen des Kunden nicht hinreichend betrachtet, beurteilen Venkatesam und Kumar (2004) den Kundenwert bzw. Customer Lifetime Value als additive Summe. Es werden dabei die individuellen Barwerte des Kunden, durch die von ihm generierten Einnahmen, abzüglich der Gesamtkosten, gebildet (vgl. ebenda). Dies geschieht auf Grundlage des prognostizierten gesamten Lebenszyklus des Kunden. Es handelt sich dabei um einen Barwert, da künftige Zahlungsströme, aufgrund von Opportunitätskosten, nicht ohne weitere Betrachtung von Einflussfaktoren prognostizierbar sind. Auf Grundlage dieser Opportunität findet eine Diskontierung der Barwerte auf dem aktuellen Zeitpunkt statt (vgl. Helm et al. 2017, S. 586 f.). Somit werden alle Einzahlungen und Auszahlungen des Kunden, die während seines Lebenszyklus getätigt wurden, gegenübergestellt. Auch die zunächst getätigten Akquisitionskosten, als auch die Kosten der langfristigen Kundenbindung, müssen in dieser Gegenüberstellung mit einbezogen werden, da die Höhe des individuellen Kundenumsatzes von der Dauer der bestehenden Kundenbeziehung abhängt (vgl. Hofmann und Mertiens 2013, S. 13 f.). Somit bildet letztendlich der Customer Lifetime Value, in seiner einfachen Form, die Summe des aktuellen als auch zukünftigen Werts eines Kunden (vgl. Helm et al. 2017, S. 586 f.). Abb. 7.1 fasst diese simplifizierte Betrachtung des Customer Lifetime Values zur mathematischen Berechnung noch einmal in einer Formel zusammen.

Die Betrachtung des Kundenwerts bzw. Customer Lifetime Values ist notwendig, um den Erfolg einzelner Strategien und Maßnahmen zu beurteilen und zu gewichten, da die Returns on Investments als Indikator in die Berechnung des Kundenwerts mit einfließen (vgl. Jain und Singh 2002, S. 42 ff.). Der Kundenwert bzw. Customer Lifetime Value kann sowohl über die Erhöhung der Erlöse als auch durch die Reduktion der Kostenstruktur gesteigert werden.

Dadurch ergeben sich zwei Strategien: Zum einen ist es möglich, die Interaktionen der Kunden zu beobachten, um mit gezielten Marketingmaßnahmen die Transaktionen der Kunden zu erhöhen oder auf dem gleichen Niveau zu halten (vgl. Husemann-Kopetzky 2017, S. 528). Zum anderen kann der Kundenwert gesteigert werden, wenn die Kosten der Kundenbindung bzw. die Kosten der Erhaltung und Betreuung dieser Kundenbeziehung über den Zeitverlauf rückläufig sind (vgl. Hinterhuber und Matzler 2009, S. 111). Dadurch ist nicht zwangsläufig ein höherer Umsatz des Kunden notwendig, um die Beziehung profitabler für das Unternehmen zu gestalten (vgl. ebenda). Aufgrund der Interdependenz einzelner Faktoren, bildet der Kundenwert bzw. Customer Lifetime Value sowohl die monetären Transaktionen eines Kunden wie bspw. den Wiederkauf eines Produktes oder einer

$$CLV = \sum_{t=0}^{T} \frac{R_t - K_t}{(1 + r)^t}$$

CLV Customer Lifetime Value
t   Jahr
T   Anzahl der Jahre, die der Kunde beim Unternehmen bleibt
R   kundenspezifische Rückflüsse in t
K   kundenspezifische Marketing-Kosten in t
r   Diskontierungssatz

Abb. 7.1 Eigene Darstellung der allgemeinen Formel des Customer Lifetime Values in Anlehnung an Venkatesan und Kumar (2004)

Dienstleistung, als auch die nicht-monetären Interaktionen wie bspw. Empfehlungswerte oder Loyalitätspotenziale einzelner Kunden, ab (vgl. Helm et al. 2017, S. 587, 595). Somit wird der gesamte Kundenwert aus tatsächlich getätigten Umsätzen, als auch nicht-monetären Größen, in Relation zu den Initialisierungskosten gesetzt und letztendlich monetär bewertet (vgl. Helm et al. 2017, S. 54).

Da die nicht-monetären Determinanten, gerade vor dem Hintergrund des aktuellen Trends der free-to-play Videospiele, in der Betrachtung des Customer Lifetime Values im E-Sport einen essenziellen Bestandteil darstellen, werden diese eher qualitativen Determinanten im nächsten Abschnitt näher betrachtet.

7.2.1 Qualitative Determinanten

Obwohl der genaue Customer Lifetime Value als monetärer Barwert theoretisch erst nach Beendigung des Kundenlebenszyklus ausgewertet werden kann, ist es für eine zukünftige Prognose in einem Kundenlebenszyklus notwendig, die qualitativen Einflussfaktoren zu betrachten. Gerade vor dem Hintergrund der zeitlichen Komponente der Kundenbeziehung wird dies ersichtlich. Da diese indirekten Indikatoren nicht unmittelbar und eindeutig messbar sind und nicht auf einem realen Geldwert beruhen, jedoch Auswirkungen auf den Kundenwert haben, ist eine Betrachtung bzw. ein Verständnis für diese Indikatoren notwendig (vgl. Heidemann et al. 2009, S. 193 f.; Helm et al. 2017, S. 595). Zu diesen qualitativen Determinanten gehören neben den Informationswerten auch Referenzwerte und Loyalitätspotenziale (vgl. ebenda), die im Folgenden näher betrachtet werden.

7.2.2 Informationswert

Der Informationswert bildet sich auf Grundlage aller Kundeninformationen, die zu dem Unternehmen gelangen. Somit steigt der Informationswert über einen Kunden, je öfter er ein Produkt oder eine Dienstleistung in Anspruch nimmt. Somit können einerseits kundenspezifische Präferenzen, aber auch Qualitätsinformationen oder Verbesserungspotenziale ermittelt werden (vgl. Helm et al. 2017, S. 54 ff.). Informationen über den Kunden werden dabei über die Interaktion mit dem Kunden generiert. Beispiele hierfür sind der Kundenservice oder das Beschwerdemanagement. Es muss jedoch dabei beachtet werden, dass Kunden häufig emotional reagieren, weshalb bei der Analyse des Informationswerts eine gewisse Objektivität gewährleistet werden muss (vgl. Lennartz 2017, S. 36 f.). Zusätzlich kann jedoch auch der Kenntnisstand über die emotionale Verhaltensweise des Kunden Aufschluss über zukünftiges Verhalten geben und für gezielte Maßnahmen genutzt werden.

Diese Informationen können längerfristig zur Erreichung der Unternehmensziele genutzt werden, da auf Grundlage eines Informationswertes Risiken reduziert, Kosten gesenkt und Gewinne dadurch gesteigert werden können (vgl. Lennartz 2017, S. 36 f.). Innerhalb des E-Sports können die tägliche Spielzeit, die Dauer des Spiels und das Kaufverhalten des Spielers Aufschluss über seine Präferenzstruktur geben. Verhaltensbedingten Änderungen wie beispielsweise das sofortige Beenden des Spiels können somit viele Indikatoren zu Grunde liegen. Dementsprechend muss ein Informationswert in Relation zu dem tatsächlichen Spielverhalten des Kunden gesetzt werden, um objektiv analysiert zu werden.

7.2.3 Referenzwert

Ein Referenzwert beruht auf den Empfehlungen, die ein Kunde für ein Produkt oder eine Dienstleistung ausspricht. Da tendenziell sehr zufriedene Kunden eine Empfehlung aussprechen oder sehr unzufriedene Kunden von dem Produkt oder der Dienstleistung abraten, ist der Referenzwert eines Kunden sehr entscheidend und bezieht sich auf die Überzeugungsfähigkeit eines Kunden gegenüber eines Dritten (vgl. Helm et al. 2017, S. 595). Einige Unternehmen generieren mehr Neukunden über die Empfehlung von Bestandskunden als über andere Maßnahmen, weshalb der Referenzwert ein einflussreicher Indikator hinsichtlich des Marktwachstums sein kann (vgl. Homburg und Schnurr 1999, S. 6). Demnach besitzt jeder Kunde einen individuellen Referenzwert, der sich auf Grundlage des Einfluss- bzw. Empfehlungsfaktors des Kunden zusammensetzt (vgl. ebenda). Das starke Wachstum der Streamer und Zuschauer innerhalb des Videospielmarktes und im E-Sport wirkt sich stark auf den Referenzwert der Kunden aus und beeinflusst damit den Kundenwert.

7.2.4 Loyalitätspotenzial

Wenn ein Kunde aufgrund von Loyalität zukünftig weitere Produkte oder Dienstleistungen des Akteurs in Anspruch nimmt, werden dadurch weitere monetäre Transaktionen durchgeführt und Erträge für den Akteur generiert. Dabei muss das Konstrukt der Loyalität jedoch in zwei Stufen unterteilt werden. Die Loyalität kann zum einen durch das Gefühl der Verbundenheit bzw. Vertrautheit und der daraus resultierenden Zufriedenheit auftreten (vgl. Helm et al. 2017, S. 134). Zum anderen ist es möglich, dass sich die Loyalität aus einem Mangel an Alternativen ergibt. Wichtige Kennzahlen für eine Beurteilung von Loyalität ist somit die Dauer der Geschäftsbeziehung und der Informationswert über die Kundenzufriedenheit im Hinblick auf das Produkt oder die Dienstleitung (vgl. Lennartz 2017, S. 28).

Innerhalb des E-Sports kann ein Spielehersteller den Loyalitätsprozess als Kombination aus täglicher Spielzeit und langfristiger Spieldauer interpretieren.

7.2.5   Weitere nicht-monetäre Faktoren

Zusätzlich können sich auf den Kundenwert weitere nicht-monetäre Faktoren wie beispielsweise das ‚variety-seeking-behavior' auswirken. Das ‚variety-seeking' bezeichnet
dabei das individuelle Variationsverhalten bzw. die Abwechslungssuche des Kunden hinsichtlich Produkten oder Dienstleistungen. Dabei finden sich in der Literatur differenzierte
Meinungen bzgl. des Nutzungsverhaltens. So vertreten McAlister (1982) und Lancaster
(1966) die These, dass eine wiederholte Konsumption von Produkteigenschaften, die ursprünglich vom Kunden als positiv betrachtet werden, im Laufe der Zeit abnehmen (vgl.
McAlister 1982, S. 132 ff.). Aus diesem Grund nutzen Kunden Substitute, um ein Ab-
wechslungsverhalten zu erreichen (vgl. McAlister und Pessemier 1982, S. 313 ff.). Farquhar und Rao (1976) und Pessemier (1978) vertreten die These, dass ‚varierty-seeking'
der Wunsch des Konsumenten ist, eine Balance zwischen einzelnen Produkteigenschaften
herzustellen, um damit den eigenen Nutzen zu maximieren (vgl. Farquhar und Rao 1976,
S. 28 ff.; Bayón-Eder 1994, S. 59 ff.). Zusätzlich wird durch die Nutzung anderer Produkte
und Dienstleistungen eine individuelle Absicherung hinsichtlich der eigenen Geschmacks-
veränderungen vorgenommen (vgl. Pessemier 1978, S. 380 ff.).

Da es sich bei den aufgezeigten Indikatoren um qualitative und nicht-monetäre Determinanten handelt, wird deutlich, dass ein Zusammenspiel dieser Indikatoren, in Kombination mit weiteren Informationen wie beispielsweise den Marketingmaßnahmen von Mit-
bewerbern, einen Einfluss auf die Kundenbeziehung hat. Daraus resultiert eine Veränderung
des Kundenwerts bzw. den Customer Lifetime Values. Ein Unternehmen darf demnach
sowohl für die künftige strategischen Planungen als auch die operativen Maßnahmen diese
qualitativen Indikatoren nicht außer Acht lassen. Innerhalb des E-Sport Marktes ist ein
kundenspezifischer Fokus und eine Betrachtung der monetären als auch qualitativen Indikatoren notwendig, da der dynamische Wandel im Gamingsektor sich schnell auf Videospiele, Hersteller oder virtuelle Güter auswirken kann.

7.3   Limitation des Customer Lifetime Value im E-Sport

Der Customer Lifetime Value bildet durch die Zukunftsorientierung zwar die Grundlage
für alle Planungs-, Steuerungs-, und Kontrollaufgaben des Kundenwertmanagements, jedoch unterliegt dieser Ansatz gewissen Limitationen (vgl. Lennartz 2017, S. 151 ff.). Unter Betrachtung von absoluten und relativen Kennzahlen soll die Berechnung bzw. die
Analyse des Kundenwertes nicht lediglich darin begründet liegen, dem Kunden einen monetären Wert zuzurechnen. Vielmehr sollten die gesamte strategische und operative Maß-
nahmenplanung des Unternehmens, die Steigerung des Kundenwertes zur Folge haben
und darauf ausgerichtet sein (vgl. Helm et al. 2017, S. 7). Zu dieser individuellen Identifikation der Maßnahme für den Kunden, soll die individuelle Phase innerhalb des Lebenszyklus in der sich der Kunde befindet, berücksichtigt werden. Somit ist eine auf den Kunden zugeschnittene Maßnahme möglich (vgl. Helm et al. 2017, S. 10).

Der Customer Lifetime Value ist für Unternehmen ein bilaterales Steuerungsinstrument. So dient der Kundenwert einerseits zur Identifikation von profitablen Kundengruppen und unterstützt das Unternehmen andererseits, durch seine Prognosefunktion, im Hinblick auf zukunftsorientierte Maßnahmenplanungen. Eine Steuerung dieser Wechselwirkungen ist somit durch die Betrachtung des Customer Lifetime Values möglich (vgl. Helm et al. 2017, S. 47 f.). Zusätzlich erleichtert der Kundenwert die Identifizierung von Zielgruppen und ermöglicht die Betrachtung des individuellen Kunden in einem Kollektiv. Eine Verteilung des Budgets bei der Maßnahmenumsetzung ist dadurch möglich und gibt eine Tendenz, wie intensiv Bestandspflege oder Neukundenakquise betrieben werden sollte (vgl. Heidemann et al. 2009, S. 195 f.). Somit sollte der Customer Lifetime Value, durch die zukunftsorientierte Betrachtung und Bewertung der Messgrößen, als Prognoseinstrument im Hinblick auf den künftigen Wert eines Kunden genutzt werden (vgl. Helm et al. 2017, S. 586 f.).

Die Berechnung und die Bewertung des Customer Lifetime Values basiert jedoch auf zukunftsorientierten Kennzahlen in Kombination mit qualitativen und nicht-monetären Determinanten. Der Customer Lifetime Value liefert zur Ermittlung dieser qualitativen Daten jedoch keine eindeutige Methodik, weshalb Ungenauigkeiten in der Schätzung von zukünftigen Werten zu einer subjektiven Prognosefunktion führen kann (vgl. Lennartz 2017, S. 150 ff.). Da sich sowohl die Berechnung als auch die Prognose des Customer Lifetime Value auf Grundlage diverser qualitativen Determinanten in der Praxis als schwierig erweist, verzichten einige Unternehmen darauf (vgl. Rudolf-Sipötz und Tomczak 2001, S. 71; Klotz 2005, S. 117; Duderstadt 2006, S. 209).

Obwohl einige Modifikationen und konzeptionelle Anpassungen in der Literatur am Customer Lifetime Value vorgenommen wurden, hat bisher kein Modell bzw. keine Modifikation des Modells einen signifikanten Vorteil gegenüber der vereinfachten Version des Grundmodells. Somit findet zum aktuellen Zeitpunkt keine Modifikation des Modells eine allgemeingültige Akzeptanz (vgl. Schneider 2007, S. 66). Da Videospiele als digitale Produkte keinen zeitlichen Abnutzungsfaktor haben und sich zusätzlich die Dynamik des schnelllebigen Videospielmarktes auf die Marketingmaßnahmen von Unternehmen auswirkt, nutzen viele Unternehmen die gesamtheitliche Kundenwertberechnung nur bedingt, da eine zeitliche Prognose nicht eindeutig möglich ist. Dadurch beläuft sich die reelle Verwendung des Konstruktes des Customer Lifetime Values in der Praxis auf einen Anteil von bis zu zehn Prozent der Unternehmen (vgl. Lennartz 2017, S. 150 ff.).

Da der Kundenwert jedoch Auswirkungen auf die Entscheidungen im Videospielsektor und damit auch auf den E-Sport hat, widmet sich der nächste Abschnitt einer Synthese aus den Elementen und Determinanten des Kundenwerts bzw. Customer Lifetime Values im Hinblick auf die Auswirkungen auf den E-Sport.

7.4 Auswirkungen des Kundenwerts auf den E-Sport

Der E-Sport ist ein komplexes Konstrukt, das sowohl intrinsische und soziokulturelle Präferenzstrukturen als auch durch extrinsische und ökonomische Motive vereint. Durch transformationelle gesellschaftliche Veränderungen, wie beispielsweise die stärkere Digitalisierung, passt sich der E-Sport diesen Gegebenheiten dynamisch an. Der Kern des Konstrukts, ein spielerischer Charakter in Kombination mit wettbewerbsorientierten Attributen, bleibt jedoch im Kern unverändert. Durch die spielerische Entwicklung der Fähigkeiten in der Kindheit in Kombination mit einer akademischen Vergleichsermittlung innerhalb der Schulzeit, verbindet E-Sport somit beide Elemente der Wachstumsphasen von Kindern und Jugendlichen und ist damit der jüngeren Zielgruppe nativ vertraut. Diese Vereinigung ist auch im Kern einer der zentralen Indikatoren, die den E-Sport erfolgreich machen.

Durch die starken Wachstumsraten des E-Sports ist es anzunehmen, dass der Kundenwert parallel zu dieser Entwicklung steigen wird. Durch die Dynamik des Marktes befindet sich der E-Sport aktuell in einer Startphase, die sich sukzessiv entwickelt und sich individuell an Veränderungen anpassen kann. Der Kundenwert als Erfolgstreiber spielt dabei eine wichtige Rolle, da durch die stärkere globale Vernetzung der regionale Gedanke klassischer Sportstrukturen außer Acht gelassen werden kann und somit die Markteintrittsbarrieren für jeden Spieler sehr gering sind. Dadurch öffnen sich für Unternehmen neue Märke und potenzielle Kunden, die vorher nur bedingt verfügbar waren.

Der ökonomische Aspekt der wachsenden Preisgelder ist ein starker Effekt, der den E-Sport zwar bedingt, jedoch tendenziell eine untergeordnete Rolle spielt. Die Zuschauerfreundlichkeit, durch einfach zu nutzende Übertragungsplattformen wie Twitch oder Youtube, in Kombination mit einem weltweit verfügbaren Zielpublikum, sorgt erst für ein ökonomisches Interesse der Unternehmen. Die dauerhafte Verfügbarkeit von Spielpartnern oder Wettbewerbern via Internet sorgt für einen starken globalen Wettbewerb. Somit ist die globale Verfügbarkeit von Spielern und Zuschauern ein wichtiger Erfolgstreiber des E-Sports.

Gerade bei jüngeren Spielern führt das intrinsische Bedürfnis nach Progression der Fähigkeiten zu einer erhöhten Spielzeit und damit zu einem Fokus auf das Spiel. Dieser Fokus wirkt sich neben der Spielzeit auch auf die Spieldauer aus. Somit nimmt die tägliche Spielzeit, als auch die kumulierte Spieldauer, wie lange man ein Videospiel spielt, zu. Durch diesen Fokus werden die Ausgaben innerhalb des Spiels aber auch in dem direkten Umfeld, wie beispielsweise für Peripheriegeräte, erhöht. Durch die Progression der Fähigkeiten, in Kombination mit einer Wettbewerbsorientierung, entsteht eine Art ‚Narrowed-Focus' auf E-Sport-Titel und ein relativer Verdrängungseffekt für andere Videospiele. Damit steigt der Kundenwert für Spielehersteller von E-Sport-Titeln.

Dementsprechend findet ein monetärer, als auch ein nicht-monetärer, Fokus der Ressourcen statt und wirkt sich daher positiv auf den Kundenwert von E-Sport-Titeln aus. Die hat Auswirkungen auf den Kunden, die Praxis, aber auch die Entwicklung des E-Sports.

7.4.1 Auswirkungen auf den Kunden

Der Kundenwert im E-Sport ist ein zentraler Faktor hinsichtlich der Entwicklung des E-Sports, Sowohl die monetären Transaktionen, als auch die nicht-monetären Determinanten, tragen zu einem Wachstum des Marktes bei. Zusätzlich korreliert die Entwicklung des E-Sports stark mit der Entwicklung des Videospielmarktes. Somit hat der Kunde im E-Sport, ähnlich wie in anderen Märkten, einen Einfluss mit seinem direkten Kaufverhalten. Der E-Sport muss jedoch im Hinblick auf den Kundenwert differenzierter betrachtet werden. Zunächst ist der E-Sport komplex und wirkt nur über das Zusammenspiel mehrerer Faktoren. Somit ist der Spieler das zentrale Element und der Publisher bietet mit seinem Produkt die Plattform. Veranstaltet und übertragen wird dies von Drittanbietern wie beispielsweise Ligen- oder Turnierbetreibern. Unterstützt wird dies von Sponsoren. Somit bietet der E-Sport nicht zwangsläufig eine direktive Verbindung zwischen Kunden und Anbieter sondern ist intermediäre Schnittstelle in Bezug auf den Austausch mehrere Akteure.

Durch diese Vielfältigkeit wird dem Kundenwert eine stärkere Gewichtung zugeschrieben, die dem Kunden meist nicht bewusst sind. Der Kunde hat mit seinem monetären Kaufverhalten und seinem nicht-monetären Nutzungsverhalten einen Einfluss auf die Akzeptanz und den Erfolg oder Misserfolg des Spiels. Besonderheit innerhalb des E-Sports ist jedoch, dass der Kunde trotz direkter monetärer Interaktion keinen direkten monetären Mehrwert für den Spielehersteller bzw. das Spiel an sich darstellen muss. Nehmen wir exemplarisch an, dass man für das Spiel Counter Strike ein Trikot seiner Lieblingsmannschaft im Webshop eines Ligen- bzw. Turnierbetreibers kauft. Hier hat die direkte monetäre Interaktion, der Kauf des Trikots, keinen direkten monetären Einfluss auf den Spielehersteller.

Nicht-monetäre Faktoren wie das Loyalitätspotenzial oder die Weiterempfehlung des Spielers sind somit wichtig für einen Spielehersteller, da sich dies meist direkt auf die Spielzeit auswirkt. Spielehersteller versuchen diese Informationen aus dem Kundenwert als Wissen zu nutzen, um Maßnahmen zu planen. Viele Spielehersteller versuchen damit aus nicht-monetären Faktoren einen monetären Faktor zu generieren. Neue Ansätze wie bspw. Mikrotransaktionen für virtuelle Güter werden eingeführt. Beispielsweise haben jüngere Spieler in der Regel mehr Zeit und weniger Geld. Dadurch können sich beispielsweise ältere Spieler, mit weniger Zeit und mehr verfügbarem Einkommen, Zeitersparnisse in Form von virtuellen Gütern kaufen. Es wird ersichtlich, dass ein stärkerer Komplexitätsgrad bei Videospiele vorherrscht.

Aufgrund der Tatsache, dass beim E-Sport kein direktionales, sondern ein multidimensionales Verhältnis herrscht und dementsprechend aus nicht-monetären Faktoren wie der Spielzeit ein monetärer Wert geschaffen wird, zeigt eine Art Reziprozität des Marktes. Vor dieser Herausforderung stehen aktuell viele Unternehmen im Videospielsektor, da der monetäre Wert der entscheidendste Faktor für ein ökonomisch-agierendes Unternehmens ist. Durch diese reziproke Wechselwirkung der Determinanten des Kundenwerts werden viele Spielehersteller zu kreativen Problemlösungen angeregt um monetäre Erlöse zu erwirtschaften.

Durch die Kollektivität der einzelnen Spieler in Zielgruppen aggregiert sich der Kundenwert der Spieler. Somit wird die Interaktion zwischen Spieleherstellern und Zielgruppen immer relevanter und wirkt sich auf die Entwicklung der angebotenen Dienstleistungen aus. Durch die schnelle Interaktion und die niedrigeren Eintrittsbarrieren innerhalb des E-Sport- und Gamingmarktes wird künftig den Kunden ein größerer Stellenwert zugeschrieben. Unternehmen werden versuchen die Spieler integrativ über Communitymanagern zu dauerhafter Interaktion oder Feedback hinsichtlich des eigenen Produktes oder Dienstleistung zu motivieren. Die nicht-monetären Faktoren werden somit wichtiger für die Unternehmen, wodurch letztendlich der Kundenwert an Relevanz gewinnt. Somit steht der Kunde, durch die Dynamik des Marktes und die schnelle Abwanderungsmöglichkeit zu einem Alternativprodukt bzw. einer Alternativdienstleistung, als zentrales Element in den Überlegungen der Spielehersteller. Dadurch wird ein stärkerer Austausch und eine stärkere Individualisierung der Spiele in Zukunft gegeben sein. Aufgrund von Individualisierungsaspekten wird die Integration des Kunden immer essenzieller, da ein Feedback zu der individuellen Ausprägung, notwendige Bedingung für eine Anpassung der zu bedienenden Präferenzstruktur sein wird. Diese Tendenzen sind aktuell bei einigen Spieleherstellern schon erkennbar.

Zusammenfassend hat der Kunde bzw. der Kundenwert einen zentralen Anteil innerhalb des E-Sports und auf die Entwicklung des Marktes. Der Kundenwert kann dabei in eine monetäre und eine nicht-monetäre Dimension differiert werden. Die monetäre Dimension hat hierbei direkten Einfluss auf den Spielehersteller durch den Kauf eines Spiels oder eines virtuellen Gutes. Die monetäre Dimension kann auch, aus Sicht des Spieleherstellers, einen indirekten bzw. nicht-monetären Einfluss haben. So können monetäre Interaktionen wie virtuelle Güter durch Drittanbieter angeboten und Geldflüsse darüber generiert werden. Dadurch steht der Spielehersteller vor der Herausforderung, nicht-monetäre Indikatoren wie die Spielzeit oder die Spieldauer stärker in den Fokus zu stellen. Dies ist in der Regel realisierbar über die attraktive Gestaltung der Spielwelt wie beispielsweise die Gestaltung von zusätzlichem Content in Kombination mit neuen direkten Monetarisierungsstrategien. Auch die extrinsische Motivation der Spieler über Preisgelder in einer Turnierserie ist eine gängige Methoden, um die Spielzeit und Spieldauer zu verlängern, wodurch Spielehersteller einen transformationellen Veränderungsprozess hinsichtlich eines erweiterten Stakeholderbewusstseins erfahren müssen, um diese Veränderung zu durchlaufen.

Zusätzlich sorgen die Zahlungsströme des Kunden an Drittanbieter und nicht direkt an die Spielehersteller zu einer längerfristigen Transformation der Spielehersteller hinsichtlich der klassischen Wertschöpfungskette des Videospielmarktes. Somit werden Spielehersteller künftig immer stärker eine allgemeinere Rolle im Hinblick auf die Wertschöpfungskette einnehmen, was zu einer Zentralisierung weniger, dafür jedoch sehr großer Plattformen in diesem Segment führen wird. Diese Tendenzen zeichnen sich aktuell auch in anderen Entertainmentsektoren ab.

Durch die Konkurrenz dieser Plattformen wird der Druck von Substituten und Alternativen höher, wodurch ein stärkerer Fokus auf den Kunden und dessen Wünsche gelegt werden muss. In allen Fällen wirkt sich dies positiv auf den Kunden bzw. den Spieler aus, wodurch letztendlich der Kunde von diesen Entwicklungen profitiert und als zentrales Element in die strategischen Überlegungen der Spielehersteller integriert wird. Dadurch werden künftig schneller und intensiver Kundenwünsche innerhalb des Spielgeschehens umgesetzt oder neu integriert.

7.4.2 Auswirkungen auf die Praxis

Aufgrund der Komplexität des Videospielmarktes und des Wachstums des E-Sports wird zukünftig eine stärkere Synthese verschiedener Strömungen vollzogen, die folgend skizziert wird.

Eine aktuell sehr erfolgreiche Monetarisierungstrategie von Spieleherstellern sind free-to-play Videospiele in Kombination mit Mikrotransaktionen. Dies spiegelt sich in den Nutzerzahlen der erfolgreichen E-Sport-Titel wider. Besonders erfolgreich sind Titel, die über eine geringe Altersfreigabe verfügen. Somit kann schnell eine hohe Spielerzahl und eine nachhaltige Zielgruppe erreicht werden, die sich auf ein Spiel fokussiert. Durch eine verhältnismäßig junge Zielgruppe, die digital und mit einem kostengünstigen Internetzugang aufwächst, ist der Markteintritt ein entscheidendes Kriterium bei der Wahl der Monetarisierungsstrategie. Hohe Markteintrittsbarrieren bei vergleichsweise geringem Einkommen bilden Restriktionen und ermöglichen es kostengünstigeren oder kostenfreien Alternativen der Wettbewerber, mehr Spieler für sich zu gewinnen. Diese Abwanderung wird im digitalen Zeitalter noch schneller vollzogen als in statischen Märkten.

Sowohl der Wettbewerb innerhalb des E-Sports als auch die individuelle Wettbewerbsorientierung der Spieler haben positiven Einfluss auf den Kundenwert, der eine zentrale ökonomische Größe darstellt. Dadurch werden sich immer mehr Spielehersteller am E-Sport orientieren und den Spielern eine unmittelbare und direkte Wettbewerbsoption innerhalb des Spiels zur Verfügung stellen. Dies wirkt sich für Spielehersteller positiv auf die monetären als auch auf die nicht-monetäre Determinanten aus.

Durch ein geringeres Haushaltseinkommen der jüngeren Zielgruppe wird ein ‚Narrowed Focus'-Effekt motiviert, das vorhandene Einkommen für wenige Spiele auszugeben, die jedoch intensiver genutzt werden. Dementsprechend ist eine weite Streuung des verfügbaren Einkommens innerhalb der jungen Zielgruppe nicht möglich.

Das aktuell bevorzugte europäische Monetarisierungsmodell bei Videospielen sind virtuelle Güter, die einen rein kosmetischen Effekt auf das Spielgeschehen haben. Durch die Wettbewerbsorientierung des E-Sports, als Analogie zu klassischen sportlichen Wettkämpfen, wird eine faire und chancengleiche Grundbedingung vorausgesetzt und sogenannte bezahlbare pay-to-win Güter seltener genutzt. Somit steht ein gekaufter Vorteil im direkten Kontrast zu der Intention des E-Sports.

Aufgrund dieser Komplexität des Videospielsektors stehen die Bedürfnisse des Kunden im Fokus, welche von den Spieleherstellern umgesetzt werden. Somit werden künftig Spielehersteller E-Sport-Titel mit niedrigen Markteintrittsbedingungen (free-to-play) in Kombination mit einer starken und chancengleichen Wettbewerbsorientierung (integrierte

Ligen und Turniere), unter Berücksichtigung einer niedrigen Altersfreigabe entwickeln. Durch die fokussierenden Effekte der Ausgaben als auch durch die wachsende Spielzeit und Spieldauer der Spieler, unter Berücksichtigung eines Verdrängungseffektes alternativer Substitute, wird der ökomische Erfolg der Spielehersteller maximiert. Die aktuell erfolgreichen E-Sport-Titel vereinen all diese dargestellten Eigenschaften.

Somit bildet die Orientierung am Kundenwert eine Leitlinie hinsichtlich der Entwicklung für Videospielhersteller.

7.4.3 Auswirkungen auf die E-Sport-Entwicklung

Der monetäre Wert stellt einen zentralen Faktor für ein ökonomisch agierendes Unternehmen dar. Somit orientieren sich Spielehersteller immer mehr an dem Kundenwert. Aufgrund der zuvor dargelegten reziproken Wechselwirkung werden drei Tendenzen ersichtlich, die sich auf den E-Sport auswirken.

Zunächst ist die Kreativität der Unternehmen notwendig, da durch eine Vielzahl an diversen Angeboten ein stärkerer Wettbewerb herrschen wird. Somit müssen kreative Konstrukte, wie beispielsweise der Contributed Prize Pool, geschaffen werden. Der Videospielhersteller Valve bietet bei seiner Weltmeisterschaft in DOTA 2 die Partizipation via Mikrotranskationen in Form eines League Pass bzw. Season Pass an. Ein Teil der Mikrotransaktion wird dem Preisgeld zugeschrieben, wodurch ein größerer Anreiz zu mehr Konsum des Spiels besteht. Mehr Konsum des Einzelnen führt zu vermehrten Aktivitäten im Spiel, was sich auf die höheren Referenzinformationen über das Spiel und die Empfehlungsrate auswirkt. Demnach wird, durch das reziproke Verhältnis zwischen monetären und nicht-monetären Determinanten, ein höherer Kundenwert geschaffen. Dies führt zu steigender Relevanz des E-Sports und damit auch zu einem Wachstum des Kundenwerts. Dadurch wird sich der Kunde stärker mit dem Spielehersteller austauschen, da der Spielehersteller auf die Kundenwünsche eingehen wird.

Durch diese Partizipationsmöglichkeiten vergrößert sich die Interaktion zwischen Kunde und Spielehersteller innerhalb des E-Sports und es folgt eine größere Zufriedenheit hinsichtlich der Kundenintegration. Dadurch werden Videospiele, die erfolgreiche E-Sport-Titel sind, von den Kunden länger und intensiver gespielt. Resultierend verlängert sich der Lebenszyklus der Videospiele, was sich wiederum auf zwei Aspekte auswirkt. Zunächst versuchen Videospielhersteller die Relevanz des Spiels über den Faktor der Spielzeit zu verlängern. Während vor knapp zehn Jahren ein Videospielinhalt für eine Spielzeit von ca. 20–30 Stunden sorgte, starten die aktuellen Videospiele, laut diverser Spielehersteller, heutzutage bei knapp 70 Stunden. Da das Konstrukt des E-Sports auf den Wettbewerb zentralisiert ist und das Setting über eine in sich geschlossene Vollständigkeit verfügt, ist die Spielzeit theoretisch dauerhaft und unendlich lang möglich. Hintergrund dieser verlängerten Spieleinheiten hinsichtlich des Spielsettings sind längere Nutzungszeiten und daraus resultierende Monetarisierungsmöglichkeiten, die durch den längeren Konsum geschaffen werden. Die gleichbleibenden Entwicklungskosten der Spielehersteller stehen somit in Relation zur Möglichkeit einer langfristigeren Monetarisierung über

Cross-Selling-Methoden. Auch der Versuch der Integration von wettbewerbsorientierten Elementen seitens der Spielehersteller, im Hinblick auf die Bildung einer eigenen E-Sport Community, ist zurzeit erkennbar. Somit bieten immer mehr Publisher integrierte Ligensysteme mit Preisgeldern an.

Aufgrund dieser Veränderung bzw. der Interaktion der Spielehersteller wird die dritte Auswirkung des Kundenwerts auf den E-Sport ersichtlich. Durch die Komplexität des multidimensionalen Zusammenspiels vieler Akteure ist die Tendenz zu erkennen, dass Spielehersteller langfristig am monetären Erfolg des E-Sports partizipieren wollen. Somit werden Akteure eine multifunktionale Rolle übernehmen wollen bzw. müssen. Während vor knapp fünf Jahren eine eindeutige Verteilung des Ökosystems zwischen Spieleherstellter, Ligenbetreiber und Übertragungsmedium definiert war, synthetisiert dieses Rollenverständnis immer stärker.

So bildet beispielsweise der Spielepublisher Riotgames mit dem Titel League of Legends sowohl den Spielehersteller, den Ligen- und Turnierbetreiber als auch das Übertragungsmedium ab. Darüber hinaus werden Franchisegebühren für Akteure innerhalb des eigenen Ligensystems erhoben. Dadurch wird die Vielschichtigkeit und Synthese der einzelnen Rollen in ein Konstrukt des Generalunternehmers, inklusive multifunktionaler Aufgaben und Rollen, ersichtlich. Dies wird langfristig zur Folge haben, dass eine Zentralisierung des Marktes stattfindet, was sich in der Differenzierung einzelner sehr großer Plattformanbieter widerspiegeln wird.

Tendenzen diesbezüglich sind aktuell zwischen Amazon und Microsoft über Ihre gamingbasierten Videospielübertragungsplattformen Twitch und Mixer erkennbar. Auch Spielehersteller versuchen die gesamte Wertschöpfungskette abzubilden und nutzen neue monetäre Möglichkeiten wie beispielsweise der Verkauf von Franchisespots an Teams, für Partizipation an der eigenen Liga. Dies führt zu einer Verschiebung des Aufgabengebietes der einzelnen Unternehmen im Hinblick auf die gesamte Wertschöpfungskette und neue kreative Konzepte. Langfristig wird dadurch eine Plattformzentrierung innerhalb des Videospielmarktes erfolgen.

7.5 Erkenntnis des Kundenwerts im E-Sport

Der Kundenwert ist ein zentraler Faktor hinsichtlich des E-Sports und seiner Entwicklung. Sowohl die monetären Auswirkungen als auch die nicht-monetären Indikatoren tragen zu einem Wachstum des Marktes bei. Zusätzlich korreliert die Entwicklung des E-Sports stark mit der Entwicklung des Videospielmarktes. Unabhängig davon ist eine reziproke Wechselwirkung ersichtlich, wodurch die Akteure im E-Sport zur kreativen Problemlösung angeregt werden. Durch die Schnelllebigkeit des Marktes und den niedrigen Markteintrittsbarrieren ist eine große Dynamik innerhalb des Marktes gegeben. Die soziokulturelle Verschiebung und das native Aufwachsen der nachfolgenden Generationen mit dem Videospielmarkt bauen langfristig Restriktionen ab und dadurch wird der Markt weiter wachsen. Durch das Wachstum des Marktes wird die Interaktion zwischen Spielehersteller und Kunden immer relevanter. Kunden haben damit mehr Einfluss auf die Entwicklung innerhalb der Dienstleistungen, die angeboten werden müssen. Diese Tendenz zeichnet sich zur Zeit auch in anderen Entertainmentbranchen, wie dem Video-on-Demand-Sektor, ab. Exklusiverer Content ist für eine zentralisiertere Plattform notwendig, wodurch es zukünftig wenige, dafür sehr große Akteure im Markt geben wird. Durch die schnelle Interaktion und die niedrigeren Eintrittsbarrieren innerhalb des E-Sport- und Gamingmarktes wird zukünftig den Kunden ein größerer Stellenwert zugeschrieben und somit versuchen Akteure im E-Sport die Kunden integrativ zu motivieren. Auch die nicht-monetären Faktoren werden somit wichtiger für die Unternehmen, wodurch letztendlich der Kundenwert an Relevanz gewinnt. Somit steht der Kunde, durch die Dynamik des Marktes und die schnelle Abwanderungsmöglichkeit zu einem Alternativprodukt bzw. einer Alternativdienstleistung, als zentrales Element in den Überlegungen der Spielehersteller. Dadurch wird künftig ein stärkerer Austausch zwischen Spielehersteller und Spielern und eine stärkere Individualisierung der Spiele gegeben sein. Aufgrund von Individualisierungsaspekten wird die Integration des Kunden immer wichtiger, was positive Auswirkungen auf den Kunden haben wird, da seine Bedürfnisse stark berücksichtigt werden müssen.

Literatur

Bauer, H., Herrmann, A. & Bayón-Eder, T. (1994). Euro-consumer: A new challenge for international companies. *Journal of International Marketing an Marketing Research, 19*(1), 7–13.

Duderstadt, S. (2006). *Wertorientierte Vertriebssteuerung durch ganzheitliches Vertriebscontrolling. Konzeption für das Retailbanking*. Wiesbaden: Gabler/Springer Fachmedien.

Farquhar, P. & Rao V. (1976). A Balance Model for Evaluation Subsets of Multiattributed Items, *Management Science, 22*(5), 509–628, Institute for Operations Research and Management Science, Catonsville (Maryland). https://www.jstor.org/stable/30038843. Zugegriffen am 24.04.2020.

Garcia, A. G. & Rennhak, C. (2006). Kundenbindung – Grundlagen und Begrifflichkeiten. In *Herausforderung Kundenbindung* (S. 3–14). Wiesbaden: DUV./Gabler/Springer Fachmedien. https://doi.org/10.1007/978-3-8350-9245-7_1.

Gierl, H. & Koncz, J. (2002). Customer lifetime value. In *dem Handbuch Direct Marketing & More* (S. 939–956). Wiesbaden: Gabler/Springer Fachmedien. https://doi.org/10.1007/978-3-322-90220-7_52.

Greve, G. (2006). *Erfolgsfaktoren von Customer-Relationship-Management-Implementierungen*. Wiesbaden: Deutscher Universitätsverlag.

Heidemann, J., Kamprath, N. & Görz, Q. (2009). Customer Lifetime Value: Entwicklungspfade, Einsatzpotenziale und Herausforderungen. *Journal für Betriebswirtschaft, 59*, 183. GWV Fachverlage GmbH, Wiesbaden. https://doi.org/10.1007/s11301-009-0052-z.

Helm, S., Günter, B., & Eggert, A. (Hrsg.). (2017). *Kundenwert: Grundlagen-Innovative Konzepte-Praktische Umsetzungen*. Wiesbaden: Springer Fachmedien.

Hinterhuber, H. H., & Matzler, K. (Hrsg.). (2009). *Kundenorientierte Unternehmensführung: Kundenorientierung-Kundenzufriedenheit-Kundenbindung*. Wiesbaden: Springer.

Hofmann, M., & Mertiens, M. (Hrsg.). (2013). *Customer-Lifetime-Value-Management: Kundenwert schaffen und erhöhen: Konzepte, Strategien, Praxisbeispiele*. Wiesbaden: Springer Fachmedien.

Homburg, C. & Schnurr, P. (1999). *Was ist Kundenwert?* (Bd. 41). Mannheim: Institut für Marktorientierte Unternehmensführung. https://ub-madoc.bib.uni-mannheim.de/42473/1/M041_Was%20ist%20Kundenwert.pdf. Zugegriffen am 24.04.2020.

Husemann-Kopetzky, M. (2017). Kundenwert bei digitalen Gütern. In S. Helm, B. Günter & A. Eggert (Hrsg.), *Kundenwert*. Wiesbaden: Springer Gabler.

Jain, D. & Singh, S. S. (2002). Customer lifetime value research in marketing: A review and further directions. *Journal of Interactive Marketing, 16*(2), 34–46. https://onlinelibrary.wiley.com/doi/abs/10.1002/dir.10032 . Zugegriffen am 24.04.2020.

Kehl, R. E. (2001). Customer Lifetime Value und Churn Management im Kundenbeziehungsmanagement. *Controlling, 13*(4–5), 203–210. München: C. H. Beck. https://elibrary.vahlen.de/1 0.15358/0935-0381-2001-4-5-183/customer-relationship-management-eine-frage-der-begeisterung-jahrgang-13-2001-heft-4-5 . Zugegriffen am 24.04.2020.

Klotz, T. (2005). *Wertorientierte Ansätze zur Identifikation und Messung, sowie Darstellung von Kundenwert im Spiegel der Bewertung immateriellen Vermögens: Eine empirische Erhebung.* Hamburg: Diplomica.

Lancaster, K. (1966). A new approach to consumer theory. *The Journal of Political Economy, 74*(2), 132–157, The University of Chicago Press, Chicago. https://www.jstor.org/stable/1828835. Zugegriffen am 24.04.2020.

Lennartz, W. (2017). Grundlagen des Kundenwerts im wertorientierten Management. In *Kundenwert im wertorientierten Management* (S. 13–69). Wiesbaden: Springer Gabler.

Matzler, K., Pechlaner, H. & Renzl, B. (2003). Werte schaffen – Perspektiven einer stakeholderorientierten Unternehmensführung. In *Werte schaffen* (S. 3–20). Wiesbaden: Gabler.

McAlister, L. (1982). A dynamic attribute satiation model of variety-seeking behavior. *Journal of Consumer Research, 9*(2), 141–150. https://doi.org/10.1086/208907.

McAlister, L. & Pessemier, E. (1982). Variety Seeking Behavior: An Interdisciplinary Review, in *Journal of Consumer Research, 9*(3), 311–322, Oxford University Press, https://www.jstor.org/stable/2488626. Zugegriffen am 24.04.2020.

Pessemier, E. (1978). Stochastic Properties of Changig Preferences. *The American Economic Review, 68*(2), 380–385, American Economic Association, Nashville. https://www.jstor.org/stable/1816725. Zugegriffen am 24.04.2020.

Peter, S. I. (2013). *Kundenbindung als Marketingziel: Identifikation und Analyse zentraler Determinanten* (Bd. 223). Wiesbaden: Springer.

Rouhi, K. (2012). *Dualer Kundenwert und Kundenwertsteuerung auf Massenmärkten*. Wiesbaden: Springer.

Rudolf-Sipötz, E. & Tomczak, T. (2001). *Kundenwert in Forschung und Praxis, Der Kundenwert als Zielgrösse im wertorientierten Marketingmanagement*. St. Gallen: Thexis, Fachbericht für Marketing.

Schneider, N. C. (2007). *Kundenwertbasierte Effizienzmessung – Der Beitrag von Marketingmassnahmen zur Unternehmenswerterhöhung in der Automobilindustrie*. Wiesbaden: Deutscher Universitätsverlag.

Stock-Homburg, R. (2011). *Der Zusammenhang zwischen Mitarbeiter- und Kundenzufriedenheit*. Wiesbaden: Gabler/Springer Fachmedien.

Venkatesan, R. & Kumar, V. (2004). A customer lifetime value framework for customer selection and resource allocation strategy. *Journal of Marketing, 68*(4), 106–125. https://pdfs.semanticscholar.org/375b/790b71883c19a6aafe31dbf8e365174d8003.pdf. Zugegriffen am 24.04.2020.

Vogel, V. (2008). *Kundenbindung und Kundenwert: der Einfluss von Einstellungen auf das Kaufverhalten*. Wiesbaden: Springer.

Zezelj, G. (2000). Das CLV-Management-Konzept. In M. Hofmann & M. Mertiens (Hrsg.), *Customer-Lifetime-Value-Management*. Wiesbaden: Gabler. https://doi.org/10.1007/978-3-322-90218-4_1.

Die mediale Rezeption des E-Sports

Maike Grotz und Markus Breuer

8

Zusammenfassung

Der passive Konsum von E-Sport ist seit jeher durch Online-Portale dominiert, wohingegen sich klassische TV-Formate bisher kaum durchsetzen konnten. In diesem Beitrag wird untersucht, inwieweit Unterschiede zwischen dem passiven Konsum einzelner Titel auf dem Streaming-Portal Twitch und der Berichterstattung in den Online-Auftritten großer Medien wie dem Spiegel und dem Handelsblatt vorliegen. Es zeigt sich, dass zwischen dem passiven Konsum bei Twitch und der Berichterstattung in anderen Medien eine große Diskrepanz in der Form vorliegt, dass beispielsweise der Titel FIFA bei den passiven Konsumenten eine sehr geringe, in der medialen Rezeption aber eine bedeutende Rolle spielt. Weiterhin fällt auf, dass jedes der untersuchten Medien seine eigenen thematischen Schwerpunkte setzt. Eine Diskussion potenzieller Risiken des E-Sports wird hingegen kaum vorgenommen.

8.1 Einleitung

Die wissenschaftliche Erforschung der vielfältigen sozialen, ökonomischen und publizistischen Zusammenhänge von Sport und Medien erfordert eine interdisziplinäre Herangehensweisen, um die Wechselwirkungen der einzelnen Bereiche entsprechend zu berücksichtigen. Das Forschungsfeld der Medien unterliegt in jüngster Zeit durch Digitalisierung und verändertes Nutzugsverhalten einem schnellen Wandel. Exemplarisch seien hier die

M. Grotz · M. Breuer (✉)
SRH Hochschule Heidelberg, Heidelberg, Deutschland
E-Mail: maike.grotz@srh.de; markus.breuer@srh.de

© Springer Fachmedien Wiesbaden GmbH, ein Teil von Springer Nature 2022
M. Breuer, D. Görlich (Hrsg.), *E-Sport*,
https://doi.org/10.1007/978-3-658-36079-5_8

Bedeutung von Streamingdiensten und ubiquitäre Verfügbarkeit schneller Internetzugänge genannt.

Auch das Forschungsfeld Sport ist sehr facettenreich und zeigt zu Teilen auch neue Ausprägungsformen, die von der Digitalisierung angestoßen wurden. Dies betrifft zum einen die Vermarktung des klassischen Sports (bspw. in Form von Club-Apps), aber auch das Zusammentreffen von sportähnlichen Wettkampformen und digitalen Spielen.

Der folgende Beitrag beschäftigt sich mit dem Phänomen des E-Sports, indem die mediale Rezeption des Themas betrachtet wird. Ausgehend von theoretischen Grundlagen der Medienwissenschaft und einer Einordnung des Bezugsrahmens, werden die Ergebnisse einer qualitativ-quantitativen Studie von Onlinemedien dargestellt. Besonders die Themenschwerpunkte sowie die Ausrichtung der Berichterstattung hinsichtlich des Themas E-Sport werden dabei betrachtet. Ziel ist es, die beiden folgenden Fragen zu beantworten: Über welche Spiele wird berichtet und wie erfolgt diese Berichterstattung?

8.2   Medien im Sport und im E-Sport

8.2.1   Theoretische Grundlagen der Medienwissenschaft

Die vielfältigen Medien werden in ihrer Form und Inhalt in der Medienwissenschaft untersucht. Die Betrachtung von Medien ist auch Gegenstand anderer Wissenschaften wie zum Beispiel der Kommunikationswissenschaft, Soziologie, Philosophie, Kunst- und Geschichtswissenschaften (vgl. Grampp 2016, S. 9). Diese Disziplinen benötigen die Medien jedoch als Konstruktionselement ihrer übergeordneten Theorien oder als Material für ihre Problemstellungen, während die Medienwissenschaft sowie die Publizistik-und Kommunikationswissenschaft die Medien zu ihrem zentralen und einzigen Thema machen. Hier besteht der Anspruch, „die in den anderen Wissenschaften gewonnenen Erkenntnisse in ein Gesamtbild eines Mediums oder der Medien insgesamt zu integrieren, also der zentrale Ort für die umfassende wissenschaftliche Erschließung des Gegenstandsfeldes „Medien" zu sein" (Hickethier 2010, S. 6).

Der Medienbegriff hat sich im Laufe der Zeit ausgeweitet und ist sehr heterogen und auch die grundlegenden Methoden sowie der genuine Forschungsgegenstand sind umstritten. Die Systematisierung des Medienbegriffs unterscheidet sich dabei je nach Perspektive und theoretischer Position. Das größte Forschungsfeld der Medienwissenschaft beschäftigt sich mit Massenmedien und -kommunikation. Dabei kann sowohl die Perspektive des Trägers (Medium) als auch die der Aktion (Kommunikation) eingenommen werden (vgl. Dittmar 2011, S. 5).

Seit ihren Anfängen in den 1960er-Jahren wurde die Medienwissenschaft weitestgehend in drei Hauptarbeitsbereiche gegliedert: Medienanalyse, Medientheorie und Mediengeschichte. Diese Arbeitsbereiche bestehen auch heute, werden aber zunehmend durch zusätzliche Aspekte wie zum Beispiel „Gender Studies" oder „Cultural Studies" ergänzt und greifen dann Formen der drei zentralen Arbeitsbereiche der Medienwissenschaft auf (vgl. Hickethier 2010, S. 332).

Die Mediengeschichte beschäftigt sich mit der historischen Entwicklung der Medien, während die Medientheorie nach den allgemeinen Merkmalen und Strukturen der Mediensucht und die Aussagen über Medien oder Medienformen systematisiert. Durch die facettenreichen Teilgruppen in unser Gesellschaft ist für die Erfassung der Teilgesellschaften und ihren Realitäten in Bezug auf die vermittelten Medieninhalte einen ereignisoffener Umgang notwendig. Theoretische Erkenntnisse sollten demnach immer wieder am Objekt überprüft werden. Medientheorien bilden sich daher in Reflexion medialer Inhalte sowie deren Auswirkungen auf gesellschaftliche Zustände und Prozesse (vgl. Dittmar 2011, S. 5). Medientheorien können diskursanalytisch, dekonstruktiv, metapsychologisch oder systemtheoretisch ausgerichtet sein und halten verschiedene, teilweise nicht vereinbare Zugangsweisen, bereit. Bei der Problemlösung führt das daher nicht nur zur Ausrichtung auf die oben erwähnte Offenheit, sondern auch zu einer kritischen und kreativen Neuperspektivierung (vgl. Grampp 2016, S. 10). Zudem ist der mediale Bereich derzeit durch große Veränderungen im Wandel begriffen, was die große Theorievielfalt auf dem Gebiet der Kommunikations- und Medienwissenschaft zusätzlich verstärkt (vgl. Hepp et al. 2008, S. 9).

Die Medienanalyse, auf die im Folgenden hinsichtlich theoretischer Ansätze näher eingegangen werden soll, geht zumeist von einem einzelnen Medienprodukt oder einer bestimmten Medienpraxis aus (vgl. Grampp 2016, S. 18). Der Gegenstand wird hierbei systematisch zergliedert und die einzelnen Elemente hinsichtlich ihres Verhältnisses zueinander betrachtet, ausgewertet und hinsichtlich Bedeutungskonstruktionen und Struktur gedeutet. Sie überprüft (verifiziert oder falsifiziert) also die allgemeinen Aussagen der Medientheorie und der Mediengeschichtsschreibung, indem sie sie am konkreten Produkt untersucht.

Da die Medien für die Öffentlichkeit eine wichtige Informationsfunktion erfüllen, indem sie ihren Nutzern Informationen und Wissen zu öffentlich relevanten Themen bereitstellen und somit zur Meinungsbildung beitragen, werden Sie als wichtiger Teil unserer Gesellschaft eingeordnet (vgl. u. a. Bonfadelli und Friemel 2011, S. 244 sowie Pürer und Raabe 2007, S. 10). Die Massenmedien schaffen in diesem Prozess durch die Auswahl und Präsentation von Inhalten Prioritäten, mit denen Themen in der Öffentlichkeit wahrgenommen und behandelt werden.

Diese Selektion heißt naturgemäß, jenseits von ökonomischen oder politischen Interessen, dass Inhalte, deren Thematisierung möglich wäre, von der Darstellung ausgeschlossen werden. Die Medien können mit dieser spezifischer Thematisierung gesellschaftlicher Konflikte und Problemstellungen ihrer Kritikfunktion gerecht werden. Doch unverkennbar wirken dabei auch medienspezifische Mechanismen der Informationsverarbeitung, welche zum Beispiel Themen mit hohem Nachrichtenwert zu Aufmerksamkeit verhelfen und somit Eigeninteressen und einen Mangel an Objektivität beim Selektionsprozess zur Folge haben können (vgl. u. a. Michaelsen 2013, S. 49). Die bekanntesten theoretischen Ansätze, die sich mit den Entstehungsbedingungen und der Ausgestaltung von

Medieninhalten beschäftigen sind die Gatekeeper Forschung, die New-Bias-Forschung, die Frametheorie, das Agenda-Setting sowie die Nachrichtenwerttheorie (vgl. Pürer 2014, S. 133–141).

Während sich die Nachrichtenwert- und die Gatekeeper-Theorie besonders auf die Nachrichtenauswahl konzentrieren, legt die Agenda Setting-Theorie den Fokus auf den Prozess der Themensetzung oder „Thematisierung". Dabei geht sie davon aus, dass die Massenmedien zwar nicht die Meinung der Menschen beeinflussen können, über ihr „Agenda Setting" aber sehr wohl bestimmen, welche Themen in einer Gesellschaft als wichtig erachtet und Teil des öffentlichen Diskurses werden. (vgl. Pürer 2003, S. 11). Der Agenda Setting Ansatz stammt aus der amerikanischen Kommunikationsforschung der 1960er- und frühen 1970er-Jahre, die insbesondere auf Medienwirkungsforschung fokussiert war, wurde dort eingeführt von Bernhard Cohen (1963) und systematisch entwickelt von Maxwell McCombs und Donald Shaw (1972) (vgl. Maurer 2017, S. 18 ff.).

Shaw und McCombs (1977) unterscheiden im Prozess des Agenda Settings das Aufmerksamkeitsmodell (awareness), das Thematisierungsmodell (salience) und das Themenstrukturierungsmodell (priorities). Das Awareness-Modell postuliert, dass Rezipienten durch Medienberichterstattung auf Themen aufmerksam werden. Das Salience-Modell, geht darauf aufbauend davon aus, dass die Häufigkeit der Berichterstattung über ein Thema auch zu einer höheren Einschätzung seiner Wichtigkeit in der Öffentlichkeit führt. Das Priorities-Modell besagt, dass sich die thematische Rangfolge der Medienagenda in der Rangfolge der Publikumsagenda widerspiegelt. Die empirische Forschung nutzt diese Modelle, um die Wechselwirkung zwischen den Agenden und die damit verbundene Verteilung von Aufmerksamkeit in der Öffentlichkeit zu analysieren (vgl. Sell 2016, S. 121 f.).

Der Agenda Setting-Ansatz, der innerhalb der Medien- und Kommunikationswissenschaft bis heute von zentraler Bedeutung ist, hat eine Reihe von Erweiterungen und Weiterentwicklungen erfahren. Eine davon ist die Unterteilung in zwei Ebenen, die jeweils unterschiedliche Perspektiven einnehmen. Neben der Themenauswahl und -priorisierung, was im Allgemeinen als „First-level Agenda Setting" klassifiziert wird, wird bei der Kategorie des „Second-Level Agenda Settings" über den Prozess der Themensetzung hinaus gegangen und in den Blick genommen, wie über bestimmte Themen gedacht wird. Dass Medien nicht nur beeinflussen, was für Themen als wichtig erachtet werden, sondern auch, wie über diese Themen gedacht wird, ist steht auch im Zentrum des „Framing"-Ansatzes, welcher den Fokus auf die Frage legt, wie genau die Inhalte der Berichterstattung kontextualisiert werden. Der Framing-Ansatz ist nicht aus dem Agenda Setting-Ansatz entstanden, sondern hat sich, mehr oder weniger, parallel zu diesem entwickelt (vgl. Kovic 2017, S. 70).

Neben dem Framing-Konzept ist außerdem der Priming-Effekt als weiterer verwandter Ansatz der Medienwirkungsforschung zu nennen. Dieser ist in den 1980er-Jahren aus der experimentellen Agenda-Setting Forschung entstanden und beschreibt den Effekt, dass ein erster Reiz (Prime), der durch das menschliche Gehirn aufgenommen wird, die Interpretation auf darauf folgende Reize maßgeblich beeinflusst. Das sogenannte „Medien Priming" beschreibt den Effekt, dass Nachrichtenbeiträge die Zuschauer für dieses Feld

„primen" und diese Wissenseinheiten somit für den Rezipienten zugänglicher gemacht wird. Diese Voraktivierung von mentalen Strukturen durch vorangehende Informationsverarbeitung passiert oft unbewusst und wird in der Forschung häufig hinsichtlich der Beurteilung von Politikern oder Wahlentscheidungen untersucht (vgl. Schenk 2007, S. 307).

Innerhalb dieser Medienwirkungsforschungstheorien, die sich teilweise überschneiden gilt der klassische Agenda-Setting Ansatz, trotz Kritik, als der Ansatz mit dem höchsten empirischen Bewährungsgrad (vgl. Kovic 2017, S. 71) und dient als theoretischer Bezugsrahmen der vorliegenden Studie.

Da Sport in den Medien eine große Beachtung findet, zeigen sich viele der beschriebenen medialen Prozesse auch in der sportbezogenen Berichterstattung.

Im folgenden Kapitel soll die Beziehung zwischen Sport und den Medien in ihrer Entwicklung kurz skizziert werden sowie auf Besonderheiten in der medialen Inszenierung von Sportereignissen eingegangen werden.

8.2.2   Die Bedeutung der Medien im klassischen Sport

Die Entwicklung des Sports ist eng verknüpft mit seinem medialen Aufstieg und es zeigen sich intensive Wechselwirkungen zwischen Sport und Medien. Betrachtet man die Entwicklung des Sports und der Sportberichterstattung in den letzten fünfzig Jahren zeigen sich elementare Veränderungen. Nicht nur die Professionalität und technischen Kapazitäten des Sports sind um ein Vielfaches gewachsen, auch seine enge Bindung zu den Medien hat sich in den letzten Jahrzehnten intensiviert.

Dabei können die heutigen Entwicklungen im Sport-Medien-System kaum losgelöst vom Gesamtkontext der medialen Entwicklung betrachtet werden. Presse und Hörfunk waren in der Anfangszeit der Sportberichterstattung die verfügbaren und genutzten Medien, bis sich das Fernsehen mit der Möglichkeit den Sport mit bewegten Bildern in seiner gesamten Komplexität zu vermitteln, etablierte. Durch den zunehmenden TV-Konsum in den 1950er-Jahren wurden die Printmedien zu einem Funktionswandel gezwungen und fokussierten sich fortan vermehrt auf die Hintergrundberichterstattung, Dokumentation und Nachbereitung der Sportereignisse. Auch eine zunehmend personalisierte Darstellung der Sportler („inszenierte Sporthelden") entwickelte sich und zeigt sich bis heute in dieser Form (vgl. Stöber 2014, S. 216).

Der Sport ist heute in verschiedenen Medienformen präsent und populär. Die agonale Struktur sportlicher Wettkämpfe, ihre Serialität und die regelmäßige Wiederkehr herausragender Ereignisse und hohe Emotionalität tragen zur Produktion stabiler Zuschauerschaften bei, was sich insbesondere im Fernsehen bei herausragenden Sportereignissen wie den Olympischen Spielen oder Fußballweltmeisterschaften in Form von außergewöhnlich hohen Einschaltquoten im Fernsehen zeigt. So lag die Sehbeteiligung beim Finale der Fußball-WM 2014 zwischen Deutschland und Argentinien laut Media Control bei rund 34,6 Millionen Fernsehzuschauern (vgl. HORIZONT 2018, S. 132). Bei der

Fußball EM 2021 erreichte das ZDF beim Finale einen Marktanteil von knapp 65 %, obwohl die deutsche Mannschaft bereits zuvor ausgeschieden war (vgl. Redaktionsnetzwerk Deutschland, 2021). Bei den Olympischen Spiele in Pyeongchang erreichte ARD trotz der Zeitverschiebung an seinen zehn Sendetagen mehr als 40 Millionen Zuschauer, dies entspricht mehr als 56 Prozent der deutschen Bevölkerung in Fernsehhaushalten (vgl. ARD 2018).

Insgesamt sind Sportler und Wettbewerbe heute durch die Medienberichterstattung in der Lage, sich einer breiten Öffentlichkeit zu präsentieren und sich als Sportart durch größere Reichweiten besser in der Gesellschaft positionieren. Umgekehrt zielen die Medien darauf ab, die Anzahl ihrer Rezipienten durch Sport als attraktive Thematik für die Sportberichterstattung zu vergrößern (Zubayr und Gerhard 2004, S. 421), da Sport weltweit eines der wichtigsten Medienthemen darstellt (vgl. Horky 2008, S. 3).

Mit der beschriebene Veränderung und Ausweitung der Sportberichterstattung vollzog sich eine fortschreitende Kommerzialisierung des Sports, was die Relevanz für Werbung und Marketing steigerte und damit eine enge Verflechtung mit der Wirtschaft zur Folge hatte. Die Beziehungen zwischen dem Sport, den Massenmedien und der Wirtschaft haben sich in den letzten Jahren weiter intensiviert und haben zu einer ökonomisierten Medienlandschaft und einer zunehmend mediatisierten Sportlandschaft geführt. Diese Symbiose aus Wirtschaft, Sportsystem und Medien, deren konstituierende Faktoren das Streben nach Gewinnmaximierung sowie positiver Wahrnehmung darstellen (vgl. Schauerte und Schwier 2008, S. 7), führen zu Entwicklungen, auf die im Folgenden näher eingegangen werden soll.

Der Umfang der Berichterstattung über einzelne Sportarten unterscheidet sich dabei sehr stark. Gemäß einer internationalen Studie zum Thema „Themenschwerpunkte in der Sportberichterstattung von Printmedien" handelt die Hälfte aller Artikel in deutschen Printmedien von Fußball. Erst mit weitem Abstand folgen andere Sportarten wie Tennis, Formel 1, Handball oder Radsport. Die inhaltliche Ausrichtung fokussiert sich nicht nur in Deutschland zudem auf den hochleistungsorientierten Profisport. (vgl. Horky 2008, S. 5). Auf internationaler Ebene fehlt es an aktuellen Überblicksarbeiten zur Sportberichterstattung der Printmedien. Aktuellere Studien in der deutschen Presselandschaft zeigen aber ein ähnliches Bild in Bezug auf die sportlichen Themenschwerpunkte. Eine aktuelle Entwicklung ist, dass die Printmedien vermehrt zusätzliche Online Angebote anbieten, um eine zeitliche Nähe zum Sportereignis herzustellen (vgl. Schützeneder 2019, S. 34).

Der Bedeutungszuwachs des Mediensports hat bei einigen Sportformaten (insbesondere im professionellen Fußballsport der Männer) im europäischen und deutschen Raum zu einer erhöhten Nachfrage geführt, die jedoch kaum durch den medialen Spitzensport gedeckt werden kann. Die Verknappung des Angebots hat steigende Preise zur Folge. Die Preisspirale auf dem Sportrechtemarkt stieg in den letzten Jahrzehnten konstant an und zwar für alle Sportrechte, insbesondere beim professionellen Fußball der Herren (vgl. Schafmeister 2007, S. 7). So erlöst die DFL ab der Saison 2021/22 durchschnittlich 1,1 Mrd. EUR pro Spielzeit aus dem Verkauf ihrer Übertragungsrechte (vgl. DFL, 2020).

Als weiterer Aspekt der Entwicklung im Sport-Medien-System gelten die sozialen Medien, die zunehmend von Sportvereinen, Verbänden, Sportlern und sportbezogenen Unternehmen auf verschiedene Kanälen genutzt werden, um sich darzustellen und die Reichweite in den Netzwerken zu erhöhen (vgl. Utz 2019, S. 4). Auch die Nutzung von Social Media Plattformen parallel zum Fernsehen als „Second Screen" bei Sportübertragungen ist ein neues Phänomen in der Sportrezeption, das die Angebotsstruktur von medialen Sportinhalten weiter ausdifferenziert (vgl. Stehler und Horky 2018, S. 10 ff.).

Somit sind die verschiedenen Sportarten heutzutage in vielen verschiedenen Medienformen – und -nutzungsmustern vertreten, was zu einer Verschärfung des medienübergreifenden Konkurrenzkampfes geführt hat. In diesem andauernden Kampf um Zuschauer, müssen sich die unterschiedlichen Medienangebote durch ihre Berichterstattung voneinander abheben, um somit lukrativ zu bleiben (vgl. Gleich 2000, S. 511). Dies kann die mediale Berichterstattung weg vom Versuch der Abbildung von Ereignissen aus der Welt des Sports hin zu einer Inszenierung eines Spiels nach den Gesetzmäßigkeiten des jeweiligen Mediums führen und das Agenda-Setting im Sport stark beeinflussen. Je angepasster eine Sportart an die Medienwirklichkeit ist, umso eher wird sie auch Teil der Berichterstattung werden. Unangepasste Sportarten haben dagegen kaum Chancen Anklang in den Medien zu finden, was journalistischer Vielfalt nicht immer gerecht wird (vgl. Marr 2009, S. 27).

Nach Betrachtung der sportsbezogenen Medienlandschaft mit ihren verschiedenen Entwicklungen und Wirkungszusammenhängen im Allgemeinen, wird im nächsten Kapitel der Teilbereich „E-Sport" in seiner Medienstruktur im Speziellen betrachtet werden.

8.2.3 Die Bedeutung der Medien im E-Sport

8.2.3.1 Mediale Angebotsformen

Das mediale Rückgrat der E-Sport-Vermarktung bilden Streaming-Plattformen wie Azubu, Hitbox und insbesondere Twitch. Gestreamt werden Amateurmatches genauso wie die Highlights der großen Ligen und Turniere. Während einige Plattformen sich vollständig auf E-Sport konzentrieren (bspw. Azubu), erreicht Twitch täglich ca. zehn Mio. Nutzern mit weiter gefassten Angeboten (Deloitte 2016, S. 6).

Rund 16.000 Stunden Live-Content in 29 Sprachen liefert die Electronic Sports League (ESL) als größter europäischer E-Sport-Anbieter jährlich an Twitch, die größte Livestreaming-Plattform der Welt, und ist damit deren Hauptlieferant. Die Zuschauerstunden von Overwatch beliefen sich im Juni 2019 auf insgesamt rund 27 Millionen (Newzoo 2019a, b). Allein beim Turnier in Köln verzeichnete Twitch 27 Millionen *unique-visitors*.

Twitch gelang es, in den wenigen Jahren seit seiner Gründung im Juni 2011, die vormals so starke Fragmentierung der Streaming-Anbieter zu bündeln. Aktuell sind auf Twitch alle wichtigen Spiele vertreten (Deppe 2016, S. 33).

Während klassische Sportarten bislang Probleme haben, breite Zuschauergruppen mit Hilfe mobiler Endgeräte zu erreichen, scheint die Kombination aus einer ubiquitären Verfügbarkeit schneller Internetverbindungen kombiniert mit einer technik-affinen Zielgruppe im E-Sport zu einem anderen Ergebnis zu führen. Bereits im Jahr 2015 erfolgten rund 35 % der Zugriffe auf Twitch über Mobilgeräte (Deppe 2016, S. 33). Es ist davon auszugehen, dass dieser Wert seitdem eher gestiegen, denn gesunken sein sollte.

Durch die technologische Entwicklung sind die Eintrittsbarrieren heute geringer denn je. Um ein Online-Turnier heute mindestens in TV-Qualität zu streamen, ist kaum mehr notwendig als handelsüblicher PC und eine gute Idee, wie das Event (bzw. die Übertragung) vermarktet und dargestellt werden soll. Während in der (jungen) Vergangenheit selten mehr als zwei bis drei Veranstaltungen gleichzeitig angeboten wurden, kann der Nutzer inzwischen aus bis zu 100 zeitglichen Übertragungen auswählen (Heuschkel 2016, S. 20). Dieser massive Anstieg des Angebots führt zwangsläufig dazu, dass die Anbieter kontinuierlich neue Formate entwickeln bzw. sich neuen Trends schnell anpassen müssen. Andernfalls werden sich im E-Sport, wie in jedem anderen Markt auch, die Konsumenten abwenden. Die Besonderheit liegt hier also weniger in Marktgesetzen, die anders als in anderen Sportarten wären, sondern vielmehr in der außergewöhnlich hohen Marktdynamik, die ihrerseits durch die technologische Entwicklung getrieben wird.

Neben Streams nimmt auch die Verwertung des E-Sports im TV eine gewisse Rolle ein. E-Sport im TV stellt streng genommen keine Neuerung dar. Im Rahmen des Konzepts eines interaktiven Fernsehsenders wurde durch GIGA bereits seit den späten 1990er-Jahren über E-Sport berichtet. Erste Versuche, E-Sport im klassischen Fernsehen (und eben nicht in einem interaktiv gestalteten Konzept wie bei GIGA) zu etablieren, wagte in den Jahren 2006 und 2007 das damalige Deutsche Sport Fernsehen (DSF). In beiden Fällen entschieden sich die Verantwortlichen zu einer wöchentlichen Sendung von 30 Minuten Länge, die sich jeweils mit virtuellen Fußballturnieren beschäftigte. Neben dem DSF versuchte der Musikkanal MTV ab September 2006 den Betrieb einer eigenen Berichterstattung. 2010 strahlte Eurosport eine mehrere Sendungen umfassende Reihe über die Intel Extreme Masters im Nachtprogramm aus (Breuer 2011, S. 17 f.) und im Juni 2016 wurde erstmals ein großes Event live im Free-TV übertragen: Sport 1 (Nachfolger des zuvor genannten DSF) übertrug das Finale der ESL One in Frankfurt (Deloitte 2016, S. 10).

E-Sport ist im Gegensatz zu anderen Sportarten für Interessierte ohne Vorkenntnisse, die vor allem über das Free-TV angesprochen werden können, nicht einfach verständlich, sondern verlangt ein verhältnismäßig hohes Konsumkapital. Die Übertragungen insbesondere der komplexeren Spiele bedürfen einer intensiven Kommentierung, um auch Laien an das Geschehen heranzuführen und Spaß am Gesehenen zu erzeugen. Weiterhin müssen hochwertige Hintergrundberichte die Wettbewerb ein den richtigen Kontext setzen (Deloitte 2016, S. 10). Daneben ist zu beachten, dass E-Sport generell nur als Sammelbegriff für sehr unterschiedliche Spiele/Disziplinen angesehen werden kann. Konsumkapital, das ein Zuschauer für ein Spiel aufgebaut hat, ist somit nicht direkt auf andere Spiele übertragbar.

Während eine hohe TV-Präsenz in der Vergangenheit tendenziell ausschlaggebend für den kommerziellen Erfolg einer Sportart war, kann dieser kausale Zusammenhang für den E-Sport bezweifelt werden: Die Organisatoren der großen Turniere erreichen zwar mittels Online-Medien bereits heute eine beachtliche Anzahl von Zuschauern und eine Übertragung im klassischen TV (Free-TV inklusiv Spartensender, Pay-TV) kann sicherlich dazu führen, dass auch weitere Personengruppen in Kontakt mit dem elektronischen Sport kommen – und ihn somit ggf. zum household word werden lassen; allerdings erscheint es vor dem Hintergrund der abnehmenden Bedeutung des klassischen TVs vor allem für jüngere Zuschauer ebenfalls möglich, dass sich der E-Sport ohne diesen medialen Support entwickelt.

8.2.3.2 Zuschauerzahlen und Zuschauerstruktur

Der passive E-Sport-Konsum durch den Besuch von Live-Veranstaltungen ist in den vergangenen Jahren stark professionalisiert worden. Fünfstellige Zuschauerzahlen stellen auch in Deutschland mittlerweile keine Ausnahme mehr dar. So konnten bei Turnieren in Köln und Frankfurt bereits im Jahr 2015 12.000 bzw. 30.000 Zuschauer gezählt werden (BIU 2016, S. 3 sowie die dort angegebenen Quellen).

Analog dazu konnten auch die Zahlen der passiven Konsumenten, die mittels Übertragungen im Internet erreicht werden, stark gesteigert werden. Insgesamt haben ca. sieben Millionen Deutsche schon einmal ein E-Sport-Event als Zuschauer verfolgt (BIU 2016, S. 3 sowie die dort angegebenen Quellen).

Für das Jahr 2019 gehen Studien von mehr als 453 Mio. E-Sport-Konsumenten weltweit aus. Bei 254 Millionen davon handelt es sich um regelmäßige Zuschauer, während 201 Millionen als Gelegenheitszuschauer klassifiziert sind (Newzoo 2019a, b).

Tab. 8.1 zeigt, in welchem Ausmaß verschiedene Spieletitel im Jahr 2017 auf der Plattform Twitch konsumiert wurden. E-Sport-spezifisch werden hier keine Zuschauerzahlen wie im klassischen Fernsehen angegeben. Dadurch, dass die Konsumenten sowohl Live-Veranstaltungen anschauen können, wie auch flexibel sind, Inhalte dann zu konsumieren, wenn sie wollen, wird der Umfang in übertragenden Stunden pro Jahr angegeben.

Tab. 8.1 Übertragungsdauern auf der Streaming-Plattform Twitch im Jahr 2017 (Newzoo 2018)

Spiel	Übertragene Stunden 2017
League of Legends (LoL)	274,7 Mio.
Counter Strike: Global Offensive (CS: GO)	232,9 Mio.
DOTA 2	217,9 Mio.
Hearthstone	76,9 Mio.
Overwatch	25,2 Mio.
Starcraft II	21,2 Mio.
Heroes of the Storm	19,6 Mio.
Rocket League	17,3 Mio.
Street Fighter V	11,5 Mio.
Smite	10,7 Mio.
Total Top 10	907,9 Mio.

Es zeigt sich, dass der Streaming-Sektor 2017 von den drei Titeln League of Legends, Counterstrike und DOTA 2 dominiert wurde. Mit erheblichem Abstand folgt auf Platz vier Hearthstone, mit weiterem deutlichen Abstand folgen weitere Titel wie bspw. Overwatch und Starcraft II. Hinsichtlich der Konsumgewohnheiten muss allerdings konstatiert werden, dass diese im Vergleich zum klassischen Sport sehr volatil sind. Abb. 8.1 zeigt die Übertragungsdauer verschiedener Titel bei Twitch im Juli 2021.

Auch wenn hier ein deutlich kürzerer Zeitraum abgedeckt wird (ein Monat im Vergleich zu einem Jahr), lassen sich verschiedene Punkte erkennen: Zum einen behalten einzelne Titel wie bspw. League of Legends auch mittelfristig eine hohe Popularität. Zum anderen schaffen sich neue Titel innerhalb kurzer Zeit eine beträchtliche Fan-Base. Exemplarisch sei hier auf den Titel Apex Legends hingewiesen. Schließlich fällt auf, dass zumindest im Juli 2021 keinerlei Sportsimulationen (virtuelle Sportarten im Sinne des DOSB) unter den Top-Titeln sind. Auch im gesamten Jahr 2017 schaffte es keine virtuelle Sportart unter die Top 10 der Übertragungsdauer.

Schätzungen gehen davon aus, dass inzwischen 40 % der Zuschauer keinen der im professionellen E-Sport genutzten Titel selber spielen (Newzoo 2016). Dies kann als Indiz gesehen werden, dass der elektronische Sport sich zunehmend zu einem Zuschauersport entwickelt. Gleichzeitig stellt diese Zahl eine Gefahr für die Hersteller dar, da die Refinanzierung der Entwicklungskosten eines Spiels durch die Verkäufe der Titel an Amateurspieler bei anhaltender Entwicklung immer schwieriger wird.

Obwohl in den letzten Jahren eine zunehmende Heterogenität bei den E-Sport-Begeisterten festgestellt werden konnte, ist die Fanbase noch immer relativ homogen: Die Anhängersind nicht ausschließlich, aber doch tendenziell jung, männlich und technik-

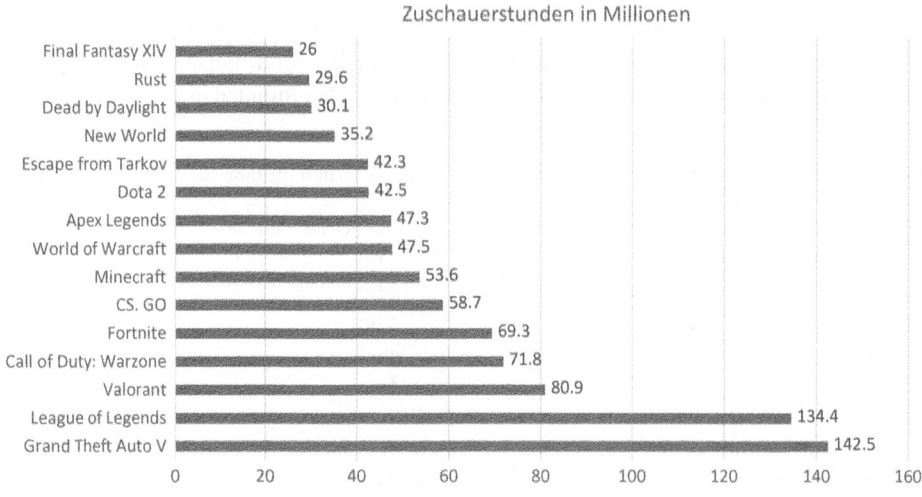

Abb. 8.1 Übertragungsdauer verschiedener Titel bei Twitch im Juli 2021 (Quelle: Statista 2021 sowie die dort angegebene Quelle)

affin. Damit ist ein gezieltes Targeting bei Werbe- und Produktangeboten möglich (Deloitte 2016, S. 10). Diese Analyse deckt jedoch nur eine Seite der Wahrheit ab. Sollte diese Homogenität mittelfristig nicht aufgebrochen werden, wird der E-Sport als Werbeplattform für einen großen Teil der Unternehmen nicht oder nur von untergeordnetem Interesse sein. Insbesondere der in einigen Teilen immer noch geringe Anteil an Frauen kann aus Sponsorensicht ein Hemmnis darstellen.

8.2.3.3 Darstellungsformen

Bereits im Jahr 2008 hielt Hutchins (2008, S. 851) fest, dass es in Bezug auf die World Cyber Games – zum damaligen Zeitpunkt das größte E-Sport-Turnier der Welt – nicht möglich sei, von Sport *und* Medien zu sprechen; vielmehr ginge es um sport as media als Ausdruck eines nahtlosen Übergangs von Medieninhalten, Sport und Kommunikationstechnologien.

Wie bereits angesprochen wurde entsprechen große, internationale Wettbewerbe hinsichtlich ihrer Struktur und Dramaturgie weitgehend den Formen, die auch aus dem klassischen Sport bekannt sind. Der Hauptunterschied liegt darin, dass die mediale Verbreitung nicht durch das klassische Medium des TVs erfolgt.

Das sog. Web 2.0 hat auch in der medialen Vermittlung des E-Sports neue Möglichkeiten erschlossen, die einen stärkeren Austausch zwischen Spielern und Zuschauern ermöglichen. Spieler kommunizieren zunehmend ihre eigene Einschätzung zu ihren Leistungen und öffnen der Zuschauerschaft auch die virtuellen Türen bis in das eigene Wohnzimmer. Unter dem Begriff des *öffentlichen Trainings 2.0* können die Fans nicht nur ihren Stars beim Training zusehen. Der Profi erklärt und kommentiert gleichzeitig die Übungseinheit. Die neuen Medien machen es den professionellen Spielern wesentlich einfacher, mit ihren Fans zu kommunizieren.

Was für Profis gilt, gilt auch für jene, die im semi-professionellen Bereich aktiv sind. Auf Streamingplattformen wie Twitch kann sich prinzipiell jeder Nutzer einen individuellen Kanal anlegen und sein eigenes Gameplay veröffentlichen.

Der Erfolg von Streaming-Plattformen wie Twitch liegt nicht alleine an den Live-Übertragungen, die hier geboten werden. Vielmehr handelt es sich bei der Homepage gleichzeitig um ein soziales Netzwerk, bei dem die Zuschauer mit den *Schau-Spielern* interagieren können. Die Kommunikation zwischen den Broadcastern (also den Anbietern von Bildmaterial) und den Zuschauern beschränkt sich nicht auf eine Art der Kommentierung, wie sie aus klassischen Sportübertragungen bekannt ist. Broadcaster kommentieren ihre eigenen Leistung und lassen sich kritisieren bzw. loben, bspw. über einen Chat, der neben der eigentlichen Übertragung des Spielgeschehens eingeblendet ist. Doch daneben lassen sie ihre Zuschauer über auch über den nächsten Level abstimmen oder probieren gemeinsam mit den Followern neue Dinge aus (Deppe 2016, S. 33); die gesamte Kommunikation, aber auch die Gestaltung des Produkts erfolgt bidirektional. Erfolgreiche Broadcaster können einer von zwei Kategorien angehören: Diejenigen, die informativ sind, und jene, die unterhaltsam sind (Deppe 2016, S. 33).

8.3   Die Rezeption des E-Sports in ausgewählten Medien

8.3.1   Ziele der Forschungsarbeit

Die nachfolgende Untersuchung will prinzipiell die beiden folgenden Fragen beantworten:

- Über welche Spiele respektive Disziplinen des E-Sports wird in ausgewählten Medien berichtet? Die Analyse erfolgt mittels einer quantitativen Auswertung.
- Wie wird über den E-Sport im Allgemeinen und über einzelne Titel im Speziellen berichtet? Hier basiert die Auswertung auf einer qualitativen Inhaltsanalyse.

Die zweite Forschungsfrage lässt sich gemäß Tab. 8.2 weiter verfeinern.

Bis heute wird der Begriff des Sports nicht einheitlich verstanden. So kann exemplarisch all das als Sport verstanden werden, was im DOSB organisiert ist. Dies würde aber bspw. weite Bereiche des Fitness- und des Gesundheits-Sports ausschließen (nämlich immer dann, wenn diese Aktivitäten nicht in einem hinreichend organisierten Rahmen ausgeübt werden). Sofern schon der Begriff des Sports Interpretationsspielraum bietet, ist es nur nachvollziehbar, wenn der Terminus des E-Sports ebenfalls Ungenauigkeiten in sich birgt. Diese Aussage beschränkt sich nur auf die sprachliche Ebene und gilt sachlogisch auch dann, wenn der E-Sport inhaltlich nicht als Sport verstanden wird. Vor diesem Hintergrund kann erwartet werden, dass die Berichterstattung diese Unsicherheit spiegelt und bspw. eigene Definitionen nutzt.

Weiterhin kann davon ausgegangen werden, dass Medien, die unterschiedliche Zielgruppen haben, eigene inhaltliche Schwerpunkte setzen und individuelle Positionen zum E-Sport einnehmen. Dies lässt einerseits aus den o. g. Theorien der Medienwissenschaft ableiten, entspricht aber daneben auch einem einfachen ökonomischen Kalkül: Um den Nutzen und damit auch die Zahlungsbereitschaft der eigenen Leser maximieren, müssen die Inhalte deren Erwartungshorizont angepasst sein.

Tab. 8.2 Ziele der qualitativen Auswertung

Allgemeine Fragestellung	Status quo	Hypothese
Was wird unter E-Sport verstanden?	Da der Begriff „Sport" nicht abschließend definiert ist, fehlt auch eine Definition des E-Sports.	Diese Unsicherheit spiegelt sich auch in der Berichterstattung.
Welche Haltung wird gegenüber dem E-Sport eingenommen?	Unterschiedliche Medien haben unterschiedliche Zielgruppen.	Jedes Medium setzt eigene Schwerpunkte und nimmt eine eigene Position zum E-Sport ein.

8.3.2   Studiendesign

Eine Analyse der gesamten Berichterstattung über den E-Sport in Deutschland über einen längeren Zeitraum ist technisch nicht zu leisten. Daher musste zur Bearbeitung der Forschungsfragen eine Auswahl getroffen werden. Konkret wurden die folgenden Medien bzw. deren Online-Portale ausgewählt:

* Handelsblatt
* Spiegel Online
* SPONSOR's

Bei dem Handelsblatt handelt es sich um die führende Finanzzeitung Deutschlands. Die Printausgabe erscheint täglich.

Bei dem Spiegel handelt es sich um eines der führenden deutschen Nachrichtenmagazine. Laut der Auswertungsplattform Alexa rangierte die Domain spiegel.de (als Startseite des Portals Spiegel Online) im Jahr 2018 auf Platz 23 der meist aufgerufenen Websites in Deutschland und damit vor allen anderen Nachrichtenseiten.

Die SPONSOR's kann als führende Special-Interest Zeitschrift für das Sportbusiness in Deutschland angesehen werden. Sie erscheint monatlich. Abonnenten der Print-Ausgabe erhalten zusätzlich zum Hardcover Zugriff auf das Online-Archiv.

Über die Auswahl der o. g. Medien ist sichergestellt, dass zum einen ein möglichst umfassender Zugang zum allgemeinen Qualitätsjournalismus besteht (Spiegel, Handelsblatt). Daneben weisen das Handelsblatt und die SPONSOR's einen Schwerpunkt im Bereich „Betriebswirtschaft/Management" auf. Somit wird sichergestellt, dass insbesondere Fragestellungen des E-Sport-Managements in angemessenem Maße berücksichtigt werden können.

Theoretisch wäre es möglich gewesen, die Print-Fassung aller drei Medien auszuwerten. Die Entscheidung für die Online-Portale fiel auf Grund der Tatsache, dass die Online-Berichterstattung i) umfangreicher ist, was die Anzahl der Beiträge angeht und ii) zeitnäher erfolgt.

Der Untersuchungszeitraum umfasste die Periode vom 01.01.2017 bis zum 30.06.2018. Somit konnte sichergestellt werden, dass insbesondere die Berücksichtigung des E-Sports im Koalitionsvertrag zwischen CDU/CSU und SPD aus dem Frühjahr 2018 erfasst wurde.

Die Datenerhebung erfolgte mittels der auf den jeweiligen Online-Portalen angebotenen Suchfunktionen. Im Falle von Spiegel Online lagen keine kostenpflichtigen Inhalte vor. Beim Handelsblatt und bei der SPONSOR's wurden die kostenfreie und kostenpflichtige Beiträge berücksichtigt. Letztere können nur von Abonnenten als Volltext geladen werden. Als Suchbegriffe wurden die folgenden genutzt: eSport, E-Sport, eSports, ESport, esports. Im Zuge der Datenauswertung fiel auf, dass die Schreibweise innerhalb der untersuchten Medien nicht einheitlich war. Gleichwohl konnten keine systematischen Unterschiede festgestellt werden.

Die Suche lieferte in Summe 331 Beiträge, die während des Untersuchungszeitraums durch die ausgewählten Medien publiziert wurden. Nach einem manuellen Screening verblieben insgesamt 163 relevante Artikel. Im Zuge des manuellen Screenings wurden alle Beiträge exkludiert, die sich nicht mit dem E-Sport befassen, sondern bspw. mit der Formel-e und im Zuge der Suche als Treffer angezeigt wurden. Die 163 Beiträge verteilen sich wie folgt auf die untersuchten Medien:

- Handelsblatt: 24 Beiträge
- Spiegel Online: 109 Beiträge
- SPONSOR's: 30 Beiträge

Für die quantitative Auswertung wurde jeder der Beiträge einer Kategorie zugeordnet (siehe dazu den folgenden Abschnitt). Die qualitative Auswertung des Materials erfolgte auf Basis des Modells der Inhaltsanalyse nach Mayring (2010) und entspricht einer Strukturierung des Materials und einem deduktiven Ansatz. Konkret wurden Anker zum „Verständnis des E-Sports" und zur „Position gegenüber dem E-Sport" gebildet. Exemplarisch werden nachfolgend die Anker zur „Position" aufgelistet:

- E-Sport stellt (k)eine Gefahr für die Jugend dar (positiv/negativ).
- E-Sport stellt den Sport vor neue Herausforderungen (neutral).
- E-Sport stellt eine Chance für Sponsoren dar (positiv).
- E-Sport stellt eine Chance für Clubs/Sportorganisationen dar (positiv).
- E-Sport stellt eine Gefahr für Clubs/Sportorganisationen dar (negativ).

8.3.3   Ergebnisse

8.3.3.1 Ergebnisse der quantitativen Untersuchung

Im Zuge der quantitativen Untersuchung wurde jeder relevante Beitrag gesichtet und einer der folgenden Kategorien zugeordnet:

- Allgemeine Themen: Beiträge, die sich bspw. mit dem Wachstum im E-Sport-Markt auseinandersetzen und/oder die Preisgelder thematisieren. 54,6 % der Beiträge konnten dieser Kategorie zugesprochen werden.
- Beiträge, die sich mit verschiedenen E-Sport-Titeln beschäftigen. Insgesamt 21 Beiträge (12,9 %) sind hier zu verzeichnen.
- Beiträge, die sich ausschließlich mit einem Titel befassen.

Die dritte Kategorie ist es wert, genauer untersucht zu werden. Vor dem Hintergrund der Zuschauerzahlen bzw. der Übertragungsdauer bei Twitch wäre zu erwarten, dass die mediale Berichterstattung den passiven Konsum der E-Sport-Fans mehr oder weniger spiegelt. Dies ist jedoch nicht der Fall: Der größte Anteil von Artikeln, die sich spezifisch mit einem Titel auseinandersetzen, stellt die Fußballsimulation FIFA in den Mittelpunkt; insgesamt konnten 34 Beiträge (20,9 %) identifiziert werden. Mit großen Abstand folgen League of Legends (7 Beiträge), Counter Strike (5 Beiträge) und DOTA 2 (4 Beiträge). Alle anderen E-Sport-Disziplinen waren entweder gar nicht oder in nicht nennenswertem Umfang Gegenstand der Berichterstattung der ausgewählten Medien.

Als erstes Zwischenergebnis lässt sich somit festhalten, dass die ausgewählten Medien den passiven E-Sport-Konsum auf der Plattform Twitch nicht spiegeln, sondern offensichtlich andere Schwerpunkte für die Berichterstattung wählen.

8.3.3.2 Ergebnisse der qualitativen Untersuchung

8.3.3.2.1   Hypothese 1: Die begriffliche Unsicherheit bezüglich des E-Sports findet sich auch in der Berichterstattung

Gemäß der in Abschn. 3.1 vorgenommenen Unterteilung der Forschungsfrage soll im Folgenden zuerst vorgestellt werden, was durch die untersuchten Medien unter E-Sport verstanden wird. Die überraschende Antwort auf diese Frage ist, dass keiner der 163 untersuchten Artikel eine Definition des elektronischen Sports bemüht. Weder wird auf bestehende Definitionen verwiesen, noch wird eine eigene aufgestellt. Ebenso wenig wird die Frage diskutiert, ob es sich beim E-Sport um Sport handelt oder nicht. An dieser Stelle ist allerdings zu bedenken, dass diese Frage in der Öffentlichkeit erst ab dem Herbst/Winter 2018 und damit nach dem Untersuchungszeitraum die breite Öffentlichkeit erreichte. Durch die Position des DOSB (2018) gewann dieser Teil des öffentlichen Diskurses eine vollkommen neue Bedeutung.

Unabhängig davon stellt sich die Frage, wie das völlige Fehlen einer Diskussion innerhalb des Datensatzes zu interpretieren ist. Konkret bieten sich hier zwei Ansätze an: Zum einen könnte innerhalb der Medienschaffenden ein klares Verständnis des E-Sports vorliegen. Somit wäre es, ggf. auch für die Leserschaft, nicht zielführend, eine Definition u. Ä. zu bemühen. Klassische Sportarten wie Handball, Fußball, etc. müssen für die interessierte Öffentlichkeit schließlich auch nicht definiert werden. Eine zweite mögliche Interpretation nimmt eine kritischere Haltung ein: Da auch die Journalisten kein klares Verständnis vom E-Sport haben (können), verzichten sie darauf, diese Unsicherheit zu thematisieren. Stattdessen wird mehr oder weniger pauschal vom elektronischen Sport berichtet, ohne ein klares Bild vom Gegenstand der Berichterstattung zu haben.

Inwieweit diese beiden Ansätze korrekt sind oder ob es ggf. eine dritte Erklärung gibt, kann in der vorliegenden Untersuchung auf Grund des Settings nicht bewertet werden, sondern müsste in einer eigenen Abhandlung untersucht werden.

8.3.3.2.2   Hypothese 2: Jedes Medium setzt eigene Schwerpunkte und nimmt eine eigene Position zum E-Sport ein

Die erste Erkenntnis bzgl. der zweiten Hypothese ist, dass der E-Sport in keinem der untersuchten Beiträge als (potenzielle) Gefahr für die Jugend dargestellt wird. Weder mögliche Probleme pathologischen Spielens noch des Transfers von virtueller in reelle Gewalt werden in den Beiträgen diskutiert oder auch nur erwähnt.[1]

Hingegen kann in den einzelnen Medien eine individuelle Schwerpunktsetzung erkannt werden: Die SPONSOR's und das Handelsblatt fokussieren stark auf den Themenblock Sponsoring. Dabei fällt auf, dass hier eine positive Tonalität vorherrscht, die Wachstumsmöglichkeiten anspricht:

- „Die Zahl der Sponsorships in den Bereichen Gaming und eSport wächst und wächst." (SPONSOR's)
- „Noch sind die Einstiegspreise für Kampagnen eher bei 50 TEUR als bei 500 TEUR anzusiedeln." (SPONSOR's)
- „Esport hat im Sponsoring großes Potential, in den letzten Jahren sind vor allem nicht-endemische Sponsoren eingestiegen." (SPONSOR's)
- „Der Deal setzt den Trend fort, dass mehr und mehr branchenfremde Sponsoren Engagements im E-Sport suchen." (Handelsblatt)
- „Die Zielgruppe wird teils schon auf Augenhöhe mit regulärem Sportsponsoring betrachtet. Branchenriesen denken um." (Handelsblatt)
- „E-Sport zieht zunehmend Großunternehmen als Partner und Sponsoren an." (Handelsblatt)

Eine Thematisierung möglicher Risiken findet hingegen kaum statt. An dieser Stelle liegt somit ein kongruentes Bild vor: Da eine mögliche Gefährdung der Jugend offensichtlich nicht als diskussionswürdig angesehen wird, können sich daraus auch keine Risiken im Sponsoring, wie bspw. durch einen negativen Imagetransfer, ergeben.

Spiegel Online als das Medium mit der breitesten Zielgruppe im Set widmet sich vor allem den Chancen für Clubs und Sportorganisationen.

- „Schon jetzt ist absehbar, dass der Boom des E-Sports gravierende Auswirkungen auf die Sport- und Vereinslandschaft in Deutschland haben wird."
- „Aus Sicht des Verbands [FIFA, Anm. der Verf.] ist die Zuwendung zum E-Sport ein logischer Schritt."
- „Ein Großteil des Publikums [im E-Sport, Anm. der Verf.] kommt aus dem asiatischen Raum, für Schalke ein interessanter Aspekt. Um neue Märkte zu erschließen, reisen Fußballvereine aus aller Welt durch Asien."

Auch hier werden vornehmlich positive Aspekte des elektronischen Sports angesprochen.

Allen drei Medien gemein ist, dass sie es vermeiden, ihre eigene Interpretation von Fakten zum Ausdruck bringen. Die Berichte beziehen sich durchweg auf Interviews (mit Aktiven, Sponsoren, Veranstaltern), Pressemitteilungen (von Unternehmen und

---

[1] Siehe zu beiden Gefahren ausführlich Breuer (2011).

Sportorganisationen) und Studien von Dritten (Marktforschung). Eine eigene Interpretation bzw. die Ausgestaltung einer „Medien Realität" findet hingegen kaum statt.

8.3.4 Diskussion der Ergebnisse und Limitationen der Untersuchung

In diesem Abschnitt sollen die Ergebnisse der Studie zum einen mit den theoretischen Ansätzen vergleichen werden und zum anderen, soweit notwendig, relativiert werden.

Zuerst kann festgehalten werden, dass die einzelnen Medien ihre Gatekeeperfunktion auch in Bezug auf den E-Sport ausüben und widerkehrende Muster im Agenda-Setting sichtbar werden. Dies zeigt sich auf einer ersten Ebene darin, dass bestimmte Themen in der Berichterstattung unberücksichtigt bleiben (wie zum Beispiel potenziell negative Auswirkungen aus dem Konsum von digitalen Spielen). Daneben kann durch die Auswahl einzelner Spieletitel (vor allem FIFA) eine zweite Ebene der selektiven Berichterstattung erkannt werden.

Die oben beschriebene Themenauswahl und -priorisierung durch die untersuchten Medien ist dem „First-Level Agenda Setting" zuzuordnen.

Auch in der Kategorie des „Second-Level Agenda-Setting", womit die inhaltliches Analyse der Berichterstattung in Bezug auf die Themenattribute und mögliche Auswirkungen auf die Einstellungen der Rezipienten zum Thema E-Sport gemeint ist, zeigen sich gleichartige Modi in der Berichterstattung. So ist allen untersuchten Artikeln eine durchgängig positive Berichterstattung gemein, die den E-Sport als wirtschaftlich interessantes Feld für Unternehmen thematisiert. Basierend auf dem Priorities-Modell kann die Vermutung angestellt werden, dass sich die thematische Rangfolge der Medienagenda auch in der Publikumsagenda widerspiegelt. Für die Rezipienten bedeutet dies, dass die hier berücksichtigten Medien nur über i) einen kleinen Teil des E-Sports Informationen erhalten und dass sich ii) dieser Teil signifikant von den Interessen der Konsumenten des Streamingportals Twitch unterscheidet.

Schließlich gilt es in Bezug auf die Untersuchung verschiedene Limitationen zu beachten, die eine Verallgemeinerung der getroffenen Aussagen verhindern:

- Der Zeitraum der Untersuchung ist mit 18 Monaten großzügig bemessen. Nichtsdestotrotz finden die Entwicklungen des zweiten Halbjahres 2018 (Diskussion des E-Sports durch den DOSB) in dem Datensatz keine Berücksichtigung.
- Das Mediennutzungsverhalten der Konsumenten von Streamingdiensten ist wie gezeigt wurde sehr volatil. Diese Volatilität kann im E-Sport schon seit seiner Entstehung beobachtet werden: Während einzelne Titel (wie Counterstrike) seit vielen Jahren in fast unveränderter Form genutzt werden und ein konstant hohes Popularitätsniveau aufweisen, werden durch Entwickler und Publisher immer wieder neue Titel entwickelt, die, teils in kurzer Zeit, erhebliche Marktanteile gewinnen oder auch wieder verlieren.
- Die getätigte Auswahl der Medien beschränkt sich auf Qualitätsmedien bzw. Special Interest Magazine. Diese stellen naturgemäß nur einen Teil der Medienlandschaft dar. Insbesondere wurde im Setting keine Jugendzeitschrift berücksichtigt, die sich tendenziell eher an aktive Spieler, denn an unbeteiligte Interessierte richtet.

8.4   Fazit und Ausblick

Die letzten Jahre waren von einem anhaltend hohen Interesse am E-Sport geprägt. Insbesondere das wachsende Interesse des Profisports (vor allem des Profifußballs) an der Thematik hat dazu geführt, dass die mediale Rezeption auch abseits der E-Sport-spezifischen Publikationsformen auf einem hohen Niveau verharrt ist. Vor dem Hintergrund des Settings der vorgestellten Untersuchung erscheint es sinnvoll, mit einem Abstand von bspw. einigen Jahren eine neue Untersuchungswelle zu beginnen und so zu eruieren, ob sich die Themenwahl und die inhaltliche Auseinandersetzung klassischer Medien mit dem E-Sport verändert hat oder stabil geblieben ist.

Per heute bleibt zu konstatieren, dass vor allem die Unterschiede zwischen dem Konsum einzelner Titel bei Twitch und der Berichterstattung in den untersuchten Medien bemerkenswert ist. Zugespitzt könnte man argumentieren, dass es zwei, weitgehend separierte Welten gibt: Zum einen die der E-Sport-Konsumenten, die ihre eigenen, E-Sport-spezifischen Medien konsumieren, und zum anderen die Wahrnehmung der „interessierten Öffentlichkeit".

Literatur

ARD. (26.02.2018). *Olympia-Bilanz der ARD: Mehr als 40 Millionen Zuschauerinnen und Zuschauer sahen die Olympischen Winterspiele im Ersten – auch sportschau.de sehr erfolgreich.* https://www.daserste.de/programm/presse/pressemeldung-18390.html. Zugegriffen am 20.01.2020.

Bonfadelli, H. & Friemel, T. N. (2011). *Medienwirkungsforschung* (4. Aufl.). Konstanz: UVK-Verlagsgesellschaft (UTB, 3451).

Breuer, M. (2011). *E-Sport – eine Markt- und ordnungsökonomische Analyse.* Boitzenburg: vwh.

Deloitte (2016). Let's Play! Der deutsche eSports-Markt in der Analyse, November 2016. https://www.game.de/wp-content/uploads/sites/2/2017/02/Deloitte.-Der-deutsche-eSports-Markt-in-der-Analyse-2016.pdf. Zugegriffen am 20.01.2020.

Deppe, M. (2016). Spielen, Streamen, Spachteln. 5 Jahre Twitch. *makinggames, 6,* 32–35.

DFL (2020): DFL erlöst ab 2021/22 durchschnittliche 1,1 Milliarden Euro pro Saison. https://www.dfl.de/de/aktuelles/medienrechte-vergabe-ergebnisse-2020/. zugegriffen am 05.08.2021.

Dittmar, J. F. (2011). *Grundlagen der Medienwissenschaft* (2. Aufl.). Berlin: Univ.-Verl. der TU Berlin (Berliner Schriften zur Medienwissenschaft, Bd. Nr. 8).

DOSB. (2018). *DOSM und „E-Sport".* Stellungnahmevom 04.12.2018. https://www.dosb.de/ueber-uns/esport/. Zugegriffen am 23.08.2019.

Gleich, U. (2000). Sport und Medien – ein Forschungsüberblick. Merkmale und Funktionender Sportberichterstattung. *Media Perspektiven, 11,* 511–516.

Grampp, S. (2016). *Medienwissenschaft* (1. Aufl.). Konstanz: UTB; UVK (UTB M (Medium-Format), 4631).

Hepp, A., Krotz, F. & Winter, C. (Hrsg.). (2008). *Theorien der Kommunikations- und Medienwissenschaft. Grundlegende Diskussionen, Forschungsfelder und Theorieentwicklungen.* Wiesbaden: VS Verlag für Sozialwissenschaften/GWV Fachverlage GmbH.

Heuschkel, J.-H. (2016). E-Sport. Ein Dickicht mit vielen Lichtungen. making games, Ausgabe 06/2016, 18–21.

Hickethier, K. (2010). *Einführung in die Medienwissenschaft* (2. Aufl.). Stuttgart: J.B. Metzler.

Horky, T. (2008). Themenschwerpunkte in der Sportberichterstattung von Printmedien, Ergebnisse einer internationalen Studie. *Fachjournalist, 1*, 3–11.

Hutchins, B. (2008). Signs of meta-change in second modernity. The growth e-sport and the World Cyber games. *New Media and Society, 10*(6), 851–869.

Kovic, M. (2017). *Agenda-Setting zwischen Parlament und Medien*. Wiesbaden: Springer Fachmedien.

Marr, M. (2009). Die mediale Transformation des Sports. In H. Schramm (Hrsg.), *Die Sozialpsychologie des Sports in den Medien*. Köln: Herbert Von Halem (Sportkommunikation, 5).

Maurer, M. (2017). *Agenda-Setting* (2. Aufl.). Baden-Baden: Nomos (Konzepte, Band 1).

Mayring, P. (2010). *Qualitative Inhaltsanalyse. Grundlagen und Techniken* (11. Aufl.). Weinheim und Basel: Beltz Verlag.

Media Control. (2018). Einschaltquoten der Fußballweltmeisterschaft 2014. *HORIZONT* (34), 132. https://de.statista.com/statistik/daten/studie/899298/umfrage/sportsendungen-mit-den-meisten-tv-zuschauern-in-deutschland/. Zugegriffen am 20.01.2020.

Michaelsen, M. (2013). *Wir sind die Medien: Internet und politischer Wandel in Iran*. Bielefeld: transcript.

Newzoo (2016). The Global Growth of eSports. Trends, Revenues, and Audience Towards 2017. Free Report Preview.

Newzoo. (2019a). *Die meistgeschauten Video Games auf Twitch.tv im Juni 2019 (in Millionen Zuschauerstunden)*. statista. newzoo.com.

Newzoo. (2019b). *Global esports market report*. https://resources.newzoo.com/hubfs/Reports/2019_Free_Global_Esports_Market_Report.pdf?_hstc=133451409.77252365b9fe84acc89 41ef9328fb404.1566818457274.1566818457274.1566818457274.1&_hssc=133451409.3.1566818457274. Zugegriffen am 20.01.2020.

Pürer, H. (2003). *Publizistik- und Kommunikationswissenschaft. Ein Handbuch*. Konstanz: UVK Verl.

Pürer, H. (2014). *Publizistik- und Kommunikationswissenschaft* (2. Aufl.). Konstanz: UVK-Verl.-Ges (UTB, 8249): Medien- und Kommunikationswissenschaft).

Pürer, H. & Raabe, J. (2007). *Presse in Deutschland* (3. Aufl.). Konstanz: UVK-Verlagsgesellschaft (UTB, 8334).

Redaktionsnetzwerk Deutschland. (2021). 20,90 Millionen: Mehr TV-Zuschauer als beim EM-Endspiel 2016. https://www.rnd.de/medien/einschaltquoten-zur-em-20-90-millionen-mehr-tv-zuschauer-als-beim-endspiel-2016-2APWW27D3CJ2T3MW63DFUVMFME.html. Zugegriffen am 05.08.2021

Schafmeister, G. (2007). *Sport im Fernsehen. Eine Analyse der Kundenpräferenzen für mediale Dienstleistungen* (1. Aufl.). Wiesbaden: Deutscher Universitätsverlag (Gabler Edition Wissenschaft. Focus Dienstleistungsmarketing).

Schauerte, T. & Schwier, J. (Hrsg.). (2008). *Die Ökonomie des Sports in den Medien* (2. Aufl.). Köln: Herbert Von Halem (Sportkommunikation, 1).

Schenk, M. (2007). *Medienwirkungsforschung* (3. Aufl.). Tübingen: Mohr Siebeck.

Schützeneder, J. (2019). *Profitrainer zwischen Sportjournalismus und Sportkommunikation*. Wiesbaden: Springer Fachmedien/Springer VS.

Sell, S. (2016). Agenda Setting. In J. Heesen (Hrsg.), *Handbuch Medien- und Informationsethik*. Stuttgart: J.B. Metzler; Imprint: J.B. Metzler.

Statista. (2021). Anzahl der Zuschauerstunden der meistgeschauten Video Games auf Twitch.tv im Juli 2021. https://de.statista.com/statistik/daten/studie/586829/umfrage/meistgeschaute-videogames-auf-twitch/. zugegriffen am 05.08.2021.

Stehler, H.-J. & Horky, T. (2018). Die Digitalisierung des Sports in den Medien: Anforderungen und Herausforderungen. In T. Horky, H.-J. Stiehler & T. Schierl (Hrsg.), *Die Digitalisierung des Sports in den Medien* (S. 9–17). Köln: Herbert von Halem (Sportkommunikation, 13).

Stöber, R. (2014). *Deutsche Pressegeschichte. Von den Anfängen bis zur Gegenwart* (3. Aufl.). Konstanz: UVK Verlagsgesellschaft (Kommunikationswissenschaft).

Utz, S. (2019). Sportkommunikation in digitalen Medien Vielfalt, Inszenierung, Professionalisierung. In C. Grimmer (Hrsg.), *Sportkommunikation in digitalen Medien* (S. 3–17). Wiesbaden: Springer Fachmedien.

Zubayr, C. & Gerhard, H. (2004). Die Fußball-Europameisterschaft 2004 im Fernsehen. *Media Perspektiven*, 3, 421–425.

E-Sport und Medien: Warum ist oder sollte E-Sport für traditionelle Medien ein Thema sein?

Marco Hintermüller und Thomas Horky

Zusammenfassung

Das Phänomen E-Sport erlangt in der Gesellschaft in vielerlei Hinsicht eine immer größere Aufmerksamkeit. Durch diese wachsende gesellschaftliche Relevanz scheint der E-Sport zunehmend auch ein Thema der Massenmedien zu werden. Einerseits ist das kompetitive Spielen am Computer als digitaler Sport von Beginn an in verschiedenen Online-Medien als Thema vertreten, andererseits wächst ganz offenbar auch die Relevanz von E-Sport als ein Thema der traditionellen Massenmedien Print, TV oder Hörfunk. Dieses Kapitel setzt sich mit den ökonomischen und rechtlichen Grundlagen von E-Sport als einem Objekt journalistischer Berichterstattung auseinander und stellt im Anschluss die Ergebnisse einer Studie vor. Hierfür wurde die Berichterstattung mehrerer Print- und Online-Medien sowie verschiedener Fernsehsender vom E-Sport-Turnier ESL One 2018 in Hamburg quantitativ und qualitativ untersucht und mit der Berichterstattung von 2017 verglichen. Aufgezeigt werden eine steigende Anzahl und Bedeutung sowie eine veränderte Thematisierung von E-Sport in traditionellen Massenmedien.

M. Hintermüller · T. Horky (✉)
Hochschule Macromedia, Hamburg, Deutschland
E-Mail: marco@hintermueller.de; t.horky@macromedia.de

© Springer Fachmedien Wiesbaden GmbH, ein Teil von Springer Nature 2022   147
M. Breuer, D. Görlich (Hrsg.), *E-Sport*,
https://doi.org/10.1007/978-3-658-36079-5_9

9.1   Einleitung

Eine Branche, die auf dem Weg zum Massenphänomen ist, hat große Bedeutung für Medien aller Art. Wie geht man mit einem neuen Trend um, wie berichtet man über E-Sport und wie können Medien diese Plattform für eigene Zwecke nutzen? Medien sehen sich mit einer Vielzahl von Fragen konfrontiert, wenn es um den digitalen Sport geht.

Dieses Kapitel möchte den Fokus besonders auf die traditionellen Medien wie Fernsehen und Zeitungen legen und die Frage klären, warum E-Sport für traditionelle Medien ein relevantes Thema ist oder in Zukunft werden sollte. Dies begründet sich vor allem daraus, dass E-Sport als digitales Phänomen in erster Linie online stattfindet, sei es nun bei Live-Übertragungen von Turnieren oder bei der Aufarbeitung der Geschehnisse derselben.

Um zu klären, welche Vorteile auch traditionelle Medien aus dem E-Sport ziehen können und welche Potenziale dieser für sie bereithält, sollen mehrere Aspekte beleuchtet werden. Um ein rundes Bild von Vor- und Nachteilen zu erhalten wird zu Beginn auch auf Problematiken für die Medien bei der Berichterstattung über E-Sport eingegangen. Denn wie sich zeigt, ist es mit „einfach-über-E-Sport-berichten" nicht getan. Eine Vielzahl von Aspekten scheint relevant zu werden, bevor Medien sich in das Abenteuer E-Sport stürzen sollten, das neben allen Vorteilen auch sehr viel Stoff für kontroverse Diskussionen birgt.

Zu den großen Vorteilen, die Medien aus dem E-Sport ziehen können, werden die spezifische Zielgruppe und eine immer weiterwachsende Verbindung zum allseits präsenten Fußball genannt.

Abschließend soll zum Thema eine Studie vorgestellt werden, die sich mit der Berichterstattung über E-Sport in verschiedenen Medienarten befasst. Die Ergebnisse lassen einen Rückschluss darauf zu, wie Medien aktuell mit dem Thema umgehen und worauf sie ihren Fokus in der Berichterstattung legen.

9.2   Problematik

E-Sport stößt als Thema von Berichterstattung bisweilen in traditionellen Massenmedien selbst auf Ablehnung (Kühl 2016). Außerdem scheint die Berichterstattung über E-Sport für traditionelle Medien bisher mit einigen Schwierigkeiten verbunden zu sein. Dabei gibt es neben allgemeinen Problemen auch Komplikationen, die abhängig von der Medienart sind.

Ein Blick auf das Beispiel Fernsehen belegt, dass durchaus versucht wird, sich dem Thema E-Sport zu nähern. Allerdings scheint es bisher kein Konzept zu geben, welches sich als nachhaltig genug erweist, um längerfristig zu bestehen. Über die Jahre haben unterschiedlichste Sender wie das ehemalige Deutsche Sportfernsehen (DSF), dessen Nachfolger Sport1, Eurosport oder ZDFkultur versucht, E-Sport im Fernsehen publik zu machen, scheiterten allerdings (Breuer und Görlich 2018, S. 284 f.; Breuer 2012, S. 108 f.). Eine mögliche Erklärung dafür könnte sein, dass E-Sport für Zuschauer ohne Vorkenntnisse schwer nachzuvollziehen ist, da es viele unterschiedliche Spiele (Disziplinen) gibt, welche alle eigene Charaktere, Taktiken und Funktionen besitzen. Daher ist ein hohes Konsumkapital nötig, um diese Kenntnisse zu erlangen, Zuschauer müssen viel Zeit in Übertragungen investieren, um alle Spiele zu verstehen. Durch diese Voraussetzung sinkt allerdings das Interesse der im Fernsehen angesprochenen Zielgruppe schnell wieder (Breuer und Görlich 2018, S. 284 f.; Deloitte 2016, S. 10).

Anders verhält es sich im Online-Bereich. Dort ist E-Sport längst etabliert und auf diversen Plattformen erzielen Organisatoren mit der Übertragung von Turnieren enorme Zuschauerzahlen. Laut der Internetseite https://esc.watch, die Daten zu Zuschauerzahlen in Livestreams erhebt, verfolgten alleine das Finale der *League of Legends World Championship*, welches das bedeutendste Turnier in dem Spiel League of Legends darstellt, 200 Millionen Zuschauer (ESC.watch 2018). Der Erfolg von E-Sport ist also offensichtlich nicht an seine TV-Präsenz gekoppelt, wie es in der Vergangenheit für Sportarten der Fall war (Breuer und Görlich 2018, S. 285). Dabei ist jedoch zu beachten, dass diese Anbieter als Streaming-Plattformen zunehmend als selbstständige Rundfunkbetreiber arbeiten und damit eventuell der Lizensierung als Rundfunkmedium unterliegen. Diese Problematik von Streaming im Bereich der Massenmedien scheint in Zukunft für einige Online-Anbieter relevant zu werden (Gameswirtschaft 2017; Landesanstalt für Medien NRW o. J.).

Weiterhin wird an dieser Stelle ein deutlicher Unterschied bei der Distribution von E-Sport und anderen Sportarten im Bewegtbildbereich deutlich: Der Lizenzmarkt der Sportrechte beruht u. a. auf Exklusivität, dem Right-Holder wird eine exklusive Distribution von Bewegtbild zugesagt (und verkauft) (vgl. Horky und Kamp 2012). Dies ist im Bereich des E-Sports kaum möglich, da das Sendesignal von Events von mehreren Streamingplattformen verbreitet wird, teilweise kostenlos. Diese Besonderheit der weltweiten Distribution über Onlinemedien offenbart weitere Problematiken durch die verbreiteten Inhalte von E-Sport-Streams: erstens werden beim Streaming von E-Sport im Rahmen der Berichterstattung häufig Produktplatzierungen eingeblendet, diese Form von Werbung ist lizensierten Rundfunkmedien nur eingeschränkt erlaubt. Zweitens unterliegt lizensierter Rundfunk der Kontrolle durch den Jugendschutz, dass in einigen Fällen von bestimmten Disziplinen Streaming von gewalthaltigen Inhalten des E-Sports über Onlinemedien jedoch nicht (vgl. Kühl 2017).

Auch die an Hintergrund und diskursiven Informationen orientierten Printmedien stehen vor der Frage, wie mit E-Sport umzugehen ist. Dabei stehen sie besonders in Konkurrenz zu diversen Online-Angeboten, welche sich oftmals ausschließlich mit E-Sport oder gar nur einzelnen Videospielen beschäftigen. Das Problem der Printmedien liegt darin, dass sie einen geeigneten Mittelweg in der Berichterstattung finden müssen, um diese sowohl für Neulinge als auch E-Sport-affine Rezipienten spannend zu gestalten.

Und dann ist da noch ein Problem, welches alle Medien betrifft. Wie geht man mit einer Disziplin um, die den Begriff Sport im Namen trägt, hierzulande aber weitgehend nicht als Sport anerkannt ist. In Deutschland sorgt diese Frage nach wie vor für große Diskussionen. Der Deutsche Olympische Sportbund (DOSB) verweigerte bisher die Aufnahme des E-Sports in den Kanon seiner anerkannten Sportarten. Erst im Dezember 2018 veröffentlichte der DOSB ein Statement, in dem das Präsidium erklärt, dass man nicht davon ausgehe, dass E-Sport den zentralen Aufnahme-Kriterien des Verbands entspreche (DOSB 2018). Im Frühjahr 2019 folgte die nächste Absage als die DOSB-Vorstandsvorsitzende Veronika Rücker erklärte, dass man zwar weiterhin zum Dialog bereit sei, diesen aber nicht zwischen zwei Sportverbänden, in diesem Fall Deutscher Olympischer Sportbund und dem E-Sport-Bund Deutschland (ESBD), führen wolle (Reinsch 2019). Damit ist die Tür zur Anerkennung zunächst wieder geschlossen und das, obwohl sich die Bundesregierung in ihrem Koalitionsvertrag für die Anerkennung als Sport ausgesprochen hatte (Spiegel Online 2018). Dies macht es den oft am Kanon traditioneller und olympischer Sportarten orientierten Medien nicht einfacher, über E-Sport zu berichten.

9.2.1   E-Sport in Medien

Als digitaler Sport findet E-Sport vornehmlich online statt. Das betrifft sowohl den Konsum von E-Sport als auch das professionelle Spielen. Streaming-Plattformen bilden das mediale Rückgrat. Anbieter wie Twitch.tv oder Azubu sorgen dafür, dass Zuschauer neben Profiligen und -turnieren auch Amateurspiele (Twitch.tv) oder tiefergehende Analysen und Hintergrundinformationen (Azubu) sehen können. Auch YouTube hat Streaming mittlerweile weiter in den Vordergrund gerückt.

Wie groß der Erfolg von Streaming-Plattformen sein kann, zeigt sich, wenn man Zahlen und Statistiken von Twitch.tv betrachtet. 2018 sah die Gesamtheit der Zuschauer auf Twitch insgesamt 9,63 Milliarden Stunden Inhalte. Außerdem knackte die Plattform zum ersten Mal die Marke von 1 Million gleichzeitig schauenden Zuschauern zu jedem Zeitpunkt des Jahres (TwitchTracker 2019). Zu den beliebtesten Spielen gehörten dabei Fortnite und League of Legends, welche 1,1 Milliarden Stunden bzw. 862,7 Millionen Stunden geschaut wurden (The Esports Observer 2018). Beide Spiele sind absolute E-Sport-Favoriten.

Allerdings ist nicht alles was auf Twitch gestreamt wird, mit E-Sport im Sinne eines konkurrenzorientierten Wettkampfs gleichzusetzen. Bei den meisten Streams handelt es sich um die Übertragungen von Hobbyspielern. Ebenso gibt es auf Twitch zum Beispiel die Stream-Kategorie IRL, welche eine Abkürzung für „In Real Life" („Im echten Leben") ist. Dort werden beispielsweise Streams gelistet, in denen die Streamer einfach nur mit ihren Zuschauern interagieren und auf Fragen im Chat eingehen. Im Vergleich zu Sport-Liveübertragungen im traditionellen Fernsehen, in denen die sportliche Handlung oft weniger als die Hälfte der Übertragungszeit füllt, ist der Anteil den E-Sport-Inhalte ausmachen beachtlich und lag bei ersten Studien von 2015 bereits bei 21,3 % (Newzoo o. J.).

Bei der Konzentration auf die mediale Online-Berichterstattung und weniger auf die gestreamte Übertragung von E-Sport, so stellt man fest, dass es in Deutschland mittlerweile einige Inhalte gibt, die von ursprünglich traditionellen Medien angeboten werden. Besonders prominent sind die Angebote von *kicker* und *Sport1*. Beide haben seit einiger Zeit gesonderte E-Sport-Rubriken eingeführt, in denen die Berichterstattung stattfindet (Streppelhoff 2018, S. 8). Auch die *SportBild* verfügt auf ihrer Website mittlerweile über eine eigene E-Sport-Rubrik. Darüber hinaus gibt es weitere Angebote, welche sich ausschließlich mit E-Sport beschäftigen wie *E-sports* pur oder *The Esports Observer* (Streppelhoff 2018, S. 8) oder Internetseiten, die sich lediglich auf ein spezielles Spiel fokussieren, wie *Summoners Inn* auf League of Legends oder *99Damage* auf Counter-Strike: Global Offensive.

Auch im Fernsehen lässt sich eine deutliche Entwicklung erkennen, was die Berichterstattung von E-Sport anbelangt. So gab es über die Jahre immer wieder einzelne Versuche, E-Sport schon früh mit eigenen Formaten im Fernsehen zu etablieren. Bereits 2006 versuchte sich das damalige Deutsche Sportfernsehen (DSF) an einer Sendung über virtuelle Fußballturniere (Breuer und Görlich 2018, S. 284). Vier Jahre später war es Eurosport, das in mehreren Sendungen über die Intel Extreme Masters berichtete (Breuer 2012, S. 17 f.). Auch die öffentlich-rechtlichen Sender wurden auf das Phänomen aufmerksam. So zeigte der Sender ZDFkultur 2011 eine Zusammenfassung eines Spieltages der Electronic Sports League (ESL) (Breuer 2012, S. 108 f.). Ein weiterer großer Schritt war die Übertragung der ESL One Frankfurt 2011 bei Sport1. Zum ersten Mal wurde dort im deutschen Free-TV ein so großes und bedeutsames Event live ausgestrahlt (Deloitte 2016, S. 10).

Seitdem hat Sport1 viele weitere Turniere im E-Sport übertragen. Scheinbar sahen die Verantwortlichen des Senders darin einen so großen Erfolg, dass man sich dazu entschlossen hat einen eigenen TV-Sender nur für E-Sport zu gründen. E-Sport1 heißt der TV-Kanal, der seit Januar 2019 in Deutschland, Österreich und der Schweiz on-air ist. Nach Angaben des Senders besteht das Ziel von E-Sport1 aus einer „Mischung aus Live-Berichterstattung von großen Events, Highlight-Sendungen und eigenproduzierten Magazinen" (Sport1 2018). Im Gegensatz zu Plattformen wie Twitch.tv will Sport1 auf dem neuen Sender nicht einfach nur E-Sport-Übertragungen anbieten, sondern diese auch journalistisch aufarbeiten und einordnen (Sagatz 2019). Im Zuge des neuen Angebots hat sich der Sender auch die Rechte zur Highlight- sowie Nachberichterstattung für die Virtual Bundesliga (VBL) gesichert (Sagatz 2019). Die VBL wurde von der Deutschen Fußballliga (DFL) gegründet. Dort treten die besten deutschen Spieler in der beliebten Fußballsimulation „FIFA" an, um am Ende den deutschen FIFA-Meister zu krönen.

Neben den Highlights auf E-Sport1 gibt es die kompletten Spiele der VBL allerdings auch im Free-TV zu sehen. Diese werden auf ProSieben Maxx ausgestrahlt. Zusätzlich zu dem Angebot im Fernsehen werden Livestreams im Internet angeboten (Sagatz 2019). Ein weiteres E-Sport-Angebot auf ProSieben Maxx ist das wöchentlich ausgestrahlte Magazin „ran eSports – Professional. Gaming. Magazine." Dort gibt es Highlights, News und Analysen zu sehen.

Im Printbereich lässt sich E-Sport mittlerweile ebenfalls wiederfinden. So führte das Bundesinstitut für Sportwissenschaft (BISp) 2015 E-Sport als eigene Unterrubrik in seiner Pressedokumentation ein. 2015 wurden insgesamt zehn Artikel gezählt, 2016 lag man bei zwölf und 2017 immerhin schon bei 28 Berichten über E-Sport. Dass die Aufmerksamkeit der Printpresse weiterhin rasant steigt, in 2021 sind es 273 Beiträge.

Ein weiteres Indiz, dass E-Sport auch bei den großen Vertretern der Medienbranche angekommen ist, ist die Tatsache, dass sich die Redaktionen der SportBILD und der ComputerBILD zusammentaten und das Sonderheft „eSport" produzierten, welches am 12. Juni 2018 erschien (Streppelhoff 2018, S. 8).

All diese Entwicklungen zeigen, dass sich die Medien der Wichtigkeit und Bedeutung des E-Sport bewusst sind und es viele Versuche gibt, sich dem Thema zu nähern und es für sich zu nutzen.

9.2.2 Attraktivität der Branche für traditionelle Medien

Was also macht den digitalen Sport für traditionelle Medien so interessant? Ist es eine reine Chronistenpflicht, auch diesen Bereich des Sports abzudecken oder stecken hinter der Berichterstattung noch weitere Faktoren? Der folgende Abschnitt soll Aufschluss darüber geben, weshalb die E-Sport-Branche eine Attraktivität für die traditionellen Medien besitzt und welche Chancen sich dadurch bieten könnten.

Die Attraktivität der Branche für Medien fußt zu einem großen Teil auf der Bekanntheit und der Beliebtheit, welche sie in der Gesellschaft mittlerweile erreicht hat. Einen großen Anteil daran haben nicht zuletzt einige Fußballvereine der ersten und zweiten Fußball-Bundesliga, welche über die letzten Jahre einen regelrechten Boom auslösten. Nacheinander gründeten die Vereine E-Sport-Abteilungen und verpflichteten Profi-Spieler. Den Anfang machte 2015 der VfL Wolfsburg, der jedoch sein Team in 2021 nach dem Abstieg der Fußballmannschaft in die zweite Liga wieder zurückzog. Bis heute ist Schalke der einzige Verein, der sich in seinem E-Sport Engagement nicht nur auf die FIFA-Reihe begrenzt, sondern auch in League of Legends aktiv war (Hebbel-Seeger und Siemers 2018, S. 44). Es folgten weitere Vereine wie der VfB Stuttgart, RB Leipzig oder Bayer 04 Leverkusen. In der Virtual Bundesliga Club Championship traten im Frühjahr 2021 insgesamt 26 Mannschaften der Vereine aus der ersten und zweiten Bundesliga bei einem FIFA-Turnier gegeneinander an (Virtual Bundesliga 2021).

Für die Medien hat dies einen großen Vorteil: Sie können auf direktem Wege eine Verbindung zwischen E-Sport und der in Deutschland beliebtesten Sportart Fußball herstellen. Neben Vorteilen für Markenbildung, Image oder Sponsoringaktivitäten der Vereine kann dies dafür sorgen, dass Rezipienten leichter einen Bezug zum E-Sport aufbauen, wenn sie sehen, dass ihr Lieblingsfußballverein in das Geschehen involviert ist.

Unabhängig von den Fußballvereinen und Rezipienten, welche man auf diesem Weg erreichen könnte, erfreut sich E-Sport schon jetzt einer starken Beliebtheit, welche die von anderen Sportarten nach verhältnismäßig kurzer Zeit bereits übersteigt. In Deutschland, wo E-Sport wie bereits erwähnt nach wie vor mit der Anerkennung als Sport zu kämpfen hat, geben in einer Studie von Nielsen Sports dennoch bereits 23 % der Befragten an, sich für E-Sport zu interessieren. Damit liegt E-Sport bereits jetzt auf einem Niveau mit Radsport und Volleyball und vor Sportarten wie Snowboarden (22 %) oder Tischtennis (19 %) (Nielsen Sports 2017). Allein daraus ergibt sich eine gewisse Relevanz, über das Thema zu berichten, welche in den kommenden Jahren voraussichtlich weiter steigen wird. Einige Studien gehen davon aus, dass das Wachstum der Branche, sowohl wirtschaftlich als auch auf Zuschauerzahlen bezogen, noch längst nicht am Ende ist (Newzoo 2018, S. 20 f.; Deloitte 2016, S. 12 f.). Das verdeutlicht, dass Berichterstattung über E-Sport auch in Zukunft sehr lohnend sein könnte und nicht nur einen elitären Kreis von wenigen E-Sport-interessierten Rezipienten anspricht.

Neben der allgemein wachsenden Beliebtheit von E-Sport ist für traditionelle Medien ein weiterer Aspekt von besonderem Interesse. Es fällt auf, dass der Hauptteil des Publikums beim E-Sport aus jungen, meist männlichen Fans besteht (Deloitte 2016, S. 15). Von drei Millionen Deutschen, die sich mindestens einmal im Monat E-Sport-Streams ansehen oder selbst aktiv E-Sport ausüben, sind rund 70 % jünger als 35 Jahre (Hebbel-Seeger und Siemers 2018, S. 44). Für traditionelle Medien ist dieser Punkt insofern interessant, da es sich bei einem Großteil der E-Sport-Zuschauer also um die Zielgruppe handelt, um welche sich Medien wie Zeitungen und Fernsehsender am meisten sorgen. Seit Jahren erreichen traditionelle Medien immer weniger junge Menschen. Laut einer Umfrage der Arbeitsgemeinschaft Verbrauchs- und Medienanalyse VuMa waren in Deutschland 2018 nur 1,6 % der Zeitungsleser zwischen 14 und 19 Jahre alt. Die Altersgruppe zwischen 20 und 29 Jahren kam auf 7,1 %, die 30- bis 39-jährigen machten immerhin noch 10,3 % der Zeitungsleser aus (Statista 2019). Auch längerfristige Studien wie die Allensbacher Markt- und Werbeträgeranalyse 2015 zeigen einen stetigen Rückgang des Zeitungskonsums junger Menschen (Schneller 2015).

Beim Fernsehen machen die täglichen Zuschauer zwischen 14 und 19 Jahren nur noch 4 % der Gesamtzahl aus. Die 20- bis 29-jährigen kommen auf 9 %, die Altersgruppe zwischen 30 und 39 Jahren auf 12 % (Frees und Koch 2019, S. 401).

Wenn die Medien E-Sport intensiver in ihre Berichterstattung aufnähmen, wäre somit durchaus das Potenzial gegeben, dass sich jüngere Menschen wieder ein Stück weit traditionellen Medien annähern. Sicherlich kann man nicht davon ausgehen, dass dies allein das Problem mit den jungen Zielgruppen löst, aber es wäre ein Schritt in eine positive Richtung.

Zusammenfassend lässt sich sagen, dass E-Sport neben den eingangs erwähnten Problematiken ebenso einige Vorteile für die Berichterstattung von traditionellen Medien birgt, zwischen denen sicherlich abzuwägen ist. Lohnt es sich, die Zeit aufzuwenden, ein langfristiges Konzept zu entwickeln, um sich für eine junge Zielgruppe attraktiver zu machen? Lässt man E-Sport allein für sich stehen oder verknüpft man ihn mit Fußball, um das Thema interessanter und zugänglicher für eine breitere Masse zu gestalten? Mit diesen Fragen müssen sich Redaktionen beschäftigen und entscheiden, welchen Weg sie als den sinnvollsten erachten. Eine perfekte Lösung, das Potenzial von E-Sport zu nutzen, scheint aber bisher nicht zu existieren.

9.3   Das Phänomen E-Sport – ein neuer Trend? Eine Analyse der Berichterstattung über die ESL One in Hamburg in ausgewählten Medien

In der Forschung zur Berichterstattung von Massenmedien ist das Thema E-Sport bisher unterrepräsentiert und meist im Bereich Streaming untersucht (Edge 2013; Lee und Schoenstedt 2011; Scholz 2012). Dominierend im Zusammenhang mit dem digitalen Wettkampfsport sind dazu kommerziell ausgerichtete Marktanalysen wie von Deloitte (2016) oder Nielsen Sports (2017) oder die Zusammenstellung wirtschaftlicher Basisdaten (Newzoo 2018). Analysen zur Präsentation oder zu Inhalten von E-Sport in (traditionellen) Massenmedien sind dagegen bisher selten. Des Weiteren sind für die Forschung bisher ebenfalls eher die Frage, ob E-Sport überhaupt Sport ist (Heere 2018; Hallmann und Giel 2018), sowie der Einstieg der Fußball-Bundesliga-Vereine in den E-Sport (Hebbel-Seeger und Siemers 2018) von größerer Relevanz.

Daher soll in diesem Abschnitt eine Untersuchung vorgestellt werden, die sich mit Inhalten von E-Sport-Berichterstattung beschäftigt. Die Basis ist eine Analyse der Berichterstattung über die ESL One in Hamburg in ausgewählten Medien (Hintermüller 2019). Im Zentrum stehen dabei zum einen der Aspekt der Häufigkeit der Berichterstattung und zum anderen die inhaltliche Qualität einzelner Berichte.

9.3.1   Methodik

Als Untersuchungsgegenstand diente die Berichterstattung über die ESL One Hamburg 2018, welche das größte Dota-2-Festival Europas darstellt. Die Berichterstattung in Print-, Fernsehen- und Onlinemedien wurde erst mittels einer quantitativen sowie im Anschluss einer qualitativen Inhaltsanalyse ausgewertet.

Bei der Auswahl des Untersuchungskorpus für die Untersuchung der drei Medienarten wurde neben dem Faktor der Tagesaktualität auch auf eine Balance zwischen dem überregionalen Interesse an E-Sport und dem regionalen Bezug der ESL One Hamburg geachtet. Die Stichprobe der untersuchten Medien setzt sich zusammen aus:

- **Überregionale Tageszeitungen:** Süddeutsche Zeitung, Frankfurter Allgemeine Zeitung
- **Regionale Tageszeitungen:** Hamburger Abendblatt, Bild Hamburg, Hamburger Morgenpost
- **Fernsehsender:** Sat.1 Regionalfernsehen für Hamburg und Schleswig-Holstein, NDR Fernsehen (Hamburg Journal)
- **Online:** kicker eSport, sport1.de, sportbild.de

Der Untersuchungszeitraum betrug knapp eine Woche und dauerte vom 22.10.2018 bis zum 30.10.2018. Somit wurde der Veranstaltungszeitraum der ESL One Hamburg

Tab. 9.1 Auszug aus dem Codebuch (Hintermüller 2019)

Variablen	Kategorien
Ressort	• Sport • Feuilleton • Wirtschaft • Unternehmen • Hamburg • E-Sport(s) • Anderes
Umfang	• Klein • Mittel • Groß
Art der Präsentation	• Sehr aufwändig • Aufwändig • Wenig aufwändig
Themenschwerpunkte	• Ergebnisse • Fans • Akteure des E-Sport • Event • Ökonomie • Anerkennung als Sportart • Computerspielsucht • Dota 2 • Sonstiges

(23.10.2018 bis 28.10.2018) eingerahmt und weiterhin gewährleistet, dass auch etwaige Vor- bzw. Nachberichte erfasst wurden.

Für die quantitative Analyse wurde ein vorhandenes Codebuch (Langheinrich 2018) aktualisiert und erweitert, untersucht wurden sowohl inhaltliche als auch formale Kriterien (Tab. 9.1).

Die qualitative Auswertung erfolgte in Form von case studies beispielhaft an ausgewählten Beiträgen. Bei diesem Analyseschritt wurden ausschließlich Berichte untersucht, welche am Tag nach dem Finale der ESL One Hamburg erschienen waren. Dieses Vorgehen bot es sich an, da so die zu erwartende Finalberichterstattung – des Höhepunktes des Turniers – analysiert werden konnte und überprüft sowie verglichen werden konnte wie das Finale des Turniers in verschiedenen Medien präsentiert wurde. Um eine einheitliche Struktur bei der Analyse zu schaffen, wurden nach einer Durchsicht des vorliegenden Materials die Kategorien induktiv gebildet. Die Analyseaspekte der qualitativen Analyse waren:

- Art der Aufmachung
- Bebilderung
- Thematisierungsverlauf
- Haupthandlungsträger
- Sprachliche Merkmale

9.3.2 Ergebnisse

Bei dieser Präsentation der Ergebnisse der quantitativen Analyse wird der Fokus auf drei Untersuchungsaspekte gelegt: Die allgemeine Anzahl an Berichten über die ESL One Hamburg 2018, der Umfang der Berichterstattung sowie die Themenschwerpunkte, mit denen sich die Medien befasst haben.

Insgesamt wurde im untersuchten Zeitraum von allen Medien 40-mal über die ESL One berichtet (Abb. 9.1). Der Spitzenreiter in der Berichterstattung war sport1.de mit insgesamt 14 Beiträgen, die sowohl Artikel auf der Website als auch Videos umfassten. Ebenso verhielt es sich bei kicker eSport, der mit acht Berichten auf dem zweiten Platz liegt. Dieser wurde allerdings geteilt mit der Hamburger Morgenpost, die im Untersuchungszeitraum ebenfalls acht Artikel veröffentlichte. Im Vergleich zu allen anderen Print-Vertretern lag die Hamburger Morgenpost damit deutlich über dem Durchschnitt. Es folgten die Frankfurter Allgemeine Zeitung und das Hamburger Abendblatt mit je drei Artikeln. Bild Hamburg berichtete lediglich einmal über das Event, die Süddeutsche Zeitung ebenso wie sportbild.de überhaupt nicht.

In den beiden untersuchten Fernsehsendern wurden ebenfalls Beiträge gesendet. Das Sat.1 Regionalfernsehen machte sogar an zwei Tagen auf die ESL One aufmerksam. Interessant ist, dass auch auf der Online-Plattform von SportBild keine Berichterstattung stattfand, dabei führt SportBild wie Sport1 und kicker eine eigene E-Sport-Rubrik. Zum Zeitpunkt des Turniers lag der Redaktionssitz der Sport-Bild zudem noch in Hamburg. Da überrascht es umso mehr, dass ein so großes Turnier offenbar keine nähere Beachtung gefunden hat.

Insgesamt ist dennoch zu sehen, dass sich die Online-Plattformen mit Abstand am meisten mit dem Dota-2-Turnier beschäftigt haben. Die Ausnahme bildet die Hamburger Morgenpost, die an acht von neun Tagen berichtete und sich somit mehr als eine ganze Woche lang mit E-Sport und der ESL beschäftigte.

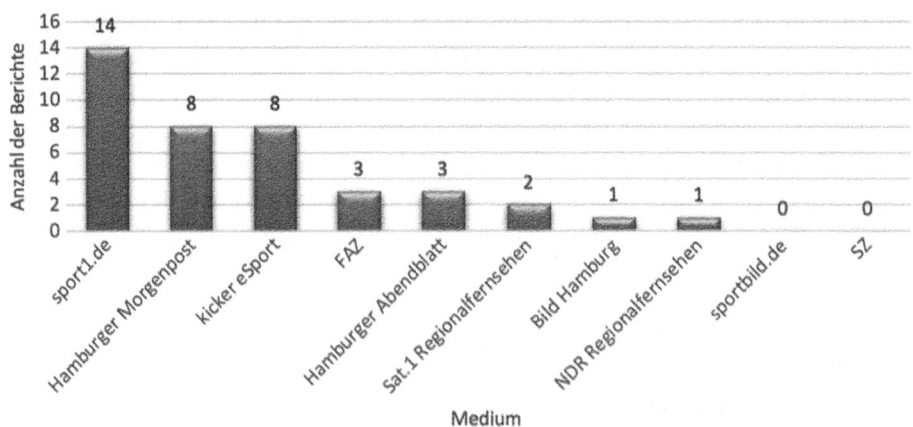

Abb. 9.1 Anzahl der Berichte über die ESL One Hamburg 2018 nach Medium

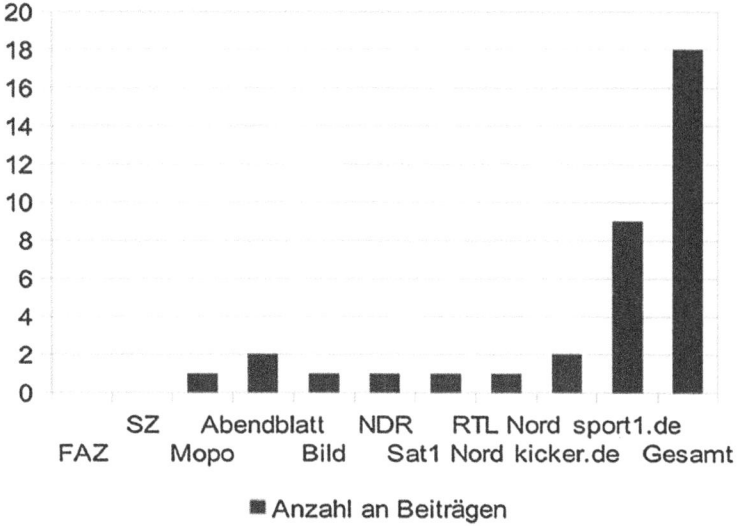

Abb. 9.2 Anzahl der Beiträge über die ESL One 2017 nach Medium und Gesamt (Quelle: Lang-heinrich 2018)

Ein Jahr zuvor war ebenfalls im Rahmen einer Abschlussarbeit ebenfalls der Umfang der Berichterstattung über die ESL One in Hamburg untersucht worden. Durch die Ergebnisse von Langheinrich (2018) ist eine Entwicklung nachweisbar (Abb. 9.2).

Beide Untersuchungen analysierten im Großteil dieselben Medien, bei Langheinrich (2018) wurde lediglich statt sportbild.de der Fernsehsender RTL Nord analysiert, ein Vergleich scheint daher auf Grund des ähnlichen Vorgehens und der ähnlichen Stichprobe zulässig. Bei der Betrachtung der Gesamtzahl an Beiträgen für das Jahr 2017 fällt auf, dass es sich hierbei nur um 18 Beiträge handelt. Es ist also festzuhalten, dass sich das Volumen der Berichterstattung bei nahezu identischem Sample innerhalb eines Jahrs mehr als verdoppelt hat. Spitzenreiter 2017 wie 2018 ist sport1.de, mit damals neun und im folgenden Jahr 14 Beiträgen. Stark erweitert wurde die Berichterstattung bei kicker eSport von zwei auf acht Beiträgen, sowie diejenige der Hamburger Morgenpost von einem auf ebenfalls acht Beiträge. Weiterhin auffallend ist, dass die Frankfurter Allgemeine Zeitung 2017 gar nicht von der ESL One berichtete; ein Jahr später immerhin schon dreimal. Mit Ausnahme von Sat.1, die die ESL One 2018 zweimal erwähnten, änderte sich an der Anzahl der Berichte beim Rest des Samples nichts. Sowohl der NDR, als auch Bild Hamburg veröffentlichten einen Beitrag, die Süddeutsche Zeitung verzichtete indes erneut komplett auf eine Berichterstattung.

Der Vergleich zeigt damit einen enormen Anstieg des Umfangs der Berichterstattung innerhalb eines Jahres. Allein sport1.de veröffentlichte 2018 fast so viele Beträge über die ESL One, wie es 2017 insgesamt gab. Das lässt auf eine deutlich gestiegene Relevanz des Turniers und E-Sport im Allgemeinen in den untersuchten Medien schließen. Außerdem zeigt sich auch, dass nicht nur online die Berichterstattung zugenommen hat, sondern dass

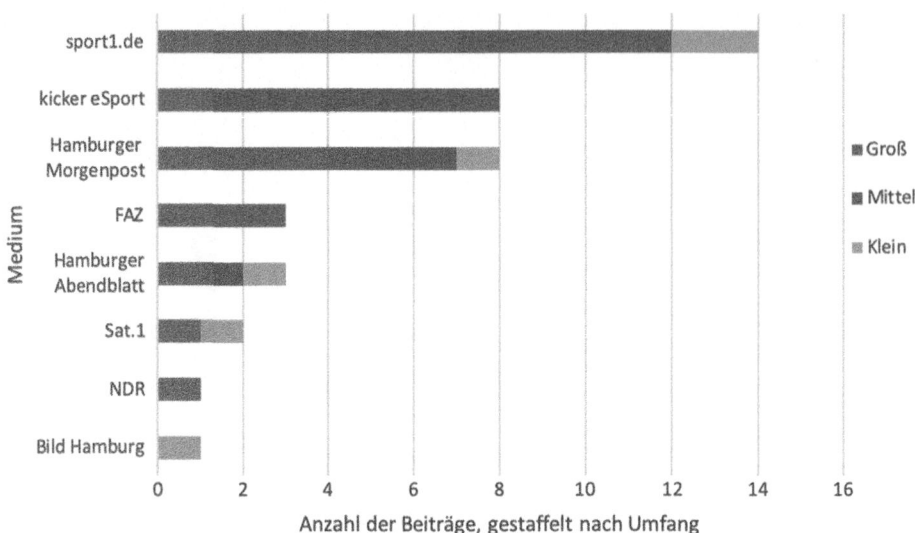

Abb. 9.3 Umfang der Berichterstattung über die ESL One Hamburg 2018 nach Medium (n = 40)

nun gerade auch in den traditionellen Medien, hier insbesondere den Tageszeitungen, über E-Sport berichtet wurde. Dass die Hamburger Morgenpost 2018 über eine Woche lang jeden Tag über die ESL One und E-Sport informierte, ist ein sehr deutliches Indiz.

Um die Quantität der Berichterstattung noch etwas genauer analysieren zu können, wird nachfolgend ein Blick auf den Umfang der Berichte geworfen werden (Abb. 9.3). So lässt sich eine differenziertere Aussage über den Gesamtumfang machen. Für eine Differenzierung in kleine, mittlere und große Beiträge wurde für kleine Beiträge im Text ein Umfang von bis zu 250 Wörtern sowie bei Videobeiträgen eine Länge von bis zu einer Minute festgelegt. Unter die Kategorie Mittel fielen Textbeiträge, die zwischen 250 und 500 Wörtern liegen und Videos, die zwischen einer und zwei Minuten lang sind. Texte mit mehr als 500 Wörtern und Videos, die länger als 2 Minuten dauern, wurden als Groß eingestuft.

Die Hälfte der Beiträge auf sport1.de, dem Medium mit der größten Anzahl an Beiträgen, weist einen großen Umfang auf, fünf liegen im mittleren und zwei im kleinen Bereich. Im Vergleich zum zweiten Online-Medium kicker eSport ist zu sehen, dass der Anteil der großen Beiträge bei sport1.de deutlich höher ist, beim kicker war dagegen lediglich ein Bericht mit großem Umfang zu finden. Beim Printmedium mit den meisten Beiträgen, der Hamburger Morgenpost, findet sich eine ähnliche Verteilung wieder, wie bei sport1.de. Hier sind mit vier Artikeln ebenfalls die Hälfte aller Beiträge in großem Umfang erschienen. Außerdem gibt es sowohl drei mittlere als auch einen kleinen Beitrag. Bei der Frankfurter Allgemeinen Zeitung sind zwar nur drei Beiträge insgesamt erschienen, dafür wiesen alle einen großen Umfang auf, was daraufhin deutet, dass die FAZ das Thema E-Sport mittlerweile ernst nimmt und sich intensiv damit auseinandersetzt. Das Hamburger Abendblatt hat im Vergleich eine ausgeglichene Verteilung, je ein Artikel erschien mit großem, mittlerem und kleinem Umfang. Die Beiträge der Fernsehsender waren ebenfalls meist von großem Umfang, bei Sat.1 kommt außerdem noch ein kleiner hinzu. Der einzige Beitrag, der in der Bild Hamburg erschien, hatte einen kleinen Umfang.

Insgesamt ist zu sehen, dass der ESL One als Thema in der Berichterstattung der Medien meist viel Platz eingeräumt wurde. Davon zeugt die geringe Anzahl an kleinen Berichten. Mit 18 von 40 Beiträgen fällt knapp die Hälfte der Berichterstattung in die Kategorie großer Umfang.

Ein abschließender Vergleich der Themenschwerpunkte der untersuchten Beiträge belegt quantitativ, welche Themen den Redaktionen besonders wichtig waren und welche Bandbreite an Themen bei Publikationen zum E-Sport ermittelt werden konnten (Abb. 9.4).

Größter Themenschwerpunkt aller untersuchten Beiträge war die Berichterstattung über die ESL One Hamburg als Event, dies wurde insgesamt 12-mal als Schwerpunkt der Berichterstattung aller Medien gewählt. Knapp dahinter lag die sportliche akzentuierte Ergebnis-Berichterstattung über die Spiele der Profimannschaften und deren Ausgang. Als Form der Personalisierung wurden Akteure des E-Sport insgesamt siebenmal vorgestellt, die Anerkennung als Sportart wurde immerhin noch viermal diskutiert. Mit dem besonderen Videospieletitel der ESL One, der Disziplin Dota 2, wurde sich dagegen lediglich zweimal befasst, ebenso oft, wie mit ökonomischen Aspekten des Events. Zwei Themenschwerpunkte wurden jeweils nur einmal von den Medien als Schwerpunkt betrachtet, dabei handelt es sich um die Themen Computersucht und Fans.

Aus der Verteilung der Schwerpunkte lassen sich mehrere Einschätzungen ableiten: Zunächst lässt sich festhalten, dass der Event-Charakter des Turniers für alle Medien

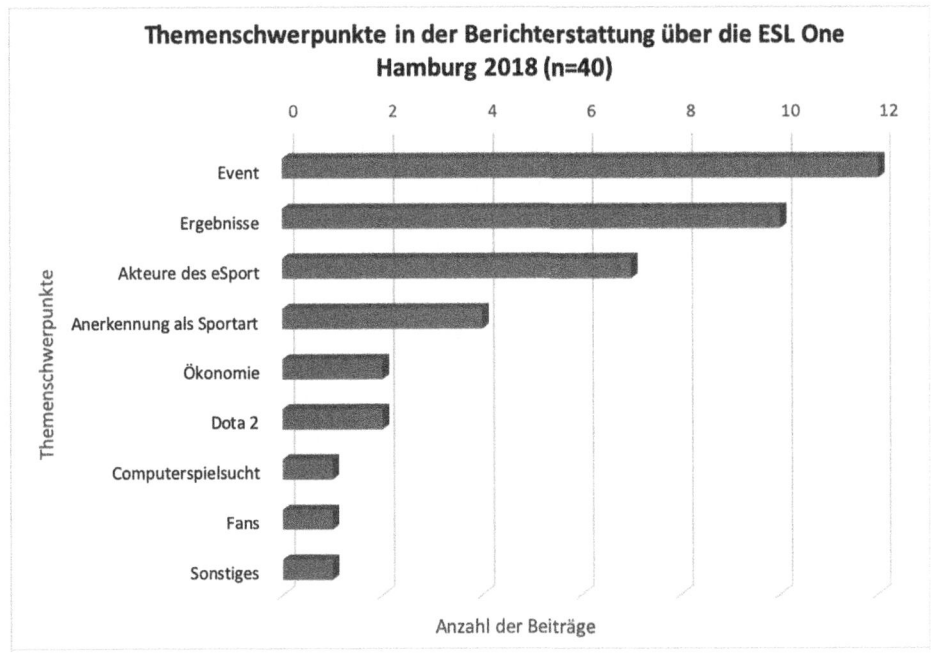

Abb. 9.4 Themenschwerpunkte der Berichterstattung über die ESL One Hamburg 2018 (n = 40)

offenbar im Vordergrund steht. Viele Medien weisen auf das Event hin und wollen ihren Lesern zeigen, was ein E-Sport-Event dem Zuschauer bietet, eventuell anders als traditionelle Sportevents. Da sich gerade die Zielgruppen traditioneller Medien oft wenig mit E-Sport beschäftigen, sollte diesen Rezipienten so offenbar ein solches Event nähergebracht werden. Auf der anderen Seite verzeichnet allerdings auch die Ergebnis-Berichterstattung einen großen Schwerpunkt, was zeigt, dass E-Sport wahrgenommen und in der Art der Berichterstattung wie andere Sportarten behandelt wird, bei dem nicht nur das Event von Interesse ist, sondern auch die Ergebnisse der einzelnen Spiele. Erläuterungen zu den Inhalten von E-Sport, wie zum Beispiel den Regeln oder dem Prinzip von Dota 2 sowie sonstige Erklärungen oder Erläuterungen zum E-Sport finden sich fast nur selten. Offenbar wurde davon ausgegangen, dass die Rezipienten – egal ob von Print, Fernsehen oder Online – mittlerweile intensivere Kenntnisse über die Sportart E-Sport und den Ablauf des Turniers haben, daher wurde sich damit nicht tiefergehend beschäftigt. Auf jeden Fall scheint es so zu sein, dass solche Informationen im Sinne eines Konsumkapitals nicht jedes Mal von den Medien wieder detailliert erklärt oder thematisiert werden.

In einem zweiten Analyseschritt wurde eine qualitative Auswertung von ausgewählten Beiträgen vorgenommen. Für die Analyse wurden fünf Artikel aus dem Print und Online-Bereich untersucht, die am Tag nach dem Finale der ESL One Hamburg veröffentlicht wurden. Die untersuchten Beiträge stammen von der Hamburger Morgenpost („Ausflug in eine andere Welt"), der Frankfurter Allgemeinen Zeitung („Es glitzert, blinkt und rummst"), dem Hamburger Abendblatt („E-Sport soll mehr Touristen nach Hamburg locken"), von sport1.de („eSports: Secret siegt in Hamburg") und von kicker eSports („Team Secret gewinnt ESL One Hamburg").

Schon die Titel der Beiträge lassen bereits Rückschlüsse auf ein zentrales Ergebnis der qualitativen Untersuchung zu. Während sich die Onlinemedien auf den Ausgang des Finales zwischen *Team Secret* und *Vici Gaming* konzentrierten, war dies in den analysierten Print-Artikeln nicht von Bedeutung. Keine der drei Zeitungen nannte am Tag nach dem Finale den Sieger des Turniers oder ging näher auf die finale Partie ein. Stattdessen wurde über Themen abseits des Finales oder auch ganz abseits der ESL One berichtet. Die Hamburger Morgenpost etwa blieb mit ihrem Erlebnisbericht noch bei der ESL One als Event, die FAZ bezog sich schon weniger auf die ESL One, hatte aber durch die Berichterstattung über das Unternehmen SAP, welches bei dem Turnier ebenfalls vor Ort war, auch noch eine direkte Verbindung zur ESL One. Beim Hamburger Abendblatt dagegen diente das Dota 2 Turnier nur noch als thematische Einleitung in den Beitrag, im Anschluss wandte sich der Artikel einem E-Sport-Verein in der Umgebung von Hamburg zu.

Online dagegen war eine reine Ergebnisberichterstattung zu finden, in welcher auf das Finale eingegangen und der Sieger genannt wurde. Allerdings wurde sich in den untersuchten Beiträgen nur selten auf den Spielverlauf konzentriert, nur vereinzelt wurde im Text auch analysiert, wie die Spiele des Finales verliefen und wie die Teams jeweils gewinnen konnten. So konnte der Leser zwar erfahren, wer gewonnen hat, aber zum größten Teil nicht, wie der Sieg zu Stande kam.

Ein weiterer Untersuchungsaspekt für die qualitative Auswertung war die Frage nach dem Sprachstil der Artikel. Die Analyse der Beiträge zeigt, dass negativ besetzte Begriffe wie „Zocker" nicht auftauchten, in allen Medien wurden E-Sportlern als Athleten oder Profis beschrieben. Das lässt darauf schließen, dass E-Sport von den Medien eher als Sport anerkannt wird und die E-Sportler professionell und nicht abwertend behandelt werden. Auch allgemein ist der Tenor dem E-Sport gegenüber sehr positiv, eine Ausnahme bildet hier nur der Bericht aus der Hamburger Morgenpost. Bei diesem Artikel handelte es sich um einen Erfahrungsbericht des Reporters, der live vor Ort in der Halle war und laut eigenen Angaben zuvor noch nie ein E-Sport-Event live besucht hatte. Folgerichtig ist an einer Stelle des Beitrages zum Beispiel von einem „schrägen Spektakel" die Rede. An anderer Stelle werden die Reaktionen der Zuschauer als lautes Gejohle beschrieben. Das sind alles Worte, die eher mit hysterischen Fans in Verbindung gebracht werden und die vornehmlich negativ besetzt sind. Allerdings findet der Reporter am Ende auch lobende Worte für das E-Sport-Event und spricht davon, dass die „positive Verrücktheit des Publikums" ansteckend sei und stellt dieses somit als etwas Positives dar, auch wenn er selbst nicht von Videospielen überzeugt wurde.

Generell scheinen gerade die Fans und Zuschauer vor Ort ein spannendes Thema für die Printmedien zu sein. Es wurde oftmals versucht, ein Stimmungsbild des Events in der Barclaycard-Arena zu vermitteln. Sowohl bei der Morgenpost als auch beim Abendblatt kamen Fans zu Wort, die über ihre Begeisterung für E-Sport berichteten und die Faszination, anderen Menschen beim Videospielen zu beobachten und die Spannung von Dota 2 schilderten. Auch bei diesem Aspekt ist ein deutlicher Unterschied zwischen Print- und Onlinemedien zu entdecken. Während sich die Zeitungen mit der Umgebung und dem Turnier als Event beschäftigten, interessierten sich Online-Medien im Zuge der Ergebnisberichterstattung mehr für die Meinungen von Spielern und den Verantwortlichen zum Finale sowie die sportliche Zukunft der jeweiligen Teams.

Zusammenfassend macht die qualitative Inhaltsanalyse einige Unterschiede in der Berichterstattung der Medien deutlich, die offensichtlich auf dem journalistischen Konzept der jeweiligen Medien beruhen. Dies wurde besonders bei den unterschiedlichen gewählten Thematiken deutlich. Allerdings ist ebenso festzustellen, dass alle Medien E-Sport als Sport ernst nehmen und inhaltlich meist positiv damit umgehen. Ob die Einschätzung von E-Sport auch als professioneller Sport vorgenommen wurde, lässt sich nicht beantworten. Dennoch zeigt dies eindeutig, dass E-Sport auch in Deutschland mittlerweile einen großen Schritt in seiner Entwicklung und seiner Ausstrahlung gemacht hat.

9.4 Diskussion der Ergebnisse

Als eine wesentliche Erkenntnis der Studie ist festzuhalten, dass es bei den traditionellen Medien offensichtlich nicht mehr darum geht, *ob* man über E-Sport berichten sollte, sondern sich schon mehr auf das *wie* konzentriert wird. Der deutliche Anstieg der Berichterstattung über die ESL One 2018 im Vergleich zum Jahr 2017 zeigt beispielhaft, wie groß das Interesse der Medien an solchen Turnieren und dem digitalen Sport offenbar ist. Die Anzahl der veröffentlichten Berichte hat sich innerhalb eines Jahres mehr als verdoppelt. Die Tatsache, dass sich die Hamburger Morgenpost eine ganze Woche mit unterschiedlichen Aspekten der Thematik auseinandergesetzt hat, lässt vermuten, dass es der Redaktion ein wichtiges Anliegen war, die ESL One als Anlass zunehmen, E-Sport näher zu betrachten.

Zudem zeigt die Berichterstattung der Morgenpost in Kombination mit der quantitativen Auswertung wie groß die Themenvielfalt des E-Sports ist. Die Medien sind keinesfalls nur auf die jeweiligen Videospiele festgelegt. Streitbare Themen wie die Auseinandersetzung um die Anerkennung als Sport oder die Gefahr von Computerspielsucht wurden ebenfalls mehrmals diskutiert. Die Artikel, die in der Frankfurter Allgemeinen Zeitung erschienen sind, deuten außerdem darauf hin, dass die ESL One keinesfalls nur ein regionales Thema für Hamburg und Umgebung war bzw. ist. Selbstverständlich war die Berichterstattung nicht so ausgiebig, wie die der Morgenpost, aber die Tatsache, dass im Vergleich zu 2017 statt keinem, gleich drei Artikel, die alle einen großen Umfang aufwiesen, publiziert wurden, zeigt ebenfalls ein gesteigertes Interesse an dem Turnier außerhalb Hamburgs. Das zeigen auch die insgesamt gestiegenen Zahlen der Online-Plattformen sport1.de und kicker, welche ebenfalls deutschlandweit zugänglich sind und berichten.

Die Ergebnisse zum Umfang der Beiträge, lassen vermuten, dass das Thema E-Sport von den Medien ernst genommen und einige Arbeit investiert worden ist. Davon zeugt ein Gesamtanteil von fast 50 % der Beiträge mit großem Umfang. Dass 14 der 40 Artikel außerdem einen mittleren Umfang haben und es dementsprechend nur wenige Beiträge mit kleinem Umfang gibt, rundet diesen Eindruck ab.

Die Verteilung der Themenschwerpunkte zeigt neben der bereits erwähnten Themenvielfalt dennoch eine auch aus dem Sportjournalismus allgemeine bekannte, leichte Favorisierung der Event- und Ergebnisberichterstattung (Horky und Kamp 2012). In Kombination mit den Ergebnissen der qualitativen Auswertung, lässt sich sagen, dass diese allerdings auf die Unterschiede zwischen Print- und Onlinemedien zurückzuführen sind. Während Print mehr den Hintergrund beleuchtet, was bei dem Turnier alles passiert und den Rezipienten das Event näherbringt, konzentriert sich Online vornehmlich auf die Ergebnisse der Spiele und versucht in Teilen zusammenzufassen, wie die Spiele verlaufen sind. Die Ursache für diese deutlichen Unterschiede dürfte vor allem in den unterschiedlichen Zielgruppen der einzelnen Medien liegen. Denn während der Großteil der Leser von Printmedien offenbar bisher wenig über E-Sport weiß, ist die Online-affine Zielgruppe der Rezipienten mit dem Thema, dem Turnier und den Mannschaften eher vertraut und hat dementsprechend vornehmlich Interesse an Ablauf des Wettkampfes und Ergebnissen.

Leser von Print scheinen dagegen erst langsam an die Komplexität des Ganzen herangeführt zu werden, daher wird in der Berichterstattung viel erklärt und versucht, alle Details genau zu vermitteln, damit die Zielgruppe informiert wird, was bei einem E-Sport-Turnier passieren kann.

Es stellt sich allerdings die Frage, wie die traditionellen Medien, bzw. in diesem Fall die Printmedien mit einer solchen Berichterstattung die junge, E-Sport-begeisterte Zielgruppe für sich gewinnen kann. Denn wie erwähnt, interessieren sich diese Rezipienten eher für tiefergehende Analysen oder Ergebnisse, weil ihnen die Basics des Themas bereits bekannt sind. Dieser Aspekt müsste in Zukunft weiterverfolgt und untersucht werden, um herauszufinden, ob es Konzepte und Herangehensweisen der Medien gibt oder ob es beim aktuellen Stand bleibt.

Ein Pluspunkt für die Printmedien ist in dieser Hinsicht allerdings der positive Umgang bzw. der positive Grundton der Berichterstattung gegenüber dem E-Sport. Ob nun, weil die Redaktionen wirklich einen solchen Blick auf das Thema haben oder vielleicht, um sich für E-Sport-Fans interessanter zu machen lässt sich nicht feststellen. Anzunehmen ist aber, dass eine positive Berichterstattung die Wertschätzung innerhalb der jungen Zielgruppe eher steigen lässt als negativ behaftete Diskussionen über E-Sport. Über die genauen Gründe lässt sich hier allerdings nur mutmaßen.

9.5 Fazit

Zusammenfassend lässt sich feststellen, dass die vorliegende Studie gezeigt hat, dass E-Sport für traditionelle Medien viele Möglichkeiten und Potenziale in Form von neuen Zielgruppen und vielfältigen Themenbereichen für die Berichterstattung bietet. Dennoch muss auch die Problematik berücksichtigt werden, dass bisher offenbar kein erfolgreiches Konzept erkennbar ist, E-Sport in traditionellen Medien fest zu verankern. Trotzdem wird deutlich, dass der E-Sport in Zukunft ein relevantes Thema für Medien sein könnte, an dem Medien kaum noch vorbeisehen können.

Die vorgestellte Studie zeigt zudem, dass dies auch keine Seltenheit mehr ist und E-Sport in vielen traditionellen Medien schon angekommen ist. Das Interesse in den Redaktionen scheint zunehmend vorhanden zu sein. Es wird spannend zu sehen sein, ob dieses Interesse in Zukunft aufrechterhalten wird oder ob es nach einer gewissen Zeit wieder einschläft.

Literatur

Breuer, M. (2012). Der E-Sport – ein drittes Modell des professionellen Sports? In M. Breuer (Hrsg.), *E-Sport – Perspektiven aus Wissenschaft und Wirtschaft* (S. 91–116). Glücksstadt: vwh.

Breuer, M. & Görlich, D. (2018). Gaming und E-Sport – Markt und Inszenierung des digitalen Sports. In T. Horky, H. J. Stiehler & T. Schierl (Hrsg.), *Die Digitalisierung des Sports in den Medien* (S. 275–293). Köln: Herbert von Halem.

Deloitte. (2016). Let's Play! Der deutsche eSports-Markt in der Analyse. https://www.game.de/wp-content/uploads/sites/2/2017/02/Deloitte.-Der-deutsche-eSports-Markt-in-der-Analyse-2016.pdf. Zugegriffen am 28.04.2020.

DOSB. (2018). Umgang mit elektronischen Sportartensimulationen, eGaming und „eSport" – Positionierung von DOSB-Präsidium und Vorstand. https://www.dosb.de/ueber-uns/esport/. Zugegriffen am 28.04.2020.

Edge, N. (2013). Evolution of the gaming experience: Live video streaming and the emergence of a new web community. *Elon Journal of Undergraduate Research in Communications, 4*(2). http://www.inquiriesjournal.com/articles/821/evolution-of-the-gaming-experience-live-video-streaming-and-the-emergence-of-a-new-web-community. Zugegriffen am 28.04.2020.

ESC.watch. (2018). Worlds 2018 – 200 million viewers at once. https://esc.watch/blog/worlds-2018-final. Zugegriffen am 28.04.2020.

Frees, B. & Koch, W. (2019). ARD/ZDF-Onlinestudie 2018: Zuwachs bei medialer Internetnutzung und Kommunikation. *Media Perspektiven*, (9/2018), 398–413. Korrigierte Fassung vom 29.01.2019. http://www.ard-zdf-onlinestudie.de/files/2018/0918_Frees_Koch.pdf. Zugegriffen am 28.04.2020.

Gameswirtschaft. (8. Mai 2017). Twitch und die Rundfunklizenz: Live-Streaming. https://www.gameswirtschaft.de/politik/twitch-rundfunklizenz-live-streaming-faq/. Zugegriffen am 28.04.2020.

Hallmann, K. & Giel, T. (2018). eSports – Competitive sports or recreational activity? *Sport Management Review, 21*(1), 14–20.

Hebbel-Seeger, A. & Siemers, L. (2018). eSport im Profi-Fußball der DFL – Zu Erwartungen, Zielen und Markeneinfluss. *SCIAMUS – Sport und Management, 9*(3), 42–58.

Heere, B. (2018). Embracing the sportification of society: Defining e-sports through a polymorphic view on sport. *Sport Management Review, 21*(1), 21–24.

Hintermüller, M. (2019). Das Phänomen eSport – ein neuer Trend? Eine Analyse der Berichterstattung über die ESL One in ausgewählten Medien. Bachelorarbeit, Hochschule Macromedia, University of Applied Sciences, Hamburg.

Horky, T. & Kamp, H.-C. (2012). *Sport. Basiswissen für die Medienpraxis* (Journalismus Bibliothek, 6). Köln: Herbert von Halem.

Kühl, E. (7. Januar 2016). E-Sports gehören nicht ins Fernsehen. Zeit Online. https://www.zeit.de/digital/games/2016-01/e-sports-fernsehen-activison-mlg-uebernahme. Zugegriffen am 28.04.2020.

Kühl, E. (31. März 2017). Livestreaming. Gamer? Ihr seid jetzt Rundfunker. Zeit Online. https://www.zeit.de/digital/internet/2017-03/livestreaming-pietsmiet-twitch-rundfunklizenz-lets-play. Zugegriffen am 28.04.2020.

Landesanstalt für Medien NRW. (o. J.). Rundfunklizenzen für Live-Streaming Angebote. https://www.medienanstalt-nrw.de/regulierung/internet/rundfunklizenzen-fuer-live-streaming-angebote.html. Zugegriffen am 28.04.2020.

Langheinrich, P. (2018). ESL One Hamburg – Eine Medienresonanzanalyse zum eSports-Event in Hamburg. Bachelorarbeit, Hochschule Macromedia, University of Applied Sciences, Hamburg.

Lee, D. & Schoenstedt, L. J. (2011). Comparison of eSports and traditional sports consumption motives. *ICHPER-SD Journal of Research, 6*(2), 34–44.

Newzoo. (2018). Free 2018 global eSports market report. https://newzoo.com/insights/trend-reports/newzoo-global-games-market-report-2018-light-version/. Zugegriffen am 28.04.2020.

Newzoo. (o. J.). Esports drives 21,3 % of Twitch Viewership. https://newzoo.com/insights/articles/esports-drives-21-3-of-twitch-viewership/. Zugegriffen am 28.04.2020.

Nielsen Sports. (2017). eSports entwickelt sich zur Zuschauersportart. https://nielsensports.com/de/esports-entwickelt-sich-zur-zuschauersportart/. Zugegriffen am 28.04.2020.

Reinsch, M. (20. Februar 2019). Backpfeife vom DOSB. Frankfurter Allgemeine Zeitung. https://www.faz.net/aktuell/sport/sportpolitik/der-dosb-verteilt-eine-backpfeife-fuer-den-e-sport-verband-16051547.html. Zugegriffen am 28.04.2020.

Sagatz, K. (23. Januar 2019). Erster deutscher eSports-Sender. Gaming rund um die Uhr. Tagesspiegel. https://www.tagesspiegel.de/gesellschaft/medien/erster-deutscher-esports-sender-gaming-rund-um-die-uhr/23901068.html. Zugegriffen am 28.04.2020.

Schneller, J. (2015). Auf dem Weg zu neuen Gleichgewichten? Stabilität und Dynamik bei den Mustern der Mediennutzung. https://www.ifd-allensbach.de/awa/ergebnisse/archiv.html. Zugegriffen am 28.04.2020.

Scholz, T. M. (2012). New broadcasting ways in IPTV – The case of the starcraft broadcasting scene. In *eSports Yearbook 2011/12* (S. 89–106). Norderstedt: BoD.

Spiegel Online. (8. Februar 2018). eSports vor Aufnahme in Koalitionsvertrag. https://www.spiegel.de/sport/sonst/koalitionsvertrag-anerkennung-als-sportart-rueckt-fuer-esports-naeher-a-1192462.html. Zugegriffen am 28.04.2020.

Sport1. (28. November 2018). SPORT1 plant Start des ersten Senders für eSports in Deutschland, Österreich und der Schweiz: Pay-TV-Kanal „eSPORTS1" geht am 24. Januar 2019 on-Air. https://de.sports.yahoo.com/news/sport1-plant-start-ersten-senders-080000606.html. Zugegriffen am 28.04.2020.

Statista. (2019). Zeitungsleser in Deutschland nach Altersgruppen im Vergleich mit der Bevölkerung im Jahr 2018. https://de.statista.com/statistik/daten/studie/901105/umfrage/umfrage-in-deutschland-zum-alter-von-zeitungslesern/. Zugegriffen am 28.04.2020.

Streppelhoff, R. (2018). E-Sport und Serious Gameas: Videospiele im Sportkontext – Eine Bibliografie. https://www.bisp.de/SharedDocs/Downloads/Publikationen/Bibliographien/esport.pdf?__blob=publicationFile&v=2. Zugegriffen am 28.04.2020.

The Esports Observer. (30. Dezember 2018). Top 10 most-watched Twitch content in 2018. https://esportsobserver.com/top10-twitch-content-2018/. Zugegriffen am 28.04.2020.

TwitchTracker. (2019). Twitch statistics & charts. https://twitchtracker.com/statistics. Zugegriffen am 28.04.2020.

Virtual Bundesliga. (2021). https://virtual.bundesliga.com/ Zugegriffen am 22.07.2021.

E-Sport im traditionellen Sportverein

10

Markus Lauff

Zusammenfassung

Für den TSV 1895 Oftersheim e.V. ist E-Sport bereits ein fester Bestandteil seiner Sportfamilie. Mit rund 2000 Mitgliedern ist der TSV der größte örtliche Verein und einer der großen Vereine in der Metropolregion Rhein-Neckar. Diese Größe zusammen mit dem Bestreben, seinen Mitgliedern ein zeitgemäßes, innovatives Sportangebot anzubieten, haben es dem TSV ermöglicht, das Thema E-Sport bereits 2017 aktiv anzugehen. Die Möglichkeiten des E-Sports im traditionellen Sportverein wurden dabei von Anfang an aus möglichst vielen Perspektiven aktiv untersucht. Neben den naheliegenden Aspekten, wie „wie betreibt man E-Sport im Sportverein" aus praktischer und rechtlicher Perspektive, wurden dabei auch die Möglichkeiten untersucht, wie E-Sport in den bereits etablierten Sportarten eingesetzt werden kann. Erfolgreich: Nach nur drei Jahren betreibt die E-Sport-Abteilung „eSport Rhein-Neckar" E-Sport im Breiten- und Leistungssport für mehr als 100 Mitglieder, kooperiert, zum Beispiel im Rahmen der Trainerausbildung, eng mit dem E-Sport-Bund Deutschland (ESBD) und unterstützt andere Vereine beim Aufbau ihrer E-Sport-Abteilung. Zusätzlich werden E-Sport-Elemente in anderen Abteilungen, wie für Senioren im Gesundheitssport und zur Leistungssteigerung im Handball, erfolgreich eingesetzt.

Der Turn- und Sportverein (TSV) 1895 Oftersheim e.V. ist mit rund 2000 Mitgliedern der größte örtliche Verein und einer der großen Vereine in der Metropolregion Rhein-Neckar.

M. Lauff (✉)
TSV 1895 Oftersheim e.V., Oftersheim, Deutschland
E-Mail: markus.lauff@tsv-oftersheim.de

© Springer Fachmedien Wiesbaden GmbH, ein Teil von Springer Nature 2022　　　167
M. Breuer, D. Görlich (Hrsg.), *E-Sport*,
https://doi.org/10.1007/978-3-658-36079-5_10

Allgemein bekannt ist der Verein vor allem durch seine Handballer in der 3. Bundesliga (HG Oftersheim/Schwetzingen) und durch seine starken Leichtathleten, insbesondere durch die Leichtathletin Malaika Mihambo, als amtierende Weltmeisterin im Weitsprung und Olympiasiegerin bei den Olympischen Spielen in Tokio 2021.

Der TSV ein klassischer Mehrspartenverein mit den traditionellen Sportarten Handball, Leichtathletik, Ski, Turnen und Volleyball. Abgerundet wird dieses Sportangebot mit modernen Angeboten wie Twirlings (Showtanz mit Stäben) und seit 2017 auch E-Sport.

Der TSV zeigt, wie E-Sport in einem traditionellen Sportverein vielfältig eingesetzt werden kann, sei es als eigene Sportart, zur Unterstützung der traditionellen Sportarten oder für Maßnahmen zur Integration und Inklusion.

Seit 2017 ist der TSV Gründungsmitglied beim E-Sport-Bund Deutschland (ESBD). Als primär Vertreter des Breitensports unterstützt der TSV seitdem dessen Aktivitäten zur Gestaltung und Anerkennung des E-Sports.

E-Sport wurde beim TSV im Rahmen einer Praktikumsarbeit von Peter Neugebauer an der SRH Hochschule Heidelberg im Bereich Sportmanagement initiiert (Neugebauer 2016). In dieser Praktikumsarbeit ist der primäre Gedanke dabei noch nicht E-Sport als eigenen Sportbereich zu etablieren, sondern ihn als Mittel für ein integratives „Angebot bei dem Jung und Alt zusammenfinden" zu nutzen.

Nach bereits drei Jahren hatte sich E-Sport im TSV sehr vielfältig und allgemein akzeptiert etabliert. Ausschlaggebend für den Erfolg waren der generalistische Ansatz, die sehr kompetente Besetzung des Amts des E-Sport-Abteilungsleiters, sowie die offene Aufnahme durch die vorhandenen Abteilungen.

Der generalistische Ansatz bestand darin, dass E-Sport von Anfang an nicht nur als neue Sportart betrachtet wurde, sondern dass versucht wurde, möglichst viele positive Facetten des E-Sports für den Verein zu identifizieren und zu nutzen. Nach der zunächst integrativen Facette zur Integration von Personen, welche sonst nicht in einen Sportverein finden würden, kam der eigene Sportbereich, dem inzwischen rund 100 Mitglieder angehören. Last but not least, wurde schnell klar, dass E-Sport auch die bereits etablierten Sportarten positiv unterstützen kann.

Fast nebenbei hat sich dann auch noch gezeigt, dass E-Sport einen positiven gesellschaftlichen Aspekt auf die Vereinsarbeit im Allgemeinen mitbringt. So zeigte sich, dass die durch den E-Sport hauptsächlich besetzte Altersgruppen von 16 bis 30 Jahren mit anderen Sportarten schwer zu erreichen, beziehungsweise zu halten ist. Da viele der E-Sportler bisher noch nicht in einem Verein aktiv waren, werden damit auch Mitglieder gewonnen werden, welche noch nicht vereinsmüde sind und entsprechend motiviert den Verein bei vielen Gelegenheiten – auch weit jenseits des E-Sports – tatkräftig zu unterstützen.

Im Folgenden werden diese Facetten genauer betrachtet.

10.1   E-Sport als eigener Sportbereich oder als eigene Abteilung

Anfang 2017 hat der TSV Oftersheim als erster Amateursportverein Deutschlands E-Sport als eigenständige Sportart in sein Sportangebot aufgenommen. E-Sport ist seitdem zusammen mit Gesundheitssport, Handball, Ski, Sportklettern, Tanz & Aerobic, Turnen und Volleyball, als eigene Abteilung vertreten.

Auch zuvor hatte sich der TSV bereits offen und innovativ gezeigt. So wurde vor vielen Jahren mit den Twirlings eine Tanzsportgruppe mit Stäben etabliert und vor einigen Jahren das Sportklettern mit aufgenommen. Natürlich konnten aber nicht alle Ideen sofort erfolgreich umgesetzt werden, so traf zum Beispiel die Trendsportart Crossgolf auf großes Interesse, es konnte jedoch kein qualifizierter und motivierter Abteilungsleiter gefunden werden, welcher diese Sportart im Verein betreiben und organisieren wollte.

Glücklicherweise außerordentlich erfolgreich lief die Suche nach einem E-Sport-Abteilungsleiter. Mit Jonas Stratmann (damals 32 Jahre alt) hat der TSV über einen Facebook-Aufruf einen in der Jugend aktiven und erfolgreicher E-Sportler gewinnen können. Zusätzlich zu seinen sportlichen Erfahrungen, war er auch bereits administrativ im E-Sport-Bereich tätig. Sein Beruf als Heilerziehungspfleger in einem Kinderheim und der damit verbundene Spaß und der Arbeit mit Jugendlichen und Kindern, stellte sich dann schnell als weiteres Erfolgskriterium dar.

Jonas Stratmann verantwortet und entwickelt seither den Auf- und Ausbau der E-Sport-Abteilung. Neben den rund 130 Mitgliedern, sind dies auch über 20 ehrenamtliche Helfer, welche sich um die vielfältigen Aspekte des E-Sports kümmern (siehe Abschn. 10.1.3).

Mit der Unterstützung des Vorstands und den Abteilungsleitern der vorhandenen Sportabteilungen, konnte die E-Sport-Abteilung damit sehr professionell organisiert ausgebaut werden. Von Anfang an, war dabei für den TSV der sportliche Anspruch und das systematische Training sowie die beständige und skalierungsfähige Organisation wichtig.

10.1.1 Sportlicher Anspruch, Leistungsgruppen und Abgrenzung zum Gaming

In vielen Bereichen zeigte sich sehr schnell, dass Strukturen und Prozesse für den E-Sport neu zu definieren waren. So ergab sich auch die Frage nach dem sportlichen Anspruch, der Gestaltung der Leistungsgruppen und auch der Abgrenzung des Sports zum Gaming.

Sehr oft wurde dabei auf die allgemein bekannten Strukturen des Sports zurückgegriffen. In Bezug auf den sportlichen Anspruch erfolgte die grundlegende Differenzierung mit Hilfe der etablierten Unterscheidung in Breiten- und Leistungssport.

Zur Notwendigkeit vom Breiten- und Leistungssport schreibt Schimank „wird der Breitensport in personeller Hinsicht als unverzichtbares Rekrutierungs- und Sozialisationspotenzial für den Leistungssportler-Nachwuchs benötigt" und „im Breitensport werden den Akteuren somit jene Orientierungen vermittelt, die für eine potentielle Karriere als Leistungssportler bedeutsam sind" (Schimank 2005, S. 142).

Ergänzend zu dieser Betrachtung dient der E-Sport Breitensport beim TSV auch dem Spaß am Sport, während beim Leistungssport die Fokussierung auf den sportlichen Erfolg im Vordergrund steht.

Breitensport

In Anbetracht der kritischen Beobachtung, dass Kinder- und Jugendliche immer mehr Zeit vor dem Computer verbringen, welche häufig nicht zielgerichtet verbrachtet wird, differenziert der TSV Oftersheim zwischen „E-Sport als Breitensport" und dem „Gaming".

Im traditionellen Sport kann dies vereinfacht, im Kontext von Fußball, mit „Bolzen" oder einem Fußballtraining in einem Sportverein verglichen werden.

Auch wenn es in einer Ausarbeitung des Deutschen Bundestags heißt, dass „Der Breitensport dagegen wird von einer großen Zahl an Sporttreibenden ausgeübt, die darin vor allem Unterhaltung sehen (…)" (Wissenschaftlicher Dienst des Bundestages 2008, S. 7) legt der TSV hier höhere Maßstäbe an und erwartet, dass für die Ausübung von E-Sport die regelmäßige Teilnahme an einem systematisch organisierten Training notwendig ist.

Das Spielen von Computerspielen zum reinen Zeitvertreib („Gaming") wird vom TSV entsprechend nicht als Sport angesehen.

Der TSV bezieht sich dabei auch auf die Definition des E-Sport-Bund Deutschland e.V. (ESBD). Dieser definierte E-Sport in seiner Satzung vom 26.11.2017 wie folgt: „eSport […] ist das sportwettkampfmäßige Spielen von Video- bzw. Computerspielen, insbesondere auf Computern und Konsolen, nach festgelegten Regeln."

In seiner Mitgliederversammlung am 26.10.2018 verabschiedete der ESBD folgende konkretisierte Definition: „eSport ist der unmittelbare Wettkampf zwischen menschlichen Spieler/innen unter Nutzung von geeigneten Video- und Computerspielen an verschiedenen Geräten und auf digitalen Plattformen unter festgelegten Regeln. (…)"

Auf seiner Webseite beschreibt der ESBD diese Definition als „als Konkretisierung der satzungsmäßigen Definition" (https://esportbund.de/esport/was-ist-esport/. Zugegriffen am 28.07.2019) und nennt dazu auch folgende „Abgrenzung zwischen Gaming und eSport":

> eSport ist ein dedizierter Teilbereich des Gamings, der unter speziellen Voraussetzungen agiert. Die Nutzung von Videospielen für einen sportlichen Leistungsvergleich bestimmt den Kerngehalt des eSports und bildet damit eine eigene Systematik in dem Freizeit-, Erholungs- und Kulturbereich des Gamings. (https://esportbund.de/esport/was-ist-esport/. Zugegriffen am 28.07.2019)

Der TSV setzt aber auch hier, als eine der oben genannten „speziellen Voraussetzungen", die regelmäßige Teilnahme an einem systematisch organisierten Training im Breitensport explizit voraus.

Leistungssport

Beim E-Sport Leistungssport, unterscheidet der TSV Oftersheim zwischen regionalen und überregionalen Teams. Diese Unterscheidung betrifft vor allem die Möglichkeiten des Trainings, aber auch die Form des gelebten Vereinsleben.

Zusätzlich unterscheidet der TSV im Leistungssport auch zwischen dem Amateur- und Profisport. Entsprechend der üblichen Definition erhalten die Sportler im Amateurbereich keine Einkünfte zur Bestreitung ihres Lebensunterhalts. Typisch sind in diesem Bereich lediglich Aufwandsentschädigungen für wettkampfbezogenen Kosten (z. B. Startgebühren, Fahrtkosten).

Für den Profisport gründet der TSV (Stand Juli 2019), zur klaren Trennung der Aktivitäten und zur finanziellen Absicherung des Vereins, mit der „eSport Rhein-Neckar (ERN) GmbH" eine dedizierte Spielbetriebsgesellschaft.

10.1.2 Trainingsformen und -strukturen

Die für den E-Sport im Verein etablierten Trainingsformen leiten sich im Großen und Ganzen aus dem Training der traditionellen Sportarten ab. Im E-Sport ist dabei jedoch noch zu beachten, dass die sehr unterschiedlichen Spiele, entsprechend auch eine sehr spezifische spielbezogene Qualifikation erfordern. Ansatzweise ist dies vergleichbar mit den unterschiedlichen Disziplinen einer traditionellen Sportart. So setzt man in der Leichtathletik in der Regel auch spezielle Trainer, zum Beispiel für die Bereiche des Laufs, Wurfs und Sprungs, ein.

In diesem Sinne bilden die Spiele die Disziplinen des E-Sports. Beim TSV sind derzeit davon bereits zehn etabliert: Counter-Strike: GO, FIFA, League of Legends, Rocket League, Playerunknown's Battlegrounds, Splatoon 2, Heroes of the Storm, Pro Evolution Soccer, Overwatch und Super Smash Bros.

Die Unterschiede zwischen den Disziplinen (Spielen) ist im E-Sport jedoch wesentlich stärker ausgeprägt, sodass ein Trainer eines Spiels in der Regel nicht für ein anderes Spiel eingesetzt werden kann. Welche Spiele vom TSV angeboten werden, ergibt sich damit nicht zuletzt durch das Vorhandensein eines qualifizierten, motivierten und ehrenamtlichen Helfers, der dafür als Trainer zur Verfügung steht, beziehungsweise dafür ausgebildet werden kann.

Trainerausbildung

Ausgebildete Trainer sind im E-Sport genauso essenziell, wie in den traditionellen Sportarten. Da in der Anfangszeit keine von einem Sportverband organisierte Ausbildung zur Verfügung stand, hat der TSV das Ausbildungsprogramm zunächst an die Ausbildung eines Trainer-C im traditionellen Sport angelehnt.

Die Ausbildungsinhalte zur Schulung der sozialen, inhaltlichen und methodischen Kompetenzen umfassten dabei sowohl die Trainingslehre, den Methoden zur Organisation und Führung eines Teams.

Inzwischen organisiert der ESBD seine Trainerausbildungen und Fortbildungsangebote über die ESBD-Akademie (ESBD Akademie 2019). Die „ESBD-Trainerausbildung – Grundlagen des eSport-Trainings" ist laut ESBD „von erfahrenen eSport-Trainern, Sportpsychologen und Trainingswissenschaftlern in zehn Modulen zusammengestellt. Die Ausbildung vermittelt dementsprechend grundlegendes Wissen über E-Sport, Training im E-Sport und kommunikative Fähigkeiten. Der Kurs wird mit einer Prüfungsleistung beendet".

Die Module dieses Trainings umfassen (Stand: Juli 2019):

- Grundlagen des E-Sports
- Grundlegende Trainerfähigkeiten
- Fähigkeitsschulung (Koordinative Fähigkeiten, Bewegungsabläufe/Ausgleichsbewegungen)
- Methoden- und Vermittlungskompetenz
- Sportpsychologie – Sozial-Kommunikative Kompetenz
- Persönlichkeitsentwicklung/Sozialkompetenz
- Diagnostik und Dokumentation von Trainingsfortschritten
- Trainingsplanung/Struktur
- Jugendschutz
- Verletzungsprävention/Erste Hilfe
- Suchtprävention

Neben diesen Inhalten plant der ESBD zukünftig auch Fortbildungen in den Bereichen Team- und Vereinsorganisation, E-Sport-Management, E-Sport-Kommunikation und E-Sport-Journalismus (Stand: Juli 2019).

Der TSV sieht mit dieser Ausbildung eine ausreichende Qualifikation für seine Trainer gegeben. Die Anzahl der benötigten Trainer stellt einen Verein jedoch vor große Herausforderungen. Nicht nur, dass die Trainer dem Verein zunächst einmal überhaupt zur Verfügung stehen müssen, sondern auch die dezentrale Ausbildung fordern eine hohe Flexibilität und auch ein überdurchschnittlich hohes finanzielles Investment (siehe Abschn. 10.1.4).

Trainingsdurchführung

Bei der Durchführung des Trainings wird beim TSV zwischen lokalen und überregionalen Teams unterschieden. Während die lokalen Teams regelmäßig (in der Regel einmal pro Woche) im Trainingsraum trainieren, findet das Präsenztraining der überregionalen Teams im Rahmen von Bootcamps über verlängerte Wochenenden statt. Zusätzlich trainieren die Teams (in der Regel mehrfach pro Woche) online.

Während die spielespezifischen Grundfertigkeiten primär online trainiert werden, sind die Schwerpunkte des Präsenztrainings die taktischen und strategischen Fertigkeiten sowie die Kommunikation im Team. Die genauen Trainingsinhalte werden dabei an die Erfahrung und den Anspruch der Teams individuell angepasst

10.1.3 Organisation

Die Organisation der sportlichen Aspekte liegt beim TSV Oftersheim in der Verantwortung der jeweiligen Abteilungen. Beim Aufbau der E-Sport-Abteilung konnte dies von den etablierten Abteilungen in vielerlei Hinsicht profitieren. Von Anfang an, hat sich die Abteilung dabei an den größeren Abteilungen des TSV orientiert, welche zwei- bis dreihundert Mitglieder bedienen. Entsprechend ähneln sich die Strukturen und Prozesse der Abteilungen – zumindest auf oberster Ebene.

In der Abteilung haben sich seither die Abteilungsleitung, Marketing, IT, Content Text/Video und Social Media als Stabsstellen etabliert.

Wie im TSV auch sonst üblich, werden die finanziellen Aspekte der Abteilungen von der Geschäftsstelle des TSV organisiert und von dem entsprechenden stellv. Vorsitzenden verantwortet. Zur taktischen Planung der finanziellen Mittel obliegt es der E-Sport-Abteilung einen kurz- und mittelfristigen Finanzplan zu führen (siehe Abschn. 10.1.4).

Zur klaren Trennung der Vereinsaktivitäten im Amateur- und Profibereich, gründet der TSV zurzeit (Stand: Juli 2019) mit „eSport Rhein-Neckar (ERN) GmbH" eine dedizierte Spielbetriebsgesellschaft für den Profibereich. Neben dem Kernbereich der Profiteams und entsprechender Sponsoren, wird die Gesellschaft voraussichtlich auch als Dienstleister für den Verein genutzt werden. Konkrete geplante Pakete sind die Bereitstellung der Trainingsinfrastruktur (Gaming-Raum mit technischer Einrichtung), sowie die Organisation der Ausbildung der Trainer.

Ein wesentlicher Teil bei der Organisation der E-Sport-Abteilung ist auch die Auswahl der Titel, welche aufgenommen werden. Neben dem wichtigsten Aspekt, ob der Titel für die E-Sport-gemäße Ausübung geeignet ist, muss das sich daraus ergebende Portfolio wohlbedacht geplant planen. Da die Sportler in der Regel nur für einen Titel hauptsächlich aktiv werden, führt die Aufnahme von zu vielen Titeln zu einer sehr starken Fragmentierung der Abteilung. Auf der anderen Seite entwickelt sich der Markt an Titeln durchaus sehr schnell und auch die Popularität der Titel ist recht fragil. In diesem Kontext muss das Portfoliomanagement die richtige Balance finden, um neue Titel (und damit auch Mitglieder) aufzunehmen, die professionelle Struktur aber nicht zu gefährden. Nicht zuletzt auch durch die beschränkt zur Verfügung stehenden Ressourcen, wie zum Beispiel Trainingsräume und Trainer. Insbesondere der letzte Aspekt, der Trainer, bedarf zunächst der Akquise eines entsprechenden Trainers, der dem Verein ehrenamtlich zur Verfügung stehen möchte, dann aber auch dessen notwendige Ausbildung – welche in der Regel dann auch noch zeitliche und finanzielle Herausforderungen an die Organisation stellt.

Zur Verdeutlichung dieser Komplexität sei erwähnt, dass der TSV bereits im Juli 2019 zehn Spieletitel angeboten hat, die wiederum von 16 Teams ausgeübt werden. Mit dieser Anzahl ist der heute verfügbare Trainingsraum, welcher für ein Team konzipiert ist, in der Wochenauslastung bereits über seiner Kapazitätsgrenze.

10.1.4 Finanzierung

Die Finanzierung der E-Sport-Abteilung erfolgt, wie in einem Sportverein üblich, durch die Mitgliedsbeiträge und Spenden/Sponsoren.

Aufgrund der fehlenden Anerkennung von E-Sport als Sport, erhält der Verein aber keine Zuschüsse für Trainer vom Sportbund oder -kreis.

Mit den, im Vergleich zu den traditionellen Sportarten sehr kleinen Trainingsgruppen (typischerweise 5–7 Spieler) und langen Trainingszeiten (1,5–3 Stunden), ergeben sich damit recht hohe Kosten an die Infrastruktur (v. a. Miete) aber auch für die Ausbildung und Aufwandsentschädigung der Trainer.

Die kurz- und mittelfristige Wirtschaftsplanung des Bereichs E-Sport erfolgt mit Hilfe eines ständig aktualisierten Finanzplans. In diesem Finanzplan sind alle Ein- und Ausnahmen entsprechend ihres Typs aufgenommen. Wesentliche Erträge kommen aus den beiden Bereichen Mitgliedseinnahmen und Sponsoring/Spenden. Auf der Kostenseite ist es vor allem die Infrastruktur, die mit Raummiete und Nebenkosten sowie der technischen Ausstattung zu Buche schlägt.

Folgende stark vereinfachte Modellrechnung soll den Unterschied zum traditionellen Sport veranschaulichen:

Als ehrenamtliche Vergütung für einen ausgebildeten Übungsleiter werden dabei 9 € pro Stunde angesetzt.

Nach Abzug der Verwaltungs- und sonstige Kosten, Abzug der notwendigen Rücklagen, Aufteilung des Familienbeitrags und Anrechnung der Einnahmen durch passive Mitglieder stehen 9 € pro Mitglied pro Monat vom Mitgliedsbeitrag zur Deckung der Kosten des Trainingsbetriebs zur Verfügung.

Beim traditionellen Sport fallen typischerweise folgende Kosten pro Monat an:

- Übungsleiter 1,5 Stunden pro Woche, nicht in den Schulferien (da Sporthallen hier geschlossen sind): rund 60 Stunden pro Jahr, also 5 Stunden pro Monat ergeben 45 € Kosten für den Übungsleiter.
- Die Miete für die anteilige Sporthalle (teilweise von der Kommune stark subventioniert, für Kinder-/Jugendtraining sogar kostenlos) betragen durchschnittlich 70 €.
- Die Kosten für die Sportgeräte, abgeschrieben auf deren Nutzungsdauer, betragen durchschnittlich 50 € pro Monat.

Insgesamt also 165 € pro Monat.

Dem gegenüber stehen die Einnahmen der durchschnittlich 15 Sportler pro Trainingsgruppe in Höhe von 135 €, Zuschuss vom Sportbund/-kreis für den Übungsleiter in Höhe von 15 €, Zuschuss der Gemeinde (für Kinder-/Jugendliche, umgerechnet auf Allgemeinheit): 15 € mit insgesamt auch 165 € pro Monat.

Beim E-Sport mit 80 Mitgliedern in 14 Teams ergibt sich im Vergleich folgendes:

Die Teams trainieren durchschnittlich 2 Stunden pro Woche vor Ort (meist auch in den Ferien, zusätzlich Online, ohne zusätzliche Kosten für den Verein). Dadurch ergeben sich Kosten für Übungsleiter für rund 25 Stunden in Höhe von 225 €.

In diesem Kontext sind zusätzlich die Kosten für die Ausbildung der Trainer zu berücksichtigen. Während die Ausbildung im traditionellen Sport, in der Regel durch die regionalen Sportverbände recht ortsnah organisiert wird, erfolgt die Ausbildung im E-Sport durch die ESBD-Akademie deutschlandweit. Auch bedingt durch die fehlende Anerkennung als Sport und der dadurch fehlenden finanziellen Unterstützung durch übergeordnete Sportorganisationen, fallen die Kosten für die Trainerausbildung damit wesentlich höher aus als vom traditionellen Sport gewohnt. Unter Berücksichtigung der höheren Fluktuation und des dynamischen Spektrums an benötigten Trainern werden für deren Ausbildung 30 € pro Monat veranschlagt.

Statt einer Sporthalle benötigen die Teams für das Training einen Gaming-Room. Da neben einem kleinen Raum, zumindest auch ein WC und ein kleiner Aufenthaltsraum benötigt wird, wird der Preis für eine kleine Einzimmerwohnung in Höhe von 350 € warm angesetzt.

Die technische Ausstattung (v. a. sechs PCs und Monitore werden mit) mit einer Nutzungsdauer von 3 Jahren, kostet 200 € pro Monat.

Für weitere Nutzungsgebühren (Server, Spiele) werden 150 € pro Monat angesetzt.

Es ergeben sich damit Kosten in Höhe von 955 €.

Dem gegenüber stehen Mitgliedsbeiträge in Höhe von lediglich 720 € pro Monat.

Der Fehlbetrag ergibt sich dabei trotz maximaler Auslastung des Gaming-Raums und der technischen Ausstattung. Da es sich größtenteils um Fixkosten handelt, ist der Fehlbetrag bei nicht-maximaler Auslastung (v. a. auch während des Aufbaus der E-Sport-Abteilung) wesentlich höher.

Zu beachten ist auch, dass die Kosten für den Gaming-Raum und die Hardware in der Praxis schnell wesentlich höher ausfallen können. Auch der sehr einfachen Modellrechnung geschuldet, ist der sehr positiv bewertete Aspekt der Mitfinanzierung durch passive Mitglieder. Während im gewachsenen Sportverein eine Quote von 35 % passiver Mitglieder angesetzt wurde, ist dies im E-Sport nicht gegeben. Vielmehr ist hier sogar zu beobachten, dass Mitglieder überdurchschnittlich schnell wieder aus dem Verein austreten, wenn sie nicht mehr am Training teilnehmen. Dies führt dann sogar noch zu erhöhten Kosten im Bereich der Mitgliederverwaltung. Der Finanzierungsbeitrag von 9 € pro Monat kann daher dort wohl eher nicht erreicht werden.

Solange E-Sport nicht als Sport anerkannt ist und damit der Verein keine finanzielle Unterstützung durch Sportverbände und Kommunen erhält, ist in der Praxis für dessen kostendeckende Finanzierung die Unterstützung durch Sponsoren unverzichtbar.

10.2   E-Sport zur Unterstützung des traditionellen Sports

10.2.1   E-Sport zur Verbesserung der sportlichen Leistung

Ergänzend zum E-Sport in der eigener E-Sport-Abteilung nutzt der TSV Oftersheim auch Elemente des E-Sports zur Unterstützung des Trainings des traditionellen Sports.

Im Vordergrund steht dabei das Training der exekutiven Funktionen. Diese betreffen das Arbeitsgedächtnis, die Inhibition (Impulskontrolle) und die kognitive Flexibilität. Es geht dabei darum sich Dinge über einen Zeitraum von wenigen Sekunden merken zu können, sich nicht ablenken zu lassen und sich schnell auf eine neue Situation einzustellen.

Der Bezug zum E-Sport ergibt sich hier durch die Verwendung von Konzepten, welche sich aus dem E-Sport entwickeln lassen oder zumindest eine gewisse Nähe zu Elementen des E-Sports aufweisen.

Einfache Beispiele dafür sind der sportbegleitende Einsatz von kleinen Hilfsanwendungen aus dem E-Sport-Bereich (zum Beispiel „Mobalytics Proving Ground"/https://pg.mobalytics.gg), welche die Augen-Hand Koordination in einer anderen Form, als der gewohnten Art und Weise schulen und testen. Also zum Beispiel beim Handball, nicht das Sehen, Fangen und Werfen des Balls, sondern das Betrachten des Monitors, bei gleichzeitiger Ausführung von Aufgaben für die beiden Hände mit Tastatur und Maus.

Wesentlich fundierter kann das Training der exekutiven Funktionen auch direkt im normalen Training integriert werden. Im Rahmen der Trainerweiterbildung der HG Oftersheim/Schwetzingen, kam dazu das System „ExF Light" von der Institut Bildung plus GmbH (Institut Bildung Plus 2019) zum Einsatz. Trainiert wird dabei, dass der Spieler alle spielrelevanten Informationen auf dem Spielfeld aufnimmt, diese zueinander in Beziehung setzt und aufgrund dieser Verarbeitung in Bruchteilen von Sekunden seine Entscheidungen trifft. Bei diesem System können diese exekutiven Funktionen mit Lichtsignalen variabel trainiert werden.

10.2.2 E-Sport-Elemente zur Motivationssteigerung

In weiteren Projekten plant der TSV, die im vorigen Abschnitt eingeführten exekutiven Funktionen, auch zur Motivationssteigerung und zur besseren Selbstregulation, also den Fähigkeiten das eigene Verhalten, die Emotionen, und die Aufmerksamkeit bewusst steuern zu können, zu trainieren.

In Kooperationen mit Grundschulen sollen dabei in den kleinen und großen Pausen, zwischen Unterrichtseinheiten und während des Fachunterrichts (keineswegs nur im Sportunterricht) die Schüler mit Übungen und Spielen für Körper und Geist in Bewegung gebracht werden. Die Übungen aus dem traditionellen Sport und E-Sport trainieren die mentale und motorische Beweglichkeit, verbessern die Koordination und die kognitiven Fähigkeiten der Schüler. Sie fördern zudem die Teamfähigkeit und bieten einen Ausgleich zu den geistigen Hochleistungen, die die Schüler während des Schultags bringen müssen.

Die Elemente aus dem E-Sport nutzen dabei auch den Spaß der Computerspiele zur Motivationssteigerung.

Im Anbetracht der allgemeinen Meinung, dass E-Sport die „Dickitalisierung" der Jugend fördert, ermöglicht es dieser Ansatz, den Kindern und Jugendlichen auch den maßvollen zeitlichem Umgang mit Computerspielen zu vermitteln und gleich auch mit den positiven Aspekten des traditionellen Sports zu verbinden.

Noch einen Schritt weiter beabsichtigt der TSV dafür mit Hilfe von Exergaming zu gehen. Exergaming ist ein Kofferwort aus dem englischen Wort „exercise" für „Übung" und „Gaming". In diesen Bereich fallen also Computerspiele, die zu körperlichen Bewegungen und Reaktionen auffordern.

Bekannt wurden diese bereits vor etlichen Jahren durch Tanzspiele auf Tanzmatten oder Sportsimulationen auf einem Balanceboard. Neue Technologien wie Augmented und Virtual Reality haben deren Möglichkeiten noch einmal wesentlich verbessert und deren Anwendung vereinfacht.

Zur Fragestellung, inwieweit Exergaming zur körperlichen Aktivität beitragen kann und ob es bei übergewichtigen Kindern zur Reduktion des Body-Mass-Index führen kann, gibt es bereits einige Studien (Peng et al. 2011, 2012). Im Kern erkennen diese einen kleinen positiven Beitrag.

Der TSV nutzt diesen „kleinen positiven Beitrag" zur Motivationssteigerung und in Kombination mit den traditionellen Sportarten. Exergaming öffnet damit die Tür für den traditionellen Sport und gewinnt Teilnehmer, die sonst vom Sport nicht erreicht werden würden.

Auch in Bezug auf den Einsatz im Gesundheitssport wurde in kleinen klinischen Studien bereits untersucht, inwieweit Exergaming für Menschen mit neurologischen Beschwerden hilfreich sein kann (Rosly et al. 2016; Schuler et al. 2012). Andere Studien zeigen auch, dass Exergaming zu Verbesserungen bei kognitiven Beeinträchtigungen wie der Alzheimer-Krankheit/Demenz, ADHS und psychischen Beeinträchtigungen wie der Depression führen kann (Rosly et al. 2016; Stanmore et al. 2017; ScienceDaily 2018; Dolan 2018; Ahnert et al. 2014; Schuler et al. 2012; Benzing et al. 2018; Benzing und Schmidt 2017). In diesem Sinne plant der TSV die Form des Exergaming auch im Gesundheitssport in den entsprechenden Angeboten ergänzend einzusetzen.

10.3 E-Sport zur Unterstützung von Maßnahmen zur Integration und Inklusion

Basierend auf einer Praktikumsarbeit von Neugebauer (2016), initiierte der E-Sport beim TSV Oftersheim, im Rahmen des Projekts „Integration durch Sport", auch Aktivitäten, die zunächst im Bereich der Integration von Flüchtlingen genutzt werden konnten.

Der Integrations- und Inklusionsgedanke bestand darin, dass Senioren, benachteiligte Menschen und junge Menschen in Interaktion treten sollen. Mit diesem Angebot wurde der Isolation und Separierung in den zielgruppenspezifischen Einrichtungen entgegengewirkt und den Beteiligten eine gleichberechtigte Teilnahme am öffentlichen Leben ermöglicht.

Senioren, Menschen mit Behinderung sowie Jugendliche wurden dabei animiert, sich an Spielkonsolen spielerisch/sportlich zu betätigen. Während die Teilnehmer primär dazu gebracht wurden, sich körperlich und geistig zu bewegen, wurden gleichzeitig auch Hemmschwellen im Umgang zwischen Älteren, Behinderten und Kindern/Jugendlichen abgebaut.

Mit „We play Wii" wurden initial auf der entsprechenden Spielekonsole Sportspiele wie Fußball, Golf, Bowling, Geschicklichkeitsspiele angeboten.

Auch wenn diese Form, wie im Kapitel Sportlicher Anspruch (siehe Abschn. 10.1.1) dargestellt, nicht den Ansprüchen von E-Sport als Sport erfüllen, zeigten sie sich als sehr effektive Möglichkeit, um verschiedenste Zielgruppen der Integration und Inklusion zu erreichen. Zudem wurde bei der Auswahl auf Spiele geachtet, die den Spieler zur Bewegung animieren, also nicht nur die Knöpfe der Spielekontroller zu drücken. So konnte auch ein grundlegender sportlicher Aspekt auf motorischer Ebene erreicht werden (siehe auch Exergaming, Abschn. 10.2.2).

Besonders erwähnenswert ist dieser Aspekt von „E-Sport zur Unterstützung von Maßnahmen zur Integration und Inklusion", da er sehr anschaulich zeigt, dass es nicht immer um die formale Betrachtung der Fragestellung „ist E-Sport Sport?" und damit „gehört E-Sport in einen Sportverein?" geht. Es können auch zweitrangige Ziele sein, welche zur Unterstützung der gemeinnützigen Aspekte im Sportverein dienen.

In diesem Sinne hat der TSV Oftersheim sich entschieden, dass E-Sport auch jenseits des Sports eine wichtige Bereicherung zur Erreichung seiner Vereinsziele mit sich bringt. In regelmäßigen Veranstaltungen, wie dem „eSport Cafe" bringt der TSV Menschen miteinander in Kontakt und auch in Kontakt mit einem Sportverein, den es sonst oft nicht gäbe.

10.4   Fazit

E-Sport im traditionellen Sportverein ist für den TSV 1895 Oftersheim e.V. ein außerordentlich vielfältiges und mächtiges Instrument.

Als eigenständige Sportart ist E-Sport in vielen Aspekten mit den traditionellen Sportarten vergleichbar und kann entsprechend auch in ähnlicher Weise organisiert und durchgeführt werden. Insbesondere Aspekte, die das Training an sich betreffen, müssen jedoch neu definiert werden. Dies stellt hohe Anforderungen an die Sachkompetenz des Vereins und verlangt auch eine finanzielle Flexibilität.

In den bestehenden traditionellen Sportarten kann E-Sport einfach und effektiv zur weiteren Verbesserung der sportlichen Leistung und Motivationssteigerung eingesetzt werden. Insbesondere im Gesundheitssport bietet sich mit Exergaming ein sehr großes Potenzial. Erste Erfahrungen, mit meist Senioren, zeigen auch dort eine hohe Akzeptanz.

Im Kontext von Integration und Inklusion werden, neben diesen sportlichen Aspekten, mit Hilfe der Elemente des E-Sports, auch Menschen in sonst für den Verein nur schwierig zu erreichenden Alters- und Zielgruppen erreicht.

Entgegen steht dem E-Sport im gemeinnützigen Verein, damit im Wesentlichen nur die leider noch immer noch fehlende Anerkennung von E-Sport als Sport und die damit verbunden organisatorischen und finanziellen Einschränkungen.

Literatur

Ahnert, J., Vogel, H. & Schuler, M. (2014). Exergames in der Rehabilitation bei depressiven Patienten – Machbarkeit und Akzeptanz. *Praxis Klinische Verhaltensmedizin und Rehabilitation, 94*(2), 174–185.

Benzing, V. & Schmidt, M. (2017). Cognitively and physically demanding exergaming to improve executive functions of children with attention deficit hyperactivity disorder: A randomised clinical trial. *BMC Pediatrics, 17*(1). ISSN 1471-2431, PMID 28068954, PMC 5223426. https://doi.org/10.1186/s12887-016-0757-9. Zugegriffen am 10.11.2018.

Benzing, V., Chang, Y. K. & Schmidt, M. (2018). Acute physical activity enhances executive functions in children with ADHD. *Scientific Reports, 8*(1). 17. August 2018, ISSN 2045-2322. PMID 30120283, PMC 6098027. https://doi.org/10.1038/s41598-018-30067-8. Zugegriffen am 10.11.2018.

Dolan, E. W. (2018). Exergaming can improve executive function in children with ADHD. https://www.psypost.org/2018/08/exergaming-can-improve-executive-function-in-children-with-adhd-52077. Zugegriffen am 05.10.2018.

ESBD-Akademie. (2019). Trainerausbildungen und Fortbildungsangebote. https://akademie.esport-bund.de/trainerausbildung/. Zugegriffen am 29.07.2019.

INSTITUT BILDUNG plus. (2019). Kognitives Training im Sporttaschenformat. https://exf-sports.jimdo.com/exf-light/. Zugegriffen am 13.12.2019.

Neugebauer, P. (2016). Integration und Inklusion in Zusammenarbeit Kommune und Verein, Praktikumsarbeit. SRH Hochschule Heidelberg.

Peng, W., Crouse, J. C. & Lin, J.-H. (2012). Using active video games for physical activity promotion. *Health Education & Behavior, 40*(2), 171–192, ISSN 1090-1981. https://doi.org/10.1177/1090198112444956.

Peng, W., Lin, J.-H. & Crouse, J. (2011). Is playing exergames really exercising? A meta-analysis of energy expenditure in active video games. *Cyberpsychology, Behavior, and Social Networking, 14*(11), 681–688. ISSN 2152-2715. https://doi.org/10.1089/cyber.2010.0578.

Rosly, M. M., Rosly, H. M., Davis, G. M., Husain, R. & Hasnan, N. (2016). Exergaming for individuals with neurological disability: A systematic review. *Disability and Rehabilitation, 39*(8), 727–735. ISSN 0963-8288,. https://doi.org/10.3109/09638288.2016.1161086.

Schimank, U. (2005). *Differenzierung und Integration der modernen Gesellschaft.* Wiesbaden: VS.

Schuler, M., Vogel, H., Stonawski, S., Lüttgemüller, A., Ihlow, C., Schultze-Althoff, U. & Ahnert, J. (2012). Exergames in der Rehabilitation: Einsatz der Nintendo Wii bei depressiven Erkrankungen. *Symposium Klinische Psychologie und Psychotherapie der DGPs Fachgruppe Klinische Psychologie und Psychotherapie*, Abstraktband, S. 126.

ScienceDaily. (2018). Move it and use it: Exergaming may help those at risk of Alzheimer's or related dementias. https://www.sciencedaily.com/releases/2018/05/180515081728.htm. Zugegriffen am 05.10.2018.

Stanmore, E., Stubbs, B., Vancampfort, D., de Bruin, E. D. & Firth, J. (2017). The effect of active video games on cognitive functioning in clinical and non-clinical populations: A meta-analysis of randomized controlled trials. *Neuroscience & Biobehavioral Reviews, 78*, 34–43, ISSN 0149-7634.

Wissenschaftlicher Dienst des Deutschen Bundestags. (2008). Sportförderung in Deutschland und der EU, WD 10 – 001/008.

E-Sport-Engagements von Fußball-Landesverbänden

Ein deutschlandweiter Vergleich sowie Chancen und Risiken der Diversifikation durch E-Sport

Johannes Kanz und Matthias Katerna

Zusammenfassung

Am 20. April 2018 veröffentlichte der Deutsche Fußball-Bund (DFB) zusammen mit seinen Regional- und Landesverbänden eine einheitliche Linie zum Umgang mit dem viel diskutierten Thema E-Sport. Darin beschloss man die Beschränkung jeglicher E-Sport-Engagements auf fußballbezogene Formate und die gleichzeitige Abneigung gegenüber allen anderen Spieletiteln, die Gewalt-, Kampf- oder Kriegsszenen beinhalten. Seitdem startete nicht nur der DFB selbst erste eFootball-Aktivitäten, sondern auch 13 der insgesamt 21 Landesverbände, die unter dem Dach des DFB organisiert sind (Stand: August 2019). Knapp eineinhalb Jahre später haben sogar 17 DFB-Landesverbände Qualifikationsturniere (sog. „Landesverbands-Trophies") im Rahmen des in der Saison 2020/21 erstmals ausgetragenen „DFB-ePokal" durchgeführt. Im Endergebnis überwiegt aus Sicht der Vereine insbesondere die Chance, durch ein Vereinsangebot von eFootball junge Zielgruppen anzusprechen und diese an den Verein zu binden. Im besten Fall gelingt sogar ein Transfer vom virtuellen zum realen Fußball – und umgekehrt. Allerdings gibt es auch einige Risiken, die einige Verbände noch daran hindern, ein eFootball-Engagement zu starten. Die noch immer nicht eindeutig geklärte Rechtslage schreckt insbesondere viele Vereine ab. Für die Verbände ist es bei einer Entscheidung für den E-Sport bzw. eFootball in jedem Fall unerlässlich, die Mitgliedsvereine rechtzeitig abzuholen und über das Vorhaben aufzuklären. Nur so kann eine nachhaltige Basis der Unterstützung und Zusammenarbeit für die Zukunft geschaffen werden.

J. Kanz (✉)
Frankfurt am Main, Deutschland
E-Mail: johannes.kanz@googlemail.com

M. Katerna
München, Deutschland
E-Mail: matthiaskaterna@bfv.de

© Springer Fachmedien Wiesbaden GmbH, ein Teil von Springer Nature 2022
M. Breuer, D. Görlich (Hrsg.), *E-Sport*,
https://doi.org/10.1007/978-3-658-36079-5_11

11.1   Einleitung

„Fußball gehört auf den grünen Rasen und hat mit anderen Dingen, die computermäßig sind, nichts zu tun. E-Sports ist für mich kein Sport" (Kräusche 2018). Diese Aussage stammt von Reinhard Grindel aus dem März 2018, damals noch Präsident des Deutschen Fußball-Bundes (DFB). Grindel reagierte damit auf die allgegenwärtige und immer noch nicht beendete Debatte, ob E-Sport Sport sei oder nicht. Kurz zuvor – im Februar 2018 – wurde diese Diskussion neu entfacht, als die Große Koalition in ihrem Koalitionsvertrag festhielt, E-Sport als offizielle Sportart anerkennen zu wollen (SPONSORs 2018). Seitdem ist in der Welt des deutschen E-Sports viel passiert. Im Sommer 2019 fand in London die offizielle Weltmeisterschaft der Fußball-Simulation „FIFA" statt, die völlig überraschend zum ersten Mal von einem deutschen E-Sport-Profi gewonnen werden konnte. Mohammed Harkous, der zu dieser Zeit für den SV Werder Bremen an der Konsole spielte, setzte sich im Finale gegen seinen saudi-arabischen Konkurrenten durch und durfte sich anschließend über 250.000 Euro Preisgeld freuen (Reuter 2019). Auch beim DFB nahm man diesen Erfolg erfreut zur Kenntnis. Im April 2018 hatte der Verband eine einheitliche Richtlinie zum Umgang mit E-Sport veröffentlicht und sich darin klar zu diesem positioniert. Allerdings beschränke sich das Engagement auf fußballbezogene Formate und Spiele wie „FIFA". Sogenannte Gewalt-, Kriegs oder Killerspiele, die sonst unter dem allgemeinen E-Sport-Begriff zusammengefasst werden, lehnt der DFB ab. Deshalb spricht man beim Verband diesbezüglich von eSoccer oder eFootball (DFB 2018). Einige Wochen vor der erwähnten „FIFA"-Weltmeisterschaft präsentierte der DFB – anlässlich des „FIFAe Nations Cup" – eine deutsche E-Nationalmannschaft und sorgte so bereits für allgemeine Überraschung (Mittweg 2019). Die Regional- und Landesverbände des DFB sind der erstellten Richtlinie ebenfalls unterworfen. Allerdings bleibt es den Verbänden selbst überlassen, ob sie sich in eSoccer bzw. eFootball engagieren wollen und wenn ja, in welchem Umfang. Eigene Recherchen des Verfassers zum Start der Saison 2019/2020 haben ergeben, dass sich etwas mehr als die Hälfte aller 21 DFB-Landesverbände konkret mit dem Thema eFootball auseinandersetzen. Beim in der Saison 2020/2021 erstmals durchgeführten „DFB ePokal" haben sogar insgesamt 17 DFB-Landesverbände Qualifikationsturniere – sog. „Landesverbands-Trophies" – ausgetragen, deren Sieger sich für die nächste Runde des nationalen eFootball-Wettbewerbs qualifiziert haben (Fedra 2021).

Der Bayerische Fußball-Verband (BFV) war im Mai 2018 der erste Landesverband, der E-Sport bzw. eSoccer in seine Satzung aufnahm (BFV Service 2019) und seitdem schon einige Aktivitäten umsetzte. Allgemein stellt sich die Frage, welche Gründe und Motive die DFB-Landesverbände zu einem solchen Engagement bewegen. Gleichzeitig existieren aber auch Gefahren und Risiken, die die Landesverbände von einem E-Sport-Commitment (noch) abhalten. Zu Beginn des nachfolgenden Beitrags geht es zunächst um die allgemeine Situation der Sportverbände in Deutschland, wobei ein Fokus auf die Sportart Fußball gelegt wird. Dabei werden insbesondere die aktuellen Herausforderungen und Probleme, die vor allem die deutschen Sportvereine betreffen, näher beschrieben. Anschließend werden sowohl das E-Sport-Engagement des Bayerischen Fußball-Verbandes als auch die Engagements der anderen DFB-Landesverbände näher vorgestellt und erläutert. Davon ausgehend werden abschließend mögliche Chancen und Risiken, die mit einem E-Sport-Engagement für die Landesverbände selbst, aber auch für ihre Mitgliedsvereine einhergehen, benannt.

11.2 Sportverbände in Deutschland

27,4 Millionen Mitgliedschaften zählte der Deutsche Olympische Sportbund (DOSB) im Jahr 2018 und damit rund 300.000 mehr als im Vorjahr (Deutscher Olympischer Sportbund 2018, S. 1). Mittlerweile (Stand: Januar 2020) liegt man sogar bei rund 27,8 Millionen Mitgliedschaften (Deutscher Olympischer Sportbund 2020, S. 1). Als zentraler und sportartübergreifender Dachverband fungiert der DOSB insbesondere als Interessenvertreter seiner Mitgliedsverbände – national und international. Dazu gehören neben den rund 65 olympischen und nicht-olympischen Spitzenverbänden auch die 16 Landessportbünde sowie die Verbände mit besonderen Aufgaben (Fahrner 2012, S. 60 f.). Allgemein gesprochen dienen Sportverbände als zentrale Regelungsinstanzen des organisierten Sportbetriebs auf der einen, und des organisierten Wettkampfbetriebs auf der anderen Seite. Insbesondere gegenüber Politik, Wirtschaft und Medien nehmen sie für den Sport eine wichtige Stellung ein und vertreten dessen Interessen (Fahrner 2012, S. 51). Auch deshalb sind die Sportverbände und ihre Mitgliedsvereine nach wie vor die wichtigsten Säulen des Sports in Deutschland. Die Unabhängigkeit von Staat und Wirtschaft sowie die Selbstverwaltungsmöglichkeit mit autonomen Entscheidungsbereichen ermöglichen den Vereinen und Verbänden, passende Voraussetzungen für einen geregelten Sportbetrieb zu schaffen. Dafür sind insbesondere die nationalen Spitzenverbände einer jeden Sportart zuständig (Freyer 2011, S. 271). Einer davon ist der Deutsche Fußball-Bund (DFB), bei dem 2018 etwas mehr als sieben Millionen Mitgliedschaften erfasst worden sind (DOSB 2018, S. 5). Ein nahezu identischer Wert wurde auch zu Beginn des Jahres 2020 erfasst (DOSB 2020, S. 6) – die Auswirkungen der aktuellen Pandemie sind zum gegenwärtigen Zeitpunkt allerdings noch schwierig abzuschätzen. Unter dem Dach des DFB befinden sich insgesamt rund 25.000 Amateurfußballvereine, die wiederum 21 Landesfachverbänden angehören. Diese sind zusätzlich fünf Regionalverbänden zugeordnet. Die Existenz von Kreis- bzw. Bezirksverbänden ist je nach Sportart unterschiedlich, in der Fußball-Verbandsstruktur in Deutschland liegen solche aber nicht vor (Keller 2008, S. 166). Grundsätzlich besagt eine Regel, dass es in jedem der 16 Bundesländer nur einen Landesfachverband pro Sportart geben darf. Allerdings haben besondere landespolitische Entwicklungen, insbesondere nach dem Zweiten Weltkrieg, dazu geführt, dass sich in manchen Bundesländern abweichende Strukturen ergaben, die bis heute anhalten. In diesen Ländern gibt es in den meisten Sportarten, wie zum Beispiel in der Leichtathletik oder im Schwimmen, nach wie vor mehr als nur einen Landesfachverband (Keller 2008, S. 54). Auch beim Fußball gibt es in den Bundesländern Baden-Württemberg, Rheinland-

Pfalz und Nordrhein-Westfalen aufgrund dieser Tatsache jeweils drei Fußball-Landesfachverbände (DFB 2015). Während der DFB als Bundesfachverband unter anderem die Aufgabe hat, das Regelwerk zu setzen, nationale Meisterschaften auszurichten sowie Trainer auf hohem Niveau aus- und fortzubilden, sind die 21 Landesverbände gegenüber diesem als Interessensvertreter ihrer Mitgliedsvereine tätig. Darüber hinaus sind sie beispielsweise auch für die Veranstaltung von Landesmeisterschaften, die Ausbildung von Übungsleitern bzw. Trainern sowie für die Auswahl und Förderung von Nachwuchstalenten verantwortlich. Dementsprechend fallen für derart vielfältige Themengebiete zahlreiche Managementaufgaben an, die neben den ehrenamtlich besetzten Verbandsorganen eine gewisse Anzahl an hauptberuflichen Mitarbeitern erfordert (Keller 2008, S. 55 f.).

11.2.1 Herausforderungen und Probleme

Wenn es um Herausforderungen und existenzielle Probleme geht, sind diese insbesondere bei den vielen Sportvereinen, die in den Sportverbänden Deutschlands organisiert sind, anzutreffen. Im Mittelpunkt aller Herausforderungen steht bei den Vereinen vor allem die Neu-Gewinnung und Bindung von ehrenamtlichen Funktionsträgern. Ähnlich schwierig gestaltet sich dieses Vorhaben weiterhin auch bei jugendlichen Leistungssportlern, Schiedsrichtern sowie bei Übungsleitern und Trainern (Breuer und Feiler 2019, S. 25 f.). Zudem haben die Vereine in den letzten Jahren vermehrt mit der Gewinnung und Bindung von Mitgliedern zu kämpfen. Zwar ist 2018 im Vergleich zum Vorjahr – wie zu Anfang dieses Kapitels bereits beschrieben – ein kleiner Anstieg hinsichtlich der Anzahl der Mitgliedschaften in deutschen Sportvereinen zu verzeichnen gewesen (DOSB 2018, S. 1), allerdings „unterliegen diese Daten der Gefahr, […] dass spezifische Entwicklungen über die allgemeine Daten nicht erkannt werden […] und dass von einer generellen positiven Entwicklung des Sports in Deutschland nicht gesprochen werden kann" (Digel 2018). Beispielsweise sind im Vergleich der Bundesländer erhebliche Unterschiede zu erkennen. Der Durchschnittswert des Organisationsgrades der deutschen Bevölkerung liegt zwar bei knapp 33 Prozent, variiert allerdings in der Einzelbetrachtung der jeweiligen Bundesländer mit Werten zwischen ca. 14 und 37 Prozent sehr stark. In den Bundesländern Saarland, Rheinland-Pfalz, Baden-Württemberg, Bayern, Hessen und Niedersachsen liegt der Organisationsgrad noch über dem Durchschnitt, dagegen werden in den östlichen Bundesländern (Brandenburg, Mecklenburg-Vorpommern, Sachsen-Anhalt, Sachsen, Thüringen) lediglich Werte zwischen 13 und 17 Prozent erreicht (Digel 2018 nach DOSB 2017). Des Weiteren sind insbesondere in der Altersgruppe von 27–40 Jahren in allen Bundesländern teils enorme Mitgliederverluste in den Sportvereinen festzustellen. Diese Rückgänge waren seit der Jahrtausendwende vor allem in Bayern (ca. 315.000), Nordrhein-Westfalen (308.000) und Baden-Württemberg (253.000) zu beobachten. Ein ähnliches Bild zeigt sich in der Altersgruppe von 15–18 Jahren, wo besonders häufig Entscheidungen über eine Mitgliedschaft im Sportverein getroffen werden. Verschärft wird das Ganze zusätzlich durch die demografische Entwicklung und die Tatsache, dass sich für die Altersgruppen ab

61 Jahren seit Jahren positive Mitgliederzuwächse feststellen lassen (Digel 2018). Auch
für die Sportverbände an sich lassen sich einige Herausforderungen identifizieren. Diesbezüglich wurde vor mehreren Jahren bereits festgestellt, dass ein qualitativ hochwertiges
Verbandsmanagement immer höher werdenden Anforderungen genügen muss. Dazu gehört in erster Linie strategisches Denken, aber auch Öffentlichkeitsarbeit und Marketingstrategien sowie vielseitige Dienstleistungsangebote spielen im Verbandswesen eine immer
bedeutendere Rolle (Betzold et al. 2008, S. 240 f. nach Witt et al. 2006, S. 51).

11.3 E-Sport in Fußball-Landesverbänden

11.3.1 E-Sport beim Bayerischen Fußball-Verband

Mit rund eineinhalb Million Mitgliedern und mehr als 4500 angeschlossenen Vereinen ist
der Bayerische Fußball-Verband (BFV) der größte Landesverband, der unter dem Dach
des DFB organisiert ist. Um im Zeitalter der fortschreitenden Digitalisierung mitzuhalten
und um die Attraktivität des Amateurfußballs für neue Zielgruppen weiter zu erhöhen, hat
sich der BFV Anfang 2018 – wie bereits erwähnt – als erster Sportverband überhaupt dazu
entschlossen, E-Sport bzw. eFootball in seiner Satzung zu verankern (BFV Service 2019).
Dort heißt es – bezüglich der Aufgaben des Verbandes – unter § 4 (4) wie folgt: „Die Förderung des Freizeit- und Breitensports (kurz F+B), aus gesundheits-, familien- und gesell-
schaftspolitischer Sicht; ebenso die Förderung weiterer Spielformen des Fußballs, wie
z. B. Futsal, Street- oder Beach-Soccer, eSports (eSoccer) etc." (BFV 2018, S. 4). Die
Zielsetzung des E-Sport-Engagements des BFV besteht insbesondere darin, durch digitale
Formate und Angebote – sowohl vom Verband als auch von den Vereinen – immer mehr
Jugendliche für den realen Fußball zu begeistern. Dementsprechend bietet eFootball die
Chance, wieder mehr Menschen durch Mitgliedschaften an den Verein zu binden. Dazu
steht fest, dass die gleiche Sogwirkung gewiss auch umgekehrt möglich ist. Um den Ver-
einen die Einführung von eFootball so einfach wie möglich zu gestalten, basierte das Engagement des BFV zu Beginn auf vier Hauptsäulen:

- eFootball Vereinsservices,
- „BFV eSports Cup",
- „BFV eClub Championship",
- Talentförderung/Coaching (BFV 2019a, S. 8).

Zu Beginn des Engagements richtete man im Sommer 2018 den „BFV eSports Cup – powered by M-net" aus. Insgesamt waren über 400 Teilnehmer bei dieser Premiere mit
dabei. Zudem wurden über den gesamten Turnierzeitraum von drei Monaten rund fünf
Million Menschen über die sozialen Netzwerke erreicht. Das große Finale in München,
das mit 16 Jahren der jüngste Teilnehmer des Feldes gewann, verfolgten außerdem knapp
10.000 Zuschauer per Livestream (BFV 2019a, S. 16). 2019 ging der „BFV eSports Cup –

powered by M-net" in seine zweite Auflage, im Rahmen dessen das Grand Final erneut in München ausgetragen wurde. Aufgeteilt in vier Gruppen spielten 16 Teilnehmer um den Gesamtpreis, den sich mit Joshua „Hallo255" Pohl wiederholt ein Überraschungssieger sicherte. Er besiegte im Finale den amtierenden deutschen Doppelmeister und „FI-FA"-Profi vom SV Werder Bremen, Michael „MegaBit" Bittner (Bellinger 2019a). In den beiden darauffolgenden Jahren hatte der Cup sowohl 2020 als auch 2021 jeweils ca. 1100 Anmeldungen zu verzeichnen. Die Finalturniere wurden dabei jeweils auf dem verbands-eigenen Twitch-Kanal und auf der Facebook-Seite des Bayerischen Fußball-Verbandes live übertragen und von einem Influencer kommentiert (BFV 2021a).

Gleichzeitig zum „BFV eSports Cup 2019 – powered by M-net" hat der Bayerische Fußball-Verband im Jahr 2019 erstmals auch eine offizielle eFootball Club-Meisterschaft für alle bayerische Amateurvereine ausgetragen. Bei der sog. „BFV eClub Championship" war es einem Verein möglich, maximal drei Teams à zwei Spieler für den Wettbewerb zu stellen, wobei mindestens ein Teammitglied auch eine Vereinsmitgliedschaft nachweisen musste. In sieben Online-Bezirksturnieren (ein Turnier pro Regierungsbezirk), die von Ende April bis Anfang Juni 2019 stattfanden, wurde jeweils ein Bezirksmeister gesucht, der sich damit für das große Offline-Finale qualifizierte. Dieses Finale wurde wenige Wo-chen später im Rahmen der Fußballiade, dem größten Amateurfußball-Event Deutsch-lands, in Landshut ausgetragen (BFV Service 2019). Aufgrund der erfolgreichen Premiere und der hohen Nachfrage auf Vereinsseite wurde der Wettbewerb auch in den Folgejahren ausgetragen. Besonders erwähnenswert ist die Tatsache, dass man 2020 mit der Live-Über-tragung des Finales auf Facebook über 200.000 Menschen erreichen konnte. Auch bei den Teilnehmerzahlen konnte eine positive Entwicklung verzeichnet werden. So ermittelten im Jahr 2021 insgesamt fast 300 Vereinsteams (600 Spieler) den Bayerischen Pokalsieger im eFootball (BFV 2021b).

Als Reaktion auf die erhöhte Vereinsnachfrage erweiterte der Bayerische Fußball-Verband im Januar 2020 – zusätzlich zum „BFV eSports Cup" und zur „BFV eClub Championship" – sein eFootball-Angebot in Form eines Ligensystems. So wurde die da-malige „BFV eFootball League" mit mit zwei Staffeln (Bayernliga Nord und Süd) und jeweils 18 Vereinen aus ganz Bayern ins Leben gerufen. Pro Verein traten drei bis fünf Spieler wöchentlich gegeneinander an, um den Bayerischen Meister im eFootball zu er-mitteln (BFV 2019b). Durch das Eintreten der Corona-Pandemie im Frühjahr 2020 und der damit verbundenen Stilllegung des Spielbetriebs in ganz Bayern, verstärkte sich die Nachfrage der Vereine nach dem „digitalen Fußball" noch einmal immens. In kürzester Zeit fanden sich weitere 80 Amateurvereine aus ganz Bayern, um in vier regional einge-teilten Landesligen (unterhalb den bestehenden Bayernligen) den jeweiligen Meister zu ermitteln. Auch hier bestand der Kader aus drei bis fünf Spielern (BFV 2020).

In der aktuellen Saison 2021/22 wurde die eFootball-Ligastruktur weiter ausgebaut. Die neue und höchste Spielklasse wurde die sog. „BFV eRegionalliga", in welcher sich aktuell die besten 16 bis 20 Amateurvereine gegeneinander messen. Darunter gibt es die sog. „BFV eBayernliga" (ehemals „BFV eFootball League") und die „BFV eLandesliga". Zudem wurde zwischen allen drei Ligaebenen eine Auf- und Abstiegsregelung eingeführt,

denn die Intention des Bayerischen Fußball-Verbandes ist es, den bayerischen Amateur-
vereinen ein eFootball-Angebot zu bieten, das sich möglichst nah am realen Fußball orientiert. Schließlich soll jedem Verein, der sich entschließt, im eFootball aktiv zu werden,
ein Startplatz in einer entsprechenden Liga angeboten werden können[1].

Ein weiterer Eckpfeiler im E-Sport-Engagement des Bayerischen Fußball-Verbandes
war zudem auch der Launch der eigenen eFootball-Plattform (www.bfv-esports.de) im
Dezember 2018 – und das als damals erster und einziger Landesverband. Ziel der neuen
Website war und ist es, einen zentralen Anlaufpunkt für alle Aktivitäten des Verbandes
rund um das virtuelle Fußballspielen zu schaffen, die sich dort einerseits zeitgemäß darstellen und andererseits technisch realisieren lassen. So wurden sowohl der „BFV eSports
Cup – powered by M-net", als auch die „BFV eClub Championship" mit allen wissens-
werten Informationen und Ergebnissen über die eigene Plattform abgebildet (BFV Service
2018). Expertenmeinungen zufolge war der Launch der Plattform unabdingbar für eine
erfolgreiche Bündelung und Umsetzung aller eFootball-Aktivitäten beim Bayerischen
Fußball-Verband[2].

Darüber hinaus wurde zur Saison 2021/2022 ist ein Relaunch der eigenen Plattform mit
einem neuen Design und vielen neuen technischen Features umgesetzt. Damit soll der
Schnelllebigkeit der E-Sport- bzw. eFootball-Branche Rechnung getragen werden, um
möglichst schnell auf neue Trends und Gegebenheit reagieren zu können.[3]

Im Rahmen des Vereinsservices sieht sich der Verband unterdessen als Aufklärer über
alle möglichen Thematiken, die eFootball betreffen. Außerdem fungiert der BFV insbesondere als Dienstleister und Ratgeber für die Vereine, indem er den interessierten Clubs
Hilfestellungen gibt und konzeptionelle sowie technische Unterstützung leistet. Im Bereich der Jugendförderung hat der BFV zudem mehrere Maßnahmen geplant und umgesetzt, um Jugendlichen einen möglichen Weg in eine professionelle eFootball-Laufbahn zu
ebnen. Mithilfe spezieller Talent-Days, E-Coaching-Camps und Tutorials sollen den
eFootball-Spielern die nötigen Kenntnisse und Fähigkeiten vermittelt werden. Zusätzlich
besteht ein wichtiger Teil der Jugendarbeit auch darin, dass Gaming-Experten Nach-
wuchstalente gezielt fördern und sie in ihrer weiteren Entwicklung beraten (BFV 2019a,
S. 9). Das Engagement des BFV zeichnet sich insbesondere dadurch aus, dass der
komplette Verband unter der Führung von Präsident Dr. Rainer Koch von Beginn an hinter
diesem Thema stand. Nicht umsonst hat man im Mai 2018 als erster Landesverband überhaupt eSoccer bzw. eFootball in der Satzung verankert. Gepaart mit dem finanziellen Bud-

---

[1] Persönliche Informationen des zweiten Verfassers Matthias Katerna (eFootball-Projektverantwort-
licher beim Bayerischen Fußball-Verband).

[2] Der Verfasser hat diese Informationen bzw. Einschätzungen am 01.08.2019 im Rahmen eines persönlichen Gesprächs (Experteninterview) mit Michael Berchtold (freier Berater im E-Sport) erhalten.

[3] Persönliche Informationen des zweiten Verfassers Matthias Katerna (eFootball-Projektverantwort-
licher beim Bayerischen Fußball-Verband).

get, das zur Verfügung gestellt wurde, entstand eine breite Basis, auf der man alle Aktivitäten aufbauen und umsetzen konnte.[4]

Zusammenfassend basiert somit das eFootball-Engagement des Bayerischen Fußball-Verbands aktuell auf insgesamt fünf Säulen:

- eFootball Vereinsservices,
- „BFV eSports Cup",
- „BFV eClub Championship" (seit 21/22: „BFV ePokal"),
- BFV-Ligensystem (seit 21/22: "BFV eRegionalliga", „BFV eBayernliga", „BFV eLandesliga"),
- Talentförderung/Coaching (seit 21/22: „BFV eTalents").

11.3.2 E-Sport bei anderen Landesverbänden

Neben dem Bayerischen Fußball-Verband haben auch andere DFB-Landesverbände bereits erste Schritte in Richtung E-Sport unternommen. Die Vorstellung der einzelnen Engagements erfolgt dabei nach dem Schema „von Norden nach Süden". Der Hamburger Fußball-Verband (HFV) richtete bereits im September 2017 seine erste E-Sport-Meisterschaft in „FIFA 18" aus, zu der sich insgesamt 27 Teams angemeldet hatten. Ein Team bestand dabei aus zwei Spielern, die als Teilnahmevoraussetzung beide Mitglieder ihres Fußballvereins sein mussten (DFB 2017). Aufgrund der positiven Resonanz vom ersten Turnier dauerte es kein halbes Jahr, bis im Februar 2018 die Zweite Hamburger E-Sport-Meisterschaft stattfand. Für das Turnier im „2 gegen 2"-Modus konnten sich bis zu 32 Mannschaften anmelden (HFV 2018a). Schließlich fand im September 2018 die bereits dritte „Hamburger eSoccer-Meisterschaft" statt. Die Finalisten des Turniers, das wie die vorherigen Turniere auch in der Sporthalle des HFV ausgetragen wurde, qualifizierten sich damals für die 1. Inoffizielle Deutsche Meisterschaft, die nur eine Woche später – ebenfalls in Hamburg – veranstaltet wurde (HFV 2018b). Seit Februar 2019 verfolgte der HFV die Pläne einer eigenen eFootball-Liga mit einem offiziellen Spielbetrieb, der im darauffolgenden Oktober mit 23 Mannschaften aus 18 Vereinen gestartet ist (HFV 2019). Einen anderen Weg in den E-Sport wählte der Fußball-Verband aus Bremen. Zusammen mit der Bremer Sportjugend (BSJ) startete man Anfang 2019 die gemeinsame Initiative „eFootball im Jugendsport". Ziel des Projektes war und ist es, die Kinder und Jugendlichen durch entsprechende eFootball-Angebote in die Vereine zu holen. So wäre es denkbar, dass die Jugendlichen – nach der Schule und den Hausaufgaben – zum Spielen auf der Konsole nicht mehr das eigene Zimmer, sondern stattdessen das Vereinsheim wählen, wo der Sprung zum realen Fußballplatz dann nicht mehr allzu groß ist. Genau daran

---

[4] Der Verfasser hat diese Informationen bzw. Einschätzungen am 30.07.2019 im Rahmen eines persönlichen Gesprächs (Experteninterview) mit René Lochner (Projektverantwortlicher Bayerischer Fußball-Verband) erhalten.

soll die Initiative ansetzen, denn im Bremer Umland gab es bisher kaum Vereine, die ein solches Angebot darstellen konnten. Deshalb konnten sich von April bis August 2019 alle interessierten Vereine dafür bewerben, als einer von insgesamt zehn Vereinen mit einer Spielekonsole (PlayStation) und einem „FIFA"-Spiel ausgestattet zu werden. Dazu gab es von Seiten des Verbandes und der BSJ die Bedingung, dass mindestens einmal pro Woche ein frei zugängliches E-Sport-Angebot stattfinden muss. Dort soll dann gewährleistet sein, dass Kinder und Jugendliche unter Begleitung einer Aufsichtsperson bis zu zwei Stunden an der Konsole spielen können. Zudem findet viermal im Jahr ein Austauschtreffen mit allen Beteiligten statt. Geplant war damals, dass dieses gemeinsame Projekt bis Ende 2020 andauern wird. Wenn dadurch in den Vereinen eine nachhaltige Basis geschaffen werden kann, steht im Anschluss daran auch die Gründung einer eigenen eFootball-Liga auf Verbandsebene im Raum (Sonnenberg 2019). Der Niedersächsische Fußball-Verband (NFV) sieht in E-Sport ebenfalls hohes Potenzial und hatte Ende 2018 beschlossen, sich damit als ergänzendes Angebot für Fußballvereine intensiv auseinanderzusetzen. Von Verbandsseite war und ist es dabei wichtig zu erwähnen, dass das E-Sport- bzw. eSoccer-Engagement kein konkurrierendes Angebot zum realen Fußball darstellt. Vielmehr sollen Vereine die Möglichkeit haben, eine Verknüpfung zwischen dem echten und virtuellen Fußball herzustellen, indem das eSoccer-Angebot das bisherige Vereinsleben lediglich ergänzt – und nicht ersetzt. Als erste Maßnahme wurde im Januar 2019 der erste „NFV eSoccer-Cup" im Sporthotel Fuchsbachtal in Barsinghausen ausgerichtet. Teilnahmeberichtigt waren alle niedersächsischen Fußballvereine, die sich wiederum mit bis zu zwei Zweier-Teams (Modus „2 gegen 2") bewerben konnten. Dabei musste mindestens ein Spieler Vereinsmitglied sein sowie einen aktuelle Spielberechtigung besitzen. Das Sporthotel Fuchsbachtal erwies sich dabei als passende Lokalität, denn die Begegnungen der insgesamt 64 Teilnehmermannschaften wurden parallel an bis zu 16 Stationen ausgetragen. Für die entscheidenden Spiele ab dem Halbfinale wurde eine eigene „Final Area" mit ausreichend Zuschauerplätzen eingerichtet (Seniw 2018). Für 2020 plante der NFV die sog. „eFootball-Niedersachsenmeisterschaft", die das komplette Bundesland mit einbeziehte. Demnach sollte bis Ende 2019 in jedem der 33 Kreisfußballverbände (z. B. Kreis Holzminden) eine Kreismeisterschaft stattgefunden haben, deren Sieger sich automatisch für das große Meisterschaftsturnier qualifizierten. Allerdings konnte eine Kreismeisterschaft – so die Vorgabe des NFV – nur stattfinden, wenn in den jeweiligen Fußballkreisen zuvor die Stelle eines Beauftragten für eFootball besetzt wurde (Kreisverband Holzminden 2019). Der Fußballverband Sachsen-Anhalt (FSA) baute zum Einstieg in den E-Sport auf die professionelle Unterstützung von Experten und ist im Mai 2018 eine Kooperation mit dem E-Sport-Bund Deutschland (ESBD) eingegangen. Die Partnerschaft umfasste die Konzeption und Organisation eines Landespokals in „FIFA 19". Demnach wurden sieben Regionalmeisterschaften ausgetragen, aus denen sich insgesamt 64 Teilnehmer für das Finalevent qualifizieren konnten. Der FSA und der ESBD vereinbarten zusätzlich die exklusive Regelung, dass nur Mitgliedsvereine der beiden Verbände am Landespokal teilnehmen durften (Mittweg 2018). Vom DFB wurde der Verband sogar mit einer Förderung belohnt, da dieses Pilotprojekt mit der Ausrichtung eines Landespokals als bestes Konzept bewertet und ausgezeichnet wurde. Generell stellt der E-Sport bzw. eSoccer für den FSA und seine Vereine viel mehr die Chance dar, vom riesigen Potenzial dieser Sportbewegung zu profitieren, anstatt diese zu hinterfragen oder als Gefahr bzw. Konkurrenz zum echten Fußball zu sehen (FSA 2019a). Im Juni 2019 fand schließlich das Finalturnier vom „FSA eSoccer Landespokal" in der Magdeburger MDCC-Arena statt (FSA 2019b). Die Nachbarn vom Sächsischen Fußball-Verband wählten derweil einen etwas anderen Weg in den E-Sport. Am 19. November 2018 unterzeichnete der Verband eine Kooperationsvereinbarung mit der Hochschule Mittweida, die die Entwicklung von Gaming und E-Sport seit mehreren Jahren begleitet. Im Vordergrund der Partnerschaft steht der Austausch von Wissen und Informationen rund um den Themenbereich E-Sport. Dazu wurde seit Anfang 2019 eine sog. „eSport-Science-Lab" im Gründungshaus des DFB in Leipzig aufgebaut. In zwei speziell ausgestatteten Räumen sollen dort innovative Experimentier- und Praxisprojekte durchgeführt werden, die führende Publishern der E-Sport-Branche unterstützen (Hochschule Mittweida 2018). Neben den bereits angesprochen Verbänden veranstaltete auch der Saarländische Fußballverband (SFV) im Sommer 2019 ein Landespokal-Finalturnier. Die Finalteilnehmer mussten sich zuvor über Regionalmeisterschaften für dieses Event qualifizieren. Insgesamt 16 Vereine bzw. Teams, bestehend aus zwei Spielern, nahmen an der Endrunde vom „2. IKK Südwest eFootball Cup" teil, das in der Hermann-Neuberger-Sportschule in Saarbrücken ausgetragen wurde (Saarbrücker Zeitung 2019). Zuvor hat im Juli 2018 bereits ein erstes Turnier stattgefunden, in dem der erste offizielle eSoccer-Saarlandmeister ermittelt wurde. Seit Januar 2019 kooperiert der SFV zudem mit dem E-Sport-Verein „E-Sports United Saar". Zweck der Kooperation ist eine gezielte Förderung von Nachwuchstalenten im virtuellen Fußball. Dabei sind neben dem Aufbau einer Jugendakademie am Stützpunkt des SFV auch mehrmalige Trainingseinheiten sowie Themenabende zur Aufklärung im Bereich E-Sport geplant (Schaber 2019). Neben den genannten gab es damals noch weitere Landesverbände, die sich mit dem Thema E-Sport befassen und bereits erste Maßnahmen umsetzen. Dabei ist insbesondere der Berliner Fußball-Verband zu nennen, der im Frühjahr 2019 einen Probespielbetrieb mit sechs eFootball-Events gestartet hat (Berliner Fußball-Verband 2019). Aber auch die Verbände aus Brandenburg, Nordrhein-Westfalen und Baden-Württemberg (Badischer Fußball-Verband) haben in diesem Bereich bereits erste Anstrengungen unternommen. Somit waren es damals nach Recherchen des Verfassers (Stand: August 2019) 13 von insgesamt 21 DFB-Landesverbände (entspricht ca. 62 Prozent), die sich in E-Sport engagieren. Nimmt man die in der Einleitung bereits angesprochene Teilnahmebilanz der Landesverbände am erstmals ausgetragenen „DFB ePokal" zum Anlass (17 von 21 Landesverbände haben eine sog. „Landesverbands-Trophy" durchgeführt), sind es nach aktuellem Stand mehr als 80 Prozent, die ein solches Engagement betreiben (Fedra 2021). Vorreiter bleibt dennoch der Bayerische Fußball-Verband, der sich insbesondere durch die Implementierung einer eigenen E-Sport-Plattform deutlichen von den anderen Landesverbänden abhebt. Allerdings besteht – laut den Einschätzungen von Michael Berchtold aus dem persönlichen Gespräch des Verfassers – für die Verbände, die sich in „FIFA" engagieren, jederzeit die Gefahr, dass der Spielehersteller irgendwann in der Zukunft seiner Marktmacht Gebrauch macht. Dementsprechend hoch ist in diesem Fall die Abhängigkeit des BFV und der restlichen Landes-verbände vom Publisher EA Sports, die im schlimmsten Fall logischerweise auch finanzi-elle Auswirkungen zur Folge hätte. Im Vergleich zum realen und klassischen Sport stellt dieser Zusammenhang einen großen Unterschied zum virtuellen Sport dar.

11.4   Mögliche Chancen und Risiken eines E-Sport-Engagements

Wie bereits beschrieben, besteht für Sport- und auch für Fußballvereine eine der größten Herausforderungen darin, einerseits neue Mitglieder zu gewinnen und andererseits diese und bestehende Mitglieder im Verein zu halten. Insbesondere im Jugendbereich mussten die deutschen Fußballvereine in den letzten Jahren einen deutlichen Rückgang verzeich-nen. Zwischen den Jahren 2010 und 2015 meldeten sich mehr als 2500 Nachwuchsteams, vor allem im A- und B-Juniorenbereich, vom Spielbetrieb ab (DFB 2019a). Selbstver-ständlich kann dieser Umstand anhand mehrerer Aspekte dargelegt werden, einen präzisen Erklärungsansatz liefert hierfür aber der gesellschaftliche Wandel im Zuge der Digitalisie-rung. Einer Studie des Medienpädagogischen Forschungsverbandes Südwest (MPFS) zu-folge, nutzen nur zehn Prozent aller zwölf bis 19-jährigen Jugendlichen keine digitalen Spiele – sei es auf dem Computer, auf der Konsole, auf dem Tablet oder auf dem Handy. Rund ein Viertel aller Jugendlichen nutzen dabei täglich oder mehrmals in der Woche die Spielekonsole. Insbesondere bei den Jungen nehmen digitale Spiele eine bedeutende Rolle ein, denn mehr als drei Viertel aller männlichen Befragten gaben an, digitale Spiele täglich oder mehrmals in der Woche zu spielen. Die Fußballsimulation „FIFA" ist dabei nach „Fortnite" auf Rang zwei der Beliebtheitsskala zu finden (MPFS 2018, S. 55 ff.). Dement-sprechend ist es für die Vereine und Verbände den Meinungen der bereits angesprochenen Experten zufolge Auftrag und Chance zugleich, den gesellschaftlichen und digitalen Wan-del mitzugehen. Durch entsprechende E-Sport- bzw. „FIFA"-Angebote in den Vereinen und Verbänden ist es möglich, langfristig eine Bindung zur jungen Zielgruppe aufzubauen und gemeinsame Plattformen als zentrale Anlaufpunkte herzustellen. Relevant sind dabei insbesondere die 14- bis 25-jährigen Jungen und Männer, für die „FIFA" ein Lifestyle ist und die vom klassischen Fußball-Produkt nicht mehr so selbstverständlich angesprochen werden, wie es vor Jahrzehnten sonst noch üblich war. Denn heutzutage kann man davon ausgehen, dass die meisten jungen Leute zuerst mit dem digitalen bzw. virtuellen und dann mit dem realen Fußball in Berührung kommen (Berchtold 2018). Auch der Bayerische Fußball-Verband hat – laut Erkenntnissen aus dem persönlichen Gespräch des Verfassers – im U19- und U17-Juniorenbereich große Abgangszahlen zu verzeichnen und erhofft sich durch sein E-Sport-Engagement, eine noch festere Bindung zur jungen Zielgruppe herzu-stellen und diese letztendlich in den Vereinen zu halten. Zudem besteht theoretisch die Möglichkeit, auch komplett neue Zielgruppen für sich zu gewinnen. Dadurch soll im Allgemeinen auch das Vereinsleben aufgefrischt und das Gemeinschaftsgefühl gestärkt werden. Eine zunehmende Verzahnung des virtuellen und realen Fußballs könnte zudem durch die Einführung eines bayernweiten eFootball-Ligaspielbetriebs gelingen, wozu der

BFV bereits 2019 erste Planungen angestellt und diese – wie in Abschn. 11.3.1 beschrieben – mittlerweile auch umgesetzt hat. Mit der Gewinnung und Bindung junger Mitglieder durch E-Sport geht ebenso ein zweiter Aspekt einher, der von den Vereinen als Chance zu betrachten ist. Denn die Integration, sowohl von neuen Personengruppen als auch von neuen Vereinsangeboten, kann sich – nach den Erkenntnissen aus den persönlichen Gesprächen des Verfassers – unmittelbar auf die Atmosphäre und das Zusammenleben innerhalb eines Vereins auswirken. Aufgrund des beschriebenen gesellschaftlichen Wandels und der zahlreichen Freizeitangebote außerhalb des Sports ist es in der Vergangenheit immer öfter die Regel, dass ein allgemeines Vereinsleben – neben dem reinen Trainingsangebot – in den Vereinen oft nicht mehr stattfindet. Kinder und Jugendliche werden beispielsweise oft direkt nach dem Training von ihren Eltern heimgeholt und genießen nicht mehr diese Freiheit, wie es früher vielleicht der Fall war. Entsprechende E-Sport-Angebote in den Vereinen, die unter der Führung und der tatkräftigen Mithilfe des Verbandes entstehen und entwickelt werden, können dieser Problematik entgegenwirken. Auch Dr. Rainer Koch sieht diese Chancen und hat den Trend, dass junge Fußballspieler nach dem realen Sporttreiben im Verein das Spiel auch gerne virtuell fortsetzen wollen, längst erkannt. Für ihn ist das nichts anderes, „als [,dass] ich das in meiner aktiven Spielerzeit vor Jahrzehnten gemacht habe, als wir nach dem Spiel im Vereinsheim Schafkopf gespielt haben" (DFB 2019b). Wie bereits zuvor beschrieben, ist es aus Expertensicht die Hauptaufgabe des Verbandes, die Vereine und ihre Mitglieder in diesem Thema so zu unterstützen, dass eine Integration von E-Sport so leicht wie möglich gelingt. Dadurch wird es langfristig möglich sein, junge Menschen zu binden und sie davon zu überzeugen, dass ein Vereinsleben – außerhalb des normalen Sporttreibens – etwas Essentielles für das Zusammenleben von Menschen in einer Gemeinschaft sein kann. Doch nicht nur für die Vereine ergeben sich durch das E-Sport-Engagement eines Fußball-Landesverbandes Chancen und positive Hebelwirkungen. Auch der Verband selbst kann von seinen geschaffenen Produkten und Turnierformaten insofern profitieren, indem er diese als Vermarktungsgrundlage zur Akquise von potenziellen Sponsoren nutzt, die das Thema E-Sport bzw. eFootball anspricht. Als Vorzeigebeispiel dient die Partnerschaft des BFV mit dem Telekommunikations-Dienstleister M-net, der bereits seit 2018 als Hauptsponsor des „BFV eSports Cup" fungiert (M-net 2018).

Auch der Saarländische Fußballverband (SFV) konnte in diesem Bereich bereits erste Vermarktungserfolge erzielen und in diesem Sommer mit der IKK Südwest einen Sponsor bzw. Namensgeber für den verbandseigenen eFootball-Cup („IKK Südwest eFootball-Cup") präsentieren. Als Grund für das Engagement beim SFV nannte die IKK Südwest die enorme Dynamik der E-Sport-Bewegung, die man mit großem Interesse verfolgt und an der man teilhaben will. Dementsprechend sei man „(…) davon überzeugt, dass der regionale Fußball als Ganzes von dieser Bewegung profitieren wird" (IKK Südwest 2019). Laut Einschätzungen von Experten, die der Verfasser erhalten hat, wird der Trend in Zukunft wohl dahin gehen, dass die involvierten Landesverbände geregelte Ligaspielbetriebe und offizielle Turnierserien installieren werden. Durch eine landesweite Ausrichtung von Turnierserien werden somit vermarktbare Produkte geschaffen, die für (regionale) Unternehmen interessant sein können. Durch die Übertragung solcher Turnier-Events per Livestream auf Twitch – wie es zum Beispiel beim „BFV eSports Cup powered by M-net" in den Jahren 2019 bis 2021 der Fall war (Bellinger 2019b) – oder ähnlichen Plattformen, lassen sich zudem große Reichweiten erzielen, die potenzielle Sponsoren für ihre Unternehmenskommunikation nutzen könnten. Neben den Chancen und Möglichkeiten, die sich bei einem E-Sport-Engagement eines Fußball-Landesverbandes – sowohl für die jeweiligen Mitgliedervereine als auch für die Verbände selbst – ergeben, gibt es auch einige Risiken bzw. potenzielle Gefahren, die nicht unbeachtet bleiben dürfen. Ähnlich wie in einigen Profivereinen, wo konservative Stimmen „die Identität des Vereins nicht verwässern [wollen] und (…) in der Integration des eSports keinen Nutzen [sehen]" (Lange 2017), gibt es im Amateurbereich erst recht einige Vereinsfunktionäre und -mitglieder, die noch sehr traditionalistisch eingestellt sind und keine großen Berührungspunkte mit digitalen Themen aufweisen. Wie der Verfasser aus dem persönlichen Gespräch mit dem Ansprechpartner des Bayerischen Fußball-Verbandes erfahren hat, ist es dort beispielsweise so, dass mehr als die Hälfte der rund 1,5 Millionen Mitglieder älter als 30 Jahre und dementsprechend weniger technisch- und digital-affin sind als jüngere Zielgruppen. Entsprechend schwierig gestaltet sich es oft, Ansprechpartner und Ehrenamtliche in den Mitgliedsvereinen zu finden, die das Thema als relevant ansehen und im Anschluss konstant betreuen und weiterentwickeln. In diesem Zuge besteht auch die Gefahr, dass der Verband für das Engagement zu wenig Überzeugungsarbeit leistet. Denn den Vereinen sollte – auch nach Meinung von Michael Berchtold – insbesondere zu Beginn des Engagements von Verbandsseite klar aufgezeigt werden, was man aus welchen Gründen wie genau vorhat. Demnach ist es von essenzieller Bedeutung, die Vereine von Anfang an darüber zu informieren, warum sich ein Verband für ein E-Sport- bzw. eFootball-Engagement entscheidet. Sollte es auf diese Weise nicht gelingen, etwaige kritische Stimmen einzudämmen, droht langfristig sonst der Verlust des Rückhalts und der Unterstützung seitens der Vereine. Fußballverbände sollten diesbezüglich als Dienstleister für ihre Vereine fungieren, indem sie über Informationsveranstaltungen oder Informationsbroschüren verschiedene Service-Leistungen zu diesem Thema anbieten. Nur so ist es – laut den erhaltenen Einschätzungen des Verfassers aus den persönlichen Gesprächen mit den Experten – möglich, Vorbehalte zu reduzieren und sich einen gewissen Rückhalt bei den Mitgliedsvereinen aufzubauen. Neben dem Bayerischen Fußball-Verband (BFV 2019a, b) hat zum Beispiel auch der Niedersächsische Fußballverband eine eFootball-Informationsbroschüre bzw. einen eFootball-Leitfaden für seine Vereine erstellt und veröffentlicht. Dieser ist auf der Homepage des NFV frei zum Download verfügbar und wurde zudem in zweifacher Ausführung an die rund 2700 Mitgliedervereine geschickt. Darin finden sich einige wichtige Hinweise, die Vereine beim täglichen Umgang mit eFootball beachten sollten, wenn sie entsprechende Angebote bei sich installieren (NFV 2019). Die gleiche Informationspflicht besteht hinsichtlich des Themas Spielsucht, welches einen weiteren wichtigen Aspekt darstellt, den ein Fußball-Landesverband im Rahmen eines E-Sport-Engagements unbedingt beachten sollte. 8,4 Prozent aller Jungen und Männer sowie 2,9 Prozent aller Mädchen und Frauen im Alter zwischen 15 und 25 Jahren gelten als computerspielsüchtig – das sagt zumindest eine Forsa-Umfrage (Gesellschaft für Sozialforschung und statistische Analysen), die 2017 durchgeführt wurde (Fischer 2019). Im Juni 2018 hat die Weltgesundheitsorganisation (WHO) in ihrem Klassifikationssystem die sog. Gaming-Disorder, also die Sucht nach Computer- und Videospielen, gelistet und als psychische Erkrankung anerkannt. Demnach gilt eine Person als computerspielabhängig, wenn diese die Häufigkeit, Intensität und Dauer des Spielens nicht mehr kontrollieren kann. Selbst negative Auswirkungen, die daraus im Hinblick auf Schule, Arbeit oder Familie resultieren können, verhindern demnach die Fortsetzung des Computerspielens nicht (Deeg 2019). Dementsprechend ist es für die Verbände Aufgabe und Pflicht zugleich, die Vereine bezüglich etwaiger Suchtrisiken zu sensibilisieren und zu informieren. Den Mitgliedsvereinen müssen vom Verband auf eine beliebige Art und Weise Hilfestellungen angeboten werden, damit diese mit betroffenen Leuten richtig umgehen können. Denn entsprechendes Know-how ist – laut Einschätzungen der angesprochenen Experten – in den Verein oft nicht vorhanden. Demnach ist es sinnvoll, verschiedene Veranstaltungen und Plattformen seitens des Verbandes zu nutzen und das Thema Spielsucht bei allen Beteiligten immer wieder zu berücksichtigen und zu thematisieren, wobei süchtiges Spielverhalten zwingend von einem professionellen Spielverhalten eines E-Sportlers abzugrenzen ist (Fischer 2019). Ein letzter Punkt, der insbesondere die Vereine in ihrem Engagement für eFootball beschränkt, ist die immer noch ungeklärte bzw. nicht eindeutig definierte Rechtslage. Denn nach § 52 der Abgabenordnung stellt eFootball keinen gemeinnützigen Zweck dar, wodurch die Vereine für diesen Bereich keine gemeinnützigen Mittel oder Zuwendungen verwenden dürfen (NFV 2019, S. 20). Der NFV folgt derweil der Position des DOSB und empfiehlt seinen Vereinen, eFootball ergebnisneutral oder mit Gewinn als wirtschaftlichen Geschäftsbetrieb zu betreiben. So werden zum Ausgleich der Kosten nur Einnahmen – zum Beispiel durch Umlagen oder Mitgliedsbeiträge – und keine anderen gemeinnützigen Mittel verwendet. Eine Aufnahme von eFootball in den Verein kann somit laut NFV direkt unter dem Dach der Fußballabteilung geschehen. Idealerweise sogar als eigene Abteilung, die zur Fußballsparte des Vereins gehört. Allerdings sollten die eFootball-Mitgliedsbeiträge geringer als die Beiträge für aktive Fußballer sein, da die Kosten für Flutlicht, Duschwasser und gepflegte Rasenplätze, die auf alle Mitglieder umgelegt werden, die eFootball-Spieler in der Regel nicht betreffen. Zusätzlich vertritt man beim NFV die Meinung, dass die beiden Voraussetzungen zur Förderung der Allgemeinheit für gemeinnützige Zwecke (§ 52 der Abgabenordnung) – zum einen die Förderung der Jugend- und Altenhilfe und zum anderen die Förderung des Sports – durch eFootball unbestritten erfüllt werden (NFV 2019, S. 20 f.). Auch der Hamburger Sportjugend (HSJ) ist es im Hamburger Sportbund gemeinsam mit der Hamburger Finanzbehörde sowie der Behörde für Arbeit, Soziales, Familie und Senioren (BASFI) gelungen, eine einheitliche Regelung bezüglich des Angebots von E-Sport in Sportvereinen und -verbänden zu treffen. Da das Bundesverwaltungsgericht E-Sport noch nicht als Sport, sondern als Spiel eingestuft hat, besteht die Möglichkeit, E-Sport vorläufig der Jugendhilfe zuzuordnen. Hierbei geht man von Paragraf elf des Sozialgesetzbuches aus, der den Schwerpunkt der Jugendarbeit in Sport, Spiel und Geselligkeit unterteilt. Folglich können im regionalen Umfeld von Hamburg entsprechende E-Sport-Angebote im Rahmen der Jugendhilfe gemeinnützig umgesetzt werden. Voraussetzung dafür ist allerdings die Tatsache, dass die jeweiligen Vereine und Verbände sowohl die Förderung von Sport als auch die Förderung von Jugendhilfe in ihrer Satzung verankert haben. Diese Entscheidung gilt so lange, bis ein anderes Urteil auf Bundesebene getroffen wird und sorgt unterdessen auch für Klarheit bei den Vereinen, die an der eFootball-Liga des Hamburger Fußball-Verbandes beteiligt sind (Hamburger Sportbund 2019).

11.5   Fazit und Ausblick

Insgesamt lässt sich zusammenfassen, dass E-Sport längst kein Trend mehr ist, sondern vielmehr eine digitale Bewegung, die sich nicht nur weltweit, sondern auch in der deutschen Gesellschaft immer fester etabliert. Nichtsdestotrotz ist ein Großteil der deutschen Bevölkerung immer noch eher traditionalistisch eingestellt und kann den digitalen Wandel nicht gleichermaßen mitgehen, wie es die jüngere Generation bereits tut. Dieser Zusammenhang lässt sich auch im deutschen Fußball beobachten, wo die Vereine und Verbände bei der Entscheidung eines E-Sport-Engagements oft einen schmalen Grat betreten müssen. Die traditionelle Einstellung zeigt sich besonders auf Seiten der Verbände, die bei einer solchen Entscheidung auch immer den Rückhalt der älteren Generationen benötigen, die in den jeweiligen Mitgliedsvereinen ehrenamtlich engagiert sind. Verbände sind im Zuge ihres Engagements von den Ehrenamtlichen und Vereinsverantwortlichen ihrer Mitgliedsvereine, die das Thema E-Sport vom Verband in die Vereine weitertragen, enorm abhängig. Nach Einschätzungen aus den persönlichen Gesprächen des Verfassers mit den erwähnten Experten ist es deshalb umso wichtiger, dass sich jeder Landesverband im Vorfeld ausgiebig damit beschäftigt, aus welchen Gründen ein E-Sport-Engagement aus der jeweiligen Einzelperspektive sinnvoll ist. Dabei ist es so, dass jeder Verband seine ganz eigene Herangehensweise hat. Eine Definition der Zielsetzung ist in diesem Rahmen unabdingbar, denn auf Basis dessen werden Strategien und Handlungsweisen entwickelt, um die festgelegten Meilensteine zu erreichen. Nur mithilfe eines klaren Konzepts lässt sich eine dauerhafte Finanzierung durch die Verbandsführung erwirken. Zudem sollten Verbände als erste Maßnahme den Dialog mit den Vereinen suchen und diese über ihr Vorhaben so umfassend informieren, wie es zum Beispiel der Bayerische und der Niedersächsische Fußball-Verband in der Vergangenheit getan haben. Nur so ist es auch möglich, sich einen gewissen Rückhalt bei den Vereinen aufzubauen. Insgesamt setzen sich bereits mehr als die Hälfte aller 21 DFB-Landesverbände mit E-Sport bzw. eFootball auseinander und entwickeln erste Konzepte und Turnierserien, die zusammen mit dem DFB zukünftig weiter vorangetrieben werden sollen. Zu groß scheint die Chance, durch die Ansprache junger Zielgruppen die Zukunft der deutschen Fußballvereine, die maßgeblich von ihren Mitgliedern bestimmt werden, zu sichern. Wann und ob es dazu kommen wird, dass der reale Spielbetrieb im Amateurbereich gleichzeitig auch auf dem virtuellen Spielfeld ausgetragen wird, bleibt abzuwarten. Aus Expertensicht besteht jedenfalls kein Zweifel daran, dass es irgendwann so weit kommen wird. Schon jetzt gibt es auf Profiebene für fast alle Ligen und Pokalwettbewerbe – sei es auf nationaler oder internationaler Ebene – entsprechende Pendants in der virtuellen Welt.

Literatur

Bayerischer Fußball-Verband (BFV). (2018). Satzung (05.05.2018). https://www.bfv.de/binaries/content/assets/ inhalt/der-bfv/satzung-richtlinien-amtliches/satzung/satzung_ab_05.05.20182.pdf. Zugegriffen am 14.08.2019.

Bayerischer Fußball-Verband (BFV). (Hrsg.). (2019a). *BFV goes eFootball – Alles Wissenswerte zum Thema FIFA eFootball: Handbuch für Vereine des Bayerischen Fußball-Verbandes.*

Bayerischer Fußball-Verband (BFV). (2019b). *BFV weitet eFootball-Angebot aus* (12.12.2019). https://www.bfv.de/news/servicethemen/2019/12/bfv-weitet-esports-engagement-aus. Zugegriffen am 03.07.2021.

Bayerischer Fußball-Verband (BFV). (2020). *BFV eFootball Summer League: Doppelspieltag zum Auftakt* (08.07.2020). https://www.bfv.de/news/efootball/2020/07/bfv-efootball-summer-league-doppelspieltag-zum-auftakt. Zugegriffen am 03.07.2021.

Bayerischer Fußball-Verband (BFV). (2021a). *eSport Cup 2021: Joe „JH7" Hellmann und Ditmir „Ditmir_4897" Alimi gewinnen Grand Final* (21.06.2021). https://www.bfv.de/news/efootball/2021/06/esports-cup-2021-nachbericht. Zugegriffen am 03.07.2021.

Bayerischer Fußball-Verband (BFV). (2021b). *TSV Oettingen gewinnt BFV eClub Championship 2021* (11.06.2021). https://www.bfv.de/news/efootball/2021/06/tsv-oettingen-gewinnt-bfv-eclub-championship-2021. Zugegriffen am 03.07.2021.

Bellinger, C. (2019a). *BFV eSports Cup 2019 powered by M-net – „Hallo255" gewinnt das Grand Final* (20.07.2019). https://www.bfv-esports.de/de_DE/News/bfv-esports-cup-2019-hallo255-gewinntdas-grand-final. Zugegriffen am 14.08.2019.

Bellinger, C. (2019b). *Alles Infos zum Grand Final des BFV eSports Cup* (16.07.2019). https://www.bfvesports.de/de_DE/News/alle-infos-zum-grand-final-bfv-esports-cup. Zugegriffen am 21.08.2019.

Berchtold, M. (2018). *eSport-Strategie: Ein „FIFA"-Leitfaden für Entscheider* (07.12.2018). https://www.sponsors.de/news/magazin/esport-strategie-ein-fifa-leitfaden-fuer-entscheider. Zugegriffen am 09.08.2019.

Berliner Fußball-Verband e.V. (2019). *BFV startet eFootball-Probespielbetrieb* (14.03.2019). https://berliner-fussball.de/spielbetrieb/efootball/news/?tx_news_pi1%5Bnews-%5D=1906&cHash=181dde2f6a50aff35deb82783cf5afbf. Zugegriffen am 17.08.2019.

Betzold, T., Thieme, L., Trosien, G. & Wadsack, R. (Hrsg.). (2008). *Handwörterbuch des Sportmanagements* (Blickpunkt Sportmanagement, Bd. 2). Frankfurt a. M.: Peter Lang.

BFV Service GmbH. (2018). *Start mit BFV eSports Cup 2019 powered by M-net – BFV launcht eigene eFootball-Plattform* (11.12.2018). https://www.bfv-esports.de/de_DE/News/BFV-launcht-eigene-eFootball-Plattform. Zugegriffen am 14.08.2019.

BFV Service GmbH. (2019). *Über den BFV – Wer wir sind.* https://www.bfv-esports.de/de_DE/Mission. Zugegriffen am 14.08.2019.

Breuer, C. & Feiler, S. (2019). *Sportvereine in Deutschland: Organisationen und Personen. Sportentwicklungsbericht für Deutschland 2017/18 – Teil 1.* Bundesinstitut für Sportwissenschaft.

Deeg, J. (2019). *Hartes Training ist noch keine Computerspielsucht* (16.02.2019). https://www.spektrum.de/news/e-sport-und-computerspielsucht/1602442. Zugegriffen am 21.08.2019.

Deutscher Fußball-Bund e.V. (2015). *Verbandsstruktur – Regional- und Landesverbände* (18.08.2015). https://www.dfb.de/verbandsstruktur/landes-regionalverbaende/. Zugegriffen am 07.08.2019.

Deutscher Fußball-Bund e.V. (2017). *FIFA-Fieber in Hamburg: „Die Konsole gehört heutzutage dazu"* (24.09.2017). https://www.dfb.de/news/detail/fifa-fieber-in-hamburg-die-konsole-gehoert-heutzutage-dazu-174591/. Zugegriffen am 15.08.2019.

Deutscher Fußball-Bund e.V. (2018). *DFB definiert einheitliche Linie zum Thema E-Soccer* (20.04.2018). https://www.dfb.de/news/detail/dfb-definiert-einheitliche-linie-zum-thema-e-soccer-185431/. Zugegriffen am 13.08.2019.

Deutscher Fußball-Bund e.V. (2019a). Drop-Out im Nachwuchsfussball – Warum junge Spieler aus dem vereinsorganisierten Fußball aussteigen. https://www.dfb-akademie.de/studie/drop-out-im-nachwuchsfussball/-/id-15000085. Zugegriffen am 20.08.2019.

Deutscher Fußball-Bund e.V. (23.01.2019b). *Koch: „Früher Schafkopf, heute E-Sport"*. https://www.dfb.de/news/detail/koch-frueher-schafkopf-heute-e-sport-197772/.   Zugegriffen   am 20.08.2019.

Deutscher Olympischer Sportbund e.V. (2017). *Bestandserhebung 2017*. Frankfurt a. M.: Deutscher Olympischer Sportbund.

Deutscher Olympischer Sportbund e.V. (2018). *Bestandserhebung 2018*. Frankfurt a. M.: Deutscher Olympischer Sportbund.

Deutscher Olympischer Sportbund e.V. (2020). *Bestandserhebung 2020*. Frankfurt a. M.: Deutscher Olympischer Sportbund.

Digel, H. (2018). Entwicklung der Sportverbände – ein selbstkritischer Blick wäre wünschenswert (16.05.2018).   http://sport-quergedacht.de/wiss_beitrag/entwicklung-der-sportverbaende-ein-selbstkritischer-blick-waere-wuenschenswert/. Zugegriffen am 07.08.2019.

Fahrner, M. (2012). *Grundlagen des Sportmanagements*. München: Oldenbourg.

Fedra, J. (2021). *So liefen die Landesverbands-Trophies ab*. https://www.fussball.de/newsdetail/so-liefen-die-landesverbands-trophies-ab/-/article-id/223471#!/. Zugegriffen am 02.07.2021.

Fischer, O. (2019). Spielsucht im eSport (12.08.2019). https://www.die-sportpsychologen.de/2019/08/12/ole-fischer-spielsucht-im-esport/. Zugegriffen am 21.08.2019.

Freyer, W. (2011). *Sport-Marketing – Modernes Marketing-Management für die Sportwirtschaft* (4. Aufl.). Berlin: Erich Schmidt.

Fußballverband Sachsen-Anhalt e.V. (2019a). Projekte – eSoccer. https://www.fsa-online.de/de/projekte/esoccer/esoccer.html?acceptCookie=1. Zugegriffen am 16.08.2019.

Fußballverband Sachsen-Anhalt e.V. (2019b). FSA eSoccer Landespokal: Finale in der MDCC-Arena (05.06.2019). https://www.fsa-online.de/de/projekte/esoccer/2019-06-03-esoccer-landespokalfinale.html. Zugegriffen am 16.08.2019.

Hamburger Fußball-Verband. (2018a). 2. HFV eSports Meisterschaft FIFA 18 (08.02.2018). https://www.hfv.de/artikel/2-hfv-esports-meisterschaft-fifa-18/. Zugegriffen am 15.08.2019.

Hamburger Fußball-Verband. (2018b). 3. Hamburger eSoccer Meisterschaft (10.09.2018). https://www.hfv.de/artikel/3-hamburger-esoccer-meisterschaft/. Zugegriffen am 15.08.2019.

Hamburger Fußball-Verband. (2019). E-Football-Liga für Breitensportler (24.09.2019). https://www.hfv.de/artikel/e-football-liga-fuer-breitensportler/. Zugegriffen am 17.08.2019.

Hamburger Sportbund e.V. (2019). Erfolgreicher Vorstoß Hamburgs zum Thema eSport (20.05.2019). https://www.hamburger-sportbund.de/artikel/4961/erfolgreicher-vorstoss-hamburgs-zum-thema-esports. Zugegriffen am 21.08.2019.

Hochschule Mittweida. (2018). *Mittweida goes eSport* (19.11.2018). https://www.hs-mittweida.de/newsampservice/hsmw-news/pressearchiv/detailansicht-pressearchiv/archive/2018/november/select/hsmw-news/article/2319/mittweida-go.html. Zugegriffen am 16.08.2019.

IKK Südwest. (2019). IKK Südwest und Saarländischer Fußballverband kooperieren im eSport (24.06.2019). https://www.ikk-suedwest.de/2019/06/ikk-suedwest-und-saarlaendischer-fussball-verband-kooperieren-im-esport/. Zugegriffen am 20.08.2019.

Keller, C. (2008). *Steuerung von Fußballunternehmen – finanziellen und sportlichen Erfolg langfristig gestalten.* Berlin: Erich Schmidt.

Kräusche, H. (2018). DFB-Präsident Grindel: eSport ist „absolute Verarmung" (05.03.2018). https://www.kicker.de/718769/artikel. Zugegriffen am 22.08.2019.

Kreisverband Holzminden. (2019). Startschuss „eFootball" in unserem Fußballkreis (06.08.2019). https://www.nfv-kreis-holzminden.de/fileadmin/user_upload/kreis_holzminden/pdf/e-football/Startschuss_e-Football_im_NFV_Kreis_Holzminden.pdf. Zugegriffen am 15.08.2019.

Lange, N. (2017). eSport und Vereine – Die Risiken und Chancen (19.10.2017). https://www.kicker.de/708756/artikel. Zugegriffen am 21.08.2019.

Medienpädagogischer Forschungsverband Südwest. (2018). JIM-Studie 2018: Basisuntersuchung zum Medienumgang 12- bis 19-Jähriger. https://www.mpfs.de/fileadmin/files/Studien/JIM/2018/Studie/JIM_2018_Gesamt.pdf. Zugegriffen am 20.08.2019.

Mittweg, C. (2018). Landespokal für FIFA-Spieler – FSA & ESBD kooperieren (22.05.2018). https://www.kicker.de/724394/artikel. Zugegriffen am 16.08.2019.

Mittweg, C. (2019). Bittner und Harkous sind Nationalspieler – Historisch: DFB präsentiert deutsche eNationalmannschaft (31.03.2019). https://www.kicker.de/745797/artikel. Zugegriffen am 13.08.2019.

M-net Telekommunikations GmbH. (2018). *Neues Gaming-Turnier „BFV eSports Cup powered by M-Net"* (25.04.2018). https://www.m-net.de/ueber-m-net/presse/artikel/news/neues-gaming-turnier-bfv-esports-cup-powered-by-m-net/. Zugegriffen am 20.08.2019.

Niedersächsischer Fußballverband e.V. (2019). Leitfaden eFootball. https://www.nfv.de/fileadmin/user_upload/NFV/KOMMUNIKATION/Bilder/NFV-News-Bilder/2017/Leitfaden_NFV.pdf. Zugegriffen am 20.08.2019.

Reuter, S. (2019). Deutscher wird Weltmeister – „Eigentlich wollte ich nur ein bisschen Geld einsacken" (05.08.2019). https://www.faz.net/aktuell/sport/mehr-sport/fifa-eworld-cup-werder-profiharkous-gewinnt-den-wm-titel-16319086.html. Zugegriffen am 09.08.2019.

Saarbrücker Zeitung. (2019). Fußball-Saarlandmeister an der Spielekonsole gesucht (13.08.2019). https://www.saarbruecker-zeitung.de/sport/sz-sport/saarlaendischer-fussball-verband-richtet-ikk-suedwest-efootball-cup-aus_aid-45059379. Zugegriffen am 16.08.2019.

Schaber, M. (2019). SFV-Kooperation für den eSport (14.01.2019). http://scbonline.ath.cx/scb/beitragsn.php?id=9039. Zugegriffen am 16.08.2019.

Seniw, M. (2018). Der SPORTBUZZER präsentiert: Den 1.NFV-eSoccer-Cup (18.12.2018). https://www.sportbuzzer.de/artikel/der-sportbuzzer-praesentiert-den-1-nfv-esoccer-cup/. Zugegriffen am 15.08.2019.

Sonnenberg, M. (13. März 2019). *Bremer Fußball-Verband und Sportjugend starten E-Sports-Offensive.* https://www.sportbuzzer.de/artikel/bremer-fussball-verband-und-sportjugend-starten-e-sports-offensive/. Zugegriffen am 16.08.2019.

SPONSORs. (2018). *Große Koalition erkennt eSport als offizielle Sportart an* (07.02.2018). https://www.sponsors.de/news/sport/grosse-koalition-erkennt-esport-als-offizielle-sportart. Zugegriffen am 13.08.2019.

Witt, D., von Velsen-Zerweck, B., Thiess, M. & Heilmair, A. (2006). *Herausforderung Verbändemanagement.* Wiesbaden: Gabler.

E-Sport im deutschen Profifußball

12

Matthias Dombrowski, Thomas Wendeborn, Olivia Wohlfart und Alexander Hodeck

Zusammenfassung

Dieses Kapitel beschäftigt sich mit dem E-Sport-Engagement deutscher Clubs im Profifußball in der Saison 2018/19. Dabei wird die Thematik E-Sport im Fußball (eFootball) zunächst anhand einer grundsätzlichen Verortung sowie einer Auseinandersetzung mit bestehenden Stakeholdern in diesem Bereich bearbeitet. Anhand einer Sekundäranalyse und Experteninterviews wird zudem die Ausprägung des aktuellen E-Sport-Engagements der unterschiedlichen Clubs mittels einer Kategorisierung verdeutlicht. Aufbauend darauf werden Chancen und Risiken des E-Sports für den Profifußball aufgezeigt. Dabei lassen sich in der Saison 2018/19 vier Kategorien von Clubs mit einem E-Sport-Engagement identifizieren, welche sich bezüglich des Umfangs und der Dauer des Engagements sowie der Verortung innerhalb des Clubs und der kommunikativen Wirkung unterscheiden. Abschließend werden Chancen und Risiken des E-Sports für Profifußballclubs aufgezeigt. Ob E-Sport zu einem zukünftigen Erfolg der Clubs

M. Dombrowski
ISM International School of Management, Hamburg, Deutschland

T. Wendeborn
Universität der Bundeswehr, München, Deutschland
E-Mail: thomas.wendeborn@unibw.de

O. Wohlfart
Karlsruher Institut für Technologie, Karlsruhe, Deutschland
E-Mail: olivia.wohlfart@kit.edu

A. Hodeck (✉)
ISM – International School of Management, Berlin, Deutschland
E-Mail: alexander.hodeck@ism.de

© Springer Fachmedien Wiesbaden GmbH, ein Teil von Springer Nature 2022
M. Breuer, D. Görlich (Hrsg.), *E-Sport*,
https://doi.org/10.1007/978-3-658-36079-5_12

beitragen kann, wird stark von der Art und Weise abhängen, inwieweit dieses Engagement mit der strategischen Ausrichtung des Clubs langfristig vereinbar ist. Zukünftig
wird es zudem interessant sein, ob es gelingt, die Interessen bestehender Fans des Clubs
und neuer Anhänger des E-Sports zu vereinen.

12.1 Einleitende Gedanken zu E-Sport und eFootball

Ein in Deutschland brisantes und viel diskutiertes Thema ist der E-Sport, d. h. alle Formen
des virtuellen Spielens. Der Diskurs im E-Sport vollzieht sich dabei vor allem entlang der
zentralen Praktik und Symbolik des Sports: der körperlichen Leistung. Für die Einen – die
Hardliner – hat E-Sport aus eben diesen Gründen von vornherein nichts mit Sport zu tun, da
kein unmittelbares, körperbezogenes, authentisches Handeln kommuniziert und damit
auch keine körperliche Leistung beobachtet werden kann (Borggrefe 2018, S. 447). Für
die Anderen – die Liberalen – ist der E-Sport eine logische Konsequenz der von Spreen
(2015) beschriebenen ‚Upgradekultur'. Diesem Prinzip der permanenten Verbesserung,
der nie abgeschlossenen Steigerung (im Übrigen ein Wesenskern des modernen Sports)
folgend, wird der menschliche Körper respektive der sich bewegende Mensch zum um-
kämpften Diskurs- und Praxisfeld. Entgegen den Hardlinern, die Gefahren der digitalen
Verwässerung der DNA des Sports befürchten, sehen die liberalen Vertreter vor dem
Hintergrund des ohnehin ko-evolutionären Verhältnisses von Technik und Sport eher An-
knüpfungspunkte an eine innovative Entwicklung im Sinne des *digital turn* (Wendeborn
et al. 2018, S. 452).

Die Diskussion um E-Sport ist vor dem Hintergrund der Vergabe staatlicher Förderungen
und der damit in Verbindung stehenden Anerkennung des E-Sport als Sportart besonders
brisant (Schulke und Wendeborn 2018), adressiert diese doch direkt die Verbandsauto-
nomie des organisierten Sports (vertreten durch den Deutschen Olympischen Sportbund
[DOSB]). Mitverantwortlich dafür ist die Aufnahme des E-Sport im Koalitionsvertrag von
CDU, CSU und SPD (2018). Zur Erinnerung: Noch 2005 stand die Prüfung des „Verbot[s]
von Killerspielen" (CDU et al. 2005, S. 105) explizit im Koalitionsvertrag von CDU, CSU
und SPD. Etwa 15 Jahre später erfolgte in der gleichen politischen Parteikonstellation mit
der Aufnahme von E-Sport in den Koalitionsvertrag eine Kehrtwende (CDU, CSU und SPD
2018). Der DOSB hat sich hierzu mittels „Aschenputtel-Operator" (Schürmann 2018,
S. 32) positioniert und diesen in zwei unterschiedliche Kröpfchen aussortiert: Elektronische Sportartensimulationen (virtuelle Sportarten) und eGaming (virtuelle Spiel- und
Wettkampfformen). Unabhängig dieses vom DOSB geschaffenen verbandstaktischen
Zerrbilds des E-Sport (Borggrefe 2018), beschäftigen sich Organisationen und Profisport-
clubs aus verschiedenen Sportarten in unterschiedlicher Intensität und Professionalität mit
E-Sport. Weit vor allen anderen ist an dieser Stelle der Fußball zu nennen. Mehr als sieben
Millionen Menschen in Deutschland spielen aktiv in Sportvereinen Fußball. Die Stadien
der Bundesliga haben den höchsten Zuschauerschnitt aller europäischen Fußball-Ligen
(DFB 2018a; DFL 2019). Über 25 Millionen Zuschauer verfolgten jeden der Auftritte der

deutschen Nationalmannschaft bei der Weltmeisterschaft 2018 in Russland im Fernsehen. Der Fußball hat in Deutschland einen hohen gesellschaftlichen Stellenwert. Aus der gro-ßen Popularität des Sports und insbesondere der Proficlubs, die Millionen Fans – lokal, regional, national und international – haben, resultiert ein enormer Einfluss auf ver-schiedene Interessengruppen (Brüggemeier 2006, S. 381; Deloitte Sports Business Group 2018; DWDL.de GmbH 2018).

Deutschland ist der führende E-Sport-Markt in Europa (Weyßer und Zhang 2018, S. 21 ff.). Medienrechte, Werbung, Sponsoring, Merchandising und Ticketing sind hier analog zum Profifußball relevante Bereiche (Schmidt 2017). Ähnlich wie bei der grund-sätzlichen Frage, ob E-Sport Sport ist oder nicht, wird die Thematik auch im deutschen Profifußball kritisch und strittig behandelt. Einerseits sind es kritische Stimmen, wie die von Hans-Joachim Watzke (Geschäftsführer Borussia Dortmund) und Uli Hoeneß (Präsi-dent FC Bayern München), die dem E-Sport – ähnlich wie die Hardliner in der Sport-wissenschaft – ablehnend gegenüberstehen. Funktionäre anderer Clubs haben diesbezüg-lich eine eher liberale Haltung und stehen dem E-Sport wesentlich offener gegenüber (Begehr 2016).

Den Unterlagen der Deutschen Fußball Liga (DFL) ist zu entnehmen, dass diese ge-meinsam mit den Clubs der Bundesliga und der 2. Bundesliga zu einer positiven Ent-wicklung des E-Sport in Deutschland beitragen möchte (DFL 2018a). Es ist ergänzend an-zunehmen, dass die Clubs selbst von der Entwicklung profitieren und gewisse finanzielle, qualitative und absatzbezogene Ziele anstreben. Dass sich immer mehr Clubs aus den beiden höchsten deutschen Fußballligen und auch der Deutsche Fußball-Bund intensiv mit E-Sport beschäftigen, zeigt die Relevanz, den E-Sport im Kontext des Profifußballs in Deutschland näher zu untersuchen.

Der DFB hat in Kooperation mit seinen Regional- und Landesverbänden eine Leitlinie zum einheitlichen Umgang mit E-Sport definiert. Ein Kernaspekt dieser Leitlinie ist aus Sicht des Fußballverbandes, dass „Gewalt-, Kriegs- und Killerspiele nicht zu den satzungs-gemäßen Werten passen, die der DFB sowie seine Mitgliedsverbände Kindern und Jugend-lichen vermitteln wollen" (DFB 2018b). Daher grenzt er fußballbezogene virtuelle Spiele klar von allen anderen Spieletiteln ab und spricht in diesem Zusammenhang von eFootball bzw. eSoccer (DFB 2018b).

Der DFB sieht im eFootball durchaus die Möglichkeit, junge Mitglieder zu gewinnen. Laut einer verbandsinternen Analyse waren die Mitgliederzahlen in der Zielgruppe der 11- bis 19-Jährigen in den vergangenen Jahren rückläufig (Milewski 2018a). Um dieser Entwicklung entgegenzuwirken, plant der DFB ein eigenes Liga-System im eFootball. Ein vollständiger Einstieg in den virtuellen Fußball kann erst dann erfolgen, wenn eFootball in der Verbandssatzung verankert ist. Im Herbst 2019 bietet sich auf dem DFB-Bundestag in Frankfurt die Möglichkeit dazu (Milewski 2018a). Bereits zuvor hat der DFB zwei FIFA-E-Sportler als erste ‚eNationalmannschaft' zum *eNations Cup* nach London entsendet, der ersten virtuellen Team-Weltmeisterschaft im Spiel *FIFA 19*. Der DFB wurde dabei durch zwei Spieler des SV Werder Bremen, Mohammed Harkous und Michael Bittner,

repräsentiert. Insgesamt umfasst der Kader der deutschen ‚eNationalmannschaft' 20 etablierte FIFA-E-Sportler (Mittweg 2019; DFB 2019).

Zur Position des DFB gegenüber E-Sport lässt sich zusammenfassend konstatieren, dass
er den überwiegenden Teil der E-Sport-Disziplinen und Spieletitel entschieden ablehnt
und sich damit gegen die Forderungen des E-Sport-Bund Deutschland (ESBD 2018) stellt.
Der virtuelle Fußball, den der DFB als eFootball bzw. eSoccer tituliert, soll gefördert werden. Folgt man der Papierlage, betrachtet der Verband eFootball dabei als Ergänzung zum
realen Fußball. eFootball soll primär dazu beitragen, Kinder und Jugendliche für den Fußball auf dem Rasen zu begeistern. Die Pläne für einen eigenen Liga-Wettbewerb sprechen
dafür, dass der DFB die Relevanz des virtuellen Fußballs erkannt hat und davon profitieren
will. Zudem strebt der DFB an, den Verband auch auf internationaler Ebene im virtuellen
Fußball erfolgreich zu präsentieren (DFB 2019).

12.2 E-Sport im deutschen Profifußball

12.2.1 Die Virtual Bundesliga

Die *Deutsche Fußball Liga* (DFL) organisiert und vermarktet den deutschen Profifußball.
Sie ist für das Lizenzierungsverfahren zuständig, das auf Basis verschiedener wirtschaftlicher, infrastruktureller, technischer und personeller Kriterien erfolgt. Darüber hinaus ist
die DFL für die Ansetzung und Terminierung der Spiele in der Bundesliga und der 2.
Bundesliga verantwortlich. Die aus diesen Spielen resultierenden Medienrechte ver-
marktet die DFL national und international (DFL 2018b). Neben ihrer essenziellen Funk-
tion für den realen Fußball, spielt sie auch für den virtuellen Fußball eine entscheidende
Rolle. Die DFL setzt sich intensiv mit E-Sport auseinander und fokussiert dabei auf die
Fußballsimulation *FIFA* des US-amerikanischen Videospieleentwicklers und -publishers
Electronic Arts (EA). In Kooperation mit *EA Sports*, einer Marke von EA, veranstaltet die
DFL die *Virtual Bundesliga* (VBL), deren Namenssponsor in der Saison 2018/19 das
Unternehmen TAG Heuer war und aktuell bevestor ist (DFL 2018c). Dass die VBL in der
Saison 2018/2019 bereits zum siebten Mal ausgetragen wird, belegt das Interesse von-
seiten der DFL, den realen Fußball in die virtuelle Welt zu übertragen und somit den
E-Sport im Fußballbusiness weiterzuentwickeln.

Die VBL ist ein Videospielturnier, von der DFL als eFootball-Wettbewerb bezeichnet,
bei dem das Spiel *EA SPORTS FIFA* auf den Konsolen *Playstation 4* und *Xbox One* gespielt wird. In der Saison 2018/2019 besteht die VBL erstmalig aus vier Komponenten:
VBL Open, *VBL Club Championship*, *VBL Playoffs*, *VBL Grand Final*. Die *VBL Open* ist
ein Online-Qualifikationsturnier, das für alle Spieler (ab 18 Jahren) von *FIFA 19* zugänglich ist. Ziel ist die Qualifikation für die *VBL Playoffs*. Die signifikanteste Neuerung der
VBL-Saison 2018/2019 stellt die *VBL Club Championship* dar. Hier haben die Clubs der
1. und 2. Bundesliga die Möglichkeit, ein Team von zwei bis vier E-Sportlern zusammen-
zustellen und dieses Team zur Teilnahme anzumelden. In einem eigenständigen Wett-

bewerb, der 21 Spieltage umfasst, spielen diese Teams den *German Club Champion* aus. Die 21 Spieltage ergeben sich daraus, dass 22 Clubs (13 Erstligisten, neun Zweitligisten) teilnehmen und jeder Club einmal gegen jedes andere Team antritt. Pro Spieltag muss jeder Club zwei bis drei E-Sportler bestimmen, die den jeweiligen Spieltag bestreiten. Gespielt wird im sogenannten ‚Davis-Cup-Format': Je ein Einzelspiel wird auf der *Playstation 4* und der *Xbox One* sowie ein Doppel auf der vom Heimteam zu bestimmenden Konsole ausgetragen. Die E-Sportler der besten sechs Clubs qualifizieren sich direkt für das *VBL Grand Final*. Für die Teams zwischen dem 7. und 16. Platz besteht die Möglichkeit zur Qualifikation über die *VBL Playoffs*. Beim *VBL Grand Final*, der deutschen Einzelmeisterschaft in *FIFA*, stehen sich und E-Sportler aus den *VBL Playoffs* und der *Club Championship* gegenüber, um den *VBL Champion* und somit den deutschen Meister in *FIFA 19* auszuspielen (Milewski 2018b; Kleinmann 2019, S. 86; DFL 2018d, e). Um die *TAG Heuer Virtual Bundesliga* einem breiteren Publikum zugänglich zu machen und somit die Präsenz der E-Sportler der Bundesliga-Clubs zu erhöhen, hat die DFL mit dem Free-TV-Sender *ProSieben Maxx* einen Partner gefunden, der wöchentlich eine ausgewählte Partie der *VBL Club Championship* überträgt (Milewski 2018c). Zudem wird regelmäßig im E-Sport-Magazin *Inside E-Sports* auf dem Sender *Sport1* über das Geschehen in der *VBL Club Championship* berichtet (Kleinmann 2019, S. 86). Mit der erstmaligen Auflage der *VBL Club Championship* eröffnet die DFL den Clubs der 1. und 2. Bundesliga die Möglichkeit, Erfahrungen im E-Sport zu sammeln und gleichzeitig den sportlichen Anreiz zu haben, als Club einen Titel zu holen und sich dabei zu profilieren. Am Ende der ersten *VBL Club Championship* konnte sich der SV Werder Bremen über die Meisterschaft freuen (Kleinmann 2019, S. 87). Diesen Erfolg konnte Werder Bremen in der Folgesaison wiederholen und sich erneut zum Club Champion krönen. In der Saison 2020/2021 wurde die VBL Club Championship dann erstmalig in zwei Ligen, der Division Nord-West und der Division Süd-Ost, mit jeweils 13 Teams ausgetragen, aus denen am Ende der 1. FC Heidenheim als Gesamtsieger hervorging.

12.2.2 Clubs und ihre Fans

Für die Etablierung und Entwicklung des E-Sport im deutschen Profifußball kommt den Clubs der Bundesliga und der 2. Bundesliga eine elementare Bedeutung zu. Die Clubs stellen den Profifußball dar, sodass der E-Sport ohne ihre Beteiligung keine Relevanz in diesem Bereich erlangen kann. Das Engagement der Clubs ist maßgeblich dafür, ob E-Sport im Profifußball bei den verschiedenen Stakeholdern Akzeptanz findet. Die Clubs haben Einfluss auf ihre Fans, ihre Sponsoren und Partner, die Medien und weitere gesellschaftliche Felder (Adam und Hovemann 2018). Daher nehmen sie eine zentrale Rolle bei der Etablierung und Entfaltung von E-Sport im deutschen Profifußball ein. Eng verknüpft mit den Clubs sind ihre Fans (Adam et al. 2019). Laut einer Umfrage von *Deloitte* (2018) befürworten 14 % der Befragten einen Einstieg ihres favorisierten Clubs in den E-Sport. Etwa 20 % sprechen sich gegen ein E-Sport-Engagement aus. Die verbleibenden zwei Drittel der Befragten stehen einem Einstieg neutral gegenüber. Die Befragung zeigt darüber hinaus, dass insbesondere junge Fans eine stärkere Aufgeschlossenheit hinsichtlich E-Sport aufweisen als ältere Zielgruppen. Jeder Fünfte der 19- bis 24-Jährigen und fast jeder Vierte (23 %) der 25- bis 35-Jährigen spricht sich aktiv für einen E-Sport-Einstieg seines Lieblingsclub aus (Credico et al. 2018). Die Frage danach, wie erfolgreich ein Club mit seinem Engagement im E-Sport ist, hängt in hohem Maße davon ab, wie die Fans die E-Sport-Aktivitäten annehmen und bewerten. Anhand dessen wird ersichtlich, dass die Etablierung des E-Sports im deutschen Profifußball vom Verhalten der Clubs und ihren Fans entscheidend abhängig ist.

12.2.3 E-Sportler

Analog zur Diskussion, ob E-Sport als Sportart anerkannt werden soll oder nicht, entfaltet sich ein Diskurs entlang der Frage, ob diejenigen, die professionell Spiele an der Konsole oder dem Computer spielen, tatsächlich E-Sportler sind. Hardliner würden argumentieren, dass es sich nicht um Sportler handeln kann, da sich kein unmittelbares, körperbezogenes, authentisches Handeln im Sinne des Sports beobachten lässt (Borggrefe 2018). Dennoch hat sich der Begriff des *E-Sportlers* etabliert. Professionelle E-Sportler sind von Freizeit-Spielern zu unterscheiden, wie beispielsweise auch Profifußballspieler von Amateur-spielern unterschieden werden.

Mittweg (2017a); Schütz (2016) sowie Kräusche (2019) analysierten das motorische Handlungsgeschehen im E-Sport und konstatieren, dass E-Sportler pro Minute bis zu 400 Bewegungen mit Maus und Tastatur ausführen. Dabei spielt die Hand-Augen-Koordination eine elementare Rolle. Die Herzfrequenz von E-Sportlern steigt während des Spielens teilweise auf 180 Schläge pro Minute – vergleichbar mit einem Zehn-Kilometer-Lauf in hohem Tempo (Mittweg 2017a). Zudem ist das Stresshormon Cortisol bei E-Sportlern während des Wettkampfs auf einem ähnlich hohen Level, wie bei professionellen Rennfahrern (Schütz 2016). Immer mehr professionelle Spieler trainieren gezielt diejenigen Muskelgruppen, die besonders relevant für die Ausübung ihrer Tätigkeit sind. Das stundenlange, häufig tägliche Training beinhaltet neben dem Spielen auch Taktik- und Strategieanalysen sowie die genaue Vorbereitung auf potenzielle Gegner. In Trainingslagern bereiten sich Teams über mehrere Tage hinweg intensiv auf anstehende Begegnungen vor, ähnlich wie Fußballteams während der Vorbereitung im Sommer und Winter.

Top-Spieler der E-Sport-Szene verdienen mehr als Profisportler vieler klassischer Sportarten. In der nordamerikanischen *League-of-Legends*-Liga, der *League of Legends Championship Series*, verdienen zahlreiche E-Sportlern über 300.000 Euro im Jahr (Ziegler 2018). Im Vergleich verdienen deutsche olympische Spitzensportler beispielsweise durchschnittlich unter 20.000 € jährlich (Breuer et al. 2018). Darüber hinaus gibt es auch im E-Sport einen Transfermarkt, auf dem sich E-Sport-Organisationen und E-Sport-Teams um die besten Spieler und Talente streiten. Der schnellen Entwicklung der E-Sport-Branche wird dahingehend Rechnung getragen, dass im E-Sport überwiegend Einjahresverträge abgeschlossen werden. Steigerungen des Gehalts von mehreren Hundert Prozent im Vergleich zum Vorjahr sind keine Seltenheit (Kreft und Milewski 2018). Die E-Sportler wollen sich häufig nicht für einen längeren Zeitraum an ein Team binden, um sich eine gute Verhandlungsposition zu erhalten (Kreft und Milewski 2018). Das Gehaltsniveau in der E-Sport-Branche ist aktuell stark abhängig vom jeweiligen Spieletitel. E-Sportlern, die professionell *League of Legends* oder *Dota 2* spielen, verdienen regelmäßig sechs- bzw. siebenstellige Summen pro Jahr. In der Fußballsimulation *FIFA* liegt das Gehalt der E-Sportler bei deutlich unter 100.000 Euro jährlich. Neben dem Gehalt, welches von den Clubs oder Clans bezogen wird, sowie erspielten Preisgeldern, haben viele E-Sportler eigene Sponsoren als weitere Einkommensquelle. Teilweise beinhalten die Verträge der Spieler Ausstiegsklauseln, sodass sie vor dem regulären Vertragsende von einem anderen Team oder Club verpflichtet werden können (Kreft und Milewski 2018). Der Markt für E-Sportler professionalisiert sich fortschreitend, insbesondere durch die Arbeit von E-Sport-Agenturen.

12.2.4 E-Sport-Agenturen

Fast alle Profifußballer haben mindestens eine Beraterin oder einen Berater, die oder der in den Bereichen Karriereplanung, Vereinswechsel oder Geldanlage berät. Auch im E-Sport gibt es Agenturen, die sich auf die Beratung und Vermarktung von E-Sportlern spezialisiert haben. Dabei übernehmen die Agenturen beispielsweise das Social-Media-Management und suchen Sponsoren für ihre Klienten (STARK eSports GmbH 2018; eSportsReputation GmbH 2018). Darüber hinaus organisieren diese Unternehmen E-Sport-Veranstaltungen, beraten Trainer sowie E-Sport-Clans. Einige E-Sport-Agenturen unterstützen E-Sportler oder E-Sport-Teams bei der Abwicklung von Transfers und der Vertragsgestaltung. Für die Clubs im deutschen Profifußball kann die Zusammenarbeit mit einer E-Sport-Agentur gerade zu Beginn des Engagements im E-Sport sinnvoll sein, um von der Branchenexpertise und dem Netzwerk zu profitieren. Dabei geht es um Fragen der technischen Infrastruktur, der Teilnahme an nationalen und internationalen Wettbewerben, E-Sportler als potenzielle Neuzugänge sowie der Anbahnung und des Abschlusses von Sponsorships bzw. Partnerschaften mit Unternehmen. Etablierte Agenturen wie u. a. *Lagardère Sports*, *eSportsReputation* und *STARK eSports* haben Verbindungen zu fast allen relevanten E-Sport-Stakeholdern. Sie fungieren als Bindeglied zwischen den professionellen Fußballclubs auf der einen und den E-Sport-Stakeholdern auf der anderen Seite. Ob ein Club eng mit einer E-Sport-Agentur zusammenarbeitet, ist davon abhängig, welche Schwerpunkte der jeweilige Club mit seinem Engagement setzen möchte (Lagardère Sports Germany GmbH 2019). Für einige Clubs, die mit der Aufnahme ihrer E-Sport-Aktivitäten möglichst schnell klare Strukturen formen und Reichweite erzielen wollen, kann die Kooperation mit einer E-Sport-Agentur großes Potenzial bieten. Die Zusammenarbeit mit einer E-Sport-Organisation ist dennoch nicht zwangsläufig notwendig, sofern im Club Expertise im E-Sport vorhanden ist.

12.2.5 Publisher

Als Publisher wird der Verleger eines Video- oder Computerspiels bezeichnet. Jeder Publisher hält die Rechte des geistigen Eigentums an jedem seiner Spiele. Daraus resultiert eine machtvolle Position im E-Sport (Schulke und Wendeborn 2018). Die Publisher können u. a. darüber bestimmen, ob Streaming-Anbieter bestimmte Wettbewerbe übertragen dürfen. Daher kommt ihnen eine entscheidende Rolle bei der Übertragung von Turnieren im Hinblick auf Streaming-Plattformen, TV und Social Media zu (Ströh 2017). Die Rolle der Publisher beschränkt sich aber nicht auf das Entwickeln, Verlegen und Verkaufen von Spielen. Sie organisieren diverse Live-Events und Wettbewerbe (u. a. *TAG Heuer Virtual Bundesliga*; *EA Sports* in Kooperation mit der DFL; *League of Legends European Championship* von *Riot Games; Dota-2*-Turnier *The International* des US-amerikanischen Spieleentwicklers *Valve Corporation*; Möthe 2018). In-Game-Käufe erhalten mehr Relevanz, seitdem der sportliche Wettbewerb stärker betont wird. Publisher versuchen damit Anreize zu schaffen, um die Anzahl der In-Game-Käufe weiter zu steigern. Außerdem sehen die Publisher den E-Sport als direkte Quelle, um ihre Spiele zu monetarisieren. Hier bieten nicht nur die Spieler selbst, sondern auch Zuschauer attraktive Einnahmemöglichkeiten. Das reicht vom Ticketkauf für Live-Veranstaltungen bis hin zu Werbeerlösen, an denen die Publisher beteiligt werden (Ballhaus et al. 2017, S. 7).

12.2.6 Sponsoren

Etwa 30 % des prognostizierten Gesamtumsatzes von E-Sport im Jahr 2022 (1,4 Milliarden Euro; Weyßer und Zhang 2018, S. 9), wird dem Bereich Sponsoring zugerechnet. Daran zeigt sich, welch wichtige Bedeutung Sponsoren bzw. Partner verschiedener E-Sport-Organisationen innehaben. Die Sponsoren haben die Möglichkeit, von der Popularität der Clubs der beiden Bundesligen zu profitieren. Sich dabei auf das E-Sport-Engagement des jeweiligen Clubs zu fokussieren, bietet Unternehmen die Chance, eine junge, digitale Zielgruppe auf neuen Wegen zu aktivieren. Sponsoren, welche dem E-Sport natürlicherweise nahestehen wie Spiele- und Hardwarehersteller, sind im E-Sport aktuell stark vertreten und populär bei E-Sportlern sowie Zuschauern. Dennoch haben auch dem E-Sport eher entfernte Sponsoren diesen Bereich entdeckt, um sich als Unternehmen zu positionieren. Im zweiten Quartal 2017 hatten 42 % der Sponsoren keinen originären Bezug zum E-Sport (Weyßer und Zhang 2018, S. 7 f.). Hinsichtlich des E-Sport-Engagements der Clubs im deutschen Profifußball können Sponsoren und Partner eine signifikante Einnahmequelle darstellen. Hierbei können die Sponsoren u. a. als Trikotsponsor, Ausrüster oder Gesundheits- bzw. Ernährungspartner fungieren. Darüber hinaus ist auch das Namenssponsoring von Wettbewerben oder Ligen denkbar, wie es *EA Sports* und *TAG Heuer* mit der *Virtual Bundesliga* praktizieren (Weyßer und Zhang 2018, S. 10). Dass E-Sport ein relevantes Umfeld für Sponsorships bietet, wird unter anderem daran ersichtlich, dass Unternehmen wie beispielsweise *SAP*, *BMW*, *Vodafone*, *McDonald's*, *VISA*, *Red Bull*, *Logitech*, *Sennheiser* und *Microsoft* im E-Sport aktiv sind (Gerth 2018; Weyßer und Zhang 2018, S. 22).

12.3   E-Sport in der Bundesliga und der 2. Bundesliga

12.3.1 Methodisches Vorgehen

Für eine Analyse der Ist-Situation in den Clubs der Bundesliga und der 2. Bundesliga wurden die bereits vorhandenen Daten zum E-Sport analysiert und als Ansatz für Sekundärforschung gewählt. Als sekundärstatistische Quellen sind insbesondere Artikel – online und offline – bekannter Sportzeitschriften wie *Kicker* und *Sport Bild* gewählt worden. Beide Publikationsorgane berichten regelmäßig über das Thema E-Sport und verknüpfen diese Thematik häufig mit dem Profifußball. Bei der Analyse stand ein klarer Fokus auf die Sportart Fußball im Vordergrund der Auswahl der Sportzeitschriften. Sporartübergreifende Publikationen wie Veröffentlichungen des DOSB oder des BiSp wurden deshalb nicht mit einbezogen. Als weitere Quellen für die Sekundäranalyse dienten die offiziellen Websites sowie die Social-Media-Accounts der Clubs, auf denen sie ihre E-Sport-Aktivitäten dokumentieren, sofern sie im E-Sport aktiv sind. Vereinzelt sind Online-Artikel regionaler Zeitungen verwendet worden, um Daten zu generieren. Die Sammlung der Daten fand zwischen dem 20. Dezember 2018 und dem 16. Januar 2019 statt. Insgesamt wurden 52 Dateien in der Sekundäranalyse berücksichtigt. Auf der Basis der generierten Daten sind in einem induktiven Vorgehen zu jedem einzelnen Club 13 Kriterien (vgl. Tab. 12.1) entwickelt worden, um das E-Sport-Engagement der Clubs übersichtlich und fundiert darstellen zu können. Mithilfe der Kriterien konnten die Daten analysiert und dem jeweils passenden Kriterium zugeordnet werden. Im Rahmen der Sekundäranalyse hat es keine spezielle Reihenfolge hinsichtlich der Clubs gegeben. Auf Grundlage dieser zwölf Kriterien wurden in einem nächsten Schritt fünf Kategorien gebildet, um Gemeinsamkeiten und Unterschiede in einer Ist-Analyse klar abbilden zu können (Angerer et al. 2007, S. 250).

In einem zweiten Schritt wurden Experteninterviews mit vier Clubvertretern, einem Vertreter des ESBD und einem Sportwissenschaftler geführt. Zwischen dem 11. Januar und 14. Februar 2019 fanden drei der Gespräche als Face-to-Face-Interviews und die anderen drei in schriftlicher Form statt. Um den E-Sport im Kontext des deutschen Profifußballs möglichst facettenreich untersuchen zu können, war es relevant, Experten aus unterschiedlichen Bereichen auszuwählen. Zudem wurde bei der Auswahl darauf geachtet, dass mindestens ein Akteur interviewt wird, dessen Club zum Zeitpunkt der Untersuchung nicht im E-Sport aktiv war. Die im Rahmen der Interviews erhobenen Daten wurden nach der Transkription der Gespräche mittels der qualitativen Inhaltsanalyse nach Mayring (2015) ausgewertet.

12.3.2 Aktueller Stand in der Saison 2018/2019

Die Ist-Analyse hat ergeben, dass sich 22 von 36 Clubs (61 %) in der 1. und 2. Bundesliga im E-Sport engagieren – 13 Erst- und neun Zweitligisten. Auffällig ist, dass mit dem FC

Tab. 12.1 Bewertungskriterien für das E-Sport-Engagement

Kriterium	Erläuterung
Club	Dieses Kriterium bezieht sich auf die Fußball-Abteilung des jeweiligen Clubs, unabhängig von der Rechtsform (e. V., GmbH, GmbH & Co. KGaA, AG).
E-Sport-Engagement	Hier wird aufgezeigt, ob ein Club im E-Sport engagiert ist oder nicht. Ein E-Sport-Engagement wird darüber hinaus verneint, wenn der Stammverein einer ausgegliederten Kapitalgesellschaft ein E-Sport-Engagement ohne Bezug zur selbigen hat.
Verortung im Club	Dieses Kriterium gibt Auskunft darüber, welcher Abteilung im Club E-Sport zugeordnet ist, ob es eine eigene E-Sport-Abteilung gibt, ob die Organisation der E-Sport-Aktivitäten einem Partner obliegt oder ob E-Sportler ohne feste Einbindung in die Organisationsstruktur temporär für den Club an Wettbewerben teilnehmen.
Einstieg	Hiermit ist der offizielle Einstieg in den E-Sport gemeint. Eine Teilnahme an den der Playoffs der Virtual Bundesliga 2017/2018 mit einer Wildcard wird hier nicht als offizieller Einstieg eingestuft.
Partner & Sponsoren	Dieses Kriterium zeigt diejenigen Partner und Sponsoren, die sich spezifisch auf das E-Sport-Engagement des jeweiligen Clubs beziehen. Aufgeführt werden Partner und Sponsoren, die der Club offiziell als E-Sport-Partner bzw. -Sponsor deklariert oder die originär Bezug zum E-Sport haben.
Kommunizierte Ziele	Hier werden ein bis zwei von Clubseite formulierte Ziele aufgeführt, die mit dem Engagement im E-Sport angestrebt werden.
E-Sport-Agentur	Dieses Kriterium gibt Auskunft darüber, ob der jeweilige Club mit einer E-Sport-Agentur zusammenarbeitet. Ob die Spieler des Clubs von einer E-Sport-Agentur gemanagt werden, ist diesbezüglich nicht relevant. Wenn eine Agentur zum Start des E-Sport-Engagements mit dem Club kooperiert hat, aber aktuell nicht mehr Partner ist, wird die Agentur nicht genannt.
Anzahl E-Sportler	Dieses Kriterium bezieht sich auf die Anzahl der Spieler, die für den Club als Profis an E-Sport-Wettbewerben teilnehmen. Talente bzw. Nachwuchsspieler treten an dieser Stelle nicht auf und werden separat aufgeführt.
Plattformen	Hier wird dargestellt, auf welchen Plattformen die E-Sportler des jeweiligen Clubs aktiv sind (Playstation, Xbox, PC).
Spiele	Hier werden die Spiele für Konsolen (Playstation, Xbox) bzw. PC aufgeführt, die von E-Sportlern des jeweiligen Clubs kompetitiv betrieben werden.
Wettbewerbe	Hier wird dargestellt, an welchen Wettbewerben die E-Sportler für ihren Club teilnehmen.
Nachwuchsarbeit	Dieses Kriterium zeigt, ob und wie der jeweilige Club im E-Sport Nachwuchsarbeit betreibt. Eine E-Sport-Akademie wird hier genauso aufgeführt wie Scouting-Turniere, um lokale Talente zu entdecken. Zudem wird die Anzahl an Talenten bzw. Nachwuchsspielern aufgeführt, die (teilweise) für den Club an Wettbewerben teilnehmen.

(Fortsetzung)

Tab. 12.1   (Fortsetzung)

Kriterium	Erläuterung
Followers & Abonnenten Club bzw. E-Sportler	Hier werden die offiziellen E-Sport-Social-Media-Kanäle (Instagram, Twitter, Facebook, YouTube) der Clubs (bzw. strategischen Partner) bzw. der E-Sportler mit ihrer jeweiligen Reichweite (Followers/Abonnenten) aufgeführt. Die allgemeinen Social-Media-Kanäle der Clubs finden hier keine Berücksichtigung.

Bayern München und Borussia Dortmund die erfolgreichsten Clubs der noch laufenden Dekade nicht im E-Sport aktiv sind. Genau die Hälfte der Clubs (11) ist im Jahr 2018 offiziell in den E-Sport eingestiegen, die andere Hälfte in den Jahren 2015 (1), 2016 (1), 2017 (5) und 2019 (4). Welcher Abteilung E-Sport in den Clubs zugeordnet ist bzw. ob es eine eigenständige E-Sport- Abteilung gibt, ist sehr unterschiedlich. Während einige Clubs E-Sport zur Abteilung Marketing zählen, gehört es bei anderen zum Bereich Digitales. Bei fünf der 22 Clubs gibt es eine klar definierte E-Sport-Abteilung. Der FC Schalke 04 geht an dieser Stelle noch einen Schritt weiter und hat seine E-Sport-Aktivitäten in die FC Schalke 04 Esports GmbH ausgegliedert. Der 1. FC Köln und der SV Sandhausen haben beide jeweils einen strategischen Partner, der die E-Sportler für den Club zur Verfügung stellt.

Alle 22 Clubs haben die Fußballsimulation *FIFA 19* in ihrem Portfolio. Mit Ausnahme des FC Schalke 04 fokussieren sich alle Clubs ausschließlich auf das Spiel der Marke *EA Sports*, von dem in der 2018er-Version mehr als zwei Millionen Exemplare in Deutschland und über 24 Millionen weltweit verkauft wurden (Kräusche 2018). Hier zeigt sich die eindeutige Fokussierung auf den virtuellen Fußball. Der Fokus auf die digitale Adaption des eigentlichen Kernprodukts Fußball spiegelt sich auch darin wider, dass alle 22 Clubs in der Saison 2018/2019 an der von der DFL initiierten *Club Championship* der *Virtual Bundesliga* teilnehmen (Hebbel-Seeger und Siemers 2018, S. 55 f.). Bis auf wenige Ausnahmen nehmen die E-Sportler der Clubs auch an weiteren nationalen sowie internationalen *FIFA 19*-Wettbewerben teil. 20 der 22 Clubs (ca. 91 %) haben Sponsoren bzw. Partner, die explizit das E-Sport-Engagement des jeweiligen Clubs unterstützen. Darunter sind sowohl E-Sport nahe (z. B. *CORSAIR, Unitymedia, KONAMI*) als auch E-Sport ferne Sponsoren (u. a. *Audi, AOK, Fischer*). Bei den kommunizierten Zielen der Clubs bezüglich ihres E-Sport-Engagements, gibt es merkliche Parallelen, die ligaunabhängig zu beobachten sind. Das meistgenannte Ziel der Clubs besteht darin, eine junge und digitale Zielgruppe ansprechen zu wollen. Hinsichtlich dieses Ziels unterscheidet sich maximal das Wording („digitale Generation gezielt ansprechen", „Interaktion mit jungen Fans optimieren", „junge Zielgruppe erschließen"). Eine weitere, mehrfach genannte Absicht der Clubs ist es, den virtuellen Fußball mit dem realen Fußball zu verbinden und somit das Interesse an der digitalen Fußballwelt auf die Profimannschaft zu übertragen.

Dass die Clubs insbesondere im digitalen Bereich großes Potenzial sehen, impliziert die Tatsache, dass 17 der 22 Clubs eigene E-Sport-Social-Media-Kanäle verwalten. Darunter befinden sich 13 Clubs mit Accounts auf mindestens zwei verschiedenen Social-Media-Plattformen. Die Anzahl an Followers bzw. Abonnenten variiert dabei signifikant.

Das Spektrum reicht von unter 1000 (u. a. SG Eintracht Frankfurt, Hannover 96, Bayer 04 Leverkusen, FC Ingolstadt 04) bis hin zu erheblich mehr als 10.000 (u. a. FC Schalke 04, SV Werder Bremen, VfB Stuttgart, VfL Wolfsburg). Auch auf Spielerebene werden merkliche Unterschiede bezüglich der Anzahl an Follower deutlich. Bei mehreren Spielern liegt die Zahl unter 1000, andere wiederum erreichen mehr als 100.000 Personen via Social Media. Die ersten drei E-Sportler im Ranking mit den meisten Followern sind Tim Schwartmann vom FC Schalke 04 (288.796), Mirza Jahic vom 1. FC Köln/SK Gaming (231.689) und Cihan Yasarlar von RB Leipzig (186.363). Die aufgeführten Zahlen implizieren einerseits, dass das Interesse der E-Sport-Fans stärker personen- als vereinsbezogen ist. Andererseits muss berücksichtigt werden, dass viele Clubs erst wenige Monate eigene E-Sport-Social-Media-Kanäle betreiben. Insgesamt verdeutlichen die Ergebnisse der Sekundäranalyse, dass E-Sport für zahlreiche Clubs ein Bereich ist, den sie als relevant und zukunftsträchtig betrachten. Zudem deuten die verfolgten Ziele darauf hin, dass E-Sport als geeignetes Mittel empfunden wird, um Zielgruppen zu erreichen, die sich auf anderen Wegen schwieriger adressieren ließen.

Um Gemeinsamkeiten und Unterschiede hinsichtlich des E-Sport-Engagements der Clubs abzubilden, bietet es sich an, die Clubs in verschiedene Kategorien einzuteilen. In Abb. 12.1 sind die Kategorien A bis D dargestellt, die jeweils mindestens zwei Clubs enthalten und bestimmte Charakteristika aufweisen. Die Einteilung in die verschiedenen Kategorien ist basierend auf einem Vergleich der o. g. 13 Kriterien erfolgt.[1] Clubs ohne

Abb. 12.1 Kategorisierung der Clubs mit E-Sport-Engagement

---

[1] Bezüglich der Einteilung in die Kategorien bleibt festzuhalten, dass es insbesondere bei den Clubs der Kategorien B und C hinsichtlich der betrachteten Kriterien Überschneidungen gibt.

eine bisherige Aktivität im E-Sport sind nicht mit dargestellt, könnten demzufolge aber als eine weitere Kategorie verstanden werden. Auf die Kategorisierung in grafischer Form folgt eine genauere Beschreibung der einzelnen Kategorien.

In **Kategorie A** befinden sich sechs Clubs, in denen E-Sport bereits fest verankert und professionell in die Strukturen eingebunden ist. Sie bündeln die E-Sport- Aktivitäten in einer eigenen Abteilung. Fünf der sechs Clubs sind im Jahr 2017 oder früher offiziell in den E-Sport eingestiegen. Fast alle Clubs betreiben E-Sport- Social-Media-Kanäle, teilweise mit deutlich mehr als 10.000 Followers bzw. Abonnenten. Zudem haben alle Clubs in Kategorie A E-Sportler unter Vertrag, die im Spiel *FIFA* auf höchstem Niveau Erfolge gefeiert haben. Das spiegelt sich auch in der Follower-Zahl der E-Sportler wider, die kumuliert bei mehr als einer Million liegt.

Kategorie B besteht aus acht Clubs, die ihr E-Sport-Engagement einer bestehenden Abteilung (Marketing, Digitales) zugeordnet haben, ohne eine als solche deklarierte eigene Abteilung. Ein Teil der Clubs prüft, inwiefern Potenzial für eine eigenständige Abteilung gegeben ist. Die Clubs aus Kategorie B sind mit E-Sport-Accounts in den Social Media aktiv. Wie die Clubs der Kategorie A nehmen die E-Sportler sowohl an der *Virtual Bundesliga* als auch an weiteren *FIFA*- Wettbewerben teil.

In den Clubs der **Kategorie C** ist E-Sport überwiegend noch nicht fest verankert. Primär sind die Clubs daran interessiert, durch die Teilnahme an der *Virtual Bundesliga* Erfahrungen im E-Sport und somit insbesondere im virtuellen Fußball zu sammeln. Vier der sechs Clubs informieren ihre Followers/Abonnenten mithilfe eigener E-Sport-Accounts in den sozialen Medien über ihre Aktivitäten. Bei den E-Sportlern gibt es einen klaren Unterschied zu den Spielern der Kategorie A: Die E-Sportler hier verfügen über deutlich weniger Erfahrung im professionellen Bereich und wurden überwiegend bei lokalen Scouting-Turnieren gesichtet.

Kategorie D besteht aus zwei Clubs, die bei ihrem Einstieg in den E-Sport einen abweichenden Ansatz gewählt haben als die anderen Clubs. Der 1. FC Köln und der SV Sandhausen haben zum Start ihres E-Sport-Engagements strategische Partnerschaften mit der E-Sport-Organisation *SK Gaming* (Köln) und *eSport Rhein- Neckar*, der E-Sport-Abteilung des TSV Oftersheim (Sandhausen), abgeschlossen. Die Kooperationspartner stellen den Clubs ihre E-Sportler zur Verfügung, die für die Clubs an der *Virtual Bundesliga* und weiteren *FIFA*-Wettbewerben teilnehmen. Da *SK Gaming* und *eSport Rhein- Neckar* Accounts in verschiedenen Social Media haben, betreiben die Clubs keine eigenen E-Sport-Accounts. Sie nutzen die Reichweite und das Know-how ihrer strategischen Partner, um Erfahrungen im E-Sport zu sammeln.

12.3.3 Zukünftige Chancen und Risiken

Chancen
Eine **junge und digitale Zielgruppe** anzusprechen und zu erreichen, ist die wohl größte Chance, die mit einem E-Sport-Engagement verbunden ist. Das hängt zum einen damit

zusammen, dass die Menschen in der jungen Zielgruppe die Zukunft der Fans der Clubs darstellen. Wenn diese jungen Menschen nicht oder kaum erreicht werden, erhalten die Clubs nur bedingt ‚Fan-Nachwuchs'. Die Ergebnisse der Sekundäranalyse und die Aussagen der Experten sind eindeutig: E-Sport ist ein geeignetes Mittel für die Ansprache der jungen und digitalen Generation. Hier kann berechtigterweise darauf hingewiesen werden, dass abzuwarten bleibt, ob sich die Adressaten für den Club selbst und seine Kerntätigkeit (den traditionellen Fußball) interessieren oder ob ihr Interesse ausschließlich auf die E-Sport-Aktivitäten beschränkt sein wird. Obgleich an dieser Stelle berücksichtigt werden sollte, dass die Clubs auch dann von ihrem E-Sport-Engagement profitieren, wenn sich die Personen der adressierten Zielgruppe explizit auf die E-Sport-Aktivitäten fokussieren. Ohne diese würden viele junge, digital ausgerichtete Menschen den Club womöglich gar nicht oder nur peripher wahrnehmen.

Eine weitere Chance, die mithilfe der Experteninterviews identifiziert werden konnte, besteht darin, im Club einen **digitalen Kulturwandel** zu vollziehen. Erst- und Zweitligisten müssen sich zunehmend digitalisieren und ihren Fokus vermehrt auf digitale Themen lenken (Giulianotti und Robertson 2007). Ein E-Sport-Engagement kann dahingehend zu einem Kulturwandel beitragen, dass gewisse Schnittstellen mit anderen Bereichen bei den Themen Hardware, Software, Streaming und Social Media bestehen. Der E-Sport kann im Kontext der Digitalisierung im Club zwei verschiedene Funktionen einnehmen. Die Funktion ist dabei abhängig vom Entwicklungsstadium, in dem sich der jeweilige Club im Digitalbereich befindet. Einerseits können fortschrittlich digitalisierte Clubs E-Sport einfacher in ihre Aktivitäten integrieren und somit schneller von Synergieeffekten profitieren. Andererseits kann E-Sport in Clubs, die bei digitalen Themen noch am Anfang bei einer Etablierung innerhalb der Kommunikationsstrategie stehen, als Motor fungieren, um Veränderungen anzustoßen und bestimmte Aspekte früher zu berücksichtigen.

Eine weitere Chance für die Clubs besteht darin, dass aus ihrem E-Sport-Engagement **positive Markeneffekte** resultieren können. Die Marke wird auf der einen Seite durch ihr Engagement im E-Sport verjüngt und zusätzlich wird ihr eine digitale Facette hinzugefügt. Mit dem Club als Marke könnten im Zuge dieser Digitalisierung zusätzliche Attribute wie Modernität oder Innovation assoziiert werden. Die Marke könnte zusätzlich profitieren, dass Clubs, deren Profifußballer sportlich weniger Erfolg haben, bei E-Sport-Wettbewerben erfolgreich sind. Durch Errungenschaften im E-Sport erhält der Club mehr mediale Aufmerksamkeit und die Bekanntheit der Marke steigt. Die Ergebnisse der Experteninterviews decken sich mit den Ergebnissen der Sekundäranalyse dahingehend, dass gerade Clubs aus der 2. Bundesliga im E-Sport die Chance sehen, positive Effekte für die Marke zu erzielen. Ein Zweitligist, der normalerweise verhältnismäßig wenig Beachtung in der Sportöffentlichkeit erfährt, kann durch starke Leistungen bei Wettbewerben wie der *VBL Club Championship* auf sich aufmerksam machen und sportlich positive Schlagzeilen schreiben.

Einhergehend mit Markeneffekten profitieren Clubs auch im Sinne der zunehmenden Globalisierung vom E-Sport. **Internationalisierung** spielt heutzutage für Profitclubs eine bedeutsame Rolle und birgt diverse Chancen. Während einige deutsche Profitclubs bereits weltweit bekannt sind, gilt dieser Bereich für andere als Zukunftsstrategie, um langfristig konkurrenzfähig zu bleiben. Der E-Sport kann dahingehend die Bekanntheit der Clubs auf globaler Ebene steigern.

Ein weiterer Aspekt, der diskutiert werden sollte, ist die **Gewinnung neuer Sponsoren** mithilfe eines Engagements im E-Sport. Dieses ermöglicht die Ansprache von Unternehmen, die bisher nicht in Verbindung mit dem klassischen Fußball standen. Somit wächst der Pool potenzieller Sponsoren. Die Sekundäranalysen zeigen, dass zahlreiche Clubs neue Sponsoren spezifisch für ihr E-Sport-Engagement akquirieren konnten.[2]

Zudem haben einige Sponsoren ihre Aktivitäten auf den E-Sport-Bereich ihres Partners ausgeweitet. Hinzu kommt eine Intensivierung bestehender Partnerschaften, bei denen aktuelle Sponsoren auch im Rahmen der E-Sport-Aktivitäten aktiviert werden. Es zeigt sich, dass der E-Sport durchaus eine Option für zusätzliche Aktivierungen darstellt.

Eng verknüpft mit der Chance der Sponsorengewinnung ist die Möglichkeit, mithilfe eines E-Sport-Engagements zusätzliche **Erlösquellen** zu **erschließen**. Durch die Teilnahme an E-Sport-Wettbewerben und der Übertragungen eigener Spiele, werden neue mediale Rechte geschaffen, die von den Clubs veräußert werden können. Gerade hier besteht (analog zur Bundesliga) ein großes Potenzial. Hinzu kommt der Bereich des Merchandisings, der laut Aussage der Experten allerdings eher bei anderen Spieletiteln als *FIFA* von Bedeutung ist. Der Verkauf von Tickets an Fans, die ein virtuelles Fußballspiel live vor Ort und nicht über Streaming-Kanäle verfolgen wollen, stellt eine weitere Erlösquelle dar. Es ist zu erwarten, dass sich diese Bereiche in den nächsten Jahren zunehmend professionalisieren und ausweiten werden. Die Ergebnisse zeigen dennoch deutlich, dass die Clubs langfristige und strategische Ziele mi ihrem E-Sport-Engagement verfolgen.

Erfahrene E-Sportler können einen großen Mehrwert für die Clubs darstellen. Sie verfügen über ein breit gestreutes, internationales Netzwerk sowie internes Know-how, wovon auch andere Abteilungen innerhalb des Clubs profitieren können.

Risiken

Viele der Chancen bedeuten gleichzeitig auch Risiken für die Clubs. Die Digitalität des E-Sports kann zu **negativen Effekten für die Marke** führen. Zentral ist hier der Begriff des Markenkerns, der auch von mehreren Experten angesprochen wurde (vgl. z. B. Adjouri 2014). Dieser könnte durch ein Engagement im E-Sport digital verwässert oder zersetzt werden. Die Clubs sollten deshalb immer ihre Grundeinstellungen und Werte berücksichtigen, um wichtige Akteure (z. B. die Fans) nicht zu verlieren.

Des Weiteren müssen Clubs, die derzeit weniger erfolgreich im Fußballligabetrieb sind, individuell kritisch reflektieren, ob E-Sport als Ergänzung des Kernprodukts die richtige Strategie ist. Die Gefahr besteht, dass sich der E-Sport für den Club zur **Konkurrenz**

---

[2]Ob neue Sponsoren ausschließlich wegen der E-Sport Aktivitäten des Clubs gewonnen werden können, lässt sich allgemein schwer beurteilen und kann näherungsweise im speziellen Einzelfall ermittelt werden. Unternehmen, die eng mit digitalen Themen verknüpft sind, könnten über den E-Sport verstärkt mit Fußballclubs kooperieren.

gegenüber dem originären Geschäft – dem Fußball – entwickelt. Dies ist besonders relevant, da das Interesse von Fans im E-Sport weniger vereins- sondern vielmehr personenbezogen ist. Entsprechend ist die **Loyalität der Fans gegenüber dem Club** zumindest in Frage zu stellen. Eine klare Identifikation der jeweiligen E-Sportler mit dem Club in Form von Branding und persönlichen Auftritten ist entsprechend ratsam.

Da aktuell zahlreiche Clubs eher auf **Spieler ohne große Profierfahrung** setzen und lokale Talente in ihren Kadern haben, kann der Nutzen für die Clubs hinsichtlich eines Wissenszuwachses und von Netzwerkeffekten durchaus hinterfragt werden. Genau wie die Profifußballer eines Clubs sind auch die E-Sportler Markenbotschafter und Repräsentanten ihres Arbeitgebers. Wie die Ergebnisse der Experteninterviews zeigen, liegt der Fokus vieler E-Sport-Fans primär auf den Spielern selbst. Das deckt sich mit der Sekundäranalyse, die gezeigt hat, dass einige E-Sportler signifikant höhere Follower- und Abonnentenzahlen auf ihren sozialen Kanälen haben als die E-Sport-Social-Media-Accounts ihres Clubs.

Bezüglich der Sponsorenentwicklung wirkt E-Sport für manche Unternehmen stark polarisierend. Es besteht das Risiko, mit dem Einstieg ins E-Sport-Business bestehende Sponsoren zu verlieren. Dieser **Verlust von Sponsoren** könnte eintreten, wenn das Sponsorenportfolio des Clubs nicht zum E-Sport-Engagement passt. Darüber hinaus ist es denkbar, dass die obersten Entscheidungsträger einzelner Sponsoren eine persönliche Abneigung gegenüber E-Sport haben und somit auch den E-Sport-Aktivitäten bei ihrem Partner kritisch gegenüberstehen. Der Großteil der befragten Experten und auch die anhand der aus der Sekundäranalyse gewonnenen Erkenntnisse weisen darauf hin, dass die Clubs den Verlust von Sponsoren durch eigene E-Sport-Aktivitäten als eher geringes Risiko einstufen. Eine proaktive Kommunikation mit den Sponsoren sowie authentische Berücksichtigung der geäußerten Zweifel könnten dieses Risiko weiter vermindern.

Der Einstieg ins E-Sport-Business stellt ferner ein **finanzielles Risiko** für die Clubs dar. Die Clubs müssen in Infrastruktur, Technik, E-Sport-Agenturen, Management- und Spielerpersonal investieren. Das finanzielle Risiko wird dadurch gesteigert, dass zum aktuellen Zeitpunkt nicht vollständig geklärt ist, ob ein Wettbewerb wie die *VBL Club Championship* in der kommenden Saison erneut ausgetragen wird. Dass viele Clubs zunächst möglichst wenig Geld in ihre E-Sport-Aktivitäten investieren möchten, zeigt sich u. a. daran, dass einige es eher als Projekt betrachten. Dies äußert sich beispielsweise in geringen Personalkosten sowohl auf Organisations- sowie Spielerebene. Auch gibt es bisher nur sechs Clubs, die eigene E-Sport-Abteilungen eingerichtet haben (Kategorie A).

Die **fehlende Akzeptanz** des E-Sport-Engagements – intern wie extern – ist aus Sicht der Experten ein besonders hohes Risiko. Alle Befragten sind auf dieses Risiko eingegangen und haben deutlich gemacht, wie wichtig es ist, dass die E-Sport-Aktivitäten zunächst intern im Club und dann extern bei den unterschiedlichen Interessengruppen akzeptiert werden müssen. Die Akzeptanz ist in diesem Kontext stark von der Kommunikation abhängig. Es geht dabei vor allem um die Frage, wie das E-Sport-Engagement den Fans des Clubs vermittelt wird. Viele Fußballfans beschäftigen sich nicht oder wenig mit dem Thema E-Sport (Credico et al. 2018). Da in der öffentlichen Debatte über E-Sport in

Deutschland häufig Kritiker zu recht drastischen Aussagen neigen, ist E-Sport für viele der Fans eher negativ konnotiert (Nahar 2018). Die Fans wiederum spielen für die Akzeptanz eine elementare Rolle. Allerdings sollte hier berücksichtigt werden, dass der Unmut von Teilen der Fans wegen des E-Sport-Engagements ihres Clubs auch kurzfristigen Charakter haben kann und sich langfristig nicht negativ auf den Club auswirkt.

Eng verknüpft mit dem Risiko der fehlenden Akzeptanz sind die Begriffe **Inkonsequenz und Intransparenz**. Die Inkonsequenz bezieht sich dabei zum einen darauf, ob ein E-Sport-Engagement mit den Werten und Grundsätzen des Clubs vereinbar ist oder nicht. Zum anderen geht es für die Clubs darum, sich nicht einfach im E-Sport zu engagieren, weil andere Clubs im E-Sport aktiv werden. Sich also aus den falschen Gründen zu engagieren, spricht für inkonsequentes Verhalten. Wenn den Fans des Clubs nicht klar ist, aus welchen konkreten Gründen ihr Club sich im E-Sport engagiert, handelt er intransparent.

Das letzte Risiko, das hier diskutiert wird, bezieht sich auf den **Einfluss der Publisher**. Für die Clubs der 1. und 2. Bundesliga ist *Electronic Arts* mit seiner Marke *EA Sports* der bedeutendste Publisher, denn außer Schalke 04 nutzen alle Bundesligisten ausschließlich das Spiel *FIFA* von *EA Sports*. Anders als im Fußball kann im E-Sport der Publisher über die Modifikation von Regeln, die Änderung von Spielmodi und die Austragung bestimmter Wettbewerbe entscheiden. Daraus resultiert eine Abhängigkeit, die von den befragten Experten als durchaus gegeben betrachtet wird. In Bezug auf den virtuellen Fußball können leichte Veränderungen im Spiel oder das Außerachtlassen von Regeln, die im realen Fußball fest etabliert sind, dafür sorgen, dass das Spiel *FIFA* an Attraktivität verliert. Wenn die Clubs sich ausschließlich auf den virtuellen Fußball beschränken, kann sich das negativ auswirken. Grundsätzlich sollte hier berücksichtigt werden, dass die Kooperation von *EA Sports* mit dem Fußballweltverband *FIFA* und dem europäischen Fußballverband *UEFA* seit Jahren konstant besteht. Die Gefahr, dass die Fußballsimulation *FIFA* zeitnah eingestellt wird, ist als gering einzustufen.

Zusammenfassend wurden diverse Chancen und Risiken im Zusammenhang mit E-Sport im Profifußball identifiziert. Tab. 12.2 gibt einen Überblick über die erläuterten Entwicklungspotenziale.

Tab. 12.2 Zusammenfassung bezüglich der Chancen und Risiken eines E-Sport-Engagements

Chancen	Risiken
Erreichen einer jungen und digitalen Zielgruppe	Negative Effekte für die Marke der Clubs
Digitaler Kulturwandel der Clubs	(Möglicher) Verlust von Sponsoren
Markeneffekte der Clubs	Finanzielles Risiko
Internationalisierung	E-Sport als Konkurrenz zum Fußball
Gewinnung neuer Sponsoren	Loyalität der Fans
Generierung zusätzlicher Erlösquellen (mediale Rechte, Merchandising)	Fehlende Akzeptanz (durch Inkonsequenz und Intransparenz)
Erweiterung von Partnerschaften	
E-Sportler als Marketinginstrument	

12.4 Fazit und Ausblick

Es ist zu konstatieren, dass bei den Sportanimationen im deutschsprachigen Raum *FIFA* die größte Resonanz erreicht und seitens der DFL auch als wichtiger Bestandteil des E-Sport-Kosmos gesehen wird (Lange 2019). Auch wenn diese nicht annähernd an die Verbreitung der Wettkampfspiele herankommt, die auf das Töten, Zerstören und Erobern abheben, sind die sich in *FIFA* engagierenden Spieler eine reale Instanz (Schulke 2019). Die Darstellungen konnten zeigen, dass sich die Profifußballvereine der Bundesliga und der 2. Bundesliga dieser Instanz bewusst sind und diese – mit völlig unterschiedlichen Motivlagen – für sich nutzen. Der Fakt, dass sich der E-Sport in den letzten Jahren zunehmend professionalisiert hat und sich viele Analogien zum traditionellen Sport zeichnen lassen, wirkt entsprechend unterstützend. Die Chancen und Risiken, die mit der Förderung des E-Sport im eigenen Club einhergehen, werden von den Verantwortlichen durchaus gesehen, wenngleich sich auch eine E-Sport-Euphorie zeigt. Die Ergebnisse der Interviews deuten jedoch auch auf Prämissen der entscheidenden Akteure hin, die bei ihrem Engagement im E-Sport auf ein generisches Wachstum setzen (v.a. mit Blick auf die Investitionen). Dies wird insbesondere mit Blick auf die Passungsverhältnisse von objektiven Marktanforderungen (definiert durch die VBL) und subjektiven E-Sport-Konstruktionen in den einzelnen Clubs deutlich. Denn die Herausforderung für jeden einzelnen Club besteht darin, den Spagat zwischen dem Erhalt der traditionellen Werte (mit denen sich der Großteil der Mitglieder identifizieren) und dem Anschluss an einen Digitalitätsdiskurs im Sport zu schaffen. Der E-Sport steht dabei stellvertretend wie kein anderes Thema für den digitalen Wandel der Gesellschaft (Wendeborn et al. 2018).

Angesichts der drängenden Probleme im E-Sport (Wendeborn und Schulke 2019), ist das E-Sport-Engagement der Clubs jedoch auch mit der Verantwortung verbunden, entsprechende Präventionsarbeit zu leisten. Zwar konnten aktuelle Metaanalysen (Marker et al. 2019) das klassische Stereotyp des Zusammenhangs von Übergewicht, Fettleibigkeit und Videospiel nicht bestätigen (zumindest nicht für Kinder und Jugendliche), dennoch ist gegen weitere Problemfelder wie Spielsucht (WHO 2018), Geek-Zentrismus (Wendeborn et al. 2018) sowie Betrug (Matchfixing) vorzugehen. Herausforderungen können sich für die Clubs letztlich auch darin ergeben, die junge Zielgruppe mit ihrem Kernprodukt, dem realen Fußball, zu begeistern.

Literatur

Adam, S. & Hovemann, G. (2018). Auswirkungen der Corporate Governance auf die Internationalisierung von Sportclubs. *SCIAMUS – Sport und Management, 9*(1), 89–107.

Adam, S., Bauers, S. & Hovemann, G. (2019). Inevitable need for change – identifying and removing barriers to supporter participation in German professional football. *Sport in Society.* https://doi.org/10.1080/17430437.2019.1596082.

Adjouri, N. (2014). *Alles was Sie über Marken wissen müssen. Leitfaden für das erfolgreiche Management von Marken.* Wiesbaden: Gabler.

Angerer, T., Foscht, T. & Swoboda, B. (2007). Mixed Methods. In R. Buber & H. Holzmüller (Hrsg.), *Qualitative Marktforschung* (S. 247–259). Wiesbaden: Springer Gabler.

Ballhaus, W., Luchterhand, J., Prümm, L., Sagemüller, M., Weyßer, M. C. & Wilke, L. (2017). Digital Trend Outlook 2017: eSport – der Sport, der keiner sein darf?. Studie der PricewaterhouseCoopers GmbH Wirtschaftsprüfungsgesellschaft. https://www.pwc.de/de/technologie-medien-und-telekommunikation/digital-trend-outlook-2017-esport.pdf. Zugegriffen am 12.05.2019.

Begehr, J. (2016). Darum begeht Watzke einen folgenschweren Fehler. Online-Artikel. Welt online. https://www.welt.de/sport/fussball/article159668692/Darum-begeht-Watzke-einen-folgenschweren-Fehler.html. Zugegriffen am 17.03.2019.

Borggrefe, C. (2018). eSport gehört nicht unter das Dach des organisierten Sports. *German Journal of Exercise and Sport Research, 3*, 447–450.

Breuer, C., Wicker, P., Dallmeyer, S. & Ilgner, M. (2018). *Die Lebenssituation von Spitzensportlern und -sportlerinnen in Deutschland*. Bonn: Bundesinstitut für Sportwissenschaft.

Brüggemeier, F. J. (2006). Vom Randphänomen zum Massensport. *Informationen zur politischen Bildung, 290*, 381.

CDU, CSU & SPD. (2005). Gemeinsam für Deutschland mit Mut und Menschlichkeit. Koalitionsvertrag zwischen CDU, CSU und SPD. https://www.kas.de/c/document_library/get_file?uuid=16f196dd-0298-d416-0acb-954d2a6a9d8d&groupId=252038. Zugegriffen am 30.06.2019.

CDU, CSU & SPD. (2018). Ein neuer Aufbruch für Europa Eine neue Dynamik für Deutschland Ein neuer Zusammenhalt für unser Land. Koalitionsvertrag zwischen CDU, CSU und SPD. 19. Legislaturperiode. https://www.bundesregierung.de/resource/blob/974430/847984/5b8bc2359 0d4cb2892b31c987ad672b7/2018-03-14-koalitionsvertrag-data.pdf. Zugegriffen am 25.03.2022.

Credico, L., Esser, R., Grunewald, M., Lachmann, M., Rödelbronn, N. & Wintgens, G. (2018). Continue to Play – Der deutsche eSports-Markt in der Analyse. Studie von Deloitte. https://www.deloitte-mail.de/custloads/141631293/md_1473667.pdf. Zugegriffen am 14.04.2019.

Deloitte Sports Business Group. (2018). Durchschnittliche Zuschauerzahlen in den europäischen „Big Five"-Ligen von 2001/02 bis 2017/18. Statista. https://de.statista.com/statistik/daten/studie/12292/umfrage/zuschauerzahlen-in-den-groessten-europaeischen-fussballligen/. Zugegriffen am 15.04.2019.

DFB. (2018a). Mitglieder-Statistik 2018. Offizielle Website des DFB. https://www.dfb.de/verbandsstruktur/mitglieder/. Zugegriffen am 27.03.2019.

DFB. (2018b). DFB definiert einheitliche Linie zum Thema E-Soccer. Offizielle Homepage des DFB. https://www.dfb.de/news/detail/dfb-definiert-einheitliche-linie-zum-thema-e-soccer-185431/. Zugegriffen am 25.03.2019.

DFB. (2019). DFB nominiert erste eNationalmannschaft. Offizielle Homepage des DFB. https://www.dfb.de/news/detail/dfb-nominiert-erste-enationalmannschaft-200457/. Zugegriffen am 02.04.2019.

DFL. (2018a). DFL intensifies eSport activities: New competition planned for clubs of the Bundesliga and Bundesliga 2. Offizielle Homepage der DFL. https://www.dfl.de/en/news/dfl-to-launch-german-efootball-club-championship-in-january-2/. Zugegriffen am 21.05.2019.

DFL. (2018b). Struktur der DFL. Offizielle Homepage der DFL. https://www.dfl.de/de/ueber-uns/deutsche-fussball-liga-gmbh/struktur-der-dfl-deutsche-fussball-liga-gmbh/. Zugegriffen am 25.01.2019.

DFL. (2018c). EA Sports FIFA 19: Die Virtual Bundesliga startet im Dezember in die neue Saison!. Offizielle Homepage der Virtual Bundesliga. https://virtual.bundesliga.com/artikel/ea-sports-fifa-19-die-virtual-bundesliga-startet-im-dezember-in-die-neue-saison/. Zugegriffen am 16.01.2019.

DFL. (2018d). Teilnahme an den VBL 19 Online-Turnieren. Offizielle Homepage der Virtual Bundesliga. https://virtual.bundesliga.com/startseite/. Zugegriffen am 17.01.2019.

DFL. (2018e). VBL Club Championship startet mit 22 Clubs aus der Bundesliga und 2. Bundesliga. Offizielle Homepage der Virtual Bundesliga. https://virtual.bundesliga.com/artikel/vbl-club-championship-startet-mit-22-clubs-aus-der-bundesliga-und-2-bundesliga/. Zugegriffen am 17.01.2019.

DFL. (2019). DFL Wirtschaftsreport 2019. Veröffentlichung der DFL. https://www.dfl.de/wp-content/uploads/sites/2/2019/02/DFL_Wirtschaftsreport_2019_DE_M.pdf. Zugegriffen am 13.02.2019.

DWDL.de GmbH. (2018). Ranking der Spiele bei der Fußball-Weltmeisterschaft 2018 in Russland mit den meisten Fernsehzuschauern in Deutschland. Statista. https://de.statista.com/statistik/daten/studie/871890/umfrage/spiele-bei-der-fussball-wm-in-russland-mit-den-hoechsten-tv-quoten/. Zugegriffen am 22.01.2019.

ESBD. (2018). eSport in Deutschland 2018 – Strukturen, Herausforderungen und Positionen. Publikation des ESBD. https://esportbund.de/wp-content/uploads/2018/08/eSport_in_Deutschland_2018_ESBD.pdf. Zugegriffen am 13.01.2019.

eSportsReputation GmbH. (2018). Über uns. Homepage von eSportsReputation. http://esportsreputation.com. Zugegriffen am 20.01.2019.

Gerth, R. (2018). Studie: Das sind die bekanntesten eSport-Sponsoren. Online-Artikel. SPONSORs online. https://www.sponsors.de/news/sponsoring/studie-das-sind-die-bekanntesten-esport-sponsoren. Zugegriffen am 07.01.2019.

Giulianotti, R. & Robertson, R. (2007). *Globalization and Sport*. Malden: Wiley-Blackwell.

Göns, H. van. (2018). Darum will Uli Hoeneß keinen eSports. Online-Artikel. Sport1 online. https://www.sport1.de/esports/2018/6/fc-bayern-uli-hoeness-stoppt-millionenschwere-esports-plaene. Zugegriffen am 22.01.2019.

Hebbel-Seeger, A. & Siemers, L. (2018). eSport im Profi-Fußball der DFL – Zu Erwartungen, Zielen und Markeneinfluss. *Sciamus – Sport und Management, 3*(9), 42–58.

Kleinmann, P. (2019). Mehr als eine Spielerei. *Kicker-Sportmagazin, 8*, 86–87.

Kräusche, H. (2018). 24 Millionen Verkäufe: FIFA 18 beliebtester Teil der Reihe. Online-Artikel. Kicker eSport. http://esport.kicker.de/esport/fifa/731175/artikel_24-millionen-verkaeufe_fifa-18-beliebtester-teil-der-reihe.html. Zugegriffen am 15.01.2019.

Kräusche, H. (2019). „Wir sind im eSport noch auf Kreisliganiveau". Online-Artikel. Kicker eSport. http://esport.kicker.de/esport/home/743027/artikel_wir-sind-im-esport-noch-auf-kreisliganiveau.html. Zugegriffen am 23.02.2019.

Kreft, D. & Milewski, M. (2018). Alarm auf dem Transfermarkt. *eSport – Sonderheft von Sport Bild & Computer Bild, 01*, 96–97.

Lagardère Sports Germany GmbH. (2019). Esports. Offizielle Website von Lagardère Sports Germany. http://de.lagardere-se.com/#/de/sportrights/sports/esport. Zugegriffen am 20.01.2019.

Lange, N. (2019). DOSB: Virtuelle Sportarten – „Mittel zum Zweck".- In: Kicker eSport. http://esport.kicker.de/esport/home/742858/artikel_dosb_virtuelle-sportarten---mittel-zumzweck. Zugegriffen am 23.02.2019.

Marker, C., Gnambs, T. & Appel, M. (2019). Exploring the myth of the chubby gamer: A meta-analysis on sedentary video gaming and body mass. *Social Science and Medicine*. https://doi.org/10.1016/j.socscimed.2019.05.030. Zugegriffen am 09.06.2019.

Mayring, P. (2015). *Qualitative Inhaltsanalyse – Grundlagen und Techniken* (12. Aufl.). Weinheim/Basel: Beltz.

Milewski, M. (2018a). DFB steigt in virtuellen Fußball ein. Online-Artikel. Sport Bild online. https://sportbild.bild.de/fifa-19/2018/e-sport/dfb-einstieg-esoccer-grindel-versprechen-bedingung-satzung-57220450.sport.html. Zugegriffen am 02.02.2019.

Milewski, M. (2018b). So funktioniert die Klub-Meisterschaft der DFL. Online-Artikel. Sport Bild on-line. https://sportbild.bild.de/sportmix/fifa-19/e-sport/esport-fifa-klub-meisterschaft-dfl-57976298.sport.html. Zugegriffen am 16.01.2019.

Milewski, M. (2018c). ProSieben Maxx sichert sich VBL TV-Rechte. Online-Artikel. Sport Bild online. https://sportbild.bild.de/fifa-19/2018/e-sport/prosiebenmaxxtv-rechtefifa19-59137386.sport.html. Zugegriffen am 16.01.2019.

Mittweg, C. (2017a). „eSport ist Sport vor dem Bildschirm". Online-Artikel. Kicker eSport. http://esport.kicker.de/esport/mehresport/711217/artikel_esport-ist-sport-vor-dem-bildschirm.html. Zugegriffen am 15.01.2019.

Mittweg, C. (2017b). 16 Stunden Training am Tag – ein eSport-Profi berichtet. Online-Artikel. Kicker eSport. Verfügbar unter: http://esport.kicker.de/esport/lol/701734/artikel_16-stunden-training-am-tag%2D%2D-ein-esport-profi-berichtet.html?ddt=1. Zugegriffen am 21.01.2019.

Mittweg, C. (2019). DFB präsentiert eNationalmannschaft Ende März. Online-Artikel. Kicker eSport. https://esport.kicker.de/esport/fifa/events/745205/artikel_dfb-praesentiert-enationalmannschaft-ende-maerz.html. Zugegriffen am 24.03.2019.

Möthe, A. (2018). Franchise-Liga für „League of Legends" kommt – Schalke steigt mit Millionen-betrag ein. Online-Artikel. Handelsblatt online. https://www.handelsblatt.com/unternehmen/it-medien/e-sport-franchise-liga-fuer-league-of-legends-kommt-schalke-steigt-mit-millionenbe-trag-ein/23252668.html. Zugegriffen am 21.01.2019.

Nahar, C. (2018). Protest gegen eSport in der Schweiz. Online-Artikel. Sportschau online. https://www.sportschau.de/fussball/international/schweiz-esport-protest-bern-basel-100.html.   Zu-gegriffen am 28.05.2019.

Schmidt, S. (2017). eSport und Fußball: Voneinander lernen. Online-Artikel. SPONSORs online. https://www.sponsors.de/news/fussball/esport-und-fussball-voneinander-lernen. Zugegriffen am 19.01.2019.

Schulke, H. J. (2019). Zum Wa(h)ren Wert des Sports. Sportliche Organisationspolitik zum eSport zwischen sprachlicher Verwirrung, ökonomischen Interessen und politischer PR. In A. Schneider & T. Wendeborn (Hrsg.), *eSport – ignorieren oder integrieren?!* (S. 24–101). Wiesbaden: Springer VS.

Schulke, H. J. & Wendeborn, T. (2018). Aufklärung, was sonst!? Das Märchen vom E-Sport. *Zeit-schrift SportZeiten, 18*(3), 7–32.

Schürmann, V. (2018). Sie nennen es Sport. Frankfurter Allgemeine Zeitung. https://bit.ly/2NkrQse. Zugegriffen am 29.06.2019.

Schütz, M. (2016). Sportwissenschaftler: eSports-Profis sind wahre Athleten. Online-Artikel. Deut-sche Welle online. https://www.dw.com/de/sportwissenschaftler-esports-profis-sind-wahre-athleten/a-19011581. Zugegriffen am 05.01.2019.

Senaux, B. (2008). A stakeholder approach to football governance. *International Journal of Sport Management and Marketing, 4*(1), 4–17.

Spreen, D. (2015). *Upgradekultur: Der Körper in der Enhancement-Gesellschaft.* Bielefeld: transcript.

STARK eSports GmbH. (2018). About STARK eSports. Website von STARK eSports. https://www.starkesports.com. Zugegriffen am 20.01.2019.

Ströh, J. (2017). *The eSports Market and eSports Sponsoring.* Marburg: Tectum.

Wendeborn, T. & Schulke, H. J. (2019). eSport als intermediäre Realität – Fakt oder Fiktion?! *FdSnow. Fachzeitschrift für den Skisport, 37*(54), 52–65.

Wendeborn, T., Schulke, H. J. & Schneider, A. (2018). eSport: Vom Präfix zum Thema für den orga-nisierten Sport!? *German Journal of Exercise and Sport Research, 3,* 451–455.

Weyßer, M. C. & Zhang, S. (2018). Digital Trend Outlook 2018: eSport – Warten auf die Revolu-
    tion?. Studie der PricewaterhouseCoopers GmbH Wirtschaftsprüfungsgesellschaft. https://www.
    pwc.de/de/technologie-medien-und-telekommunikation/pwc-esport2018-stimme-der-nutzer-
    ergebnisse.pdf. Zugegriffen am 05.01.2019.
WHO. (2018). ICD-11 beta draft – Mortality and morbidity statistics. Mental, behavioural or neuro
    developmental disorders. https://icd.who.int. Zugegriffen am 07.06.2019.
Ziegler, L. (2018). Der Traum vom eSports-Profi. Online-Artikel. Sport1 online. https://www.sport1.
    de/esports/2018/09/esports-profi-die-0-1-prozent-wenn-gaming-zum-beruf-wird.   Zugegriffen
    am 03.01.2019.

Sexismus im E-Sport – ein Interview mit Marlies „Maestra" Brunnhofer

13

Daniel Görlich

Zusammenfassung

Marlies Brunnhofer, geb. 1996 in Österreich, gehört zu den erfolgreichsten Frauen im europäischen E-Sport. Zu Beginn ihrer Karriere spielte sie in all-female Teams und siegte auf internationalen Turnieren, beispielsweise dem GirlGamer Festival 2018. Mit 22 Jahren spielte Marlies in einem fünfköpfigen Frauenteam für die Marke Movistar des spanischen Telekommunikationsanbieters Telefónica (2018–2020). Anfang 2020 wechselte sie schließlich auf die deutschsprachige gemischte Szene und spielte bei „RULE" (ehemals „Aequilibritas eSports") als einzige Frau in der ersten Division der Prime League. 2020 schloss sie ihr Psychologie-Studium und ihre aktive Spielerkarriere ab. Hauptberuflich ist sie nun Psychologin in einem neurologischen Krankenhaus. In ihrem damaligen Team, „Austrian Force", wechselte Marlies in die Rolle einer Analystin und Managerin und betreut nun selbst E-Sportler. Sie hat den E-Sport also aus den verschiedensten Perspektiven erlebt, mit vielen positiven wie auch einigen seiner Schattenseiten, unter anderem von seinen Schwächen im Umgang mit Frauen bis hin zu offenem Sexismus. In diesem Interview liefert Marlies nicht nur wissenschaftliche Erkenntnisse und Fakten, sondern auch persönliche Einblicke und eigene Erfahrungen mit dem Thema Sexismus im E-Sport.

D. Görlich (✉)
SRH Hochschule Heidelberg, Heidelberg, Deutschland
E-Mail: daniel.goerlich@srh.de

Liebe Marlies, wann hast Du Deinen Ingame-Namen Maestra gewählt? Warum und wie kamst Du zu ihm? Was möchtest Du der Welt mit diesem Namen sagen?

Der Name „Maestra" stammt eigentlich gar nicht aus meiner Feder. Mein damaliger Freund, der mich überhaupt erst zu League of Legends gebracht hat, wollte uns gemeinsame neue Accounts anlegen, um mir das Spiel beizubringen. Daraufhin hat er die Namen Maestro für ihn und Maestra für mich vorgeschlagen. Das bedeutet auf Deutsch „Meisterin" und beschreibt wohl meinen Ehrgeiz, auf das Spiel bezogen, ganz gut. Seitdem bin ich bei diesem Namen geblieben!

Dein Vater hat Dir Videospiele schon gezeigt, als Du noch sehr jung warst, so fünf oder sechs Jahre. Anders als manch andere Kinder und Jugendliche haben Dich Videospiele aber scheinbar nicht von Anfang an begleitet und begeistert. Erst mit 15 Jahren begannst Du, erst mal nur zum Vergnügen, League of Legends zu spielen. Woher kam dann plötzlich Dein Interesse? Wieso war es vorher nicht vorhanden?

Das stimmt, mein Vater hat mir schon sehr jung erste Videospiele gezeigt, da er selbst begeisterter Gamer ist. Mein erstes Spiel, das mich sehr geprägt hat, war Tomb Raider. Davon habe ich nun alle Teile durch und freue mich immer wieder, wenn ein neuer Teil herauskommt! Tomb Raider ist allerdings ein Single-Player-Spiel, in dem es nicht darum geht, sich mit anderen SpielerInnen zu messen. Man fokussiert sich dabei auf die Story, auf die Rätsel, etc. Kompetitive Videospiele haben mich damals noch nicht interessiert. Erst als mir League of Legends und vor allem die E-Sport-Szene in League of Legends gezeigt wurden, wurde mein Interesse geweckt. Ich habe nämlich zuerst versucht, das Spiel selbst zu spielen, wobei ich so gut wie nichts davon verstanden habe. Dann habe ich einige Monate lang die kompetitiven Matches der damaligen EU- und NA-LCS geschaut und dabei viel über das Spiel gelernt. Erst danach habe ich es selbst erneut angefasst und konnte mich gut zurechtfinden.

Es gibt momentan in fast keinem E-Sport-Titel Frauen an der Spitze. Weshalb ist das so?

Das ist natürlich eine komplexe Frage, die man nicht wirklich mit definitiven Antworten begründen kann. Ich kann daher nur versuchen, meine persönliche Erfahrung mit meinem psychologischen Hintergrund und wissenschaftlichen Fakten zu kombinieren und mögliche Erklärungsansätze zu finden.

Zum einen ist es so, dass generell weniger Frauen kompetitive Videospiele spielen als Männer. Studien der Entertainment Software Association (2020) sprechen zwar von einem Spielerinnenanteil von 41 % in den USA, fanden jedoch auch heraus, dass Frauen eher Casual Games an Smartphones bevorzugen, während Männer lieber Shooter und Adventure Games spielen. Der Frauenanteil in kompetitiven Spielen wie Sportsimulationen, taktischen Shootern und MOBAs beläuft sich auf 2–10 % (Quantic Foundry 2017). Um semiprofessionell oder höher zu spielen, muss man in League of Legends geschätzt zumindest zu den Top 0,5 % aller SpielerInnen gehören. Somit gibt es nur eine ziemlich eingeschränkte Anzahl an Spielerinnen, die das Spiel überhaupt spielen und gut genug wären, (semi)professionell zu spielen.

Von denjenigen Frauen, die diese Kriterien doch erfüllen, gibt es meiner persönlichen Einschätzung nach noch viel weniger Frauen, die überhaupt kompetitiv spielen wollen. Dies ist wohl der komplexeste Punkt, da sehr viele Variablen einen Einfluss darauf haben können. Zum einen ist es generell so, dass Männer Wettbewerbssituationen suchen, während Frauen diese eher meiden (Niederle und Vesterlund 2007). Diese Erkenntnis deckt sich auch mit meiner persönlichen Erfahrung: Viele Frauen, die ich im Videospielkontext kennengelernt habe, spielen viel lieber entspannt mit Freunden, um gemeinsam Spaß zu haben, als sich stressigen Wettbewerbssituationen zu stellen. Diejenigen Spielerinnen, die sich allerdings gerne mit anderen messen, sind auch in semiprofessionellen Ligen vertreten. Es gibt jedoch nur eine Handvoll Spielerinnen, die wirklich den Schritt wagen, sich ausschließlich ihrer Spielerinnenkarriere zu widmen, was nötig ist, wenn man in den höchsten Ligen spielen will. Meiner Erfahrung nach sind nur einzelne Spielerinnen dazu bereit, den Großteil ihrer Freizeit zu opfern, um überhaupt die Chance zu haben, potenziell ganz oben mitzuspielen.

Ein anderer Punkt, warum vielleicht einige Frauen nicht diesen Schritt wagen, sind die sogenannten Female-Turniere, in denen ich selbst einige Jahre lang aktiv gespielt habe. Das sind Turniere, in denen reine Frauenteams gegeneinander antreten. Innerhalb der letzten Jahre haben immer mehr E-Sport-Organisationen reine Frauenteams unter Vertrag genommen. Die Gehälter in den besseren Frauenteams sind meist höher als z. B. in First Division Teams der Prime League (gemischte Teams), obwohl man in First Division Teams viel bessere Leistung erbringen muss und einen höheren wöchentlichen Zeitaufwand hat. Somit ist es für viele Spielerinnen in Frauenteams nicht lukrativ, das Risiko einzugehen, in die gemischte Szene zu wechseln und dann weniger zu verdienen als in Female Teams. Zudem genießt man in den Female Teams den Status, zu den besten zu gehören, während man in den gemischten Teams auf viel mehr Konkurrenz trifft. Ein weiterer Punkt ist auch, dass sich die Spielerinnen in den Female Teams wohlfühlen, da sie unter ihresgleichen sind. Ein Wechsel in ein gemischtes Team würde bedeuten, dass man quasi der „Sonderfall" wäre, auf den alle Augen gerichtet wären und der besonders viele Kommentare auf Social Media und im Twitch-Chat hervorriefe – positive wie negative.

Darüber, wann Mädchen und wann Jungen mit Videospielen beginnen, gibt es noch zu wenige Daten. Würdest Du sagen, dass Mädchen eher später dieses Hobby für sich entdecken als Jungs? Ist das für eine spätere Karriere im E-Sport ein entscheidender Nachteil?

Laut einer Studie von Phan, Jardina, Hoyle und Chaparro (2012) beginnen männliche Gamer durchschnittlich im Alter von ca. 7 Jahren mit Videospielen, während Gamerinnen im Alter von 9 Jahren anfangen. Ich denke nicht, dass dies einen großen Unterschied für eine spätere Karriere im E-Sport macht. Wenn man allerdings erst im Teenager-Alter oder später erste Berührungspunkte mit Videospielen hat, fehlt einem ein gewisses Grund-Spielverständnis, das andere GamerInnen vielleicht schon in jüngeren Jahren erworben haben, und wird deshalb wahrscheinlich länger brauchen, um ein vergleichbares Level zu erreichen. Ich kenne beispielsweise SpielerInnen, die schon in jungen Jahren Erfahrungen mit anderen Spielen und speziell mit demselben Genre wie League of Legends, also MOBAs, gemacht haben. Von denen haben es einige geschafft, schon nach zwei Jahren zu den besten in der Rangliste zu gehören. Bei mir hat das ca. sechs Jahre gedauert.

Wie bist Du denn damals zu Deinem ersten Team gekommen?

Im E-Sport ist es generell üblich, dass die Teamsuche online, vor allem auf Social Media stattfindet. Damals war ich in einigen League-of-Legends-Facebook-Gruppen, darunter z. B. einer Gruppe für österreichische SpielerInnen. Mein erstes Team habe ich durch eine Gruppe rein für Spielerinnen gefunden. Dort hat ein Team nach meiner Rolle, also einem Support, gesucht; daraufhin habe ich mich beworben, habe einige Testspiele (Tryouts) absolviert und wurde dann Teil des Teams.

Wie war anschließend Dein Werdegang im E-Sport und was waren wichtige Meilensteine für Dich?

Zu Beginn, in meinem ersten Team, habe ich mit meinen Kolleginnen ausschließlich online trainiert und kommuniziert, da wir alle in unterschiedlichen europäischen Ländern wohnten. Im August 2016 trafen wir uns dann das erste Mal auf der Gamescom in Köln, als wir dort von unserer damaligen Organisation „Team Expert" vorgestellt wurden. Es war ein sehr schönes Erlebnis, dort die Strukturen einer Organisation und natürlich meine Teamkolleginnen persönlich kennenzulernen! 2017 flogen wir zu unserem ersten großen Turnier nach Macau, wo wir den dritten Platz erreichen konnten.

Anfang 2018 wurden wir dann von der spanischen Organisation „Movistar Riders" unter Vertrag genommen, wo wir zuerst noch unter unserem eigenen Teamnamen „Zombie Unicorns" spielten. Dies war mit Abstand die professionellste Organisation in meiner Karriere, wo wir z. B. einen Sportpsychologen, einen Physiotherapeuten und viele weitere Ressourcen in Anspruch nehmen konnten. Im selben Jahr konnten wir dann auch das GirlGamer E-Sport-Festival in Portugal gewinnen. Danach gingen wir komplett zu „Movistar Riders" über und spielten von da an auch unter ihrem Namen.

Im Januar 2020 habe ich dann für mich entschieden, von der Frauenszene auf die „normale", d. h. die gemischte Szene zu wechseln, und habe bei „RULE" (ehemals „Aequilibritas eSports") in der ersten Division der Prime League (Liga für den deutschsprachigen Raum) gespielt. Im Sommer 2020 bin ich zu „Austrian Force" gegangen, wo ich noch einen Split in der Prime League gespielt habe und dann in den Trainerstab gewechselt bin. In dieser Organisation bin ich auch heute noch als Analystin und Managerin tätig und sehr glücklich darüber, Teams nun aus dem Hintergrund unterstützen zu können.

Kannst Du uns von Deiner Zeit in den Frauenteams berichten?

Wenn ich zurückdenke an die Zeit in den Frauenteams werde ich schon ein bisschen nostalgisch. Wir hatten z. B. bei „Movistar Riders" einige Bootcamps (Trainingslager) in ihren Headquarters in Madrid, um uns auf Turniere vorzubereiten. Dort lebten wir in einem Gaming-House und fuhren tagsüber in das „Movistar eSports Center" – ein Trainingscenter für alle Teams sowie Büros für die MitarbeiterInnen, eine Bühne für Videoproduktionen, etc. Diese Zeit haben meine damaligen Teamkolleginnen und ich sehr

genossen, da wir uns als Teil einer sehr professionellen Struktur fühlten. Auch die Turniere, die auf der ganzen Welt stattfanden, waren eine ganz besondere Zeit. Generell
sind die Teams in der Frauenszene meiner Erfahrung nach enger zusammengeschweißt
als gemischte Teams, da Frauenteams oftmals länger bestehen bleiben als nur für einen
Split. Auch der Umgang im Team war ein „liebevollerer" als in gemischten Teams, in
denen es oft ein bisschen gröber zugeht. Allerdings werden Probleme in Frauenteams
aus meiner Sicht weniger direkt angesprochen, sondern die Spielerinnen suchen als
erste Instanz eher einen Coach auf, der dann als Mediator fungiert. In meinen bisherigen gemischten Teams wurden Probleme fast immer auf direktem Weg gelöst.

**Auch im Erwachsenenalter und im professionellen E-Sport gibt es diesen häufigen
Sexismus-Vorwurf, der E-Sport brauche Frauen nur für bessere Werbung. Ist das
so? Wie hast Du das erlebt?**

In meiner Zeit in den Frauenteams habe ich das auch bis zu einem gewissen Grad erlebt.
Es ist natürlich klar, dass vor allem in professionellen Teams SpielerInnen auch als
Werbefigur auftreten und Interviews, Videoproduktionen und dergleichen fester Bestandteil des Berufs sind. Dennoch hatte ich in ziemlich allen meinen Organisationen,
in denen ich mit einem Frauenteam gespielt habe, das Gefühl, hauptsächlich eine Werbefigur darzustellen. Es gab z. B. mehr Foto- und Videoshootings, Interviews und
Social-Media-Beiträge ohne konkreten Spielbezug von uns als von den anderen, gemischten Teams der gleichen Organisation. In einer Organisation wurde auch offen
kommuniziert, dass unsere Rolle eher der von „Markenbotschafterinnen" entspräche,
damit die Organisation ein besseres Image vor Sponsoren präsentieren kann. All dies
klingt eher negativ, dennoch muss man auch bedenken, dass wir dafür Gegenleistungen
(Gehalt, Bootcamps u. a.) erhalten haben, die männliche Spieler mit der gleichen Leistung nicht bekommen hätten. In meinen gemischten Teams hatte ich allerdings nicht
das Gefühl, für Werbung „ausgenutzt" zu werden, sondern aufgrund meiner Leistung
bezahlt zu werden.

**Schon während dieser Zeit hast Du eine Reihe negativer Erfahrungen mit Sexismus
gemacht: Beschimpfungen, ausgelacht zu werden, Beleidigungen. Wie verbreitet
und wie schlimm ist Sexismus in Online-Videospielen?**

Grundsätzlich kommt es schon häufiger vor, dass so manche sexistische Beleidigung während oder nach einem Spiel fällt. Das habe ich bisher aber nur online erlebt – meist,
wenn MitspielerInnen anhand meines Namens darauf schließen, dass ich eine Frau bin,
und ich gerade im Spiel schlecht performe. SpielerInnen verstecken sich dann hinter
dem Schleier ihrer Anonymität und versuchen anhand des Namens anderer MitspielerInnen Informationen aufzugreifen und ihre Beleidigung quasi „persönlicher" zu gestalten. Schließt der Name auf eine Frau, liest man z. B. vereinzelt „fat boosted egirl" – auf
Deutsch sinngemäß „übergewichtiges Mädchen, das Videospiele nur spielt, um Aufmerksamkeit auf sich zu ziehen und seinen Rang im Spiel nicht selbst erarbeitet hat".
Schließt der Name auf eine Herkunft, wird aber auch das aufgegriffen und als rassisti-
sche Beleidigung umgeformt. Generell ist die Umgebung in Videospielen eine ziemlich

toxische – viel mehr noch in Spielen, in denen man mit seiner Stimme in Echtzeit kommuniziert und nicht nur einen Textchat hat.

Warum hast Du Dich Anfang 2020 für einen Wechsel entschieden? Was war anders im gemischten Team im Vergleich zu Frauenteams? Du hattest in einem anderen Interview einmal gesagt, reine Frauenteams seien Segen und Fluch zugleich. Was hast Du damit gemeint und siehst Du das heute noch immer so?

Ich habe mich für den Wechsel entschieden, da ich in den Frauenteams an einem Punkt angekommen war, an dem ich mich nicht mehr wirklich verbessern konnte. Dies lag an dem Niveau der Frauenszene, das sich zwar stetig verbessert, aber dennoch ziemlich weit entfernt ist vom Niveau der gemischten und der männlichen Teams. Deshalb musste ich mich dann entscheiden zwischen besserem Gehalt in der Frauenszene oder mehr Chancen auf Verbesserung in der gemischten Szene und habe mich schließlich für Letzteres entschieden. Dies verdeutlich vielleicht auch ein bisschen, was ich mit Segen und Fluch gemeint habe: Segen, da man dort als Frau einen guten Einstieg in die kompetitive Szene findet und viele exklusive Vorteile genießt, wie z. B. Gehalt und weltweite Reisen; Fluch, da aufgrund dieser Vorteile nur einzelne Spielerinnen den Schritt wagen, auf die gemischte Szene zu wechseln, wo sie sich weiter verbessern, und somit mehr Frauen die Top-Ligen erreichen könnten. Daher ist das System meiner Ansicht nach für den Einstieg und für einzelne Frauen ein Vorteil, generell hält es die Etablierung von Frauen in gemischten Teams aber eher zurück.

Auch Dir selbst wurden schon zahllose sexistische Vorhaltungen gemacht. Was wurde Dir unter anderem vorgehalten und wie gehst Du damit um? Wie gehen Deine Kolleginnen damit um?

Ein Klischee, das vielen Frauen vorgehalten wird, ist, dass sie sich ihren Rang im Spiel nicht selbst erarbeitet haben, sondern, dass ein Mann ihnen ihren Rang erspielt hat. Man muss dazu sagen, dass dies auch vereinzelt zutrifft, aber genauso auch bei Männern vorkommt. Bei Männern wird dies jedoch oft unkommentiert gelassen. Dennoch wird dies auch einem Großteil der Frauen, die sich sehr wohl ihren Rang selbst verdient haben, vorgeworfen. Wenn mir sowas vorgeworfen wird, bringe ich entweder objektive Argumente, die dies widerlegen oder ignoriere es.

Ein weiteres Problem, das ich selbst noch nicht bewusst erlebt habe, aber mir von manchen Kolleginnen sowie vom Manager einer bekannten deutschen E-Sport-Organisation berichtet wurde, ist die latente Diskriminierung bei der SpielerInnenauswahl in manchen Teams. Teilweise haben Organisationen Bedenken, eine Frau ins Team zu nehmen, da das für Spannungen zwischen den anderen Mitspielern sorgen könnte oder diese abgelenkt werden könnten. Bei den professionellsten Teams, die zusammen in einem Gaming-House wohnen, stellt sich auch die Frage der Unterkunft, da es in Teams, die nur aus männlichen Spielern bestehen, meist Mehrbettzimmer gibt. Diese beiden Gründe wurden u. A. selbst vom Manager einer großen deutschen E-Sport-Organisation als Antwort genannt, auf die Frage, warum sie denn noch keine E-Sportlerinnen unter Vertrag genommen hätten. Solche Bedenken werden meist nicht so offen kommuniziert. Hin und wieder wird mir jedoch von weiblichen Kolleginnen berichtet, dass sie das Gefühl hätten, es läge nicht an ihrer Leistung, warum sie in einem Team nicht genommen wurden, sondern könnte mit ihrem Geschlecht zu tun haben.

Provokativ gefragt: Ist Sexismus nicht in fast allen Sportarten verbreitet? Die Berichterstattung über Frauenfußball war ja bspw. in den 1970er-Jahren noch maßlos chauvinistisch, wohlgemerkt 70 Jahre nach Gründung des Deutschen Fußball-Bundes (DFB). Nachdem während des zweiten Weltkrieges viele professionelle Baseball-Spieler zum Kriegsdienst eingezogen wurden, gewannen in den USA Frauen teams an Popularität; nach Kriegsende wurden die Spielerinnen aber dazu gedrängt, wieder zu „weiblicheren" Rollen, z. B. in Familie und Haushalt, und zu weniger kompetitiven Sportarten wie Softball zurückzukehren. Dieses Problem ist aber nicht Geschichte, sondern besteht weiterhin: Gerade im Leistungssport sind traditionelle Geschlechter-Stereotype auch heute noch zu oft leistungsbestimmend. 2020 hat die deutsche Boxerin Sarah Scheurich auf strukturelle Probleme im Boxen hingewiesen und die Box-Verbände aufgefordert, Athletinnen vor Sexismus zu schützen. Äußert sich Sexismus im E-Sport denn anders als in anderen Sportarten oder ist ihnen allen ein viel tieferliegendes Problem gemeinsam?

Ich denke schon, dass hinter den Problemen im klassischen Sport und im E-Sport ein gemeinsames, latentes Problem liegt. In den meisten Sportarten ist es allerdings so, dass Männer Frauen aus physischen Gründen überlegen sind und Frauen tatsächlich gar nicht die gleiche Leistung erbringen können wie Männer. Diesen Unterschied gibt es im E-Sport wiederum nicht; die Unterschiede in der Leistung resultieren eher aus psychologischen und strukturellen Faktoren und sind daher nicht so offensichtlich wie im klassischen Sport. Als psychologische/psychosoziale Faktoren sehe ich hier primär die spezifischen Geschlechterrollenbilder, die oft schon in jungen Jahren erlebt und verinnerlicht werden, in denen Videospiele eher „was für Jungs" sind und Mädchen vielleicht vermehrt Spielzeug bekommen, das „ihrem Geschlecht entspreche". Zusätzlich ist das Fehlen weiblicher Vorbilder in meinen Augen ein kritischer Punkt. Als struktureller Faktor könnte die vorhin genannte latente Diskriminierung bei der SpielerInnenwahl zur Aufrechterhaltung des Problems beitragen.

Da diese Faktoren vorhanden, aber nicht so sichtbar sind wie die physischen Unterschiede im klassischen Sport, kommt im E-Sport öfter das Argument, dass Frauen ja selbst schuld seien, dass sie nicht an der Spitze mitspielen, weil sie ja „offensichtlich" die Möglichkeit dazu hätten. Bis zu einem gewissen Grad liegt dies auch in der Verantwortung der Frauen selbst, aber oftmals werden diese psychosozialen und strukturellen Faktoren in der Diskussion völlig außer Acht gelassen und wird die Schuld nur den Frauen zugeschrieben, da sie sich angeblich „nicht anstrengen wollen".

Dem E-Sport werden ja ebenfalls strukturelle Probleme mit Sexismus nachgesagt. 2018 geriet ausgerechnet Riot Games, der Entwickler Deines Spiels, League of Legends, in Bedrängnis, nachdem das Gaming-Magazin Kotaku nach einer investigativen Recherche und der Befragung von 28 Zeugen sexistisches Verhalten bei Riot Games offenlegte. Von unerbetenen Dickpics, „bro culture" und Diskriminie-

rung war die Rede. Eine Klage folgte. Im gleichen Jahr berichteten Medien darüber, wie unter anderem Blizzard zu wenig gegen Pöbler und Belästigungen in Overwatch tat. Amateur-Spielerinnen scheinen kaum Chancen zu haben, sich zu wehren. Schützt Dich Dein Status als Profi-Spielerin? Was haben Deine Ligen und deine Organisation getan, um Spielerinnen und Dich zu schützen? War das ausreichend?

Ich denke, der Status als Profi-SpielerIn schützt einen nicht wirklich, sondern sorgt eher dafür, dass man noch weiter in der Öffentlichkeit steht und anfälliger für eine Vielzahl an Kommentaren ist, darunter natürlich auch beleidigende. In den Turnieren und Ligen wird beleidigendem Verhalten jeder Art meistens nachgegangen und es wird je nach Schwere bestraft. Teilweise wird toxisches Verhalten allerdings nicht bestraft.

Ich selbst hatte bisher das Glück, nicht von Dickpics und persönlichen Hassnachrichten betroffen zu sein. Jedoch kam der ein oder andere aufdringliche Fan mit dubiosen Angeboten auf mich zu, z. B. mir monatlich Geld zu überweisen, ohne vermeintliche Gegenleistung. Solche Anfragen konnte ich aber allein abwimmeln. Generell würde ich mir aber wünschen, dass sowohl Riot Games als Publisher von League of Legends, als auch die Organisationen strenger gegen beleidigendes Verhalten jeglicher Art vorgehen würden, bzw., dass Bestrafungen konsequent angewandt würden. Neulich, im Mai 2021, wurde zwar ein Spieler aus der Prime League aufgrund eines öffentlichen, transphoben Kommentars von der Liga ausgeschlossen, dennoch werden toxische Verhaltensweisen trotz Beweisen oft ignoriert und weder verwarnt noch bestraft.

Wenn wir dies alles jetzt mal zusammenführen: Als wie schwerwiegend schätzt Du das Problem des Sexismus im E-Sport insgesamt ein? Wo siehst Du die Hauptprobleme, die Ursachen oder vielleicht sogar die Verursacher? Wer oder was könnte dem Problem effektiv begegnen?

Es ist wohl offensichtlich, dass es in fast keinem E-Sport-Titel Frauen an der Spitze gibt. Dass geschlechterspezifische Rollenbilder und andere psychologische Faktoren maßgebliche Ursachen dafür sind, ist mittlerweile auch gut belegt. Die Hauptprobleme sehe ich zum einen im Einstieg von jungen Mädchen in die Videospielwelt. Oft ist es so, dass Mädchen im Kindesalter gar keine Berührungspunkte mit Videospielen haben, da diese in unserer Gesellschaft immer noch als eher typisch für Jungen abgestempelt werden. Dahingehend wissen viele Mädchen auch nicht, dass sie dafür Interesse entwickeln können und Spiele ihnen Spaß machen würden.

Zum anderen ist es so, dass man als Mädchen oder Frau im Gaming- und E-Sport-Bereich immer noch der Sonderfall ist, der eine größere Bandbreite an Reaktionen hervorruft, positive wie negative. Vor allem die negativen Erfahrungen bleiben natürlich im Gedächtnis, so dass Spielerinnen vielleicht eingeschüchtert werden und bald wieder aufhören.

Zudem habe ich vorhin das Sexismusproblem in Bezug auf die SpielerInnenauswahl angesprochen, also dass Spielerinnen von manchen Organisationen eventuell aufgrund ihres Geschlechts abgelehnt werden, jedoch unter einem anderen Vorwand. Dies wird von manchen Spielerinnen so empfunden, aber wurde auch bereits von zumindest einer größeren Organisation so bestätigt.

Wenn sich die Rolle der Frau im Gaming und E-Sport normalisieren würde, würde das wohl die meisten Probleme lösen. Meiner Meinung nach sollte man hier vor allem an der Erziehung und im Bildungsbereich ansetzen (z. B. Verwendung von neuen Medien und Serious Games im Unterricht). Einige weibliche Vorbilder, mit denen sich junge Mädchen besser identifizieren können, würden den Problemen auch entgegenwirken. Auch spezifische Förderprogramme, die beispielsweise Coachings für einzelne Spielerinnen anbieten, könnten sehr hilfreich sein für Spielerinnen, die sich kurz vor dem Sprung zur (semi-)professionellen Karriere befinden. Grundsätzlich denke ich aber, dass uns Teile dieses Problems leider noch Jahre bis Jahrzehnte begleiten werden.

Und letztlich gibt es immer auch den Vorwurf, E-Sport wäre gar kein richtiger Sport. Das ist zwar nicht das Kernthema unseres Interviews, aber diese Frage würde ich Dir zum Abschluss trotzdem noch gerne stellen: Was erwiderst Du Leuten, Institutionen oder Regierungen, die E-Sport nicht als Sport anerkennen wollen?

Es klingt auf den ersten Moment vielleicht abwegig, E-Sport als Sport zu klassifizieren, die wichtigsten Parameter sind aber durchaus vergleichbar: In beiden Disziplinen geht es darum, die bestmögliche Leistung zu erbringen, regelmäßig zu trainieren sowie körperlich und mental fit zu sein. Auf körperlicher Ebene kommt es im E-Sport vor allem auf eine gute Hand-Augen-Koordination und generelle Fitness an, um sich bestmöglich konzentrieren zu können. Auf mentaler Ebene sind neben der Konzentrationsfähigkeit auch Teamfähigkeit, Ehrgeiz, eine hohe Frustrationstoleranz und gutes strategisches Verständnis unentbehrlich. Ein Punkt, der gegen eine Anerkennung von E-Sport als Sport spricht, ist rechtlicher Natur: Der traditionelle Sport hat rechtlich gesehen keinen „Besitzer", auch die Regeln bleiben weitestgehend gleich, während im E-Sport die gespielten Spiele im Besitz der Publisher sind, die ihre Spiele auch regelmäßig updaten. Ich persönlich würde E-Sport als eigene Kategorie definieren, die juristisch gesehen mit dem Sport gleichzusetzen wäre.

Meist geht es bei der Frage allerdings nicht darum, ob E-Sport ein Sport ist, sondern ob der E-Sport mit der Anerkennung als Sport einhergehend die gleichen Förderungen erhalten soll. Diese Frage würde ich allerdings auf jeden Fall bejahen, da die Folgen, die sich daraus ergäben, durchaus positiv wären. Junge Menschen würden sich in ihren Wünschen gehört fühlen. Generell haben Gaming und E-Sport viele positive Effekte z. B. auf mentale Skills wie Aufmerksamkeit, räumliche Wahrnehmung, Reaktionszeit, Multitasking-Fähigkeit und Coping-Strategien auf Stressoren (vgl. Pallavicini et al. 2018). Zusätzlich bringt die E-Sport-Industrie einen wichtigen, enorm wachsenden wirtschaftlichen Sektor.

Liebe Marlies, ich danke Dir ganz herzlich für dieses Interview, das sicherlich nicht angenehm und leicht für Dich war. Ich bedauere, dass Sexismus noch immer ein gravierendes Problem im Sport und im E-Sport ist, und danke Dir gerade deshalb, dass Du unseren Lesern so wichtige und auch so persönliche Einblicke in dieses Problem gegeben hast. Hoffen wir, dass es nicht mehr Jahrzehnte dauern

wird, bis Sexismus im E-Sport und im Sport allgemein überwunden werden, sondern zukünftige Generationen von Mädchen und Frauen angstfrei und gleichberechtigt teilnehmen können!

Literatur

Entertainment Software Association. (2020). 2020 essential facts about the video game industry. https://www.theesa.com/wp-content/uploads/2021/03/Final-Edited-2020-ESA_Essential_facts.pdf. Zugegriffen am 30.05.2021.

Niederle, M. & Vesterlund, L. (2007). Do women shy away from competition? Do men compete too much? *The Quarterly Journal of Economics, 122*(3), 1067–1101.

Pallavicini, F., Ferrari, A. & Mantovani, F. (2018). Video games for well-being: A systematic review on the application of computer games for cognitive and emotional training in the adult population. *Frontiers in Psychology, 9*, 2127.

Phan, M. H., Jardina, J. R., Hoyle, S. & Chaparro, B. S. (2012). Examining the role of gender in video game usage, preference, and behavior. *Proceedings of the Human Factors and Ergonomics Society Annual Meeting, 56*(1), 1496–1500.

Quantic Foundry. (2017). Beyond 50/50: Breaking down the percentage of female gamers by genre. https://quanticfoundry.com/2017/01/19/female-gamers-by-genre/. Zugegriffen am 30.05.2021.

E-Sport im politischen Diskurs

14

Positionen und Ziele der politischen Parteien in Deutschland auf Bundes- und Länderebene

Andreas Hebbel-Seeger und Marie Sophie Pelc

Zusammenfassung

E-Sport ist von einer Nischen-Aktivität in die gesellschaftliche Mitte vorgedrungen. Dabei werden vor allem junge Zielgruppen angesprochen, die für den organisierten Sport immer schwerer zu erreichen sind. Neben der ökonomischen Bedeutung hat E-Sport daher vor allem auch eine gesellschaftliche Relevanz. Im Rahmen einer Inhaltsanalyse von Wahlprogrammen und Koalitionsvereinbarungen der im Deutschen Bundestag vertretenen Parteien auf Bundes- und Länderebene im Zeitraum der ersten Jahreshälfte 2018 haben wir deshalb untersucht, ob und mit welchen Zielsetzungen E-Sport in der Politik thematisiert wird.

14.1 Einleitung

Video- und Computerspiele und klassische Brett- und Kartenspiele, […] sind Kulturgüter und sollten als solche gefördert werden. Spielen fördert unabhängig vom Medium stets Lernprozesse und Kommunikation, Vernetzung und soziale Interaktion. […] Spiele werden nicht nur von Kindern und Jugendlichen, sondern auch von Erwachsenen als Freizeitaktivität wahrgenommen. Video- und Computerspiele […] sind längst in der Mitte der Gesellschaft angekommen. […] eSport ist […] eine moderne Form des sportlichen Wettkampfs, die mit Computerspielen über das Internet oder auf LAN-Turnieren ausgetragen wird. eSport schafft ein soziales Netz, […] vermittelt die Werte von sportlicher Fairness und Teamgeist […] und ermöglicht außerdem körperlich beeinträchtigten Menschen, in einem Sportverein aktiv zu

A. Hebbel-Seeger (✉) · M. S. Pelc
Hochschule Macromedia, Hamburg, Deutschland
E-Mail: ahebbel-seeger@macromedia.de

© Springer Fachmedien Wiesbaden GmbH, ein Teil von Springer Nature 2022
M. Breuer, D. Görlich (Hrsg.), *E-Sport*,
https://doi.org/10.1007/978-3-658-36079-5_14

werden. Daher engagieren sich die NRW-Piraten für die Förderung von eSport sowie dessen Vernetzung mit sozialen Projekten und der Vermittlung von Medienkompetenz. (Piratenpartei Deutschland 2012, S. 58 f.)

Im Kontext der Landtagswahl in Nordrhein-Westfalen 2012 wird das Thema E-Sport erstmals in einem Deutschen Parteiprogramm (s. o.) erwähnt (Sport1 2018). Von einem Nischenthema, besetzt von einer nicht zuletzt auf die Herausforderungen der digitalen Gesellschaft fokussierten Piratenpartei, ist die politische Debatte um die Einordnung und Verortung von E-Sport heute in der gesellschaftlichen Mitte angekommen. War es zunächst die Piratenpartei, welche die Debatte um eine Anerkennung von E-Sport als „Sportart" auch auf Bundesebene vorangetrieben hat (Wissenschaftlicher Parlamentsdienst 2016; Wissenschaftliche Dienste des Deutschen Bundestages 2017), gleichwohl flankiert durch Lobbyarbeit, insbesondere durch den Verband der deutschen Games-Branche e. V. („game"), sowie den im November 2017 gegründeten E-Sport-Bund Deutschland e. V. (ESBD), haben 2018 auch die großen „Volksparteien" CDU/CSU und SPD das Thema für sich entdeckt und in den gemeinsamen Koalitionsvertrag aufgenommen. Darin heißt es:

> Wir erkennen die wachsende Bedeutung der E-Sport-Landschaft in Deutschland an. Da E-Sport wichtige Fähigkeiten schult, die nicht nur in der digitalen Welt von Bedeutung sind, Training und Sportstrukturen erfordert, werden wir E-Sport künftig vollständig als eigene Sportart mit Vereins- und Verbandsrecht anerkennen und bei der Schaffung einer olympischen Perspektive unterstützen. (CDU 2018, S. 48)

Der organisierte Sport verwehrt sich einerseits gegen diese Einmischung von Seiten der Politik in die Autonomie des Sports. Andererseits ist damit eine breite(re) Diskussion angeschoben worden, das Verhältnis von E-Sport zum organisierten Sport zu klären sowie deren gesellschaftliche Bedeutung und rechtliche Einordnung zu bewerten.

Im Rahmen der hier vorgestellten Studie interessierte uns dabei, ob und inwieweit sich hier parteipolitische Positionen ausmachen lassen; inwieweit die oben zitierte bundesweite Positionierung zum E-Sport eine Entsprechung in den Parteiprogrammen und Koalitionsverträgen auf Länderebene hat. In Form einer Inhaltsanalyse haben wir daher untersucht, ob und an welchen Stellen in Parteiprogrammen und Koalitionsverträgen der auf Landes- und Bundesebene in Deutschen Parlamenten vertretenden Parteien E-Sport thematisiert wird, welche Gemeinsamkeiten und Differenzen erkennbar sind und welche Positionen sich bezüglich des Verhältnisses zum organisierten Sport unterscheiden lassen.

14.2 E-Sport – Eingrenzung und Perspektiven

> Der Begriff ‚Sport' ist nicht geschützt, insofern kann jeder eine Aktivität so nennen. Ein Streit darüber, ob man kompetitive Games, den Wettbewerb ‚Jugend musiziert' oder einen Schönheitswettbewerb als ‚Sport' bezeichnet, ist mehr akademischer Natur. (Schulke und Wendeborn 2018, S. 17)

Es gibt sowohl mehrere Definitionen des Begriffs als auch verschiedene Schreibweisen, die immerhin das Präfix „e" als Gemeinsamkeit und Annotation des digitalen bzw. „elektronischen" (wie auch beim eCommerce oder eLearning) haben (Breuer 2011, S. 5 f.). Im Rahmen des vorliegenden Beitrages haben wir uns für die Schreibweise E-Sport entschieden und passen uns damit der Auffassung des Duden aus dem Jahr 2020 an. Bezüglich der inhaltlichen Fassung des Begriffes E-Sport betont die überwiegende Mehrheit der Definitionsansätze über den Aspekt des Digitalen Spiels auf Computern hinaus die Wettbewerbsorientierung und ein besonderes Anforderungsprofil:

> Der Begriff eSport (…) bezeichnet das wettbewerbsmäßige Spielen von Computer- oder Videospielen im Einzel- oder Mehrspielermodus. eSport versteht sich entsprechend des klassischen Spielbegriffs und erfordert sowohl Spielkönnen (Hand-Augen-Koordination, Reaktionsschnelligkeit), als auch strategisches und taktisches Verständnis (Spielübersicht, Spielverständnis). (Müller-Lietzkow 2006, S. 104)

Darüber hinaus vollzieht sich das „wettbewerbsmäßige Spielen in mannigfaltigen Formen" (Müller-Lietzkow 2006). „Gespielt werden Actionspiele (Ego-Shooter), Strategiespiele sowie Sport- und Rennspiele sowohl in Einzel- als auch in Teamdisziplinen" (Müller-Lietzkow 2006).

Während der Wissenschaftliche Dienst des Deutschen Bundestages in einem Gutachten von 2017 sich vor allem an dem oben skizzierten Verständnis von Müller-Lietzkow orientiert, beschreibt Sauer (2004) E-Sport „als professionellen oder amateurhaften Wettbewerb (einschließlich des entsprechenden Trainings), der mit Hilfe physischer Kontrollelemente (Joystick, etc.) digital ausgetragen wird" (Sauer 2004, S. 53), während das Spielfeld, die zu beachtenden Regeln und der Ausgang des Spiels durch die zu Grunde liegende Software bestimmt werden (Lorber 2015).

Wesentlich weiter gefasst ist der Definitionsversuch von Wagner:

> eSports is an area of sport activities in which people develop and train mental or physical abilities in the use of information and communication technologies. (Wagner 2006, S. 4)

Gleichwohl stimmen Wagner und Müller-Lietzkow darin überein, dass im E-Sport mentale und physische Fähigkeiten gefordert und trainiert werden, während Wagner und Sauer die besondere Stellung der Technologie für den E-Sport thematisieren und Sauer und Müller-Lietzkow wiederum den Wettbewerbsaspekt betonen. „Eine allgemein anerkannte, lexikalische Definition des Sportbegriffs existiert [gleichwohl] nicht" (Wissenschaftliche Dienste des Deutschen Bundestages 2017, S. 7):

> Wohl überwiegend ist der Begriff des Sports nach allgemeiner Verkehrsanschauung an das Merkmal der körperlichen Ertüchtigung bzw. der eigenmotorischen Aktivität gebunden. Sport kann jedoch ebenso als zweckfreies Tun ebenso [sic!] deklariert werden, als auch dem Abbau überschüssiger Energien dienen oder kollektive Identifikation stiften. Der Sportbegriff bestimmt sich somit über eine typologische Gesamtbetrachtung im jeweiligen konkreten Kontext seiner Anwendung. (Wissenschaftliche Dienste des Deutschen Bundestages 2017, S. 7)

Dennoch legen sich die Wissenschaftlichen Dienste im weiteren Verlauf des Gutachtens auf eine Definition des Sportbegriffs fest. Dabei orientieren sie sich an der Definition des Deutschen Olympischen Sportbunds (DOSB). Diesem stehe zwar „als privatem Personenzusammenschluss keine verbindliche Definitionskompetenz für den Sportbegriff zu" (Wissenschaftliche Dienste des Deutschen Bundestages 2017, S. 7). Aufgrund seiner „27,7 Millionen Mitgliedern spiele die Definition des DOSB [aber] eine entscheidende Rolle" (Wissenschaftliche Dienste des Deutschen Bundestages 2017, S. 7). Danach muss

> die Ausbildung der Sportart [...] eine eigene, sportbestimmende motorische Aktivität eines jeden zum Ziel haben, der sie betreibt. Diese eigenmotorische Tätigkeit liegt insbesondere nicht vor bei Denkspielen [...] und Bewältigung technischen Geräts ohne Einbeziehung der Bewegung des Menschen. [...] Die Ausbildung der eigenmotorischen Aktivität muss Selbstzweck der Betätigung sein. Dieser Selbstzweck liegt insbesondere nicht vor bei Arbeits- und Alltagsverrichtungen. [...] Die Sportart muss die Einhaltung ethischer Werte wie z. B. Fairplay, Chancengleichheit, Unverletzlichkeit der Person und Partnerschaft durch Regeln und/ oder ein System von Wettkampf- und Klasseneinteilung gewährleisten. (Wissenschaftliche Dienste des Deutschen Bundestages 2017, S. 7 f.)

Diese Setzungen fußen jedoch keineswegs auf einem global einheitlichen Verständnis von E-Sport. In vielen Nationen ist E-Sport als Sportart in den Kanon des organisierten Sports integriert; in Europa gilt dies aktuell für Bulgarien, Großbritannien und Russland (Hilgers 2006; Rondinella 2016; Klein 2007).

> Vor allem in Asien hat der eSport inzwischen ein immens hohes Ansehen, die Gamer genießen ähnlich viel Popularität wie manche Fußballer in den europäischen Spitzenligen. (Berkemeyer 2018)

Trotz des eingangs skizzierten politischen Drucks hat sich in Deutschland der organisierte Sport mit seinem Dachverband DOSB 2019 gegen eine Integration des E-Sports ausgesprochen. Inwieweit diese Haltung von Dauer sein wird, ist gleichwohl offen. Denn insbesondere im Fußballsport werden nicht nur im Bereich des Profisports, sondern auch im organisierten Vereinssport und auf der Ebene von Landesverbänden im DOSB E-Sport-Angebote gemacht (Hebbel-Seeger und Siemers 2018). Auf der einen Seite erscheint das verständlich, weil mit dem Titel „FIFA" eine Simulation des realweltlichen Fußballspiels als E-Sport betrieben wird. Auf der anderen Seite wird sich bei den genannten Engagements von Amateur und Profi-Vereinen keineswegs immer auf die besagte Simulation beschränkt, sondern E-Sport als wettbewerbsorientierte Spielform am Computer in der Breite der jeweils verfügbaren Genres und Titel betrieben (Hebbel-Seeger und Siemers 2018).

Insgesamt scheint der Inhalt von E-Sport-Titeln der entscheidende Aspekt einer möglichen Integration in den organisierten Sport zu sein; auf nationaler Ebene bei der Entscheidung von Profi-Fußball-Vereinen ebenso wie in Bezug auf das weltgrößte Multi-Sport-Event, den Olympischen Spielen. So ist es für Thomas Bach als amtierenden

IOC-Präsidenten denkbar, E-Sport in das Portfolio olympischer Spiele zu integrieren, jedoch „ausschließlich Games mit sportlichen Inhalten" (Kirchner 2018):

> Es gibt Spiele, die durchaus Gewalt im Mittelpunkt haben. […] Das widerspricht den olym-
> pischen Werten diametral. Auf der anderen Seite gibt es Spiele, die den reellen Sport in die
> virtuelle Welt übertragen. Und hier kann man sich ein Näherkommen durchaus vorstellen.
> Aber bis wann das im Olympischen Programm endet, kann ich noch nicht sagen. (Bach, in
> einem Interview mit dem ZDF, 2017)

Tatsächlich scheint die Auseinandersetzung mit E-Sport den organisierten Sport in
Deutschland weitgehend unvorbereitet getroffen zu haben. Denn in der Reaktion auf Aussagen aus Regierungskreisen, die Bundesregierung wolle E-Sport bei der „Schaffung einer
olympischen Perspektive" unterstützen (CDU 2018, S. 48), spricht der DOSB von einem
„klaren Angriff der Fachpolitiker im Bereich Digitales […] auf die Autonomie des Sports"
(DOSB 2018), um gleichzeitig aber auf nationaler wie regionaler Ebene Arbeitskreise und
Expertenrunden ins Leben zu rufen, die sich mit der Rolle und dem Verhältnis von E-Sport
zum organisierten Sport beschäftigen. Die Bewertungen dieser Gremien fallen dabei in-
different aus. Während DOSB-Vizepräsident Walter Schneeloch sich 2018 ähnlich wie
IOC-Präsident Bach einer Aufnahme von E-Sport gegenüber grundsätzlich offen zeigt, aber
zunächst strukturelle und organisatorische Fragen geklärt wissen möchte (Stollarz 2018),
positionieren sich einzelnen Landesverbände meist mit Verweis auf eine fehlende Körperlichkeit ablehnend:

> Natürlich gehen wir davon aus, dass sich die überwiegend kommerziellen Formen von eSport
> langfristig weiter etablieren werden, denn am Ende entscheiden nicht Sportverbände, was vor
> allem junge Menschen für Sport halten. Doch bei Computer-Simulationen, die häufig mit den
> ethischen Werten des Sports unvereinbar sind, lassen sich eben keine sportartenbestimmenden
> körperlichen Aktivitäten erkennen. (LSB NRW 2018)

14.3   E-Sport und Politik

Im Jahr 2012 wurde E-Sport erstmals in ein politisches Wahlprogramm in Deutschland,
zunächst auf regionaler Ebene durch die Piratenpartei, aufgenommen. Vier Jahre später
erscheint diese Frage auf der Agenda eines Landesparlaments (Berlin) und ein Jahr später
direkt im Bundestag durch eine Anfrage eben dieser Piratenpartei, die geklärt wissen
möchte, unter welchen Voraussetzungen E-Sport als Sportart anerkannt werden kann.
Daraufhin wurden entsprechende Gutachten erstellt.

In dem vom 18. März 2016 veröffentlichten Gutachten des Berliner Abgeordneten-
hauses stellt der Wissenschaftliche Parlamentsdienst bereits in der Einleitung klar:

> Das Verhältnis von Staat und Sport ist gekennzeichnet durch die Dualität von staatlichem
> Recht in seiner Gesamtheit einerseits und dem vom organisierten Sport selbst gesetzten, auto-
> nomen Recht andererseits. […] Das selbst gesetzte Recht des organisierten Sports erklärt sich

vor allem aus der verfassungsrechtlich begründeten Unabhängigkeit der Sportverbände und ihrer Vereine sowie der daraus resultierenden Subsidiarität staatlichen Handelns. (Wissenschaftlicher Parlamentsdienst 2016, S. 2 f.)

Hinsichtlich der Kernfrage einer allgemeinen Anerkennung bleibt die Aussage vage:

> Inwieweit eSport als Sport im rechtlichen Sinne anzuerkennen ist oder nicht, muss vor allem anhand der Judikatur der Verwaltungs- und Finanzgerichte beurteilt werden, da eine vollkommen überzeugende sowie von allen Institutionen akzeptierte Definition des Begriffs Sport bis zum heutigen Tage nicht gelungen ist. (Wissenschaftlicher Parlamentsdienst 2016, S. 10)

Der Wissenschaftliche Parlamentsdienst bezieht sich dabei auf ein Urteil des Bundesverwaltungsgerichts aus dem Jahr 2005. Damals hatte es in einer Entscheidung zum gewerblichen Spielrecht die Frage geklärt, ob ein Gewerbetreibender eine Spielhallenerlaubnis benötigt (Wissenschaftlicher Parlamentsdienst 2016, S. 10). Dabei grenzte es die Begriffe „Spiel" und „Sport" in Bezug auf Computerspiele voneinander ab (Wissenschaftlicher Parlamentsdienst 2016, S. 10). „Sport" ziele regelmäßig auf die Erhaltung der Gesundheit und die Steigerung der körperlichen Leistungsfähigkeit ab, während im „Spiel" eher Zeitvertreib, Entspannung und Zerstreuung im Vordergrund stünden (Wissenschaftlicher Parlamentsdienst 2016, S. 10).

> Ein Spiel werde jedenfalls auch dann nicht zum Sport, wenn in möglichst kurzer Zeit ein möglichst großer Erfolg erreicht werden soll. [...] Selbst wenn das Computerspiel im Wettbewerb veranstaltet werde, sei es nicht als Sport einzustufen, da es typischerweise nicht gespielt werde, um sich zu ertüchtigen. Das BVerwG stuft eSport – die im Wettbewerb betriebene Form von Computerspielen – somit rechtlich nicht als Sport, sondern als Spiel ein. (Wissenschaftlicher Parlamentsdienst 2016, S. 11)

In Bezug auf eine Anerkennung von E-Sport als Sport auf Landesebene in Berlin fällt die Stellungnahme gleichwohl eindeutig aus:

> Die Rechtsordnung des Landes Berlin kennt keine Form der eigenständigen rechtlichen Anerkennung einer Sportart. Würde es mit einer solchen Anerkennung in die von der Verfassung garantierte Autonomie des organisierten Sports eingreifen, bedürfte es dafür einer verfassungsrechtlichen Grundlage. [...] eSport ist nach derzeitiger Rechtslage nicht als Sport im rechtlichen Sinne anzusehen und deshalb rechtlich nicht als Sportart anerkennungsfähig. (Wissenschaftlicher Parlamentsdienst 2016, S. 23)

Das Gutachten der Wissenschaftlichen Dienste des Deutschen Bundestages aus dem Jahr 2017 baut auf dem Gutachten des Wissenschaftlichen Parlamentsdienstes auf. Auch in dem Gutachten wird auf die Dualität von Staat und Sport, von „staatlichem Recht in seiner Gesamtheit einerseits und dem selbst gesetzten Recht des organisierten Sports anderseits", auf die Unabhängigkeit der Sportverbände und ihrer Vereine sowie auf die daraus resultierende Subsidiarität staatlichen Handelns hingewiesen. Des Weiteren weisen die Wissenschaftlichen Dienste des Deutschen Bundestages auf Strukturprobleme im E-Sport hin:

> Im Bereich E-Sport nehmen Entwickler, Publisher und Agenturen eine viel stärkere Rolle ein, als es etwa bei Agenturen im klassischen Sportbereich der Fall ist. Sie schaffen, gestalten und organisieren den E-Sport als solches und sich [sic! Gemeint: „sind"] Veranstalter des E-Sports – eine Rolle, die im klassischen Sport originär den Verbänden zukommt. Festzuhalten bleibt daher, dass eine Einbindung der Spieler bzw. Teams in strukturell-verflochtene und gefestigte Verbandsstrukturen „von unten nach oben" in Form einer pyramidalen Organisationstruktur aktuell im E-Sport nicht existiert. (Wissenschaftlicher Dienst des Deutschen Bundestages 2017, S. 6 f.)

Bei der Beantwortung der „Gretchen-Frage", inwieweit es sich bei E-Sport um „Sport" handelt (Willimczik 2019), folgen die Wissenschaftlichen Dienste des Deutschen Bundestages im Wesentlichen dem Verständnis des DOSB (s. o.). Durch die Dualität von Staat und Sport wird es dem DOSB überlassen, ob E-Sport als Sportart anerkannt wird. Nach der aktuellen Definition und dem Selbstverständnis des DOSB ist E-Sport nicht als Sport zu betrachten.

Diese Haltung ist gleichwohl nicht unumstritten, da „der Sport insgesamt vor einem Umbruchprozess im digitalen Zeitalter steht" (Jagnow, Präsident des ESBD, zitiert nach Kirchner 2018). Die Wissenschaftlichen Dienste heben hervor, dass das Sportverständnis des DOSB mit 27,7 Millionen einzelnen Mitgliedern eine entscheidende Rolle bei der Definition von Sport spielt, jedoch auch dem DOSB „als privatem Personenzusammenschluss prinzipiell keine über seinen eigenen Organisationsbereich hinausgehende verbindliche Definitionskompetenz für den Sportbegriff zusteht" (Wissenschaftliche Dienste des Deutschen Bundestages 2017, S. 7).

14.4 E-Sport auf der politischen Agenda

Die Frage der Behandlung von E-Sport und der Bewertung des Verhältnisses bzw. einer Integration in den organsierten Sport ist im politischen Diskurs in Deutschland angekommen. Der organisierte Sport hat sich dazu vorerst abschließend 2019 verhalten, indem eine Integration durch den DOSB abgelehnt wurde. Diese Haltung ist verbandsintern nicht unumstritten. Mittels der Analyse aktueller Parteiprogramme und Koalitionsvereinbaren sind wir daher der Frage nachgegangen, welche Positionen die politischen Organisationen in der Bundesrepublik in dieser Frage vertreten.

Für die hier zur Rede stehende Untersuchung wurden alle in der ersten Jahreshälfte 2018 aktuellen Parteiprogramme der zu dieser Zeit im Bundestag vertretenen Parteien (CDU/CSU, SPD, AfD, FDP, Bündnis 90/Die Grünen, die Linke) sowohl auf Bundesebene als auch in den einzelnen Bundesländern herangezogen. Ergänzend zu den im 19. Deutschen Bundestag vertretenen Parteien haben wir die Piratenpartei Deutschland in unsere Untersuchung einbezogen, da diese den politischen Diskurs zu E-Sport zu einem

sehr frühen Zeitpunkt maßgeblich (mit-)bestimmt hat. Ebenso wurden die im Erhebungszeitraum aktuellsten Koalitionsverträge der Bundesregierung und der 16 Landes-
regierungen in die Untersuchung berücksichtigt. Insgesamt wurden damit 17 Koalitionsverträge und 116 Parteiprogramme (sieben Parteien auf Bundesebene und in 16
Bundesländern plus das bundesweit gültige Programm der CSU) einer Inhaltsanalyse
unterzogen, indem zum einen nach dem Auftreten des Begriffs selbst gesucht und zum
anderen der Kontext und die Konnotation einer Verwendung analysiert wurden.

Die aktualisierten Wahlprogramme der Parteien in Hessen wurden zum Zeitpunkt der
Erstellung dieser Untersuchung gerade erst angefertigt. Entsprechend haben wir für das
Land Hessen die Wahlprogramme der Parteien aus der Wahlperiode 2013 herangezogen.

Die AfD Hessen hatte im Erhebungszeitraum das Wahlprogramm aus 2013 bereits von
der eigenen Website gelöscht. Auf schriftliche Anfrage wurde eine Überlassung des be-
sagten Wahlprogramms abgelehnt und stattdessen auf die bevorstehende Publikation der
Neufassung verwiesen.

Für das Bundesland Rheinland-Pfalz lag das Wahlprogramm der Linken aus dem Jahr
2016 nicht vor. Es war weder online zu finden noch wurde diesbezüglich auf unsere
schriftliche Anfrage hin reagiert.

Für die Untersuchung der Stichprobe haben wir uns am Verfahren der Inhaltanalyse
nach Mayring (2015) orientiert und „die Kategorien […] direkt aus dem Material in einem
Verallgemeinerungsprozess abgeleitet, ohne sich auf vorab formulierte Theorienkonzepte
zu beziehen" (Mayring 2015, S. 85). Dazu haben wir zunächst nach dem Schlüsselbegriff
„eSport" und alternativen Schreibweisen und Formulierungen gesucht und den jeweiligen
Kontext einer Nennung dokumentiert. Die gefunden Textpassagen wurden anschließend
paraphrasiert und generalisiert, um übergeordnete Kategorien je nach angesprochenen Zu-
sammenhängen zu bilden.

Im Ergebnis konnten wir feststellen, dass erst in wenigen Bundesländern die politischen Parteien E-Sport zu einem programmatischen Thema gemacht haben. Die meisten
Erwähnungen von E-Sport finden sich auf Bundesebene: Zur Bundestagswahl 2017 haben
die Parteien CDU/CSU, SPD, Bündnis 90/Die Grünen und die Piratenpartei das Thema
E-Sport auf die politische Agenda gesetzt, während FDP, die Linke und AfD das Thema
nicht auf der Ebene eines Wahlprogramms verhandeln.

Von allen untersuchten politischen Parteien findet sich die stärkste Durchdringung des
Themas E-Sports bei der Piratenpartei, bei der dieses Thema in den Parteiprogrammen
von sechs Bundesländern benannt ist: Baden-Württemberg, Bayern, Hamburg, Niedersachsen, Nordrhein-Westfalen und Sachsen.

Alle Parteien auf Bundes- und Länderebene, die E-Sport explizit in ihre Dokumente aufgenommen haben, haben sich positiv in Bezug auf eine gesellschaftliche und ökonomische
Bewertung positioniert. Auf Regierungsebene betrifft dies die Bundesregierung im Koalitionsvertrag von 2018 und die Landesregierung in Schleswig-Holstein (bestehend aus CDU,
Bündnis 90/Die Grünen und FDP) im Koalitionsvertrag von 2017. Gefordert wird die Schaffung einer Rechtsgrundlage für E-Sport und die Förderung der gesellschaftlichen Akzeptanz
gegenüber dem E-Sport. Den Tab. 14.1 (zu rechtlichen Aspekten) und 14.2 (bezüglich gesellschaftlicher Akzeptanz) ist zu entnehmen, wie wir bezüglich *dieser* beiden Aspekte in der
Strukturierung des Materials vorgegangen sind.

Tab. 14.1 Kategorienbildung zu „Rechtsgrundlage"

Variable	Definition	Ankerbeispiele	Kodierregeln
Streben nach offizieller Anerkennung als Sportart	Gemeint ist der Wunsch nach einer allgemeinen Anerkennung von E-Sport als Sportart in Deutschland.	„Wir werden eSport künftig vollständig […] anerkennen." (CDU 2018, S. 48) „Wir Piraten setzen uns ein für die Anerkennung von „eSport" als Sportart auf nationaler Ebene." (Piratenpartei b 2017, S. 57 f.)	Die Definition muss erfüllt sein.
Schaffung rechtlicher Rahmenbedingungen	Die Schaffung rechtlicher Rahmenbedingungen für E-Sport impliziert: - eingeräumte Verein- und Verbandsrechte, - die rechtliche Anerkennung der Gemeinnützigkeit, - Förderung des E-Sports mit z. B. finanziellen Mitteln.	„Wir werden eSport künftig vollständig […] mit Vereins- und Verbandsrecht anerkennen." (CDU 2018, S. 48) „Professionell organisierte eSports-Turniere […] sollen unter die staatliche Sportförderung fallen." (Die Grünen Schleswig-Holstein 2016, S. 81)	Mindestens ein Aspekt der Definition muss inhaltlich in der Textstelle ausgeprägt sein.

Tab. 14.2 Kategorienbildung zu „gesellschaftlicher Akzeptanz"

Variable	Definition	Ankerbeispiele	Kodierregeln
Aufklärungsarbeit	Die Gesellschaft in Deutschland soll über E-Sport informiert werden. Es geht darum - Vorurteile abzubauen, - über die Sportart und seine Spiele aufzuklären, - Medienkompetenz zu vermitteln, - und E-Sport in soziale Projekte einzubeziehen.	„Viele bemühen sich beispielsweise, Eltern und Jugendlichen den E-Sport näher zu bringen, Vorurteile abzubauen und auf diese Weise Medienkompetenz zu vermitteln." (Piratenpartei Niedersachsen 2017, Punkt 11.1)	Mindestens einer der in der Definition genannten Aspekte muss zutreffen.

(Fortsetzung)

Tab. 14.2 (Fortsetzung)

Variable	Definition	Ankerbeispiele	Kodierregeln
Stärkung des kulturellen E-Sport-Angebots	Durch - die Erweiterung des kulturellen Angebots durch E-Sport-Angebote, - die Stärkung bestehender E-Sport-Angebote und - Einbezug des E-Sports in bestehende Projekte, Programme und Wettbewerbe soll E-Sport in der Gesellschaft etabliert werden.	„Wir wollen prüfen, ob weitere sportliche Events in Schleswig-Holstein etabliert werden können. Dazu gehören für uns auch […] E-Sport-Events. […] Wir wollen eine feste gesellschaftliche Integration des E-Sports in das Gemeinwesen gewährleisten." (Landesregierung Schleswig-Holstein 2017, S. 95 f.)	Im Kontext der Textstelle soll mindestens ein Aspekt der Definition erkennbar sein.

Für eine Integration bzw. Gleichstellung mit dem organisierten Sport sprechen sich die Bundesregierung, Bündnis 90/Die Grünen und die Piratenpartei auf Bundesebene sowie die Piratenpartei in Baden-Württemberg, Hamburg und Nordrhein-Westfalen aus.

In diesem Sinne äußert sich die SPD in ihrem Wahlprogramm zur Bundestagswahl 2017:

> Wir erkennen die wachsende Bedeutung der e-Sports-Landschaft in Deutschland an. Wir werden prüfen, ob und wie wir die Rahmenbedingungen für e-Sports verbessern können. (SPD 2017, S. 94)

Bündnis 90/Die Grünen stellen in ihrem Wahlprogramm ebenfalls zur Bundestagswahl 2017 fest:

> Millionen Menschen in unserem Land spielen Computerspiele, allein oder zusammen, spontan oder auch auf immer organisiertere Weise. Wir wollen die Computerspielkultur in ihrer Vielfalt und als E-Sport weiter stärken und prüfen, inwiefern sie als Sportart anerkannt werden kann. (Bündnis 90/Die Grünen 2017, S. 151 f.)

In ihrem Wahlprogramm 2016 werden Bündnis 90/Die Grünen in Schleswig-Holstein konkreter:

> Professionell organisierte E-Sports-Turniere (Videospiele) sollen unter die staatliche Sportförderung fallen. (Bündnis 90/Die Grünen Schleswig-Holstein 2016, S. 81)

Mit dieser Forderung stimmen Bündnis 90/Die Grünen mit der Piratenpartei auf Bundesebene überein, die sich im Zuge ihres Wahlprogramms zur Bundestagswahl 2017 für die Anerkennung von „eSport" als Sportart auf nationaler Ebene [einsetzt]. Dies bedeutet für uns auch die Aufnahme von elektronischen Sport in Paragraf 52 Abgabenordnung (Gemeinnützige Zwecke), womit eSport-Vereine anderen Sportvereinen gleichgestellt sind. Wir unterstützen eine sachliche Auseinandersetzung mit dem Thema eSport ohne Vorurteile (Stichwort Killerspiele) und eine verstärkte Aufklärung an Schulen und in der Öffentlichkeit über Gefahren von Computerspielen, jedoch auch über Strukturen, Möglichkeiten und Chancen von Computerspielen/eSport. […]. (Piratenpartei Deutschland 2017, S. 57 f.)

Die von der Piratenpartei angesprochene „verstärkte Aufklärung (über E-Sport) an Schulen und in der Öffentlichkeit" (Piratenpartei Deutschland 2017, S. 57 f.), spielt in die Kategorie der Schaffung gesellschaftlicher Akzeptanz herein. Diese Kategorie weist ebenso wie die Bildung der Rechtsgrundlage zwei untergeordnete Variablen auf. Zum einen setzen sich die Parteien für verstärkte Aufklärungsarbeit in dem Bereich ein und zum anderen soll auch das kulturelle Angebot an E-Sport-Veranstaltungen gestärkt und ausgebaut werden.

Aufklärungsarbeit zu leisten, haben sich besonders die Piraten sowohl auf Bundesebene als auch in den Ländern Baden-Württemberg, Bayern, Niedersachsen und Sachsen zur Aufgabe gemacht. Im Wahlprogramm 2016 der Piratenpartei Baden-Württemberg sowie im derzeit allgemein gültigen Wahlprogramm der Piratenpartei für Sachsen wird E-Sport sogar jeweils zweimal erwähnt. So schreibt die Piratenpartei in Bayern in ihrem Wahlprogramm 2013 beispielsweise:

Wir werden uns im Landtag daher für die zu anderen Sportarten gleichwertige Förderung von eSport sowie dessen Vernetzung mit sozialen Projekten und der Vermittlung von Medienkompetenzbei Eltern und Schülern einsetzen, und streben zu diesem Zweck Kooperationen mit Schulen und regionalen eSport-Veranstaltern an. (Piratenpartei Bayern 2013, S. 51)

Für eine Stärkung des kulturellen E-Sports-Angebots setzen sich Bündnis 90/Die Grünen sowohl bundesweit also auch innerhalb der Landesregierung in Schleswig-Holstein ein. Die Landesregierung SH schreibt im Koalitionsvertrag:

Wir wollen prüfen, ob weitere sportliche Events in Schleswig-Holstein etabliert werden können. Dazu gehören für uns auch moderne Veranstaltungsformate, wie zum Beispiel eSport-Events. Der sogenannte eSport ist für Millionen überwiegend junger Menschen Hobby und Freizeitbeschäftigung, bei der es um Geschicklichkeit, Konzentration, Mannschaftsgeist, Fairness und erlernte Fähigkeiten geht. Uns geht es hierbei nicht um eine Definitionsfrage. Wir wollen dieses Engagement positiv aufnehmen, um so eine effektive Jugendarbeit, eine Anerkennung der ehrenamtlichen Arbeit und eine feste gesellschaftliche Integration des eSports in das Gemeinwesen zu gewährleisten. (Landesregierung Schleswig-Holstein 2017, S. 95)

Insgesamt findet sich der Begriff „eSport" (in verschiedenen Schreibweisen) lediglich in 14 von 133 untersuchten Wahlprogrammen und Koalitionsverträgen. Der Kontext der Erwähnungen des Begriffs ist aber von Partei zu Partei unterschiedlich. Die Bundesregierung befasst sich unter dem Kapitel „Digitalisierung" mit dem Thema. Die SPD auf Bundesebene gliedert E-Sport unter „Gesellschaft – Sport" ein. Die Grünen auf Bundesebene und in Schleswig-Holstein hingegen befinden E-Sport als ein Kultur-Thema. Auch die Piratenpartei auf Bundesebene und der Mehrheit der Bundesländer ordnet E-Sport als Kultur-Thema ein. Lediglich die Piratenpartei in Nordrhein-Westfalen subsummiert E-Sport unter „Sport".

14.5   Zusammenfassung und Ausblick

Sport ist ebenso wie sein Inhalt dynamisch und steht im Wechselspiel mit der gesellschaftlichen Wirklichkeit. Die Veränderung unseres Verständnisses von „Amateursport", der noch vor kaum mehr als einem halben Jahrhundert Menschen ob Ihrer beruflichen Tätigkeit von Olympischen Wettbewerben ausschloss (Behringer 2012, S. 212 ff.), oder die Veränderungen von Wettkampfstrukturen und Angebotsformen (Sportarten), seien an dieser Stelle beispielhaft genannt. Die in der Sportwissenschaft vorgenommene Differenzierung zwischen Bewegung, Spiel und Sport bildet das auch in der akademischen Diskussion ab: Nicht jede Bewegung ist Sport und nicht jeder Sport ist ein Spiel (Wendeborn et al. 2018).

Bewegung, Spiel und Sport erfüllen in unserer Gesellschaft eine Multifunktion von Unterhaltung und Wertschöpfung über Gesunderhaltung bis hin zur sozialen Teilhabe. Dem organisierten Sport kommt an dieser Stelle eine besondere Bedeutung zu, weil er als Institution die Verantwortung für eine Ausgestaltung und Weiterentwicklung trägt, die auf die oben angerissenen multiplen Funktionen einzahlt. E-Sport hat zum organisierten (Wettkampf-)Sport zahlreiche Parallelen, die weniger inhaltlicher (FIFA stellt aktuell die einzige „Sport"-Simulation im Kanon der E-Sport-Spiele dar) als strukturell-organisatorischer Art sind: E-Sport wird in einem aus dem Sport bekannten Liga-Betrieb ausgerichtet und die Wettkämpfe zeichnen sich durch eine dezidierte Inszenierung aus, die aus Wettbewerben Events macht. E-Sport vermittelt für Akteure wie für Zuschauer emotionale Erlebnisse, die analog zu traditionellen Sportevents als Bühne für eine Markenkommunikation taugen. Es kann also nicht verwundern, dass gerade in jüngster Zeit zahlreiche Sponsoren vom traditionellen Sport zum E-Sport abgewandert sind (Carrillo 2019).

Ähnlich wie der traditionelle Sport vermag E-Sport soziale Bindungen auszubauen und zu stärken und Kompetenzerleben zu vermitteln (Lemcke und Weh 2018). Das Spielen digitaler Spiele vermittelt Glücksgefühle, die vergleichbar sind zu denen, die Sportler beim Gelingen von Bewegungsfertigkeiten erfahren. Und auch Transfereffekte lassen sich längst beobachten: Spieler digitaler Sportsimulationen erwerben taktisches Wissen, das im realweltlichen Spiel bedeutsam ist (Hebbel-Seeger 2012). Und die in vielen digitalen Spielen angelegte Schulung der Auge-Hand-Koordination beeinflusst sportliche und berufliche Expertise (Hebbel-Seeger 2013).

Über die skizzierten Bezüge hinaus spricht vor allem aber auch die Macht des Faktischen dafür, sich der Verbindung von organisiertem Sport und E-Sport zu stellen. Die Mehrheit der im organisierten Sport aktiven Jugendlichen betreibt in der Freizeit nicht nur „richtigen" Sport, sondern spielt auch digitale Spiele. Vor dem hohen Suchtpotenzial vieler digitaler Spiele sollen und dürfen dabei gleichwohl nicht die Augen verschlossen werden.

Digitales Spiel im Allgemeinen und E-Sport im Speziellen sind längst einer gesellschaftlichen Nische entwachsen. Eine (politische) Auseinandersetzung damit ist mehr als überfällig. Dennoch konnten wir in den 133 untersuchten Wahlprogrammen und Koalitionsvereinbarungen lediglich 14 Dokumente mit explizitem E-Sport-Bezug identifizieren, in denen E-Sport gar in unterschiedlichen Kontexten auftauchte (Digitalisierung, Sport als gesellschaftliches Thema oder Kultur). Diese machten sich vor allem an einem zu definierenden rechtlichen Rahmen fest, der häufig auf eine Gleichstellung mit bzw. Integration in den organisierten Sport zielt. Damit fungieren vor allem ökonomische Aspekte als Triebfeder eines politischen Diskurses. Gesellschaftliche Aspekte werden mit einer Forderung nach Akzeptanz und Anerkennung angesprochen. Eine Diskussion um den gesellschaftlichen Wert und Folgeprozesse steht jedoch noch aus. Die Ankündigungen des Koalitionsvertrags der Bundesregierung 2018 wurden bis in den Sommer 2021 weitgehend nicht umgesetzt und es muss als nahezu ausgeschlossen gelten, dass es noch vor der Bundestagswahl im September 2021 zu Änderungen kommt. Damit wird es den Parteien des 20. Bundestages in der Legislaturperiode bis 2025 obliegen, den E-Sport politisch neu zu positionieren oder den gegenwärtigen Status zu erhalten.

Literatur

Bach, T. (2017). Esport bei Olympia durchaus vorstellbar. Interview im Rahmen einer Sportreportage des ZDF. https://www.zdf.de/sport/zdf-sportreportage/interview-mit-thomas-bach-sportreportage-100.html. Zugegriffen am 01.06.2018.

Behringer, W. (2012). *Kulturgeschichte des Sports. Vom antiken Olympia bis zur Gegenwart*. München: Beck.

Berkemeyer, K. (2018). Gehälter im eSport: Profi-Gamer nennt krasse Summen. http://www.chip.de/news/Profi-Gamer-verraet-So-viel-verdienen-eSportler-wirklich_87567156.html. Zugegriffen am 11.05.2018.

Breuer, M. (2011). *eSport – eine Markt und ordnungsökonomische Analyse*. Glücksstadt: vwh.

Bündnis 90/Die Grünen (Hrsg.). (2017). Zukunft wird aus Mut gemacht. https://www.gruene.de/fileadmin/user_upload/Dokumente/BUENDNIS_90_DIE_GRUENEN_Bundestagswahlprogramm_2017_barrierefrei.pdf. Zugegriffen am 28.06.2018.

Bündnis 90/Die Grünen Schleswig-Holstein (Hrsg.). (2016). Ökologisch. Gerecht. Weltoffen. https://www.abgeordnetenwatch.de/sites/abgeordnetenwatch.de/files/gruene_schleswig-holstein_wahlprogramm.pdf. Zugegriffen am 28.06.2018.

Carrillo, J. A. (2019). The eSports ecosystem: Stakeholders and trends in a new show business. *Catalan Journal of Communication & Cultural Studies, 1*(11), 3–22.

CDU (Hrsg.). (2018). Ein neuer Aufbruch für Europa. Eine neue Dynamik für Deutschland. Ein neuer Zusammenhalt für unser Land. Koalitionsvertrag zwischen CDU, CSU und SPD. 19. Legislaturperiode. https://www.cdu.de/system/tdf/media/dokumente/koalitionsvertrag_2018.pdf?file=1. Zugegriffen am 28.06.2018.

DOSB (Hrsg.). (2018). Hoffnung auf Mittelaufwuchs und Dialog. https://www.dosb.de/sonderseiten/news/.../hoffnung-auf-mittelaufwuchs-und-dialog/. Zugegriffen am 28.06.2018.

Hebbel-Seeger, A. (2012). The relationship between real sports and digital adaptation in e-sport gaming. *International Journal of Sports Marketing & Sponsorship, 1*(13), 132–143.

Hebbel-Seeger, A. (2013). Digitales Spiel und realweltliche Vorlage – Adaption und Transfer am Beispiel der Sportart Basketball. In A. Hebbel-Seeger & T. Horky (Hrsg.), *Crossmediale Kommunikation und Verwertung von Sportveranstaltungen* (S. 100–133). Aachen: Meyer & Meyer.

Hebbel-Seeger, A. & Siemers, L. (2018). eSport im Profi-Fußball der DFL – Zu Erwartungen, Zielen und Markeneinfluss. *Sciamus Sport und Management, 9*(8), 42–62.

Hilgers, J. (2006). „Ihr spinnt doch". https://www.ingenieur.de/technik/fachbereiche/ittk/ihr-spinnt-doch/. Zugegriffen am 12.05.2018.

Kirchner, T. (2018). Mögen die Spiele beginnen. http://www.spiegel.de/sport/sonst/esports-was-dosb-ioc-und-dfb-ueber-esports-denken-a-1194240.html. Zugegriffen am 01.06.2018.

Klein, S. (2007). eSports – In den USA als offizielle Sportart anerkannt! http://www.gamona.de/esport/esports,in-den-usa-als-offizielle-sportart-anerkannt:news,189425.html. Zugegriffen am 12.05.2018.

Landesregierung Schleswig-Holstein (Hrsg.). (2017). Das Ziel verbindet. https://www.schleswig-holstein.de/DE/Landesregierung/_documents/koalitionsvertrag2017_2022.pdf. Zugegriffen am 28.06.2018.

Lemcke, P. & Weh, I. (2018). „eSport Should be played in School". The Project „eSchool" by DGS Dialogue Lecture. *Athens Journal of Sports, 4*(5), 323–330.

Lorber, M. (2015). Was ist eSport? Eine Einleitung. https://spielkultur.ea.de/themen/esport/was-ist-esport-eine-einleitung/. Zugegriffen am 10.04.2018.

LSB NRW (Hrsg.). (2018). eSport ist kein Sport! https://www.lsb.nrw/medien/news/artikel/news/esport-ist-kein-sport/. Zugegriffen am 02.06.2018.

Mayring, P. (2015). *Qualitative Inhaltsanalyse – Grundlagen und Techniken* (12. Aufl.). Weinheim/Basel: Beltz.

Müller-Lietzkow, J. (2006). Sport im Jahr 2050: E-Sport! Oder: Ist E-Sport Sport? *medien + erziehung, 6*, 102–112.

Piratenpartei Bayern (Hrsg.). (2013). Wahlprogramm Bayern 2013. https://piratenpartei-bayern.de/files/2013/06/Landtagswahlprogramm-Piratenpartei-Bayern-Webversion.pdf. Zugegriffen am 28.06.2018.

Piratenpartei Deutschland (Hrsg.). (2012). Dafür, dass wir keins haben, steht hier viel drin. – Wahlprogramm Piraten. https://wiki.piratenpartei.de/wiki/images/b/bf/WahlprogrammNRW2012_Basis_V2_PrintA5.pdf. Zugegriffen am 28.06.2018.

Piratenpartei Deutschland (Hrsg.). (2017). Wahlprogramm der Piratenpartei Deutschland zur Bundestagswahl 2017. https://www.abgeordnetenwatch.de/sites/abgeordnetenwatch.de/files/piraten_wahlprogramm_btw2017komplett.pdf. Zugegriffen am 28.06.2018.

Rondinella, G. (2016). Warum Fußballvereine in den Games-Markt einsteigen. http://www.horizont.net/marketing/nachrichten/E-Sport-Warum-Fussballvereine-in-den-Games-Markt-einsteigen-142179. Zugegriffen am 22.05.2018.

Sauer, C. (2004). *Untersuchungen zum Vermarktungspotential von eSport in Deutschland*. Unveröffentlichte Diplomarbeit an der Universität Bielefeld. http://www.gamesscience.de/wa/Arbeiten/diplomarbeit%20sauer.pdf. Zugegriffen am 20.06.2018.

Schulke, H.-J. & Wendeborn, T. (2018). Aufklärung, was sonst!? Das Märchen vom E-Sport. *Sport-Zeiten, 3*(18), 7–32.

SPD (Hrsg.). (2017). Zeit für mehr Gerechtigkeit – Unser Regierungsprogramm für Deutschland. https://www.spd.de/fileadmin/Dokumente/Bundesparteitag_2017/Es_ist_Zeit_fuer_mehr_Gerechtigkeit-Unser_Regierungsprogramm.pdf. Zugegriffen am 28.06.2018.

Sport1 (Hrsg.). (2018). Im Fokus! Politik kämpft für eSports. https://www.sport1.de/esports/2018/1/esports-fuer-den-wahlkampf-parteien-sprechen-sich-fuer-gamer-aus. Zugegriffen am 03.04.2018.

Stollarz, P. (2018). DOSB für die Aufnahme von eSport offen. https://www.focus.de/sport/mehrsport/e-sports-national-dosb-fuer-aufnahme-von-esports-offen_id_8439760.html. Zugegriffen am 01.06.2018.

Wagner, M. G. (2006). On the Scientific Relevance of eSports. In J. Arreymbi, V. A. Clincy, O. L. Droegehorn, S. Joan, M. G. Ashu, J. A. Ware, S. Zabir & H. R. Arabnia (Hrsg.), *Proceedings of the 2006 International Conference on Internet Computing & Conference on Computer Games Development, ICOMP 2006* (S. 437–442). Las Vegas: CSREA Press.

Wendeborn, T., Schulke, H.-J. & Schneider, A. (2018). eSport: Vom Präfix zum Thema für den organisierten Sport!? *German Journal of Exercise and Sport Research, 3*(48), 451–455.

Willimczik, K. (2019). eSport „ist" nicht Sport – eSport und Sport haben Bedeutungen. Eine sprachphilosophische Analyse anstelle von ontologischen Auseinandersetzungen. *German Journal of Exercise and Sport Research, 1*(49), 78–90.

Wissenschaftliche Dienste des Deutschen Bundestages. (Hrsg.). (2017). Sachstand – Ist E-Sport Sport? Stand der Diskussion. https://www.bundestag.de/resource/blob/515426/c2a9373a582f7908c090a658fdff1af8/wd-10-036-17-pdf-data.pdf. Zugegriffen am 30.06.2019.

Wissenschaftlicher Parlamentsdienst (Hrsg.). (2016). Gutachten über Voraussetzungen und Auswirkungen der Anerkennung von eSport als Sportart. https://www.parlament-berlin.de/C1257B55002B290D/vwContentByKey/W2AUPK7B239WEBSDE/$File/2016-03-18-eSport.pdf. Zugegriffen am 30.06.2018.

The manufacturer's authorised representative in the EU is Springer
Nature Customer Service Centre GmbH, Europaplatz 3, 69115 Heidelberg,
Germany. If you have any concerns regarding our products, please
contact ProductSafety@springernature.com

Printed and bound by CPI Group (UK) Ltd, Croydon, CR0 4YY

24/04/2026

02096345-0012